Werner Rautenberg / Rüdiger Rogoll

Werde, der du werden kannst

HERDER spektrum
Band 5155

Das Buch

Wachsen und Reifen ist das Ziel eines jeden Menschen: Und dennoch wirken viele Blockaden, die verhindern, daß man die eigenen Möglichkeiten auch nutzt. Manches Verhalten, das in der Kindheit „eingeübt" wurde und damals durchaus seine Funktion gehabt haben mag, ist heute nicht mehr nötig und angemessen. Mit Hilfe der Transaktionsanalyse kann man solche „eingefahrenen" Mechanismen erkennen und die befreienden Schritte wagen. Die Autoren zeigen an zahlreichen Beispielen, was in Situationen, die jeder schon einmal erlebt hat, eigentlich wirklich „läuft". Oft gerät man in Psycho-Spiele, fällt in lang geübte Gefühlsmaschen zurück. Wichtig ist es aber, die eigenen Bedürfnisse zum Ausdruck zu bringen. So reift man nicht nur selber, sondern so lassen sich in Partnerschaft, Familie und Beruf auch Konflikte besser lösen.

Die Autoren

Werner Rautenberg, geboren 1921, Dr. phil., nach dem Studium der Psychologie und Philosophie Tätigkeit als Lektor in Rom, danach leitende Position in Wirtschaftsunternehmen, u.a. im Ausbildungsbereich. Anwendung der Transaktionsanalyse im Kommunikations- und Führungstraining.
Rüdiger Rogoll, Dr. med., geboren 1940, ist einer der bedeutendsten Therapeuten der Transaktionsanalyse im deutschsprachigen Raum. Ausbildung in Washington und Seattle, zur Zeit eigene Praxis in Süddeutschland. Unter seinen Publikationen in Herder/Spektrum: Nimm dich, wie du bist. Wie man mit sich selber einig werden kann (4046); Nimm mich, wie ich bin. Lieben und lassen in der Partnerschaft (4102); zusammen mit Christa und Ulrike Marwedel: Ich mag mein Kind – mein Kind mag mich! (4095).

Werner Rautenberg / Rüdiger Rogoll

Werde, der du werden kannst

Persönlichkeitsentfaltung durch Transaktionsanalyse

HERDER

FREIBURG · BASEL · WIEN

19. Auflage 2011
(28. Gesamtauflage)

www.herder.de

Neuausgabe Verlag Herder 1992

Umschlagkonzeption und -gestaltung:
R·M·E Roland Eschlbeck / Liana Tuchel
Umschlagmotiv: Ferdinand Hodler, Der Frühling, 1907–1910 /
Privatsammlung

Herstellung: fgb · freiburger graphische betriebe
www.fgb.de

Gedruckt auf umweltfreundlichem, chlorfrei gebleichtem Papier
Printed in Germany

ISBN 978-3-451-05155-5

Inhalt

Vorwort

Als *Eric Berne* in den sechziger Jahren die Tiefenpsychologie um einen neuen Ansatz bereicherte und neue therapeutische Verfahren entwickelte, schuf er mit seiner Methode zugleich eine eigene Fachsprache. Aber dazu entlehnte er nicht, wie üblich, gelehrte Termini aus dem Lateinischen oder Griechischen, sondern schöpfte aus der Umgangssprache, sogar aus dem Slang. Ähnliches haben wir auch mit dieser Darstellung unternommen. Das Modell von *Berne,* heute als *Transaktionsanalyse* (TA) in der ganzen Welt bekannt, findet immer mehr Verwendung und erfreut sich zunehmender Beliebtheit auch außerhalb des therapeutischen Bereichs. So schien es uns an der Zeit, unsererseits den Schritt von der Übersetzung zur Eindeutschung zu wagen. Viele auch durchaus gängige Übertragungen aus dem Englischen haben wir durch eine Sprache ersetzt, die wir in unserer Praxis erprobt haben und die sich sowohl in Klinik und Therapeutenausbildung wie auch im Führungstraining bewährt hat.

Doch nicht nur sprachlich, auch ideell schließt das Buch an das Herder-Bändchen *Nimm dich, wie du bist* an, zu dem es Fortsetzung und Gegenstück in einem bildet. Dort ist die Darstellung der Transaktionsanalyse knapp und sehr kompakt gehalten; hier haben wir ausführlichere Beschreibungen aufgenommen und den Text durch eine Reihe Bilder aufgelockert und veranschaulicht. Auf wissenschaftliche Argumentation und komplexere Gebiete haben wir bewußt verzichtet und dafür so geschrieben, daß jedermann das Büchlein lesen und verstehen kann. Wer mit der TA bereits vertraut ist, wird einige Neuerungen entdecken; die Übersicht im Anhang hilft ihm zur Orientierung und dürfte überdies bei denjenigen Ausdrücken zur Klärung beitragen, bei denen die uneinheitlichen Übersetzungen gelegentlich Schwierigkeiten machen.

Für Anwendungen der TA außerhalb des medizinischen und fachpsychologischen Bereiches kann dieses Buch eine Einführung sein. Wir haben gemeinsam daran gearbeitet als Arzt und als Trainer, genauer gesagt, als Psychiater und als Didaktiker (der zudem als dolmetschender Philologe mit den Schwierigkeiten sprachlicher Umsetzung zur Genüge vertraut ist). Wir haben dieses Buch aus der Praxis für die Praxis geschrieben und es so einfach wie möglich gehalten. Dem beruflichen Alltag haben wir breiten Raum gewidmet und unser Augenmerk nicht nur auf Störungen, sondern auch auf Erfolge und deren Festigung gerichtet. Wir haben an die vielen gedacht, die ihr Leben gut meistern und gerade deshalb ständige Fortschritte anstreben auf ihrem Wege zu weiterer Selbstverwirklichung. Dabei haben wir auch Anregungen aufgenommen, die Patienten und Seminarteilnehmer uns gegeben haben. Ihnen allen möchten wir an dieser Stelle danken.

Wachtberg und Markdorf, im März 1980 *Die Verfasser*

Für die 16. Auflage haben wir sowohl das Verzeichnis der ausbildungsberechtigten Transaktionsanalytiker/-Innen wie auch die Literaturübersicht auf den heutigen Stand gebracht, also einige überholte Titel gestrichen und eine ganze Reihe Werke aufgenommen, die in den letzten Jahren erschienen sind.

Wachtberg und Markdorf, im November 1997

Die Verfasser

I.

Wer bin ich, und wie reagiere ich?

Wir möchten vorweg klarstellen, an welche Leser wir bei diesem Buch gedacht haben. Wir wenden uns besonders an die folgenden drei Gruppen:

- Leser, die sich allgemein dafür interessieren, welche Erkenntnisse und Verfahrensweisen die angewandte Psychologie in den letzten Jahren erarbeitet hat, oder die etwas von Transaktionsanalyse gehört haben und genauer erfahren wollen, worum es sich dabei eigentlich handelt.
- Leser, die erwägen, an sich zu arbeiten, und sich darüber informieren möchten, welche der verschiedenen psychologischen Methoden für sie geeignet ist.
- Leser, die seelisch weiterwachsen wollen und entschlossen sind, sich zu ändern. Menschen, die vorankommen wollen, äußerlich und innerlich. An diesen Kreis wenden wir uns besonders. Wer sich auf den Weg macht, will sich auch darüber klarwerden, an welchem Punkt, in welcher Richtung, in welchem Ausmaß er sich ändern will. Und wir wollen zeigen, wie solche Änderungen möglich, sinnvoll und dauerhaft sind.

Vielleicht weiß der eine oder andere nicht, zu welcher der drei Gruppen er sich rechnen soll. Vielleicht würde er sich am liebsten in die dritte Gruppe einreihen, aber dann hat er doch Bedenken: Geht das nicht aus auf Persönlichkeitsveränderung? Bedeutet das nicht, herumzumanipulieren an dem Persönlichsten, was wir haben, an unserer Eigenart, unserem Charakter, unserem innersten Seelenleben? Und selbst wenn das unbedenklich ist, ist es denn überhaupt möglich? Mancher wird sich sagen: Jetzt bin ich 25 oder 40 oder 60 Jahre alt, und ich bin nun mal so, wie ich bin – wieso soll ich denn da noch was ändern?

Wenn Sie so fragen, lieber Leser, dann seien Sie getrost: Sie sollen nicht. Dies Buch will Ihnen keine Änderungsabsichten unterjubeln, die Sie im tiefsten nicht empfinden. Und Sie haben durchaus recht, wenn Sie zweifeln, ob das überhaupt möglich ist: solange

Sie „sollen", wird es nichts. Es ist Ihr gutes Recht, das Buch beiseite zu legen; es betrifft Sie nicht. Oder auch, es rein zur Information zu lesen, um vielleicht Erklärungen dafür zu finden, weshalb Menschen in Ihrer Umgebung sich sichtlich geändert haben, weshalb sie von innen her plötzlich anders reagieren, weshalb sie in ihrem Wirkungskreis mit der Transaktionsanalyse arbeiten und dabei Erfolg haben. Auch wer sich selbst als „fertig" und nun unveränderlich empfindet, kann sich immer noch für seelische Zusammenhänge, für Ursachen und Wirkungen bestimmter Verhaltensweisen oder für Gesetzmäßigkeiten des menschlichen Zusammenlebens interessieren.

Dies Buch wendet sich aber stärker an diejenigen, die sich ohnehin danach sehnen weiterzukommen, die in sich den klaren Willen oder doch den dumpfen Drang verspüren, Störendes in ihrem eigenen Verhalten zu überwinden und Erstrebenswertes auch zu erreichen. Auch die mögen zögern oder zweifeln, schließlich hat das Wort „Persönlichkeitsveränderung" in manchen Ohren einen ungewohnten, vielleicht beklemmenden Klang. Diesen Lesern möchten wir eine einfache Besinnung nahelegen: Versetzen Sie sich einmal zehn – oder, wenn Sie älter sind, zwanzig – Jahre zurück! Überlegen Sie, wo Sie damals waren, in welcher Wohnung, bei welchen Menschen, in welcher beruflicher Situation. Stellen Sie sich möglichst präzise und plastisch vor, was Sie damals bewegt hat, worüber Sie sich gefreut und geärgert haben, wovor Sie Angst hatten oder was Ihnen seinerzeit zu schaffen gemacht hat. Wenn Sie von diesem Buch wirklich etwas haben und weiterkommen wollen, dann lassen Sie sich beim Lesen Zeit! Hasten Sie nicht weiter, sondern nehmen Sie sich gleich jetzt die Zeit, sich einmal im einzelnen zu vergegenwärtigen, wie Sie damals auf wichtige Ereignisse reagiert haben.

– – – – –

Erst wenn Sie sich in Ruhe besonnen und sich selbst in der früheren Situation wiedererlebt haben –

(was ist denn seinerzeit Wichtiges passiert?
und wie war mir dabei zumute?
und was habe ich alles unternommen oder nicht getan?)

erst dann fragen Sie sich: bin ich wirklich noch derselbe oder dieselbe wie vor zehn oder zwanzig Jahren? Sicher gibt es vertraute Reaktionen, die heute noch ähnlich oder genauso ablaufen würden wie damals. Aber hat sich nicht auch vieles wirklich geändert? Hat sich Ihre Persönlichkeit in dieser Zeit nicht weiterentwickelt? Und wenn Sie heute in mancher Hinsicht wirklich ein anderer Mensch sind als vor zehn oder zwanzig Jahren, wenn Sie also in Ihrem Leben selber so etwas wie eine „Persönlichkeitsveränderung" feststellen, dann heißt heute die entscheidende Frage, wie Sie in zehn oder zwanzig Jahren sein wollen und ob Sie selbst etwas dazu tun wollen. Ganz gleich wie Sie sich die bisherigen Veränderungen erklären, ob durch schicksalhafte Fügung, gottgewolltes Wachstum, durch Umwelteinflüsse, eiserne Konsequenz bei der Selbstverwirklichung oder durch immer gleiches Versagen an den empfindlichen Punkten oder auch durch all das zusammen – wie immer Sie die bisher erlebte Entwicklung auch deuten mögen, in diesem Augenblick geht es nur darum, ob Sie Ihre Weiterentwicklung von jetzt an dem Zufall überlassen und nur Ziele verfolgen wollen, die außerhalb Ihrer selbst liegen, oder ob Sie auch daran mitwirken wollen, wie Sie selbst in der Zukunft empfinden und reagieren, denken und handeln werden. Wenn Sie beim Lesen die Gewißheit verspüren, daß Persönlichkeitsveränderung sowieso ständig stattfindet, dazu den Willen, Ihre Veränderung bewußt mitzubestimmen, sich so zu sehen, wie Sie sind, und an sich zu arbeiten, dann ist das Buch für Sie geschrieben.

Ehe wir im einzelnen auf die psychologischen Zusammenhänge eingehen, von denen dieses Buch handelt, wollen wir einige Grundüberzeugungen festhalten, die sich als fruchtbar erwiesen haben in unserer Arbeit und in unserem Leben überhaupt.

1. Jeder Mensch kann sich ändern.
Wir Menschen sind Lebewesen, d. h., wir wachsen, entfalten uns und vergehen. Körperliches Wachstum ist ständige Erneuerung und ständige Veränderung. Auch seelisches Wachstum ist stete Veränderung. Veränderung ist das Natürlichste der Welt; leben heißt sich ändern.

2. Ich kann mich nicht beliebig ändern.
Wachstum kann man nicht machen, aber man kann es fördern und steuern. Man kann die Lebenskräfte anregen, zur Entfaltung bringen und üben, die von Natur aus angelegt sind, mögen sie im bisherigen Wachstum verkümmert oder ausgebildet worden sein. Das geht nicht in jeder beliebigen Richtung. Um zu ermessen, wie ich einmal sein könnte, muß ich erst sehen, wer ich bin. Wer sich für seine Persönlichkeitsentwicklung utopische Ziele setzt, schafft sich unweigerlich Mißerfolge. Wenn du wirklich der werden willst, der du werden kannst, dann heißt der erste Schritt: Nimm dich, wie du bist.

3. Ich kann den Mitmenschen nicht ändern.
Ich ändere mich nur, wenn ich das selbst will. Gut, ich mag mein Verhalten auf den anderen einstellen, mag nachgeben oder dem Mitmenschen zuliebe oder aus Angst vor ihm etwas tun, was ich von mir aus nicht täte – aber letzten Endes muß mir doch daran gelegen sein, sein Wohlwollen zu erreichen oder zu erhalten oder Unwillen zu vermeiden, sonst täte ich das nicht. Wenn das schon bei äußerem Verhalten so ist, dann gewiß um so mehr bei meinen inneren Reaktionen. Wie ich Ereignisse erlebe, was ich empfinde bei bestimmten Handlungsweisen meiner Mitmenschen, wie ich mich dem Leben gegenüber überhaupt einstelle, das kann kein anderer „machen", das liegt in letzter Instanz immer bei mir selbst. Wo ich mich geändert habe in der Art und Weise, wie ich die Welt erlebe und auf Geschehnisse reagiere, da habe eben *ich* mich geändert und nicht jemand anders. Und was ich für mich in Anspruch nehme, muß ich billigerweise auch dem anderen einräumen. Wenn nur ich selbst Änderungen bei mir herbeiführen kann und nicht ein anderer Mensch, dann kann ich eben auch den anderen nicht ändern.

Wir – die Verfasser – erleben in unserer Arbeit, daß diese Einsicht vielen Menschen schwerfällt. Das liegt daran, daß sie nicht nur im Widerspruch steht zu allen möglichen Erziehungs- und Führungstheorien, sondern auch zu unserem alltäglichen Sprachgebrauch. Wir sagen ja nicht: „Ich hatte mir so ein schönes Bild von meinem Freund gemacht, und dann hat er sich ganz anders verhalten, als ich erwartet hatte, und ich hatte Mühe, das zu verkraften, und tue jetzt alles, um solch einen Schmerz so schnell nicht wieder zu erleben; deshalb will *ich* grundsätzlich erst mal nicht vertrauen." Sondern wir sagen: „Mein Freund hat mich maßlos enttäuscht, und *das* hat mich mißtrauisch gemacht", oder: „Ausgerechnet mein Freund hat mich so hintergangen, *der* hat mich gründlich mißtrauisch gemacht." Wer sich jahrelang stark als Tummelplatz oder doch als Wirkungsfeld von Einflüssen erlebt hat, die außer ihm lagen, der wird sich nicht leicht der Erkenntnis öffnen, daß er Änderungen seiner Persönlichkeit, seiner Reaktionsweise und Charakterstruktur selbst bewirkt und selbst dafür verantwortlich ist. Unser Buch mag und will diese Einsicht fördern, es kann sie nicht bewirken; in sich vollziehen muß sie jeder Leser selbst.

Die Erkenntnis, daß ich den Mitmenschen nicht ändern kann, ist für Eltern, Erzieher und Vorgesetzte besonders wichtig. Wer sie sich zu eigen macht, kann seine Energien auf sinnvollere Ziele richten als auf den vergeblichen Versuch, das Kind, den Schüler oder Mitarbeiter umzukrempeln oder ihn „so zu kneten, wie ich ihn haben will“ (oder in höherem Auftrag: „wie Gott ihn gemeint hat“). Er wird sich auch die Selbstvorwürfe ersparen, wenn er feststellen muß, daß er damit scheitert. Natürlich kann und wird er den anderen beeinflussen. Er wird Mitverantwortung übernehmen für die Leistung des anderen, nicht für sein Wesen. Um so mehr kann er Verantwortung dafür annehmen, wie er selbst ist, denkt, fühlt, auftritt. Ich kann den Mitmenschen nicht ändern, aber ich kann mich selbst ändern – wenn ich wirklich will.

Sodann sei auch gesagt, für wen das Buch *nicht* geschrieben ist.

Wer als Laie theoretische Bereicherung sucht oder eine umfassende Darstellung der Transaktionsanalyse, der sei gleich auf die Bibliographie verwiesen. Der Psychologe oder Mediziner liest am besten die grundlegenden Werke von Berne und orientiert sich über den heutigen Stand anhand der von *Barnes* herausgegebenen Abhandlungen.

Wer sich selbst als seelisch oder nervlich krank empfindet, wer unter schweren Denkstörungen leidet oder in seiner Umgebung mit Geistes- oder Gemütskranken zu tun hat, dem sei das Buch von *Rüdiger Rogoll* empfohlen „Nimm dich, wie du bist“[1], das die klinische Betrachtung in den Vordergrund stellt. In dem vorliegenden Büchlein wenden wir uns bewußt an den gesunden, leistungsfähigen Menschen, der mitten im Leben steht, aber etwas für sich tun will – vielleicht den entscheidenden Schritt für seine innere und damit oft auch äußere Zukunft. Wenn er dabei auch Erfahrungen der Nerven- und Seelenheilkunde nutzt, verhält er sich nicht anders als der Sportler, der bei seinem Training die neuesten medizinischen Erkenntnisse berücksichtigt. Dies Buch gehört also nicht in den Bereich der Klinik, sondern der Psychohygiene; es wendet sich nicht an Kranke und ihre Betreuer, sondern an die, die ihre geistige und seelische Gesundheit erhalten und pflegen wollen.

Schließlich sei noch eine Erklärung vorausgeschickt über die Bedeutung des Begriffs, der in den letzten Jahren Eingang gefunden hat in die Psychologie und die Psychiatrie. Unter Transaktionsanalyse (TA) versteht man heute dreierlei:

1. Eine *Theorie der Persönlichkeit,* die menschliches Verhalten und zwischenmenschliches Geschehen erklärt, einfach und verständlich und ohne viel Fachausdrücke.

---

[1] Freiburg, Herder [12]1979, (Herderbücherei Nr. 593).

2. Eine *Methode* zur Herbeiführung von Klärung und Wandel in der Einzelpersönlichkeit und von Umstimmung und Veränderung in Gruppen, also in der Familie, in der Schule, im Unternehmen.
3. Die Vorstellungswelt, die Ausdrucksweise und die Gepflogenheiten, die sich dort herausgebildet haben, wo TA-Trainer und -Therapeuten mit Gruppen arbeiten, also mit den Begriffen und in der Sprache der TA bestimmte Techniken der Gesprächsführung, bestimmte Übungen u. dergl. anwenden, um Besinnung, Selbsterfahrung und entscheidendes seelisches Erleben anzuregen und zu unterstützen.

Ob theoretisches Modell, praktisches Verfahren oder Gruppenkultur, die TA befaßt sich damit, wie wir uns und die Welt erleben, wie wir reagieren und wozu. Sie stützt sich auf wissenschaftliche Beobachtung und hält sich an das, was nachprüfbar ist. Soweit uns die tieferen Zusammenhänge unserer Existenz überhaupt zugänglich sind, erklärt sie klipp und klar, wie wir empfinden, denken und handeln und wieso. Sie zeigt uns, wie wir miteinander umgehen und warum.

Wer ein Ziel erreichen und den Weg dahin festlegen will, muß erst wissen, wo er steht. Wenn du weiterkommen willst, mußt du erst sehen, wer du bist. Und wenn du zielstrebig den Weg zu weiterer Entfaltung beschreiten willst, dann heißt der erste Schritt: nimm dich, wie du bist!

Das sagt sich leicht. Aber wie kann ich mich denn ohne Selbsttäuschung sehen, selbst wenn ich zu Ehrlichkeit mit mir selbst entschlossen bin: wo soll ich anfangen, wenn ich mich besser kennenlernen, mich selbst erforschen will?

Eine Grunderfahrung der meisten Menschen ist so etwas wie ein Zwiespalt in vielen Dingen, ein Sich-nicht-schlüssig-werden-Können, ein Hin-und-her-gezogen-Werden, eine innere Zerrissenheit. Das zeigt sich beim einen in ständiger Entscheidungsschwäche, beim anderen in oft gegensätzlichen, stark schwankenden Erlebens- und Verhaltensweisen, die er sich nicht erklären kann und als Launenhaftigkeit im Grunde selbst nicht mag, und beim dritten in einer regelrechten Spaltung der Persönlichkeit. „Zwei Seelen wohnen, ach, in meiner Brust!“ hat schon Faust gesagt – welche ist nun die wirkliche? Und mancher wird in seinem seelischen Gefüge nicht nur zwei, sondern drei, vier oder mehr unterschiedliche Anteile feststellen, und die Frage „Wer bin ich wirklich?“ ist um so schwerer zu beantworten.

BILD 1

Aber wir wollen uns nun nicht länger bei allgemeinen Betrachtungen aufhalten, sondern in das Modell der Transaktionsanalyse (TA) einführen, das in der Tat von drei unterscheidbaren Grundbereichen seelischen Erlebens ausgeht. Es wird unterschieden zwischen drei verschiedenen Energiezentren, drei unterschiedlichen Anteilen, aus denen heraus wir aufnehmen und reagieren, denken und handeln und die wir als *Persönlichkeitselemente* oder *Ich-Zustände* bezeichnen. Welches sind nun diese Persönlichkeitselemente, und wie entstehen sie?

Wir veranschaulichen uns die Grundzüge der drei Elemente durch ein paar typische Bilder, durch Szenen, die wir alle erlebt haben, und prägen sie uns ein mit einfachen Schlüsselwörtern.

Auf Bild 1 sehen wir ein Kind in der Wiege. Es weint, hat Angst, schreit. Wie es die Händchen ausstreckt, wirkt es hilflos, verlassen, angsterfüllt. Das Bild steht für eine Urerfahrung, die keinem Menschen erspart bleibt, das Erlebnis von Einengung und Schmerz, das durch das Schlüsselwort *Leiden* ausgedrückt wird. In der Tat ist „Leiden" in den verschiedensten Formen eine Reaktionsweise, die aus dem „kindhaften Element" in uns hervorgeht. „Kindhaft" soll nicht besagen, daß solche Erlebnismöglichkeiten auf die Kindheit

BILD 2

beschränkt sind, sondern daß sie in ihrer Art eher kindhaft, also unreflektiert, emotional und „natürlich" sind. Das kindhafte Element ist im Erwachsenen genauso wirksam wie beim Kleinkind und noch im Greisenalter höchst lebendig (und da oft gerade besonders stark ausgeprägt).

Betrachten wir jetzt Bild 2. Da ist Leben im Sandkasten! Voller Neugier probieren die Kleinen allerhand aus. Sie sind recht egozentrisch, sind ganz mit sich selbst beschäftigt wie der kleine Klaus im Vordergrund, oder gehen jeweils zu zweit so in ihrem Spiel auf, daß sie überhaupt nicht merken, was um sie herum vorgeht. Dabei sind sie weder rücksichtsvoll noch verschämt, laufen ungeniert nackt herum und wirken bisweilen hemmungs- oder gefühllos: Karlchen mit seiner Gießkanne will den kleinen Kurt gewiß nur necken – fragt sich nur, ob Kurtchen das auch so spaßig findet! Das Schlüsselwort für die Szene heißt *Spielen,* und „Spielen" zieht sich in allen möglichen Ausprägungen durch unser ganzes Leben. Allerdings erlauben wir uns später oft nicht, Spielen noch beim Namen zu nennen, und geben uns dem Spiel höchstens etwas versteckt oder verschämt hin oder brauchen Rechtfertigungen für die natürlichsten Impulse (denken wir nur an die gesundheitlichen Erwägungen, mit denen wir den Saunabesuch begründen, oder gar

BILD 3

an die ideologisch orientierten Programme vieler FKK-Vereine). Oder wir merken gar nicht, wie wir uns ins Spielen vertiefen, und „erwischen“ uns dann dabei und kommen uns gleich „kindisch“ vor. Wir würden besser sagen „kindhaft“, denn in solchen Augenblicken leben wir eben ganz im kindhaften Element.

Und nun wenden wir uns dem Bild 3 zu: Kinder unter dem Weihnachtsbaum. Wen ergreift nicht die Seligkeit in den Gesichtern, wenn sie ihre Geschenke auspacken! Und wie sie sich freuen: sie klatschen in die Hände, springen und jauchzen und zeigen, was sie so beglückt. Sie sind spontan, fröhlich und ganz frei, wie sie so von innen heraus ihr Glück genießen. In der Tat wollen wir *Genie-*

ßen festhalten als Schlüsselwort für diese Seelenverfassung. Auch „Genießen" ist etwas, das uns durch das ganze Leben hin immer wieder erfüllt, sei es das schöne Genießen von Sinnenfreuden, von Formen, Farben, Klängen, über Gaumenreize bis hin zu den wonnigsten sexuellen Erlebnissen, oder das Auskosten inneren Glücks von der Begeisterung über erreichte Erfolge, vom Hochgefühl der Selbstverwirklichung bis hin zur Seligkeit des Einklangs mit einem anderen Menschen. Was uns auf dem Weihnachtsbild noch auffällt, ist, daß auch die Eltern im Hintergrund sich mitfreuen, daß kindhaftes Genießen wohl etwas Ansteckendes hat...

Mütter, Psychologen und Ärzte haben beobachtet, daß das kindhafte Element im Menschen im Grunde gar nicht „entsteht", sondern schon bei der Geburt vorhanden ist, jedenfalls lange, bevor der Mensch anfängt zu sprechen und sein Seelenleben in Gedanken und Worte zu fassen. Der Einfachheit halber werden in den Darstellungen der Transaktionsanalyse die Bezeichnungen für die Persönlichkeitselemente oft abgekürzt. Statt immer vom „kindhaften Element" zu reden, sprechen wir vom „K-Element" oder einfach vom „K". Das K ist also der Anteil unserer Gesamtperson, in dem sich elementare Wünsche, Bedürfnisse und vor allem Gefühle ausdrücken. Es wird beherrscht von Bedrückung und Schmerz, oder von Neugier und Spannung, oder aber von Freude und Übermut. Wenn der Mensch von solchen Impulsen, Empfindungen oder Stimmungen erfüllt ist, so besagt das, daß bei ihm das K-Element „die Führung übernommen" hat.

Das Kleinkind kann gewiß leicht Tadel und Ermahnungen der Eltern als bedrückende Zurückweisung erleben, so gut sie auch gemeint sein mögen. Wenn es das oft so erlebt, kann sich im kindlichen Gemüt die Ansicht bilden und verfestigen, irgendwas sei mit ihm selbst letztlich nicht in Ordnung. Wenn ein solches (am Anfang wohl eher vages) Gefühl nicht durch spätere Erlebnisse und Einsichten korrigiert wird, kann daraus eine Art Grundeinstellung werden: „Mit mir stimmt was nicht", die dann ein Leben lang weite Bereiche des Erlebens und Verhaltens insgeheim prägt.

FAZIT Aus dem K-Element kommen

- Einengung, Angst und Trotz,
- Wissensdrang, Abenteuerlust und Kreativität,
- Spontaneität, Hochgefühl und Begeisterung.

Diese drei Seiten fassen wir in die Schlüsselwörter *Leiden, Spielen, Genießen.*

BILD 4

Auf Bild 4 sehen wir ein Spiel, das Kinder in der ganzen Welt spielen: Schule. Aber im Grunde spielen sie gar nicht „Schule“, sondern „Lehrer“; die drei braven Schüler machen nur deshalb so geduldig mit, weil irgendwann der Augenblick kommt, wo sie auch vorne stehen können. Und wenn wir Kinder beim Lehrerspielen beobachten, haben sie auf der ganzen Welt das gleiche Gehabe, am Strand einer Südseeinsel, auf dem Hof einer indischen Moschee oder im Garten einer deutschen Vorstadtsiedlung: sie treten selbstbewußt und lehrhaft auf, so sicher und überlegen wie Lothar auf unserem Bild, und wirken dabei unversehens auch etwas anmaßend. Gleich ob sie gerade unterweisen oder korrigieren oder ihren Schülern etwas verbieten, immer geben sie ein Wissen weiter, das die anderen noch nicht haben. Das erste Schlüsselwort für das „lehrhafte Element“ oder L-Element heißt also *Wissen.*

Das Bild 5 zeigt uns eine weitere Seite des lehrhaften Elements. Wo Kinder Räuber und Gendarm spielen, erleben sie, wie man Anordnungen durchsetzt, Verbote erläßt und Strafen verhängt. Als Ordnungshüter kommandiert Lutz da herum, tadelt, wenn jemand aus der Reihe tanzt, und greift hart ein, packt die Sünder am Schlawittchen und züchtigt sie – nicht aus Sadismus, sondern weil sich das so gehört: Ordnung muß sein! Lutz spielt sich schließlich

BILD 5

nicht unnötig auf, aber er ist eben von seinem Auftrag erfüllt, mithin streng, und wo nicht pariert wird, auch herrisch, weil im Innersten vorwurfsvoll. Er hat seine Wertvorstellung in sich und kann in seinem Amt als Gendarm gar nicht verstehen, wie andere dagegen verstoßen können. Ja, wäre er selbst Räuber, würde es ihm vielleicht auch Spaß machen, dem Gendarm ein Schnippchen zu schlagen, aber er hat nun mal die Aufgabe, dafür zu sorgen, daß die Welt in Ordnung bleibt, und da wertet er das anders. Das Schlüsselwort für diese Verhaltensweise heißt *Werten,* und wie im Kinderspiel, so wird auch im Erwachsenenleben das „Werten" sehr rasch zum „Abwerten".

Eine ganz andere Reaktionsweise im L-Element sehen wir auf Bild 6, vom Wissen und Werten so verschieden, daß der Ausdruck „lehrhaft" nicht recht paßt. Aber es ist eine andere Seite des gleichen Grundverhaltens: man ist für den anderen mit da. So wie der Lehrer sein Wissen weitergibt und der Erzieher (oder Wächter oder Richter) seine Wertordnung durchsetzt, so wendet auch Lieschen ihre Fürsorge dem kleinen Geschöpf zu, für das sie jetzt da ist, sei es das kleine Schwesterlein oder ein heißgeliebtes Puppenkind. Sie hegt und pflegt es, nährt es und umsorgt es, und das

Schlüsselwort, das sich aufdrängt, heißt *Wiegen.* Damit ist bildlich ausgedrückt, daß der Mensch in dieser Verfassung ganz für den anderen da ist, ihm wohltun und ihn fördern will, eben so wie es das Kind eifrig und selbstvergessen tut, wenn es die kleinen Geschwister liebevoll betreut oder die Puppen versorgt. Wo ein Mensch sich anderen in der inneren Verfassung des „Wiegens" zuwendet, ob selbst noch als Kind, später als Mutter oder dann als Großmutter, verhält er sich fürsorglich, schützend und hingebungsvoll.

Wir haben damit die drei Seiten des lehrhaften Elements oder L kennengelernt. Dieses Persönlichkeitselement wird seit der frühesten Kindheit allmählich aufgebaut als Sammlung all dessen, was das Kind darüber erfährt (und sich ausdenkt), wie die Welt eigentlich sein sollte, was es selbst tun soll und nicht tun darf, wie andere sich verhalten sollten und wie überhaupt die Dinge richtig sind und wie man sie macht.

Im lehrhaften Element werden mithin die Lehren, Ermahnungen und Vorschriften, Gebote und Verbote gespeichert, überhaupt alle Regeln, die der Mensch im Laufe seines Lebens von Autoritätspersonen lernt. Dies sind für die meisten Menschen in allerer-

BILD 6

ster Linie die eigenen Eltern, deshalb wird das L-Element auch als „Eltern-Ich" bezeichnet.

Hier sei auf eine wichtige Beobachtung hingewiesen: wer sich von innen her im Wissen erlebt, wer also das Bewußtsein hat, er weiß schon das Richtige, prüft kaum noch und braucht auch nicht mehr auf Gefühle zu achten. Wer alles besser weiß, erlebt Dinge und Ereignisse nicht unmittelbar, sondern beurteilt immer, bewertet alles und wertet es besonders gern ab. Wer alles weiß und alles wertet, ist voreingenommen und wirkt oft starr und rechthaberisch. Aber auch wenn er sich wohlwollend, fördernd und gütig dem anderen zuwendet, im L wirkt er immer überlegen. Ob er also belehrend und verweisend oder auch gewährend und ermutigend auftritt, er ist im L-Element und muß sich auf Abwehr gefaßt machen, sobald der andere sich gegen das zur Wehr setzt, was er als Überlegenheit empfindet (auch wenn es gar nicht so gemeint sein mag).

FAZIT Im L-Element handelt der Mensch aus dem Bedürfnis heraus, andere zu
- korrigieren und belehren,
- tadeln und bestrafen,
- schützen und betreuen.

Die Schlüsselwörter für das L heißen *Wissen, Werten, Wiegen.*

BILD 7

BILD 8

Auf Bild 7 informiert sich die kleine Ruth bei der Mutter über die Geheimnisse des Kuchenbackens. Aufmerksam beobachtet sie, wie alles zusammengehört, und ruhig und konzentriert wiegt sie ihre Rosinen ab. Wir erfassen sofort, daß sich darin eine andere innere Verfassung äußert als beim gefühlsgeladenen K-Element oder beim verantwortungsbereiten L, und benennen dieses sorgsam registrierende Verhalten mit dem Schlüsselwort *Realität erfassen.*

Während Ruth in der Küche aufpaßt, wie ein Kuchen entsteht, sieht ihr großer Bruder Richard nebenan dem kleinen Kurt die Hausaufgaben durch (Bild 8). Er liest, vergleicht und prüft nach, und ist dabei wach, nüchtern und ungerührt. Um festzustellen, ob das auch stimmt, was Kurtchen da hingeschrieben hat, muß er ruhig überlegen; das Schlüsselwort für solcherlei Vorgehen heißt *Fakten prüfen.*

Rolf (Bild 9) ist Klassenobmann und stellt die Mannschaft für das nächste Schulsportfest zusammen. Er sieht seine Mitschüler im Geist schon in voller Bewegung auf dem Spielfeld, er muß also hin und her überlegen, sinnvoll kombinieren und dann entscheiden. Er läßt sich nicht von persönlichen Sympathien oder Abneigungen leiten, sondern bleibt sachlich, unparteiisch und vorausblickend, nur so kann er ruhig urteilen. Zu alledem paßt das Schlüsselwort *Folgen bedenken.*

BILD 9

Im „reflektierenden Element" oder R faßt der Mensch denkend auf, und zwar die Wirklichkeit, die ihn umgibt, und auch sich selbst, die Wirklichkeit seines eigenen inneren Erlebens. Einerseits ist er bestrebt, die äußere Welt zu begreifen, und andererseits, die Gefühle seines K und die Vorschriften seines L widerzuspiegeln, eben zu „reflektieren". Er untersucht, wieweit die K- und L-Botschaften, die er in sich wahrnimmt, in die jeweilige Situation passen. Er wählt in seiner Vorstellung also aus zwischen mehreren Alternativen für sein Verhalten; dabei wägt er deren Auswirkungen für die Zukunft aufgrund seiner eigenen früheren Erfahrungen sachlich ab.

Das R beginnt gegen Ende des ersten Lebensjahres, sich allmählich auszubilden. Es erstarkt in dem Maße, wie es geübt wird, und wird auch als Erwachsenen-Ich bezeichnet. Allerdings reagieren viele Erwachsene auf Ereignisse ein Leben lang emotional (aus dem K heraus) oder aufgrund fremder Weisungen (mit ihrem L) und kommen kaum dazu, einmal ruhig zu überlegen und selbst reif zu urteilen (ihr R einzuschalten).

Wir fassen zusammen: Wenn der Mensch von Tatsachen ausgehend mehrere Alternativen denkend beurteilt und dann in freier Entscheidung eine davon wählt, handelt er aus seinem R heraus.

FAZIT Das R-Element
- erforscht Tatsachen und deren Auswirkungen und
- berechnet den Grad der Wahrscheinlichkeit, mit dem diese eintreten.

Im R denkt der Mensch nüchtern nach über
- sachliche Zusammenhänge,
- emotionale Reaktionen und
- die verinnerlichten Zielvorstellungen Dritter

und bildet sich ein eigenes objektives Urteil.
Die dazu passenden Schlüsselwörter sind
Realität erfassen, Fakten prüfen, Folgen bedenken.

Damit haben wir die drei Anteile der menschlichen Persönlichkeit kennengelernt, die in ihrer Eigenart jeweils das Fühlen, Denken und äußere Verhalten bestimmen. Bei einzelnen Menschen mag der eine oder andere Bereich seltener zum Vorschein kommen oder überhaupt wenig ausgeprägt sein, vorhanden sind alle drei Elemente bei allen Menschen, wie Energiezentralen, die zwar nicht immer eingeschaltet, aber grundsätzlich betriebsbereit sind. So wie wir den Stoff H_2O je nach Temperatur in drei verschiedenen Zuständen erleben, als Eis, flüssiges Wasser oder Dampf, mit jeweils typischen und voneinander abweichenden Eigenschaften, obwohl es immer die gleiche Materie ist, so erleben wir unser eigenes Ich in unterschiedlichen inneren Verfassungen, die auch als „Ich-Zustände" bezeichnet werden. Zur Veranschaulichung hat die Transaktionsanalyse ein einfaches Schema eingeführt: jeder Ich-Zustand oder, anders ausgedrückt, jedes Persönlichkeitselement wird durch einen Kreis dargestellt, wobei das R, das auf dem Boden der Tatsachen steht, in die Mitte gesetzt wird, das K, das in den Wurzelbereich des Vitalen und Kreatürlichen hinabreicht, darunter, und das L, das darauf besteht, alles von oben herab zu beeinflussen, oben drüber. Manchmal zeichnet man auch noch eine Linie um das ganze Gefüge, um anzudeuten, daß erst die drei Elemente in ihrer Gesamtheit das vollständige Bild der Persönlichkeit ausmachen (Abb. I).

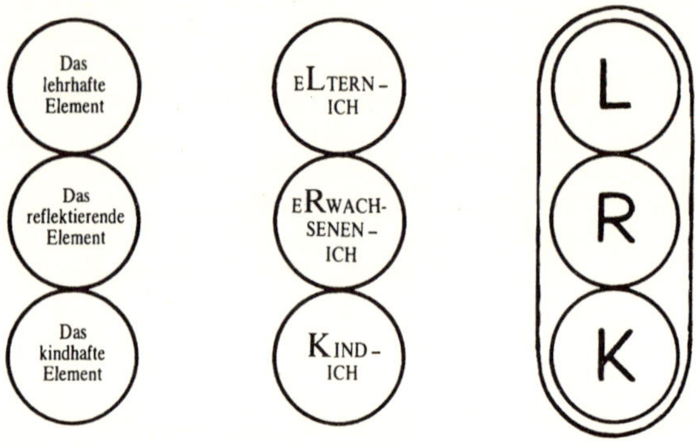

Abb. I: Das Persönlichkeitsgefüge

So wie das körperliche Wachstum des Menschen an gewisse Grundvoraussetzungen gebunden ist, wie Luft, Nahrung, Wärme und dergleichen, so hängt auch seine seelische Entwicklung von bestimmten Bedingungen ab. *Eric Berne*, der Begründer der TA, unterscheidet drei Grundbedürfnisse, die erfüllt werden müssen, wenn es nicht zu Wachstumsstörungen kommen soll. Diese zu kennen ist wichtig für die Steuerung der eigenen Entfaltung und für den Umgang mit anderen, sei es in der Erziehung der Kinder oder bei der Führung und Motivation von Mitarbeitern, ja, im Umgang mit unseren Mitmenschen überhaupt. Die Grundbedürfnisse treten auf wie vitale Urtriebe, ganz ähnlich wie Hunger und Durst. Jeder Mensch sucht instinktiv seine Antwort auf drei Anliegen:
- Was kriege ich von den anderen?
  (Hunger nach immer wiederholter Beachtung)
- Wie stelle ich mich zu den anderen?
  (Hunger nach einer bleibenden Einstellung)
- Wie gehe ich mit ihnen um?
  (Hunger nach gestaltetem Erleben)

Allen drei Grundbedürfnissen[2] liegt das menschliche Bestreben zugrunde, das eigene Leben und die Welt zu *gestalten*.

Große Denker von der Antike bis zu Leibniz und Goethe waren immer wieder fasziniert vom Phänomen der Gestalt in der Natur, wie es sich in jedem Blatt und jeder Blüte, in Vogelnestern oder

[2] In der englischsprachigen TA-Literatur werden sie bezeichnet als *stroke-hunger, position-hunger* und *structure-hunger.*

Bienenwaben zeigt. Nun braucht jedes Lebewesen zum Wachstum Reize von außen, Reizhunger treffen wir also in der ganzen Welt des Lebendigen an. Nur der Mensch will diese Reize auch zu einem bestimmten seelischen Erleben formen.

Der Mensch begnügt sich nicht damit, überhaupt Sinnesreize aufzunehmen, obwohl auch das für seine Entwicklung wichtig ist. Er will darüber hinaus solche Sinneseindrücke empfangen, die vom anderen Menschen ausgehen, und er will erleben, daß er von dem anderen zur Kenntnis genommen wird. Es verlangt ihn nach *Beachtung*[3] seines eigenen Daseins durch den anderen. Er will die Zuwendung, die er erfährt, so gestalten können, daß sie ihm als Anerkennung seiner *Person* erlebbar wird.

Des weiteren sucht der Mensch früh einen festen Ort in der Vielfalt der Kontakte mit anderen. Er erfährt Über- und Unterordnungen, erlebt seinen Eigenwert am größeren oder geringeren Wert anderer Menschen und strebt danach, Gestalt, Ordnung und Struktur herzustellen in seinem Verhältnis zur Umwelt. Er nimmt eine bestimmte *Grundeinstellung*[4] ein, die sein Selbstwertgefühl im menschlichen Miteinander bestimmt, und sucht, diese beizubehalten, um einen festen *Standort* in dieser Welt zu haben. Wie viele Tiere ein festes Revier haben und verteidigen, schafft sich auch der Mensch im geistig-seelischen Raum eine Heimat, die er nicht leichthin aufgibt.

Schließlich erfährt schon das Kind, daß bewußtes Leben heißt, mit der Zeit umzugehen, also jede Spanne Zeit, die unser Herz schlägt und unser Sinn tätig ist, zu gestalten. Natürlich klärt ein kleines Kind so etwas nicht begrifflich, sondern erlebt es elementar, indem es seine *Zeit strukturiert,* etwa mit rhythmischen Lauten oder Bewegungen. Wer die Macht des Rhythmus als psychischen Stimulus beobachten will, braucht nur einmal einer Gruppe von Brasilianern zuzusehen, wenn sie stundenlang mit Hingabe und immer neuen Einfällen Samba tanzen. Der Mensch will in der Zeit, die ihm zuteil wird, die seine ist, etwas erleben, aber dieses „etwas" nicht ungestaltet hinnehmen. Er erlebt schon früh, daß er mit der Durchstrukturierung seiner Zeit gleichzeitig auch entscheidet über unterschiedliche *Weisen seines Sozialverhaltens*[5], und in der Weise, wie er mit anderen umgeht, seinem Dasein immer wieder neu *Sinn* gibt.

---

[3] Näher beschrieben im 5. Abschnitt von Kapitel III.

[4] Näher beschrieben im 3. Abschnitt von Kapitel V.

[5] Näher beschrieben im 1. Abschnitt von Kapitel IV.

Wir haben bisher gesehen, welche drei seelischen Elemente und welche Grundbedürfnisse in uns angelegt sind und wie sie entstehen. Nun stellt sich zunächst die Frage, wie die Elemente sich im einzelnen äußern, wie sie sich zueinander verhalten und woran man sie in der Praxis erkennen kann. Sodann werden wir uns damit befassen, was der Mensch alles tut, um seine Grundbedürfnisse zu erfüllen.

II.
Die Persönlichkeitsstruktur

1. Das kindhafte Element

Bisher haben wir uns die Elemente der menschlichen Persönlichkeit an Szenen aus der Kindheit verdeutlicht.

Die Perspektive der frühen Kindheit (Bild 10) ist uns allen ja noch in Erinnerung. Aber auch als Erwachsene durchleben wir immer wieder die gleichen Gefühle, die uns von der Kindheit her vertraut sind. Was anders geworden ist, sind meist die Anlässe. Wenn ein Erwachsener in ein Examen geht oder von seinem Partner oder Vorgesetzten kritisiert wird, braucht er ja wohl keine schmerzhafte körperliche Züchtigung zu befürchten, aber was ihm von früher her geblieben ist, ist der Erlebnisablauf, das Reaktionsschema, an das er sich als Kind einmal gewöhnt hatte.

Ein Kind, das oft erlebt, wie die Mutter zu ihm sagt: „Hab ich dich wieder erwischt! Jetzt warte nur, bis Vater nach Hause kommt, dann kannst du was erleben!" – das durchlebt viele lange Stunden würgender Einschnürung, wo ihm nichts mehr Freude machen will, wo aller Schwung dahin ist, wo es wie gelähmt auf den Augenblick wartet, wo Vater nach Hause kommt. Das Kind gewöhnt sich früh an das Gefühl der *Angst* und wird auch später im Leben bei allen möglichen Gelegenheiten mit Angst reagieren.

Der Examenskandidat, der dieses Gefühl früh gelernt hat, kann genau wissen, daß zu irgendwelchen Befürchtungen gar kein Grund besteht, weil er tadellos vorbereitet ist – sobald er vor dem Prüfungsausschuß steht, produziert er wieder das bekannte Gefühl (und erlebt sich dabei als passiv: die Angst „befällt" ihn), es nutzt alles nichts, er wird käseweiß, ist wie gelähmt, und von allem Gelernten und eben noch Gewußten fällt ihm nichts mehr ein (Bild 11). Der Kandidat erlebt wohl jene Seite seines kindhaften Elements, die wir mit dem Schlüsselwort *Leiden* bezeichnet hatten. Aber die Angst ist nur eine von vielen Erlebnisweisen, die alle Leiden in der einen oder anderen Form bedeuten.

Ein Kind, das immer wieder zu hören bekommt: „Wie kannst du nur“ oder „Du solltest dich was schämen“ (und dahinter den Vorwurf spürt: „*Ich* muß mich für dich schämen“), gewöhnt sich allmählich an das Gefühl der *Schuld*.

Ein Kind, dem ständig gesagt wird: „Spiel nicht mit den Kindern aus der Siedlung – das ist auswechselbar, hieß früher: aus der katholischen oder evangelischen Schule, und heißt heute eher: von diesen Gastarbeitern, oder auch von diesen arroganten Akademikern – da weiß man doch nie, wo man dran ist“, ein Kind, das dahinter den Argwohn spürt: „Denen kann man nicht trauen, wenn's drauf ankommt“, gewöhnt sich unmerklich an das Gefühl von *Mißtrauen* oder, wenn die frühen Warnungen sich irgendwann mal als scheinbar begründet erweisen sollten, gar an *Haß*.

BILD 10

BILD 11

Angstgefühle, Schuldkomplexe, Argwohn und Haßanwandlungen sind verbreitete Äußerungen des K im *Leiden*. Trotz, Groll und Rachsucht sind nicht weniger häufig. Die Liste läßt sich lange fortsetzen, aber wir wollen nicht Gefühle abstrakt aufzählen, sondern lieber beschreiben, wie der Mensch im K „Leiden" sich empfindet und auf andere wirkt, und vor allem, was er *tut,* das läßt sich eindeutiger beobachten.

Solange jemand im K „Leiden" ist, wirkt er niedergeschlagen, traurig, schüchtern, verschlossen, ängstlich, oder er ist quengelig, eigensinnig und mißmutig, ärgerlich und bockig, trotzig, aufsässig oder wütend, oder aber hämisch, schadenfroh, übelnehmerisch, nachtragend, neidisch, eifersüchtig, gemein. Und immer wenn er den Kopf hängen läßt, weint, sich blockiert, sich schuldig fühlt und zurückzieht, sich lähmt, wenn er schmollt und grollt, sich ärgert und trotzt, herumstrampelt und tobt und die Gegend vollschreit, dann ist er im K „Leiden".

Daß auch das laute Auftrumpfen, das selbstgefällige Angeben und der Triumph des Siegers (oder des vom Schicksal oder von Gott besonders Gesegneten) Weisen kindhaften Leidens sind, wird manchem nicht gleich aufgehen.

Einige der beschriebenen Reaktionen sind ganz natürlich und können in entsprechenden Situationen völlig normal sein. Wenn ich ahnungslos bin und plötzlich fällt mich ein bewaffneter Unhold an, der es auf meine Kamera abgesehen hat, ist es wohl natürlich, daß ich Angst habe. Wenn eine Gefahr auf mich zukommt oder mir ein Verlust droht, ist Angst die natürliche Reaktion meines Organismus. Dadurch werden ja, sobald die Schrecksekunde überwunden ist, blitzschnell Energien zu Flucht oder Abwehr mobilisiert.

Wenn ich einen Verlust erlitten habe, vielleicht für immer Abschied nehmen mußte von einem geliebten Menschen, ist es verständlich, daß ich traurig und niedergeschlagen bin. Und wenn sich mir ein unerwartetes Hindernis in den Weg stellt, reagiere ich ganz natürlich mit Ärger und Zorn. Nur wenn ich bei allen möglichen Gelegenheiten oder gar ohne ersichtlichen Anlaß aus dem K „Leiden" heraus reagiere, dann empfinden andere (und vielleicht auch ich selbst) das als unangemessen, dann ist da etwas nicht in Ordnung. Der Grund dafür liegt oft in der frühen Kindheit. Und die Folgen können sehr ernst sein, wenn sie ein Leben lang anhalten und den Menschen, der die frühen Reaktionsschemata nicht überwindet, um innere Erfüllung und äußeren Erfolg bringen. Nehmen wir als Beispiel die zuerst besprochenen Reaktionen von *Angst, Schuld* und *Mißtrauen*. Wir kennen die Situation: es hat jemand einen Vortrag übernommen, und daheim vor dem Spiegel hat er ihn recht flüssig gehalten, aber wo er jetzt die Zuhörer vor sich sieht, hat er den berühmten Frosch in der Kehle. Oder der Ehemann liest morgens aus der Zeitung die Notiz über die Massenkarambolage auf der Autobahn vor, und seine Frau fängt an zu schluchzen: „Ich weiß schon, was du sagen willst, bei dem Eis hätte ich das Auto ja auch nicht nehmen dürfen..." und er ist sprachlos, weil er im Traum jetzt nicht daran gedacht hatte, daß sie vor Jahren mal das Familienauto zu Schrott gefahren hatte. Und wer kennt nicht das beklemmende Gefühl, wenn er zum Chef gerufen wird, und dann ist der so freundlich und streckt die Hand aus und spricht ein Wort der Anerkennung, aber die eigene Hand zögert ein wenig: was der Alte bloß im Schilde führt, wenn er jetzt Gutes über mich sagt? In solchen Situationen ist regelmäßig der freie Kontakt zum Mitmenschen beeinträchtigt, aber auch die innere Verfügung über sich selbst: das R ist wie umklammert, als würde es vom leidenden K gefangengehalten. Es ist ein richtiger Teufelskreis: wer häufig, in allen möglichen Situationen, das Gefühl der Angst, der Schuld oder des Mißtrauens erlebt, trübt sich dadurch leicht den Blick für die Wirklichkeit, vergrößert damit seine Schwierigkeiten und hemmt sich bei der Lösung anstehender Probleme. Dadurch daß ihm seine Ängstlichkeit, seine Bedrückung oder sein Argwohn trotz gegenteiliger Worte anzumerken ist, fühlen sich andere in seiner Gegenwart unbehaglich oder abgewertet und gehen ihm aus dem Wege, wenn sie können. Sind sie ihm ausgeliefert oder müssen sie sich fügen, so sperren sie sich innerlich. Kein Wunder, daß um ihn herum kein rechter Schwung aufkommt und ihm im Leben so vieles schiefgeht. In der TA-Literatur bezeichnet man diesen Menschentyp als *Verlierer.*

Manchmal sinkt der Verlierer auf der sozialen Leiter allmählich ab und bewegt sich unaufhaltsam in Richtung Unfreiheit oder Unselbständigkeit, Strafanstalt oder Pflegeheim, aber manchmal hat er auf seinem Weg auch beachtliche materielle Erfolge. Ein erschütterndes Verliererschicksal war das des Dollarmilliardärs Howard Hughes, bekannt als Testpilot und Frauenheld, Großaktionär der Fluggesellschaft TWA und in den 60er und 70er Jahren einer der reichsten Männer der Welt, der sich, ohne daß die Öffentlichkeit davon erfuhr, erst durch Medikamenten-, später durch Drogenkonsum mehr und mehr zerrüttete und in seiner selbstgewählten Isolierung seelisch und körperlich jämmerlich zugrundeging.

Nicht an der beruflichen Position, am Fehlen von (oder Pochen auf) Bankkonto, Titel und Ehrenzeichen läßt sich ablesen, ob jemand ein Verlierer ist, sondern eher daran, ob er Freunde hat und fähig ist, sich auch Ruhe zu gönnen und sein Dasein wirklich zu genießen.

Gleichfalls im kindhaften Ich-Zustand, aber in gänzlich anderer Atmosphäre stellt sich das Erlebnis des *Spielens* dar. Das Spiel gilt überall in der Welt als das besondere Reich der Kinder. In den ersten Lebensjahren, wenn noch keine Anpassung an die Schulordnung mit ihren Pflichten und Zwängen gefordert wird, nimmt Spielen oft den größten Teil des kindlichen Daseins ein. Im Spiel kann sich das Kind noch frei entfalten, da schafft es sich seine eigene Welt, befriedigt seine Neugier, läßt seine Phantasie schweifen, er-

BILD 12

bebt in selbstgeschaffener Spannung und lebt seinen Erlebnisdrang aus. Hört das nun alles mit dem Schuleintritt auf?

Im Grunde hört es nie auf, und es gibt höchst seriöse Berufe, in denen das ständige Ausprobieren, das spielerische Gestalten, das gespannte Untersuchen oder das gekonnte Erzeugen von Spannung zum Alltag gehören. Ob nun im Beruf oder in der Freizeit: Kreativität und Initiative, das Erfinden origineller Lösungen, überhaupt die Freude an allen möglichen Einfällen und das Testen, Reizen und Manipulieren von Mitmenschen gehen Hand in Hand. Das zeigt sich in Konrads Bastelkeller genauso wie in den anspruchsvollsten Forschungsprojekten der Petrochemie oder der Energieerschließung, wo ungehemmte Experimentierfreude immer neue Stoffe, Verfahren und letztlich auch neue Existenzchancen und Möglichkeiten der Lebensgestaltung schafft. Und das gleiche Grundverhalten läßt sich sogar beobachten, wenn man einmal routinierten Skatspielern beim Reizen zusieht: „Nun bin ich mal gespannt, wie der jetzt reagiert..." (Bild 12).

Ob Intuition und Manipulation nur im kleinen oder Forscherdrang und Abenteuerlust im großen entfaltet wird, immer haften dem Menschen dabei kindhafte Züge an, und oft geht er recht eigenwillig und egozentrisch vor. Wem das bei seinen Kindern oder im Beruf bei seinen Mitarbeitern nicht paßt, wer den Hang zu allem Spielerischen übelnimmt und erstickt, der unterdrückt damit auch Unternehmungslust und Kreativität. Das K „Spielen" zeigt sich in mannigfacher Weise, wenn jemand umherforscht und herumprobiert, etwas entwirft und erfindet, zeichnet und malt, knetet und formt, bastelt und baut, wenn er sich Überraschungen ausdenkt, andere verblüfft und neckt, reizt und manipuliert, wenn er sich tummelt und lärmt und nackt herumspringt, und auch, wenn er aus reiner Neugier und Experimentierlust Lebewesen quält. Er ist in solcher Verfassung verspielt und impulsiv, unbefangen und ungehemmt, und leicht auch selbstsüchtig und bedenkenlos.

Auch die Sinnen- und Seelenfreuden, die wir mit dem Schlüsselwort *Genießen* gekennzeichnet haben, werden schon in den ersten Lebensjahren geweckt, und je ungetrübter wir sie in der Kindheit erleben, um so freier und natürlicher können wir sie auch als Erwachsene auskosten. Die Weise, in der sich das Hochgefühl äußert, ändert sich ein ganzes Leben nicht, etwa beim fröhlichen Aufnehmen einer guten Nachricht, beim glücklichen Staunen über eine Überraschung oder beim spontanen Mitfreuen über den Erfolg eines anderen, z.B. einen Sieg im Sport: man braucht nur einem begeisterten Reporter zuzuhören, wie er sich von seinem Schwung forttragen läßt und Tausende mit fortreißt... Anders und doch verwandt ist das wohlige Behagen des Urlaubers, der am Strand die Sonne, sich und die Welt genießt. Dabei mag die Perspektive unterschiedlich sein – jeder ist eben auf seine Weise im K „Genießen": die jungen (oder auch nicht mehr jungen) Männer, die im Sand liegend mit den Augen wonniglich die Rundungen der vorbeischwebenden Badenixen liebkosen, und die Nixen, die bei jedem Schritt sichtlich den Zauber ihrer Reize und die Anmut ihrer Bewegungen selbst auskosten.

Wie sehr das Hochgefühl der spontanen Freude ein Leben lang etwas Kindhaftes behält, zeigt sich mit aller Deutlichkeit im Verhalten der Zuschauermenge, wenn bei einem spannenden Fußballspiel das entscheidende Tor fällt (Bild 13)! Laut Personalausweis liegt das Alter dieser Männer durchweg zwischen 25 und 45 Jahren. Sieht man aber jetzt die Gesichter, die Augen, die Gesten, hört man die Ausrufe und betrachtet man das Spielzeug und fragt sich dann nach dem psychologischen Alter, so wird man eher Drei- und Vierjährige entdecken.

Wenn wir das K „Genießen“ ebenfalls durch eine Reihe von Eigenschafts- und Tätigkeitswörtern weiter veranschaulichen wollen, so wären Wörter zu nennen wie zuversichtlich, unbekümmert und übermütig, spontan, fröhlich und frei, lebendig, schwungvoll und herzlich, sinnlich, lustvoll und ungezügelt, zärtlich, zutraulich und liebevoll. Diese Seite kindhaften Erlebens drückt sich aus in Lachen und Lächeln, Pfeifen und Singen, Tanzen und Springen, Hüpfen und Faulenzen, im Anschmiegen und Umarmen, im Schmausen und Schmusen. Wer früh viel Sonne aufnimmt, wer sich als Kind ungetrübt den Freuden des Herzens und der Sinne hingeben darf, in dem strahlt die natürliche Wärme ein Leben lang weiter.

BILD 13

Ein Kind, das immer wieder erlebt, daß es mit seiner spontanen Freude die Eltern nicht stört, sondern daß die Mutter sich mitfreut und Vater mit ihm lacht, gewöhnt sich an das Gefühl der *ungebrochenen Freude.*

Ein Kind, das immer wieder erlebt, daß es mit allen Schwierigkeiten zu seinen Eltern kommen kann und daß diese ihm helfen und es nicht zurückweisen, auch wenn es sich ungeschickt verhalten hat, sondern für alle Probleme mit ihm gemeinsam eine Lösung suchen, gewöhnt sich an das Gefühl des *spontanen Vertrauens.*

Wer als Erwachsener leicht das Gefühl echter Freude und ungebrochenen Vertrauens erlebt, auch in schwierigen Situationen, der ist leichter imstande, Aufgaben klar zu sehen und angemessen zu lösen. Dadurch daß er Freude und Vertrauen ausstrahlt, wirkt er auf viele Menschen anziehend, sie suchen seine Gegenwart und kooperieren gern mit ihm. Kein Wunder, daß ihm im Leben vieles wie von selbst gelingt; deshalb sprechen wir bei diesem Typ auch vom *Gewinner.*

Typische Gewinner findet man genau so oft in führenden Positionen wie an allen möglichen Stellen der sozialen Rangordnung; viele belasten sich bewußt nicht mit den Zwängen eines hohen Amtes und ziehen ihre Selbständigkeit vor. Es gibt ein paar Merkmale, an denen man sie sicherer erkennt als am rein materiellen Erfolg: an ihrer wohltuenden und ungezwungenen Art, an ihrer Fähigkeit, in der Gegenwart zu leben, sich überall wohlzufühlen und Menschen und Dinge direkt anzusprechen. Die Psychologen sagen, sie leben vorwiegend „im Hier und Jetzt". Trifft sie ein Mißgeschick, werden sie mit Zorn oder Trauer reagieren, aber nicht lange: kein Unglück ist so schwer, daß sie nicht daraus lernen könnten, und dies Bewußtsein trägt sie und beflügelt sie immer wieder neu. Natürlich handelt es sich bei den Typen *Gewinner* und *Verlierer* um eine psychologische Modellvorstellung; in reiner Ausprägung gibt es den „Nur-Gewinner" oder den „astreinen Verlierer" gar nicht. Dennoch hat eine solche Typisierung ihren Wert für die Praxis der Menschenkenntnis: an ihr lassen sich aufschlußreiche Zusammenhänge aufzeigen. Verbinden wir einmal ein paar Überlegungen dazu mit Beobachtungen aus dem Alltag!

Wir tun im Leben immer gern das, was wir können. Wer gut Tennis spielt, sucht auch Gelegenheiten, wo er spielen kann, nicht nur, um es vor anderen zu zeigen, sondern auch, um sich selbst zu erleben. Ähnliches gilt auch für die gelernten Gemütsreaktionen. Der Gewinner sucht im Leben instinktiv Situationen, die ihm die

Gefühle der Freude und des Vertrauens bestätigen. Der Verlierer ist natürlich nicht bewußt darauf aus, Unangenehmes zu erleben, aber eigenartigerweise geht er eher auf Situationen zu, die ihm Gelegenheit geben, die ihm vertrauten Gefühle von Angst, Schuld und Mißtrauen wieder „auszukosten". Er leidet natürlich unter diesen Gefühlen, verwünscht sie und beklagt sich darüber; das Wort „auskosten" soll nur besagen, daß er in solch mißlichen Situationen sich selbst in einer Weise erlebt, die ihm von klein auf bekannt ist, und insofern bringt ihm auch das vertraute negative Gefühl eine Art Bestätigung: er hatte ja gleich gewußt, wie es gehen würde!

Aber es braucht nicht einmal eine unterschiedliche Situation zu sein, in die sich der Gewinner und der Verlierer begeben, sondern wenn sie in die gleiche, vielleicht durchaus schwierige Situation kommen, so trägt der Gewinner seinen Optimismus hinein und erlebt sie als Chance, Bereicherung oder sogar Beglückung, weil er sich dort seine Fähigkeiten erneut beweisen und dazulernen kann, und der Verlierer bringt Skepsis und Verzagtheit mit – wahrscheinlich als „Realismus" und „Illusionslosigkeit" deklariert – und schafft sich damit die Möglichkeit, wieder einmal Angst oder Selbstvorwürfe oder Mißtrauen zu erleben und sich insofern das zu bestätigen, was er immer schon wußte über sich selbst und den Gang der Dinge. In diesem Sinne ist auch das zwanghafte Aufsuchen von negativen Erlebnissen für den Verlierer ein Gewinn, nämlich ein Zuwachs an Selbstgewißheit.

Selbstgewißheit aber ist eine echte Lebenshilfe, denn wenn die Welt so ist, wie ich es von klein auf gewußt habe, wird sie vorhersehbar, ich kann mich besser darauf einstellen und „weiß, wie ich mich zu verhalten habe". Die Preisgabe eines Weltbildes, und sei es noch so grau und trüb, bedeutet immer auch Ungewißheit und Risiko; deshalb wehrt sich der Verlierer manchmal so verzweifelt gegen den wohlgemeinten Zuspruch von Eltern und Erziehern, von Ratgebern oder Vorgesetzten.

Wir haben gesehen, daß jedes gesunde Kind spielt, allein oder mit anderen. Viele Kinderspiele sind Formen des Wettbewerbs, wo die Kräfte gemessen werden und einer oder eine Seite gewinnt, also die stärkere, schnellere, klügere usw. Der Sieger im Spiel ist aber nicht immer der *Gewinner* im psychologischen Sinne. Ist der Sieger ein *Gewinner*, freut er sich über seinen Sieg, aber hat es nicht nötig, maßlos zu triumphieren, er weiß ohnehin, daß morgen vermutlich wieder ein anderer siegen wird. Ist er aber ein *Verlierer*, prahlt er bei jeder passenden und unpassenden Gelegenheit mit seinem Sieg (wohl weil er im tiefsten empfindet, irgend etwas sei trotzdem mit ihm nicht in Ordnung) oder wertet ihn gleich irgendwie ab („Na gut, ich habe die meisten Punkte, aber wenn dies oder jenes nicht gewesen wäre, hätte ich es erheblich besser gemacht…"). Noch deutlicher zeigt sich der Unterschied, wenn jemand im Spiel oder Sport oder im Berufsleben bei einem Wettbewerb Zweiter wird. Der *Verlierer* empfindet das als Demütigung, und die Tatsache, daß er „es nicht geschafft" hat, nagt an ihm und verdirbt ihm die Freude an der ganzen Sache. Der *Gewinner* sagt sich: „Ich habe mein Bestes gegeben und bin auf einem tollen Platz gelandet, stell dir vor, der Zweite in der ganzen Gruppe!" – ist glücklich darüber und genießt seinen Erfolg.

Wir alle haben als Kinder wohl Wettbewerbs- und Vergleichsspiele gespielt, auch wenn sie nicht ausdrücklich so genannt wurden. Denken wir nur an das naive Bestreben, mit dem Spielzeug den Spielgefährten zu übertrumpfen. Die Devise war immer die gleiche: „Meins ist besser als deins", mit wem wir uns auch gerade verglichen haben, mit dem großen oder kleinen Bruder, mit dem Mädchen von nebenan oder mit den großen Jungens, die schon in die Schule gingen. Meins ist besser, das hieß damals größer, schöner, bunter, stärker, schneller, tüchtiger, angesehener. Meins, das war der Ball, das Spielzeugauto, die Mütze, das Haus, der Bizeps, der Vater. Das Kind erlebt bei diesem Spiel unzählige Male, daß es nichts einbringt als Einsamkeit oder Demütigung. Das mag zunächst befremdlich klingen, doch es läßt sich rasch erklären, wenn man die verschiedenen denkbaren Möglichkeiten systematisch analysiert. Entweder habe ich recht und „meins ist wirklich besser als seins", dann gibt er es mir zurück und rächt sich, oder er stimmt mir zwar zu, aber sicherlich ohne echte Freude, oder aber er geht seiner Wege; ein echtes Miteinander, bei dem beide sich wohlfühlen, haben die Verfasser bei einem solchen Vergleichsspiel jedenfalls noch nicht erlebt. Oder aber der andere beweist mir, daß seins doch besser ist als meins, und trumpft auf, und dann bin ich meistens verstimmt, und das ganze Spiel macht mir keinen Spaß mehr. Und doch habe ich es selbst angefangen, und ich habe sogar etwas gewonnen, nämlich die Bestätigung, daß es jedesmal so ausgeht, wie schon immer. Natürlich werde ich mich darüber beklagen, aber im tiefsten habe ich es wohl gar nicht anders gewollt. Wenn ich es in der Hand hatte, so ein Spiel zu beginnen oder bleibenzulassen, dann muß mir letztlich an diesem Spielgewinn doch gelegen haben, sonst hätte ich es gar nicht angefangen. Und auch der andere hätte sich nicht darauf eingelassen, wenn er nicht seinerseits irgend etwas dabei gefunden hätte.

Wir brauchen nur die Situation von Hänschens Spielauto auf den neuen Sechszylinder von Hans zu übertragen, um zu sehen, wie viele Spiele sich in der Erwachsenenwelt ausgesprochen oder unausgesprochen immer noch um das Auto drehen. Immer noch lautet die Devise: meins ist besser (größer, schöner, bunter, schicker, und trotz Energiekrise auch stärker oder schneller) als deins. Ärzte und Psychologen beobachten, welch ungeheure Energie der Erwachsene darauf verwendet, sich mit zäher Beharrlichkeit immer wieder neu die Abfuhr zu holen, an die er gewöhnt ist. Sie sprechen von *Psychospielen,* die das K des Menschen aus der Kindheit mitschleppt und ein ganzes Leben lang immer wieder inszeniert.

Solche Psychospiele mögen harmlos aussehen, aber sie hindern den Menschen oft genug in verheerender Weise an freien Entscheidungen und an der Entfaltung seiner wirklichen Möglichkeiten. *„Meins ist besser als deins"* ist dabei nur ein Beispiel, es ist nur eines von Dutzenden von typischen Psychospielen, die *Eric Berne* und die Begründer der TA in den letzten zwanzig Jahren, vor allem in Amerika, entdeckt und beobachtet haben und die in Familie und Gesellschaft, im Wirtschaftsleben und in allen Organisationen eine enorme Energie in unproduktiver und häufig destruktiver Weise verzehren. Wer das Psychospiel „Meins ist besser als deins" durchspielt, der bestätigt sich damit die geheime Einstellung seines K: „Mit mir stimmt was nicht", denn der andere wischt ihm immer wieder eins aus oder wird im Kontakt mit ihm unecht oder zieht sich zurück.

Nehmen wir ein weiteres Beispiel, um deutlich zu machen, welch breiten Raum solche Psychospiele im Leben einnehmen. Wenn das Kind Strafe befürchten muß, liegt nichts näher als die natürliche Reaktion, die Schuld für sein Verhalten rasch auf einen anderen abzuschieben. Adam hat durchaus aus eigenen Stücken in den Apfel gebissen (wenigstens unterstellen wir das), aber als er zur Rede gestellt wurde, kam ihm sofort in den Sinn: „Das *Weib,* das *du* mir gegeben hast...", und schon waren in einem Satz zwei Schuldige gefunden. *Ich* hätte es ja richtig gemacht, wenn ich nur gekonnt hätte, wie ich wollte, *aber* meine Mutter (oder meine Schwester, oder mein Lehrer)... Wir brauchen uns nur umzusehen, die Schuld für den Irrtum bei der Berufswahl, die aufgelöste Verlobung, die plötzliche Kündigung, für den mißglückten Urlaub, für den verpfuschten Tag oder die verkorkste Einladung, und so weiter und so fort, sie liegt in den allermeisten Fällen beim anderen. Dieses Psychospiel heißt „*Wenn du nicht wärst*" und wird wohl gelegentlich in allen Familien gespielt, in manchen Ehen mit Verbissenheit über Jahrzehnte hinweg, aber auch in der Firma, in der Schule[1], in den Parteien und Vereinen. Hier holt sich der Psychospieler Bestätigung für eine andere Grundeinstellung, nämlich: „*Die Mitmenschen* taugen nichts, *der andere* ist nicht in Ordnung." Und weil er diese Bestätigung immer wieder braucht, deshalb wehrt er sich auch so hartnäckig dagegen, das Spielchen aufzugeben und ganz einfach seinen Anteil Mitverantwortung zu übernehmen für ein Geschehen, an dem er doch zweifellos auch beteiligt war und von dem er sich zumindest nicht zurückgezogen hat.

2. Das lehrhafte Element

Bei der Betrachtung der K-Reaktionen im Alltag haben wir gesehen, wie entscheidend die früh erworbenen emotionalen Verhaltensweisen das ganze Leben eines Menschen prägen können, von seinen bleibenden, tiefsten Einstellungen bis zu flüchtigen, wechselnden Stimmungen. Genausogut – und im Verhalten zu den Mitmenschen vielleicht noch klarer – läßt sich erkennen, wie die in der Kindheit aufgebaute L-Struktur das Auftreten des Menschen den eigenen Kindern gegenüber steuert und überhaupt seine Beziehungen in der Gesellschaft beeinflußt, so z. B. häufig genug die Berufswahl und dann im Beruf das Verhalten bestimmt.

Die verschiedenen Seiten des L-Auftretens haben eins gemeinsam: im L empfindet der Mensch sich denen, für die er in dieser Verfassung zuständig ist, als überlegen.

Das gilt für die innere Sicherheit, mit der ich weiß, was richtig ist, und damit ganz natürlich die anderen belehre, oder spüre, was Rechtens, und vor allem, was abzulehnen ist, und das folglich auch mit dem nötigen Nachdruck durchsetze, aber auch für den Einsatz und die Hilfsbereitschaft, mit der ich mich um andere kümmere und sie fördere (doch deshalb, weil sie einen so umsichtigen und gütigen Menschen wie mich eben brauchen).

Wann bin ich nun im L? Sobald ich sicher weiß, wie die Dinge eigentlich sind und was denn nun richtig ist, und mich angesprochen fühle, wenn andere das nicht wissen oder noch nicht richtig

[1] Wo dies Spielchen überdies indirekt durch erlesen wehmütige Gleichnisse aus der Literatur illustriert wird: „... und das hat mit ihrem Singen – *die Loreley* getan!"

BILD 14

oder noch nicht sicher genug wissen, wenn ich dann mein Wissen weitergebe, dann bin ich im L. Und wenn ich anfange zu erklären und mit Wonne erlebe, wie die anderen das aufnehmen, wenn ich sie korrigiere und lobe und zurechtweise und anerkenne und immer wieder ausbessere, dann bin ich im L, und zwar, um das Schlüsselwort wieder aufzugreifen, im L „*Wissen*". Wer darin aufgeht, gleich ob als Vater oder Hochschuldozent oder Gewerbeoberlehrer, von dem heißt es dann: er ist der geborene Lehrer (Bild 14) – dabei braucht er natürlich nicht in einer Schule tätig zu sein, sondern findet im öffentlichen Dienst, in der Industrie und im Handel die verschiedensten Möglichkeiten, seine L-Impulse sinnvoll einzusetzen: als Offizier bei den Streitkräften, als Meister in der Lehrwerkstatt oder als Vertriebsleiter im Außendienst, wo er immer wieder Berufsfremde einarbeiten und alte Mitarbeiter mit Neuerungen vertraut machen muß. Wer solchen L-Impulsen folgt, drückt das in seinem Verhalten eher als „Belehren" aus; das wirkliche „Wissen" kann ja niemand sehen. Streng genommen müßte unser Schlüsselwort also heißen „Wissen weitergeben" – wenn wir uns dennoch für „Wissen" entschieden haben, so auch wegen des einprägsamen Stabreims Wissen, Werten, Wiegen ...[2]

Um uns das lehrhafte Element in der Ausprägung „Wissen" (also im Sinne von „*für andere mit* Wissen") klarer zu veranschaulichen, führen wir wieder eine Reihe von Eigenschafts- und Tätigkeitswörtern an. Im L „Wissen" wirkt der Mensch klug und erfahren, dabei bisweilen eingefahren und festgelegt, und schließlich oft genug voreingenommen, besserwisserisch oder gönnerhaft. Wir beobachten das beim Unterrichten, Zeigen, Vormachen, Anordnen, Kontrollieren und Kritisieren, und erkennen das L „Wissen" oft schon daran, mit welcher Bereitschaft und Ausdauer jemand (mit stark gebremstem Sinn für Zuhörreaktionen) Vorträge hält, Histörchen erzählt, Referate übernimmt und überhaupt bedeutsame Reden schwingt.

Aber auch die Energie und Unerbittlichkeit, mit der ich für Ordnung sorge und Menschen fordere, zu Leistungen zwinge und notfalls maßregele, kann eine eigene Genugtuung auslösen. Nicht jeder Spieß (Bild 15) ist ein Leuteschinder; aber wer seine Mannschaft nicht „rannimmt" und auch dann noch hart anfaßt, wenn die Grenzen der Leistungsfähigkeit erreicht sind, der wird diese Grenzen auch nicht erweitern und keine wirklich einsatzfähige und leistungsstarke Truppe heranziehen. Die Frage, wozu die Truppe überhaupt so schlagkräftig sein muß, stellt sich für das L nicht, denn die Wertordnung, aus der heraus andere gefordert, belohnt und bestraft werden, wird nicht in Frage gestellt. Wir hatten diese Seite

---

[2] Auch gegen den Ausdruck „lehrhaft" ließe sich gewiß Kritik vorbringen, zumal er zum Schlüsselwort „Wiegen" nicht recht passen will. Doch genauso ließen sich gegenüber *Bernes* Bezeichnung *Parent* oder „Eltern-Ich" Vorbehalte machen; *Leonhard Schlegel* hat sie so formuliert: „Was er *(Berne)* als Eltern-Ich-Zustand bezeichnet, ist nur zusätzlich in einem weiteren Sinn ein solcher ...; auch ... ein Freund, ein Ehegatte, ja ein Kind kann eine solche Haltung einnehmen." (*L. Schlegel,* Grundriß der Tiefenpsychologie, Bd. V. München, Francke 1979, S. 79).

mit dem Schlüsselwort *Werten* gekennzeichnet und gesehen, daß das Werten – so wie wir Menschen nun mal reagieren – sich meist recht wenig beim Loben aufhält, sondern rasch und um so nachdrücklicher in alle möglichen Spielarten des „Abwertens“ abgleitet.

Wenn wir uns dies Bild wieder mit Eigenschaften und Tätigkeiten verdeutlichen, nennen wir kritisch, fordernd, selbstgerecht, eingebildet und autoritär; typisch für diesen Ich-Zustand ist eine immer etwas gereizte Verfassung. Sie zeigt sich im ständigen Begutachten und Bewerten, im Befehlen, Beherrschen, Schimpfen, Schikanieren und Tyrannisieren anderer.

Schon beim „Wissen“, noch mehr beim „Werten“ fällt die Selbstverständlichkeit auf, mit der das L die eigene Einstellung als für alle anderen verbindlich erlebt. Das kommt daher, daß die Anschauungen, die dahinter stehen, die Inhalte unseres L einmal

BILD 15

unbesehen übernommen worden sind in einem Alter, als wir noch viel zu klein waren, um sie überhaupt prüfen zu können. In der Regel werden sie nun ein Leben lang ungeprüft weitergeschleppt, ohne daß wir noch hinsehen, ob sie für die heutige Situation überhaupt zweckmäßig sind.

Das läßt sich bei manchen alten Volks-„wahrheiten" gut beobachten. „Morgenstund hat Gold im Mund" kann eine sehr nützliche Regel sein. Als es vor hundert oder 200 Jahren noch keine landwirtschaftlichen Maschinen gab, kam es in der Erntezeit oft sehr darauf an, das Getreide in der Scheune zu haben, ehe das Nachmittagsgewitter losbrach. Wer da nicht vor Tag und Tau aus den Federn kam, der mußte damit rechnen, daß er gegen Abend seine Säumigkeit teuer bezahlen mußte und ihm der Wettergott die Mühe eines ganzen Jahres zunichte machte. Und da sein und seiner Familie Wohl für eine lange Zeit von diesen wenigen Erntetagen abhing, konnte dann wohl Morgenstund in der Tat Gold im Munde haben. Aber soll nun diese Regel weiterhin unbesehen gelten, etwa in einem freien Beruf, wo die Hauptarbeit in die Nachmittags- und Abendstunden fällt, noch dazu vielleicht für Menschen, denen ihr biologischer Rhythmus ein Leistungshoch am Abend beschert (und dafür ausgeprägtes Ruhebedürfnis am frühen Morgen)? Oder nehmen wir eine andere Lebensmaxime: „Müßiggang ist aller Laster Anfang" – oder in der gleichen Richtung: „Erst die Arbeit, dann das Spiel!" Eine solche L-Botschaft sitzt von klein auf wie ein Tonband in unserem Bewußtsein, und immer wenn der längst Erwachsene sich mal so richtig entspannen will, mal in Ruhe ein Gläschen trinken oder seinem Hobby nachgehen oder, noch schlimmer, einmal gar nichts tun, dann läuft in seinem Kopf das bekannte Band an und er hört die mahnende Stimme seines Eltern-Ichs: „Müßiggang ist aller Laster Anfang" und „Erst die Arbeit, dann das Spiel". Das Schlimme ist, daß er entweder verdrossen aufsteht und die Garage noch aufräumt oder ruhelos die Belege für die Steuererklärung zusammenrechnet (und sich prompt besonders hartnäckig verrechnet, weil er dabei so voller Spannung ist) oder daß er nun trotzig bei seinem Hobby bleibt, aber keinen rechten Genuß dabei hat, weil er immer meint: „*Eigentlich* dürfte ich das ja gar nicht." Und noch schlimmer ist, daß er häufig dazu neigt, auch anderen ihre Freude an harmloser, notwendiger Entspannung zu verpatzen, nur weil er selbst einmal aufgenommen hat: „Müßiggang ist aller Laster Anfang" oder „Erst die Arbeit, dann das Spiel", und sich später nie klargemacht hat, daß das Leben in großen Rhythmen verläuft und daß Entspannung so sinnvoll und notwendig ist wie Anspannung, und Müßiggang so berechtigt wie Arbeit – alles zu seiner Zeit!

Wer von seinen Eltern früh aufgenommen hat, daß man die Dinge nicht übertreiben und die Kirche im Dorf lassen soll, bei dem ist im L auch die gewährende Seite gut entwickelt, und der wird seinerseits seinen Kindern oder seiner Umgebung gegenüber gern im L „*Wiegen*" auftreten. Vielleicht wählt er gar einen betreuenden, beratenden oder helfenden Beruf, wird Arzt oder Seelsorger, Kindergärtnerin oder Fürsorgerin. Lieschen durfte seinerzeit ihre Puppe ausgiebig wiegen und verhätscheln und versorgen, kein Wunder, daß wir sie fünfzehn Jahre später als Schwester Liesel im Krankenhaus wiedersehen (Bild 16) und die Patienten strahlen, wenn sie ins Zimmer kommt und die Medikamente bringt.

Eigenschaften, die diese Seite des Eltern-Ichs kennzeichnen, sind: mitfühlend, verständnisvoll, wohlwollend, versöhnlich, unterstützend, ermutigend, anregend, fördernd, selbstlos, aufopfernd. Unter den Tätigkeiten sind zu nennen: helfen, betreuen, schützen, trösten, ermutigen, hätscheln, retten.

Gewiß ist das „Wiegen" die schönste Seite in unserem L-Element. Wenn die Mutter das Kind nicht ernähren und pflegen würde, wenn der Vater es nicht zu behüten und anzuregen vermöchte, könnte es sich nicht gesund entwickeln. Doch selbst diese Seite ist nicht unproblematisch. Die Wörter, die wir an den Schluß der kleinen Aufzählung gesetzt haben, weisen auf die Problematik hin. Wo die Mutter – der Lehrer, der Seelsorger – allzu selbstlos und aufopfernd wird, läuft sie, und jeder eifrige Betreuer, Gefahr, sich über Gebühr zu verausgaben. Er verstrahlt mehr Energie, als er aufnehmen oder erzeugen kann, und wirkt am Ende verbraucht und abgehärmt, skeptisch und bitter – das „Wiegen" kippt unversehens um ins „Werten/Abwerten". Und wenn ich jemand hätschele und verwöhne, ihm die Arbeit tue, die er selbst schon ganz gut übernehmen könnte, wenn ich ihn rette, wo er genausogut mit eigener Kraft weiterkäme, dann helfe ich ihm im Grunde gar nicht, sondern halte ihn in Hilflosigkeit und Abhängigkeit. Kein Wunder, daß er sich eines Tages dagegen wehrt (vielleicht versteckt, weil mit schlechtem Gewissen angesichts meiner „Wohltaten"), und ich kann schließlich vorwurfsvoll feststellen: „Undank ist der Welt Lohn." Hört sich das nicht nach Psychospiel an? Jedenfalls liegt hier einer der Gründe, weshalb mancher Vater, mancher Vorgesetzter, der „zu gut ist für die Welt", so fassungslos vor der Rebellion seines Schützlings steht, mit dem er es doch nur gut gemeint hat...

BILD 16

An dieser Stelle wird deutlich, daß die unterschiedlichen Äußerungen der Persönlichkeitselemente nicht an sich „gut“ oder „böse“ sind, sondern daß ihre positiven oder negativen Auswirkungen sich oft als eine Frage des Maßes ergeben. Das kann man gut bei Lehrern (oder Seelsorgern, oder Psychologen) beobachten, die mit ihrem ewigen Begutachten leicht Verstimmung auslösen, auch wenn das Gutachten positiv ausfällt: „Der wird mal ein tüchtiger Wissenschaftler“; „Sie ist eine Christin, an der der Herrgott seine Freude hat“; „Das ist ein typischer Gewinner.“ Gerade beim L kommt es sehr darauf an, ob der andere meine Belehrung, mein Eingreifen, meine Betreuung überhaupt braucht (oder jetzt noch oder gerade jetzt braucht). Sogar bei den verinnerlichten L-Geboten, mit denen ich mich selbst zur Ordnung rufe, hängt es oft von Ausmaß und Häufigkeit, Zeitpunkt und Situation ab, ob sie mir mehr nutzen oder schaden.

Viele L-Botschaften führen den Menschen in innere Konflikte, und bei vielen tut er gut daran, einmal zu überprüfen, ob sie noch angemessen sind. Viele aber bieten auch Schutz vor Gefahren oder ersparen unnötigen Aufwand. Ein gutes Beispiel aus dem Staats- und Wirtschaftsleben sind Formulare. Formulare haben L-Charakter; wenn sie unpassend sind, werden sie sinnlos und lästig, aber sie können auch ausgesprochen praktisch und arbeitssparend sein. Und überall dort, wo etwas gelehrt werden oder eine Leistung erzielt werden soll, wo Erziehungsaufgaben zu erfüllen sind oder wo es auf ein geordnetes Miteinander ankommt, geht es nicht ohne L-Botschaften. Das L verkündet Spielregeln und setzt sie durch, und wer sich nicht daran hält, stellt die Leistung oder die gemeinsame Ordnung in Frage.

Auch das L erfindet Psychospiele. Wahrscheinlich liegt der tiefste Grund für die meisten Spielchen in einem unruhigen, unglücklichen K, aber die Ausgestaltung einiger Abläufe geschieht aus dem Eltern-Ich heraus.

Wir können die Leistung eines anderen, etwa des eigenen Kindes, eines Schülers, eines Mitarbeiters mit ganz verschiedenen Einstellungen betrachten oder entgegennehmen. Wir können uns darauf konzentrieren, was sie uns bringt, das ist durchaus berechtigt. Wir können auch wohlwollend darauf blicken, welchen Erfolg oder welchen Fortschritt sie für den bedeutet, der sie erbracht hat. Und wir können insgeheim darauf aus sein, vielleicht irgendwo einen Fehler, eine Unvollkommenheit zu entdecken, und weil nichts im Leben ganz perfekt zu sein pflegt, werden wir den Mangel dann auch bald feststellen und gleich darauf deuten: „Da habe ich dich erwischt!“ Das Psychospiel *„Da habe ich dich erwischt“* ist ein ausgesprochenes L-Spiel, und man trifft es in so vielen Familien und Lehrerkollegien, vor allem in den Direktionsbüros fast aller Unternehmungen an.

Manche Sekretärin kann ein Lied davon singen, mit welcher Beharrlichkeit der Herr Direktor sich darüber ausschweigt, daß 40 Seiten im letzten Bericht völlig fehlerfrei waren, und mit welcher traumhaften Sicherheit er den einzigen Fehler auf Seite 41 gleich entdeckt, um nachsichtig auszubessern: „Sehen Sie, Frau Meier, hier würde ich lieber ein th schreiben, so steht's ja auch im Duden, nicht?“ Das Psychospiel „Da habe ich dich erwischt“ mit all seinen Varianten (Jetzt hab ich dich *endlich* erwischt, hab ich dich *doch* erwischt, hab ich dich *auch* erwischt usw.) bestätigt dem Spieler wieder seine Grundeinstellung, nämlich daß *der andere* noch so gut aussehen oder noch so tüchtig sein kann, irgendwas ist mit ihm nicht in Ordnung.

Das Kapitel *Psychospiele* gehört zu den fruchtbarsten der TA, aber es ist auch dasjenige, das am meisten spontanen Widerstand auslöst. Im Nu wird in Selbsterfahrungsgruppen eine Reihe von Psychospielen entdeckt, aber die Teilnehmer wehren sich manchmal verzweifelt dagegen, sie könnten auch sich selbst als routinierte Spieler entlarven. Nehmen wir nur „Da habe ich dich erwischt“: das mag ein Spiel sein für grimmige Ordnungshüter oder verkalkte Staatsanwälte, oder meinetwegen auch für gestrenge Schulmeister – so meinen oft gerade die toleranten Vertreter der jüngeren Generation. Der Heranwachsende hingegen ist doch viel zu jung und lebensfroh, als daß er sein Dasein durch Aufseherallüren belasten würde, und zudem hat er ja gerade als Schüler oder Auszubildender genug zu leiden darunter, mit welchem Nachdruck ihm immer wieder alles mögliche Versagen und Fehlverhalten vorgehalten wird. Wohl jeder junge Mensch hat einmal einen Lehrer oder Meister gehabt, der „immer etwas auszusetzen hatte“, also dieses Psychospiel gekonnt beherrschte, aber das junge Mädchen oder der junge Mann ist doch von sich selbst fest überzeugt, daß er selber dem anderen seine Erfolge gönnt und sie ihm nicht wegen Kleinigkeiten vermiest, und wenn *er* einmal das Sagen haben wird, wird er in erster Linie anerkennen, fördern und Mut machen. Allerdings – Fehler *muß* man ja schließlich korrigieren, oder?

Bei Lehramtskandidaten und Junglehrern läßt sich gut beobachten, wie sich die Einstellung zu „den Schülern“ allmählich oder über Nacht ins Gegenteil verkehrt. Und in allen Armeen der Welt lassen sich ähnliche Feststellungen für die Rekruten und ihre Ausbilder machen. Ein paar Gramm Aluminium, auf dem Rockärmel getragen oder auf die Schultern aufgenäht, können über Nacht tiefgreifende Persönlichkeitsverschiebungen auslösen. Aber wer einen Blick hat für solche Beobachtungen, braucht nicht bis zum Studium und zur Referendarzeit oder bis zum Wehrdienst zu warten. Wie tief das Bedürfnis stecken kann, den anderen zu „erwischen“, ihm etwas anzukreiden oder ihn bloßzustellen, das läßt sich schon beobachten, wenn einer der jungen Leute einmal im Betrieb den Meister oder zu Hause die Eltern bei den Jüngeren zu vertreten hat oder wenn er im Sport Schiedsrichter ist oder mit seinen Altersgenossen Karten spielt ...

3. Das reflektierende Element

„Ein Leben lang", so hieß die Antwort auf unsere Frage, wie lange sich das K-Element und das L-Element in unserem Verhalten äußern. Und so wie unser vital-emotionaler Persönlichkeitsbereich einerseits und der autoritär-behütende Anteil andererseits ein Leben lang Teil unserer Gesamtperson bleiben, so bleibt auch das Bedürfnis nach Klärung, nach Überprüfung, nach handfesten Fakten und nach einem zuverlässigen Bild der Wirklichkeit bestehen, das sich beim kleinen Kind schon geäußert hatte in den unersättlichen Fragen nach dem Warum und Woher und Wozu eigentlich.

Wir behalten unser Leben lang die Fähigkeit, Ereignisse unterschiedlich aufzunehmen. Entweder bewegen wir uns im emotionalen Bereich und reagieren rein gefühlsmäßig, oder wir bleiben in dem Überkommenen und bewerten gleich, oder aber wir versuchen dahinterzukommen, was nun eigentlich passiert ist und wie die Zusammenhänge sind, und dann fragen wir erst mal. Die wirklichen Schlüsselwörter des R heißen Wieviel, Wie groß, Wie lange, Woher, Wozu usw. Das R entwickelt sich bei vielen Menschen nie besonders stark und bleibt bedeutungslos neben einem übermächtigen K oder einem stets fordernden L. Lebt der Mensch hingegen so gut wie nur noch in seinem R-Bereich und kostet überall das einwandfreie Funktionieren seines Denkapparates aus, nimmt das R also gewissermaßen zuviel Raum ein, löst es alle L-Botschaften auf und überschattet sogar die Regungen des K, dann wirkt so eine Persönlichkeit bald farblos und uninteressant. In manchen Forschungsabteilungen sitzen hervorragende Analytiker dieses Typs: was sie sagen, stimmt aufs Komma, aber es weckt kein Echo. Wir wären in der modernen Welt verloren ohne Landvermessung: vom Katasteramt zur Flugüberwachung, von der Energiegewinnung zur Lagerung von Atommüll ist alles auf die gewissenhafte, absolut präzise Arbeit der Landvermesser (Bild 17) angewiesen. Aber wen reißt es schon vom Stuhl, wenn er zusieht, wie der Fachmann seinen Theodoliten bedient, den nächsten trigonometrischen Punkt anpeilt und die abgelesenen Werte auf einige Stellen hinter dem Komma genau in sein Heftchen einträgt?

Der Vorgang des ruhigen Überlegens und reifen Urteilens ist nun einmal undramatisch, dabei „passiert" nicht viel, jedenfalls nicht vieles, das gleich ins Auge fällt (und noch weniger, was das Ohr aufnimmt), und so nimmt das Erwachsenen-Ich denn auch in den Beschreibungen der TA meist am wenigsten Platz ein. Da das

R-Geschehen nach außen wenig sichtbar ist, erfaßt der Leser es am besten, indem er seiner bei sich selbst innewird, und am klarsten, wenn er es mit den Reaktionen vergleicht, die aus den beiden anderen Elementen kommen. Nehmen wir dazu wieder ein Alltagsbeispiel: es ist die Rede von einem neuen Beruf, von einer Tätigkeit, die es vor wenigen Jahren noch gar nicht gab und die für mich zur Umschulung in Frage kommt. Meine Reaktion aus dem K heraus kann sein: „Mensch, das ist aber schwierig, das schaffe ich *doch* nicht." Oder aber: „Tolle Sache, laß mich erst mal machen, in drei Jahren bin ich ein reicher Mann." Aus dem L heraus kann ich so reagieren: „Das gibt es ja gar nicht, das kann überhaupt nicht funktionieren, denn ..." (und dann kommt alles, was ich schon weiß, ehe ich mich näher mit dem Neuen befaßt habe). Die R-Reaktion könnte heißen: Wie viele Leute brauchen mich, wenn ich da einsteige? Wie viele üben das schon aus? Wieviel kostet mich die

BILD 17

Grundausstattung? Wie groß ist der Bedarf, den ich selbst erfüllen kann? Wie lange brauche ich, bis ich Geld verdiene? Woher kommt auf die Dauer mein Einkommen? *Wozu* muß ich jetzt *was* tun? – Es liegt auf der Hand, daß diese Reaktion größere Aussicht hat, Probleme sinnvoll zu erfassen und wirklich zu lösen.

Das R hat die doppelte Fähigkeit, in der Gegenwart zu leben und doch in der Vorstellung prüfend in die Zukunft zu blicken. Der „Verlierer", der sich nicht von seinen unguten K-Empfindungen trennen kann, neigt entweder dazu, sich in altem Weh und Groll immer wieder mit Vergangenem zu beschäftigen oder mit unrealistischen Sehnsüchten in die Zukunft hineinzuträumen. Er nimmt seine Triumphe vorweg, und wenn sie dann wirklich einmal eintreffen, weiß man nicht recht, ob er nun seinen Sieg auskostet oder die Vorstellung, die er sich von seinem Sieg gemacht hatte (Henry Kissinger, der scharfe Beobachter, hat das so bei Richard Nixon wahrgenommen: man war nie ganz sicher, ob er wirklich in der Gegenwart lebte). Das R bleibt im Hier und Jetzt; wo es die Vergangenheit einbezieht, stützt es sich auf die selbst gemachten (oder glaubhaft berichteten, einleuchtenden) Erfahrungen; und wo es in die Zukunft greift, erlebt es diese als nicht festgelegt, sondern grundsätzlich offen, und prüft, welche der verschiedenen, an sich nebeneinander vorstellbaren Denkmöglichkeiten am meisten Aussicht auf Verwirklichung hat.

Ehe ich im R eine Entscheidung treffe, beziehe ich meine eigene Verfassung mit ein: ich nehme meine Bedürfnisse und Gefühle, die ganze Breite meiner K-Impulse wahr, und ich höre auch meine L-Botschaften und frage mich, wieweit ich gut daran tue, mein Handeln auch auf meine Wertvorstellungen und meine Ansprüche an mich selbst auszurichten.

Das reflektierende Element wird dann besser verstanden, wenn es in diesem weiten Sinne gesehen wird. *Realität erfassen* heißt dann nicht nur Erfassen der physischen Realität wie beim Landvermesser, nicht nur Aufnehmen all dessen, was ich zählen, wiegen, abmessen, in Zeitbegriffen oder Währungseinheiten ausdrükken kann, sondern auch das Erfassen seelischer und sogar denkerischer Wirklichkeit. Auch das reflektierende Miterleben psychischer Zustände, auch das registrierende Nachvollziehen innerer Vorgänge ist eine Äußerung des R, und schließlich auch das Innewerden gedanklicher Kongruenzen („Mensch, da fiel bei mir der Groschen: so stimmt's!") und das Sich-nicht-abfinden-Können mit logischen Widersprüchen.

All das läßt sich kaum bildlich darstellen; wir begnügen uns des-

BILD 18

halb mit zwei Hinweisen zu den noch nicht durch Tätigkeiten von Erwachsenen dargestellten Schlüsselwörtern. Der Richter, der zur Urteilsbegründung Verhandlungsprotokolle noch mal liest und bedenkt und Beweismittel würdigt, stößt auf eine Ungereimtheit und möchte präzise klären, unter welchen Umständen die widersprüchliche Aussage eigentlich zustande gekommen ist. Wenn er den Justizwachtmeister, der das Verhör geführt hatte, sachlich nach Einzelheiten fragt (Bild 18), um sich ein eigenes, objektives Bild zu machen, dann übt er das aus, was wir als *Fakten prüfen* bezeichnet hatten. Und der Leiter der Finanzabteilung, der die Titel des Haushaltsvorentwurfs für das übernächste Jahr durchgeht und sich Gedanken macht über die Auswirkungen möglicher Aufstok-

BILD 19

kungen oder Kürzungen (Bild 19), der stellt ein typisches Beispiel dar für unser *Folgen bedenken.*

Wenn wir die Veranschaulichungen des reflektierenden Persönlichkeitsanteils anhand beruflicher Tätigkeiten betrachten, fällt uns auf, wie sehr sie austauschbar sind. Das Verhalten beim Staatsexamen, in der Skatrunde oder beim Fußballspiel (Bilder 11 bis 13) ist sehr unterschiedlich, eine Verwechselung der Schlüsselwörter ist beim K-Element kaum vorstellbar. Hingegen wird der Richter, der Fakten prüft, auch die Folgen seines Urteils für die Beteiligten (und ggf. darüber hinaus für die Rechtsprechung und Rechtssicherheit) bedenken, und der Finanzchef wird die Folgen nicht richtig bedenken können, wenn er nicht zuvor die Fakten geprüft hat. Und beide müssen natürlich ständig die Realität erfassen. Für das R-Element oder Erwachsenen-Ich gehen die Begriffsfelder unserer drei Schlüsselwörter mithin ineinander über; sie dienten auch mehr der Einprägung als der Unterscheidung, und wir können sie bei der weiteren Beobachtung reflektierenden Verhaltens außer Betracht lassen.

Zur Erläuterung seien noch einige Eigenschafts- und Tätigkeitswörter angeführt, die typische Äußerungen des R-Elements wiedergeben. Als Eigenschaften beobachten wir: aufmerksam, konzentriert, faktenorientiert, unvoreingenommen, leidenschaftslos, unparteiisch, klar, präzise, umsichtig, vorausblickend, realitätsgerecht und situationsbezogen. Zu den Tätigkeiten gehören: sich informieren, beobachten, rechnen, lesen, hinhören, hinsehen, betrachten, unterscheiden, nachprüfen, kombinieren, Chancen ermitteln, Möglichkeiten durchdenken, Aussichten beurteilen und schließlich Entscheidungen fällen – Entscheidungen, die sich auf ein eigenes, reifes, d.h. durchdachtes, realitätsgerechtes Urteil stützen. Entscheidungen fällen wir auch aus dem K heraus, impulsive, aus der Einengung oder dem Überschwang des Gefühls entspringende Entscheidungen, und natürlich gibt es auch L-Entscheidungen, die wir aus der Macht unserer Autoritätsposition oder aus einer vorgefaßten Meinung oder rein aus Fürsorgebedürfnis heraus treffen, ohne ruhig geprüft zu haben. Beide erweisen sich dann im späteren Leben oft als nicht tragfähig, vor allem, wenn es darum geht, für unsere Probleme dauerhafte Lösungen zu finden.

Es gibt ja keine Situation im Leben, wo nicht auch Probleme auftauchen. In jeder Familie sind nicht nur die kleinen Fragen des Alltagslebens laufend zu beantworten, sondern es müssen ab und an Entscheidungen gefällt werden, durch die das weitere Ergehen der Familie, manchmal auf Jahre hinaus, bestimmt wird. Im Berufsleben ist es ähnlich: von dem Werkmeister, dem Gruppenleiter oder dem Bezirksdirektor wird oft ein Auftreten erwartet, das aus ihrem belehrenden oder betreuenden L entspringt; aber je höher die Positionen auf der behördlichen oder betrieblichen Stufenleiter sind, um so mehr Raum nehmen Tätigkeiten ein, die mit Problemerfassung, Problembearbeitung und Problemlösung zusammenhängen. Und für den politischen Bereich gilt das noch viel mehr: der Staatsmann wird seine weitreichenden Entscheidungen – zumindest im Idealfall – nach ruhiger Überlegung und reifer Beurteilung der Realität aus dem R heraus fällen. Ob in der Familie, im Berufsleben oder in der Politik, überall läßt sich das gleiche beobachten: wer sich stark in seinem K bewegt, spricht vielleicht andere Menschen an, ist aber nicht so gut imstande, Probleme zu lösen. Wer vor allem seinen L-Forderungen Gehör gewährt und verschafft, ist vielleicht ein vortrefflicher Administrator, aber er wird kaum begeisterte Gefolgschaft finden. Wer aber mit Erfolg *führen* will, der wird sein R ständig üben müssen, indem er sich neuen Gegebenheiten nicht gefühlsbeladen und voreingenommen, sondern aufgeschlossen und fragend nähert.

FAZIT Wer Ziele aufstellen, Aufgaben angemessen bearbeiten und tragfähige Lösungen finden will, tut gut daran, aus dem R-Element heraus zu handeln, d. h.

- wirklichkeitsgerecht und situationsbezogen vorzugehen,
- Zukunftsmöglichkeiten nüchtern und leidenschaftslos zu prüfen, und
- bei seinen Entscheidungen die vitalen Bedürfnisse, emotionalen Reaktionen und Norm- und Wertvorstellungen aller Beteiligten zu berücksichtigen.

4. Woran erkenne ich die Elemente?

Die bisher gewonnenen Erkenntnisse über die Persönlichkeitsstruktur lassen sich anwenden bei der Beobachtung des Verhaltens einzelner, also in unserem privaten, beruflichen und politischen Alltag, und auch bei der Erfassung der Handlungsweisen, Sitten und Gebräuche von großen Gemeinschaften, von Firmenverbänden und sogar Völkern und Staaten im Lauf der Geschichte.

Wenn wir einem Menschen zuschauen und zuhören, können wir an Blick und Gesichtsausdruck, an Haltung und Bewegung und an seiner Sprache (sowohl an der Sprech*weise* wie auch an den Ausdrücken und sprachlichen Formulierungen) erkennen, aus welchem Element heraus er sich gerade äußert. Wenn wir aufmerksam beobachten, können wir dabei wahrnehmen, wie gewisse Menschen bisweilen über lange Zeiträume hinweg unverändert im gleichen Persönlichkeitsbereich bleiben, während andere blitzschnell, manchmal mehrmals im gleichen Satz, von einem Element ins andere wechseln. Daraus lassen sich erste Schlüsse ziehen über ihr Persönlichkeitsgefüge. Aber wir wollen nun von allgemeinen

Erwägungen zu den konkreten Merkmalen kommen, an denen sich mit großer Sicherheit feststellen läßt, in welchem Ich-Zustand der Mensch sich im Augenblick befindet – ob ich sie nun bei mir selbst oder bei meinem Gegenüber wahrnehme.

Das *kindhafte Element* oder *Kind-Ich* spiegelt sich wie folgt im *Gesichtsausdruck:* die Augen sind niedergeschlagen oder wie hilfesuchend nach oben gerichtet, oder der Blick ist verängstigt; jemand haft Tränen in den Augen (weinen kann er aus Schmerz oder aus Wut, aus Angst oder aus Freude, aber immer wenn er feuchte Augen hat, ist er im K); er blickt wütend oder trotzig oder hämisch. Oder er wirkt staunend oder unternehmungslustig oder schalkhaft oder sein Gesicht ist entzückt, glücklich, lachend.

In *Haltung und Bewegung* zeigt sich das K darin, daß jemand den Kopf gesenkt (und dann vielleicht noch die Schultern hochgezogen) hält, daß er mit den Achseln zuckt; oder daß er hüpft und läuft und in die Hände klatscht, oder daß er sich auf die Schenkel oder seinem Mitmenschen auf die Schultern klopft oder ihm um den Hals fällt.

Bei der *Sprechweise* fällt die hohe, unsichere oder die belegte und gepreßte Stimme auf, oder ähnlich so ein tonloses oder leises oder stockendes Sprechen, oder der „Kloß im Hals"; oder aber ein richtig launiges oder schäkerndes Plaudern; schließlich ein aufgeregtmitgerissenes oder aber ein ganz fröhlich-unbekümmertes Sprechen.

Für die *Ausdrucksweise* im K sind die vielen Ausrufe typisch, dazu Redewendungen wie: Ich will jetzt, Ich möchte am liebsten, Ich wünschte mir, Ich mag aber nicht ..., Ich gehe jetzt erst mal ..., Mir doch Wurst, Weiß *ich* doch nicht, Ohne mich, Extra nicht, Weil ich nicht mag! Au, Mensch, das muß ich haben! Das mache ich auch, usw. Von den Ausrufen seien genannt: Au, Verflucht, Sauerei, Los, Bravo, Prima, Sagenhaft, Pfundig, Sauber, Klasse, Super, Spitze und andere Modewörter mehr.

Wenn wir die für das *L-Element* oder *Eltern-Ich* gemachten Beobachtungen in der gleichen Weise aufzählen, so ergibt sich im Telegrammstil die folgende Zusammenstellung:

Gesichtsausdruck: Entsetzter Augenaufschlag, Blick von oben herab, dabei vorwurfsvoll bis empört und wütend, Stirn gerunzelt; Lippen aufeinandergepreßt; Mienenspiel unterdrückt (das Gesicht wirkt regungslos bis verbissen); gewollt mitleidiges Lächeln; oder aber wohlwollendes Zulächeln, besorgtes Aufmerken, gerührter, teilnehmender, bekümmerter Blick.

Haltung und Bewegung: Hochgereckt, Kopf zurückgenommen, Kinn angehoben, ausgestreckter Zeigefinger, Kopf schütteln, Arme in die Seite gestemmt oder vor der Brust verschränkt, wegwischende Handbewegung; oder aber jemandem freundlich zunikken, sich zu ihm hinneigen, ihm die Hand auf die Schulter legen, ihm über das Haar streichen oder ihn einfach umarmen.

Sprechweise: Gespannte Stimme, gereizt bis polternd, schneidend scharf, mit hörbarem Seufzen, mit belehrendem Nachdruck auch auf unbetonten Silben; oder aber tröstend und aufmunternd, verständnisvoll und gewährend, warm und beruhigend.

In der Sprache selbst herrscht eine absolute *Ausdrucksweise* vor, die keinen Widerspruch und keine Ausnahmen zuläßt, und Redewendungen wie: Immer wenn ..., Jedesmal wenn ..., Nur wenn ... dann, Jeder, der ..., Nur wer ..., Sie dürfen nie vergessen, daß ..., Sollte eigentlich, Müßte doch, Wie oft habe ich Ihnen schon gesagt, Ich kann es auf den Tod nicht leiden, daß ..., Sie müssen immer daran denken, daß ..., Wie konnten Sie nur! Menschenskind, was fällt Ihnen ein! Dieser Idiot, Lächerlich, So ein Schlappschwanz, Schon wieder, Ich hab's ja gleich gesagt, Was für ein Trottel, Solch ein Unfug, Unglaublich, Na na, oder unheilverkündend: Weh euch! Tut Buße! Andererseits sind auch tröstende, aufrichtende Ausdrücke charakteristisch: Sie können es doch, Nur Mut, Wird schon, Kopf hoch; oder, an den Grund der Seele rührend: Sei getrost! Fürchtet euch nicht!

Schließlich seien noch die „Signale" für das *R-Element* oder *Erwachsenen-Ich* genannt:

Gesichtsausdruck: Offen, aufmerksam, direkt zugewandt, auch nachdenklich-zurückhaltend und zögernd, dabei ruhiger Blickkontakt; der Ausdruck wirkt sachlich und ernst bis aufgeschlossen und freundlich.

Haltung und Bewegung: Entspannt oder auf Beobachten oder Zuhören konzentriert, oft leicht nach vorn gebeugt, auch bequem zurückgelehnt, Kopf häufig aufgestützt, gern auf gleicher Höhe mit dem Gesprächspartner; die Bewegungen wirken flüssig und ausgeglichen.

Sprechweise: Überlegend, um den treffenden Ausdruck bemüht, sachlich klar und leidenschaftslos, ruhig und manchmal mühsam formulierend.

Sprache: Relativierende Ausdrucksweise, die Abweichungen gelten läßt und Alternativen entwickelt, die differenziert und daher Einschübe aufnimmt, und Redewendungen wie: Mir scheint, Ich denke, Mir kommt es so vor, als ob, Ich glaube, Ich habe den Eindruck, Ich finde, Ich meine, Ich habe gehört, Ich habe gelernt (im R gibt der Sprecher, im Bestreben, den anderen einzubeziehen, gern die Quelle seiner Information mit an: *auf meiner Uhr* ist es...), vermutlich, wahrscheinlich, denkbar, und schließlich (bei Zeit- und Zahlenangaben) ungefähr, reichlich, fast, genau; dann natürlich die Fragewörter wieviel, wie lange, wann, wo, woher, wohin, wer, was, wozu, wie, auf welche Weise.

Zu erwähnen wären auch Formulierungen wie „Versuchen wir doch mal ...", wenn damit eine Alternative - etwa, die Sache aus anderer Sicht zu betrachten - entwickelt wird. Besondere Beachtung verdient der Satz: „Ich weiß nicht sicher."

Die Äußerung „Ich weiß nicht" *kann* aus dem K kommen, dann klingt sie hilflos, entschuldigend oder bockig und aufsässig; klingt sie hingegen sicher und ruhig – etwa: „Das weiß ich nicht" – dann weist das darauf hin, daß der Sprecher nachgedacht hat, und ist ein sicheres Indiz dafür, daß er jetzt im R ist. Darin liegt einer der Gründe, daß diese Äußerung bei Diskussionen oft mehr Vertrauen weckt und mehr zum Aufeinandereingehen beiträgt als die belehrenden Ausführungen von jemand, der es von vornherein so genau weiß.

Soweit die Hinweise zum Erkennen der Persönlichkeitselemente beim einzelnen. Dabei fällt auf, welch große Rolle die nichtsprachlichen Signale spielen – im Grunde ist ja auch der Ausdruck der Augen, der Hände, aller Bewegungen „Sprache", deshalb sprechen die Psychologen zu Recht von *Körpersprache*. Wichtig ist in diesem Zusammenhang, daß nicht ein einzelner Hinweis gleich letzte Sicherheit gibt über das Persönlichkeitselement. Wir haben das Verschränken der Arme vor der Brust als Hinweis aufs Eltern-Ich angeführt, weil es besonders häufig zu beobachten ist, wenn sich jemand im L „Wissen" oder „Werten" ergeht. Aber genausogut kann ich natürlich die Arme verschränken, wenn ich nachdenklich im R zuhöre oder sogar wenn ich mich gut gelaunt im K auf meinem Sessel ausruhe. Die „Wörter" der Körpersprache sind mehrdeutig, und erst das Zusammenspiel mehrerer Signale läßt mit Sicherheit erkennen, welcher Ich-Zustand sich im Augenblick äußert.

5. Die Elemente in den menschlichen Gemeinschaften

Als Anregung für den politisch engagierten oder geschichtlich interessierten Leser sei noch ein Hinweis darauf angefügt, wie sich die drei Persönlichkeitsbereiche generell im Zusammenleben der Menschen zeigen und auswirken.

In der menschlichen Gemeinschaft – das gilt für alle Völker und alle Zeiten – sind die Äußerungen des K der gefühlsmäßige Urgrund, aus dem alles Leben hervorgeht, in dem der Mensch sich ungebunden als Naturkraft erlebt, seine Einengung durch die Zwänge der Um- und Mitwelt erfährt und sich in Traum und Poesie schöpferisch über alle Grenzen erhebt. Dagegen bringen ihm die übernommenen oder selbst aufgestellten Anforderungen des L ständig neue Aufgaben; gleichzeitig bieten sie Schutz und Sicherheit, vereinfachen komplexe Abläufe zu automatisierten, erlernbaren Fertigkeiten und bilden in ihrer Gesamtheit den großen Schatz der Tradition, ohne den es keine Geschichte gäbe, weil jede Generation wieder von vorn beginnen müßte. Das ständige Überprüfen schließlich, das Beobachten und Messen, das logische Folgern und denkende Innewerden im R bringt Problemlösungen, schafft Neues in unserem Weltbild und unserem Verständnis vom Menschen, macht uns frei zu eigener Entscheidung. So begründen alle drei Elemente erst in ihrem Zusammenwirken menschliche Kultur und Geschichte: ohne das K wäre das Leben schal und gemütsarm, leer und freudlos, ohne das L könnte es bald chaotisch werden und in sinnloser Weise verheerenden Bedrohungen ausgeliefert sein, und ohne das R gäbe es weder Wissenschaft noch Technik und Fortschritt.

FAZIT *Die K-Impulse,* Bedürfnisse, Stimmungen und Gemütsbewegungen bilden das Reich der *Vitalität* und *Kreativität.*

Die L-Forderungen, Überzeugungen und Normen bilden das Reich der *Werte* und der *Überlieferung.*

Die R-Überlegungen, die sachlichen Untersuchungen und logischen Schlußfolgerungen führen ins Reich der *autonomen Verantwortung.*

III.
Die Transaktionen

1. Was sind Transaktionen?

Nachdem wir die Elemente der menschlichen Persönlichkeit kennengelernt haben und unterscheiden können, befassen wir uns nun mit der Frage:

- Welche Kommunikationsarten gibt es?
- Nach welchen Gesetzmäßigkeiten läuft die Kommunikation dabei ab?
- Wie läßt sie sich steuern?

Kommunikation heißt Verbindung, und Gesetzmäßigkeiten der Kommunikation lassen sich überall dort beobachten, wo Menschen miteinander in Verbindung treten (oder sind). Dazu bedarf es keineswegs gesprochener oder auch nur gedachter Worte.

Wenn der kleine Klaus auf ihrem Bettchen sitzt und „aus unerfindlichen Gründen" weint, sagt er vor lauter Schluchzen nichts. Und wie oft passiert es nicht, daß Klein-Katharina, die ein paar Schritte weiter auf ihrem Kissen hockt, bald aus ebenso unerfindlichen Gründen auch weint (Bild 20). Oder nehmen wir ein anderes Beispiel:

Wenn der vierjährige Krischan auf dem Spielplatz einen Ball in die Luft schießt, dann formuliert er damit gewiß keine Botschaft, aber er sendet sichtbar Energie in die Welt. Und wenn nun Kaspar des Wegs daherkommt, *muß* er darauf nicht antworten – vielleicht ist er gerade tief in Gedanken über den Sinn des Lebens und der Welt und bemerkt den Ball gar nicht. Aber wenn er auch vier Jahre alt ist, ist die Wahrscheinlichkeit schon größer, daß er so einen Ball als Angebot empfindet, Lust kriegt mitzuspielen und ganz selbstverständlich zurückschießt (Bild 21). Das ist dann nicht unähnlich wie bei einem Geschäftsabschluß zwischen Kaufleuten: die Transaktion kommt zustande, wenn der Angesprochene das Kaufangebot annimmt; denn dann erst wird ausgetauscht: Angebot gegen Annahme, Ware gegen Geld usw.

In diesem Sinne ist auch hier eine Transaktion zustande gekommen, es ist in der Tat etwas ausgetauscht worden: zwischen Kri-

BILD 20

Klaus und Katharina leiden (nonverbal)

schan und Kaspar keine bedeutsamen Worte, aber doch Energie! In der psychologischen Theorie von *Eric Berne* wird ein solcher Austauschvorgang als *Transaktion* bezeichnet und stellt die kleinste sinnvoll erfaßbare Einheit psychologischen Geschehens dar. Das ganze Geflecht sozialer Beziehungen kommt zustande durch die Weise, wie wir miteinander kommunizieren. Und alle Kommunikation besteht aus lauter einzelnen Transaktionen. Wenn wir also die einzelnen Transaktionen untersuchen, gewinnen wir Einblick in das Zustandekommen des menschlichen Miteinanders überhaupt.

Einige erste Beobachtungen sind rasch gemacht. Sehr viele Transaktionen gehen im vorsprachlichen oder außersprachlichen Raum vor sich.

Wenn ich von Herzen lache und der andere fällt ein oder wenn ich ihn nur still ansehe und lächele und er lächelt zurück, dann habe ich mit ihm eine nonverbale Transaktion vollzogen. Das ließe sich im Film oder auf dem Videoschirm gut darstellen, aber nur sehr umständlich in einem Buch beschreiben.

BILD 21

Krischan und Kaspar spielen (nonverbal)

Die nonverbalen Transaktionen, also der Austausch von „Botschaften“ nur mit dem Gesichtsausdruck oder den Gesten, mit der Körperhaltung oder mit Bewegungen oder stummen Handlungen, mögen großen Raum einnehmen und oft für die Kontaktaufnahme entscheidend sein, aber sie sind nicht immer zweifelsfrei zu deuten. Leichter lassen sich die in Worten ausgedrückten, die verbalen Austauschvorgänge erfassen. Dabei sprechen wir von einfachen Transaktionen, wenn die gesprochenen Worte mit den nonverbalen Signalen übereinstimmen, und von verdeckten Transaktionen, wenn die nonverbalen Verhaltensweisen (oder auch unbedachte sprachliche Äußerungen) etwas anderes aussagen als die mit Absicht gesprochenen Worte.

FAZIT Ob verbal oder nonverbal,
die einzelnen Transaktionen (Austauschvorgänge)
sind die Bausteine jeder Kommunikation.

2. Paralleltransaktionen

Bei den bisher genannten Beispielen von nonverbalem Austausch, beim Weinen, Fußballspielen, Lächeln usw., hatte die Transaktion jeweils zwischen dem K-Element des einen und dem K-Element des Gegenübers stattgefunden. Unterschiedliche Arten von Transaktionen können wir erkennen, indem wir uns klarmachen, welches Element auf der einen Seite mit welchem Element des Gesprächspartners in Verbindung tritt. Dazu ein paar Beispiele.

Bei der Aufforderung zum Tanz (Bild 22) kommen sowohl die Frage wie auch die Antwort sichtlich aus dem K (sichtlich insofern, als Kirsten nicht nur verbal ihr Einverständnis äußert, sondern zudem an ihrem Blusenknopf nestelt) und sind auch an das K des Gegenübers gerichtet, die beiden Pfeile im Diagramm verlaufen parallel, und die Kommunikation ist – schon *vor* dem Tanz – einwandfrei...

Die beiden Sekretärinnen, die sich über ihre Kollegin unterhalten (Bild 23), sprechen beide aus ihrem (ab-)wertenden L-Element heraus und setzen auch bei der Gesprächspartnerin die gleiche innere Überlegenheit über die Nicht-anwesende voraus. Sie nehmen Anstoß in gemeinsamer L-Süffisanz, und das Gespräch kann in dieser Tonart stundenlang weitergehen (und geht in der Tat auf vielen Bürokorridoren und in vielen Kantinen stundenlang so weiter) – die Kommunikation ist problemlos und ungestört.

In dem Gespräch zwischen den beiden alten Klassenkameraden (Bild 24) wird eine Information ausgetauscht: Frage gestellt, Antwort gegeben, Fall erledigt! Da zu dieser Sache nun weiter nichts mehr zu sagen ist, geht das Gespräch sicher nicht endlos, aber die Verständigung hat auch in diesem Falle einwandfrei funktioniert.

Bei allen drei dargestellten Gesprächstypen verliefen die Pfeile auf dem Transaktionsdiagramm parallel und horizontal. Der erste Sprecher hat sich jeweils an das gleiche Element gewandt, aus dem heraus er selbst gerade sprach, und der andere hat auch aus diesem geantwortet. Wir bezeichnen eine solche Art der Gesprächsführung als *parallele Transaktion auf gleicher Ebene* oder *glatte Paralleltransaktion* und beobachten, daß die Kommunikation dabei problemlos und spannungsfrei funktioniert.

Etwas anders gestaltet sich das Miteinander in den folgenden Beispielen. Karl hat gute Aussichten, bei Herrn Lehmann eine Assistentenstelle zu bekommen, aber dieser prüft ihn vor der Einstellung auf Herz und Nieren, das Karl der kalte Schweiß ausbricht. Darum kann er noch kaum fassen, daß er den Posten nun doch bekommen soll (Bild 25). Auch hier verlaufen die Pfeile parallel, aber nicht auf gleicher Ebene; Karl hat sich aus seiner Angst heraus an den als mächtiger empfundenen Gesprächspartner gewandt, und dieser hat wohlwollend aus der Überlegenheitsposition heraus geantwortet. Solange der eine im K und der andere im L bleibt, kann das Gespräch ungestört weitergehen.

Der Studentenpfarrer nimmt seinen Laienhelfer ins Gebet und erinnert an frühere Versprechen (Bild 26). Kunos Antwort zeigt, daß er sich als hilflos empfindet und dem überlegenen Pastor gegenüber in der K-Position verharrt. Auch ein solches Gespräch mit Vorwürfen und Ermahnungen auf der einen und Rechtfertigungen und Entschuldigungen auf der anderen Seite könnte endlos so weitergehen. In den beiden Fällen haben wir es mit einer *diagonalen Paralleltransaktion* zu tun, bei der die Kommunikation vielleicht nicht gerade spannungsfrei, aber doch prinzipiell ungestört verläuft.

Die beiden unterschiedlichen Typen von Paralleltransaktionen haben wir uns deutlich gemacht, indem wir einfach durch Pfeile in ein Diagramm eingezeichnet haben, aus welchem Ich-Zustand der Anstoß (der *Stimulus*) kam und an welchen er gerichtet ist, und in umgekehrter Richtung, aus welchem Ich-Zustand das Gegenüber seine Antwort (die *Reaktion*) gegeben und an welchen es sie gerichtet hatte. Durch dieses einfache Aufzeichnen haben wir uns die Natur des Austausches vor Augen geführt, oder - fachlich ausgedrückt - wir haben *die Transaktion analysiert.*

Wir fassen zusammen und erhalten als

FAZIT	Die erste Kommunikationsregel der TA: Paralleltransaktionen bewirken problemlose Kommunikation.

BILD 22

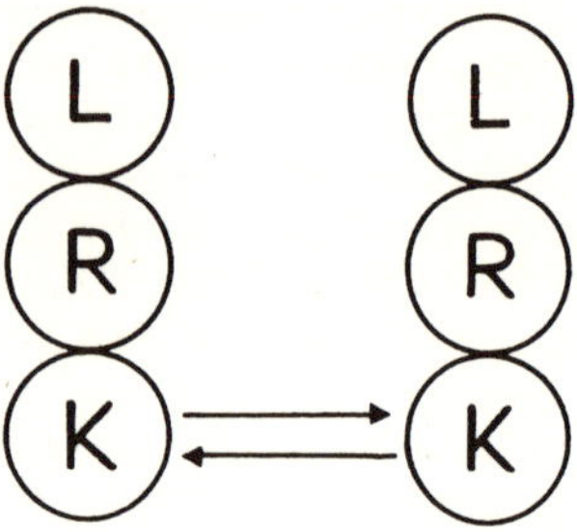

Klaus: Darf ich um den nächsten Tanz bitten?
Kirsten: Aber gern!

BILD 23

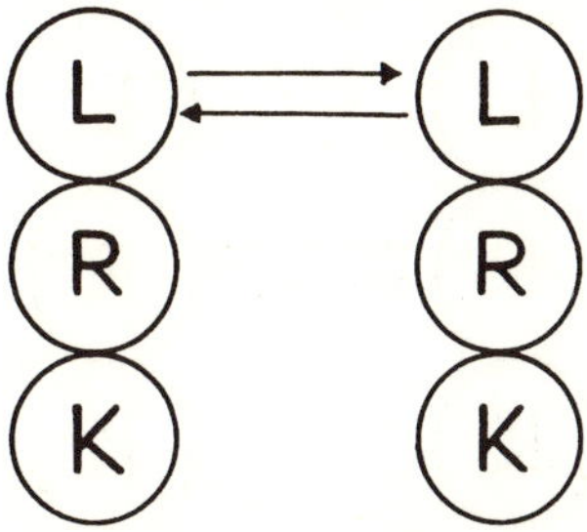

Lotte: Hast du schon gehört, die Meier hat gekündigt!
Lydia: Wurde auch Zeit, die hat ja doch nie was getan.

BILD 24

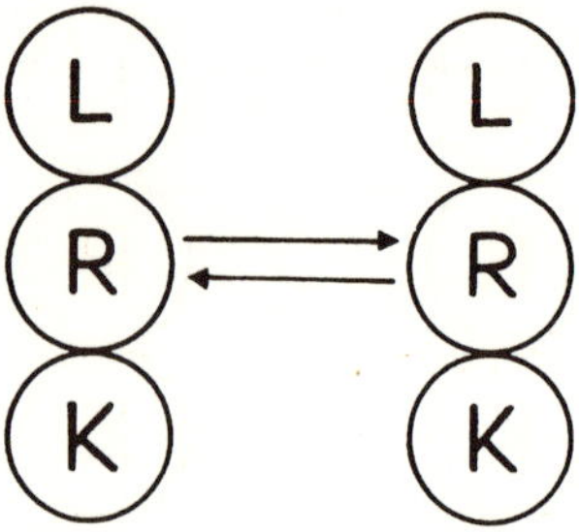

Rüdiger: Wann ist jetzt unser nächstes Klassentreffen?
Robert: Am 15. Januar in Bad Reichenhall.

BILD 25

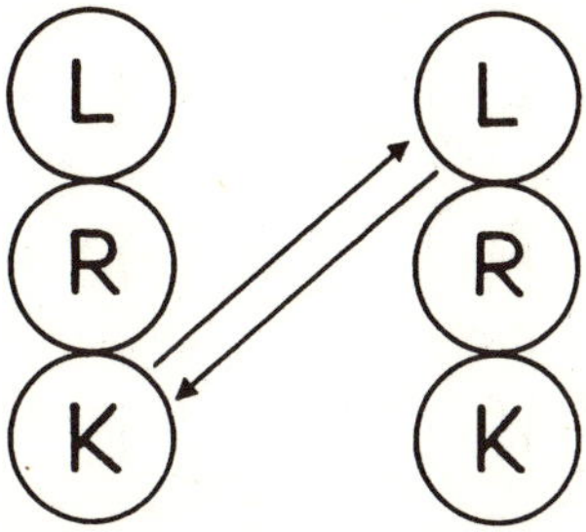

Karl Kuntze:	Mir zittern noch die Knie von dem Gespräch.
Dir. Lehmann:	Na, jetzt lassen Sie sich erst mal von meiner Sekretärin einen Cognac geben, dann geht's wieder.

BILD 26

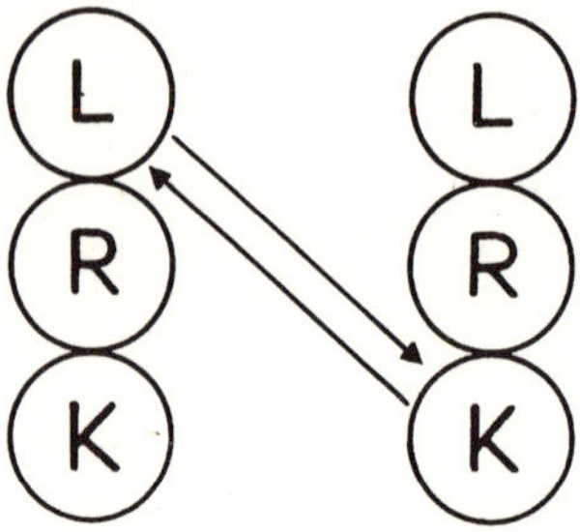

Pfr. Lange: So wie Sie mir das vor einem halben Jahr zugesagt haben, ist es ja wohl nicht gelaufen. Warum wenden Sie in der Praxis denn nicht an, was Sie gelernt haben?

Helfer Kuno: Ich weiß auch nicht, ich komme mit den Studenten hier einfach nicht zurecht.

3. Überkreuztransaktionen

Nun ist es eine Binsenweisheit, daß ich einen bestimmten Wesenszug meines Gegenübers ansprechen kann, solange ich will, ich habe keine Gewähr dafür, daß seine Antwort auch aus diesem Teil seiner Persönlichkeit kommt. Nehmen wir ein banales Beispiel dafür: Herr Richter, der Hausverwalter, weiß nicht, wieviel Uhr es ist, und wendet sich an Frau Müller, die ihm die gewünschte Auskunft gibt (Bild 27). Das Ganze dauert drei bis vier Sekunden und stellt zweifellos eine R-R-Transaktion auf gleicher Ebene dar, die weiter keine Schwierigkeiten macht. Aber das Gespräch *muß* nicht so verlaufen. Vielleicht fühlte sich Frau Müller gemahnt oder zur Eile gedrängt (Bild 28), und die Antwort fällt entsprechend aus. Wenn Frau Müller so beflissen oder eilfertig, jedenfalls aus ihrem K heraus auf eine einfache Informationsfrage reagiert, kann zweierlei passieren – entweder Herr Richter denkt: „Blöde Gans“ oder etwas ähnlich Unschmeichelhaftes und geht seiner Wege, um woanders die Zeit zu erfragen, oder er macht Frau Müller Vorhaltungen, rechtfertigt seine Frage und dergl.: „Nun seien Sie doch nicht gleich so empfindlich, man wird doch wohl mal fragen dürfen ...“ Jedenfalls geht das Gespräch dann weiter über Frau Müllers Reaktion und Herrn Richters gutes Recht, nicht aber über die Uhrzeit!

Herr Richter kann gewiß – wenigstens in diesem Augenblick, sofern er seine Frage sachlich gestellt hat – nichts für Frau Müllers Reaktion. Sie hat sich von innen her durch eine harmlose Frage getadelt (oder angetrieben oder verhört oder irgendwie behelligt oder angegriffen) gefühlt und reagiert entsprechend. Manchmal wird die ganze Beziehung zwischen zwei Menschen dadurch geprägt, daß der eine tun und lassen kann, was er will, der andere nimmt ihn immer als L-Figur wahr und antwortet dann, bedrückt und entschuldigend oder aufsässig und trotzig, konstant aus seinem K heraus. So entsteht der Typ einer Beziehung, die in der ganzen Welt das größte Unheil verursacht. Wenn irgendwo so ein ungesundes Abhängigkeitsverhältnis besteht und der eine Teil (oder die autoritäre Institution) nur von oben herab regiert, ist das ursprünglich nicht immer seine Schuld; oft genug war der andere für die Sprache der Vernunft nicht zugänglich und erwartete einfach nichts anderes, als ständig herumkommandiert, kritisiert oder gemaßregelt zu werden. Die Abwertung, über die er jetzt stöhnt, hat er selbst eingeleitet, indem er sich durch sein Auftreten dauernd selbst abgewertet hat. Das läßt sich auch im politischen Bereich häufig beobachten: die Autofahrer, die sich über die Strafandro-

BILD 27

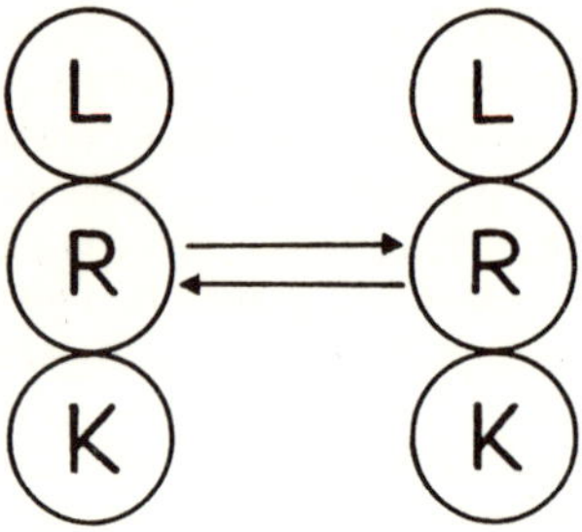

Wie spät ist es, Frau Müller?
Auf meiner Uhr gleich halb fünf.

BILD 28

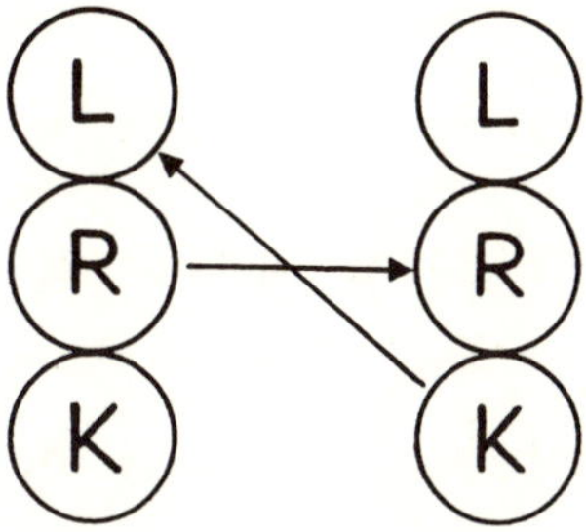

Wie spät ist es, Frau Müller?
Kleinen Moment noch, ich bin sofort fertig!

BILD 29

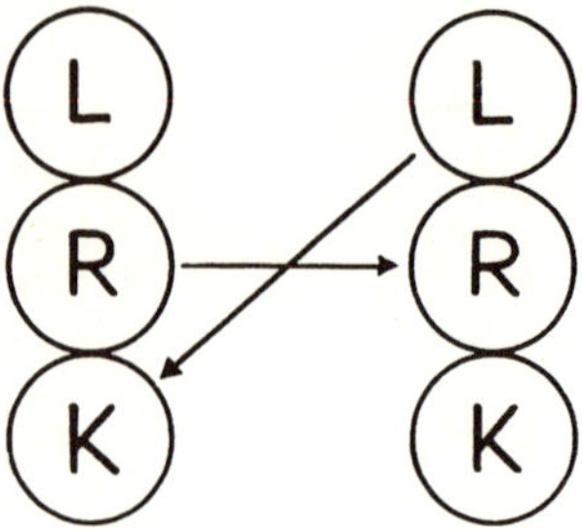

Wie spät ist es, Frau Müller?
Zeit, daß Sie fertig werden!

hung für das Nichtanlegen des Gurtes beklagen, haben nur zu schnell vergessen, wie viele vorher für den Appell an die Vernunft taub geblieben waren. Da sich bei einem solchen „Dialog" zwischen Machthaber und Regierten, bei einer solchen Beziehung zwischen zwei Menschen oder bei einem solchen Gesprächsverlauf die Pfeile im Diagramm kreuzen, sprechen wir von einer Überkreuztransaktion.

Aber kehren wir wieder zu unserem Hausverwalter zurück. Wenn Frau Müller gerade mal wieder richtig in Fahrt ist, kann die Antwort auch ganz anders ausfallen (Bild 29). Frau Müller stellt von vornherein das Recht des Gesprächspartners in Frage, sie überhaupt so anzusprechen, und geht gleich zum Angriff über: „Also so was! Machen Sie erst mal ..." Und auch diesmal gibt es zwei Möglichkeiten. Entweder denkt Herr Richter ärgerlich: „Die kann mir doch gestohlen bleiben!" und kehrt ihr den Rücken, oder er bietet noch mehr Stimmkraft auf und legt seinerseits los: „Da hört sich doch alles auf, was geht Sie das überhaupt an, Sie ..." Wenn das Gespräch so weitergeht, kann es jedenfalls lange dauern, bis er erfährt, wie spät es ist ...

Wie die Pfeile zeigen, haben wir es auch diesmal mit einer *Überkreuztransaktion* zu tun, nur daß jetzt der Angesprochene die R-Linie aus dem L heraus gekreuzt hat. Auch das ist ein äußerst verbreitetes Reaktionsschema, wohl die zweithäufigste Ursache für Kummer und Verdruß in allen möglichen Beziehungen, zu Hause in der Familie, im Umgang mit Freunden und Bekannten, bei der täglichen Arbeit und im politischen Leben. Wie mancher Vorgesetzte kann ein Lied davon singen, daß er den einen oder anderen Mitarbeiter einfach „mit Glacéhandschuhen anfassen" oder „wie ein rohes Ei behandeln" muß, weil dieser, zeitweilig oder überhaupt, zu einem sachlichen Gespräch kaum fähig ist, sondern immer gleich aus der Haut fährt und lospoltert. Und manche unprovozierte Schimpferei in der parlamentarischen Auseinandersetzung ist weder von der Sache her, noch als taktisches Manöver, sondern nur aus diesem Reaktionsschema heraus zu begreifen.

Bei beiden Typen der Überkreuztransaktion machen wir die gleiche Feststellung: entweder das Gespräch wird abgebrochen, oder das Thema verlagert sich – oft ohne daß die Gesprächspartner das merken. Auf jeden Fall ist die Kommunikation gestört.

Betrachten wir noch andere Formen der Überkreuztransaktion. Dem Kassierer ist zum Heulen zumute, er ist so fertig, daß er auch seinem Filialleiter gegenüber losjammert – wohl in der Erwartung von Trost oder Unterstützung, vielleicht auch unter Inkaufnahme

BILD 30

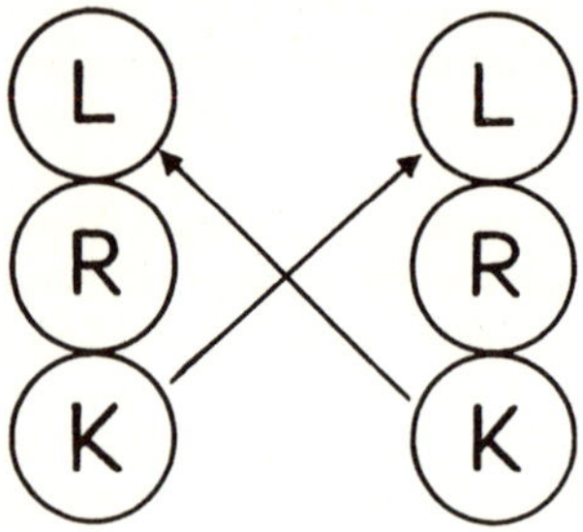

Kassierer: Ehrlich gesagt, geholfen hat mir bei dieser Firma noch nie jemand; wenn's drauf ankommt, stehst du alleine da.

Filialleiter: Und wer hilft mir? – Und wie oft ich mich für Sie eingesetzt habe, haben Sie wohl ganz vergessen? Aber das hat man eben von seiner Gutmütigkeit – da habe ich mir eingebildet, bei Ihnen fände ich Verständnis für meine Situation ... Aber wenn Sie sich jetzt auch noch beklagen, dann sehen Sie doch in Zukunft alleine zu, wie Sie fertig werden!

eines gehörigen Anranzers (Bild 30). Aber siehe da, der Filialleiter jammert seinerseits los, er bringt zwar ein paar Vorwürfe an und bedroht seinen Untergebenen, und insofern klingt seine Erwiderung oberflächlich nach einer L-Reaktion, aber wer genau hinhört, nimmt die eigentliche Botschaft wahr: der Filialleiter hatte auf Anerkennung seines eigenen Einsatzes durch seinen Untergebenen gerechnet (als gehöre der nicht ohnehin zu seinen Obliegenheiten), er hatte darüber hinaus Verständnis erhofft für seine eigenen Schwierigkeiten (die den Mitarbeiter nirgendwo in der Welt sonderlich interessieren), und er legt vernehmbar die Entscheidung darüber, wie es jetzt weitergehen soll, in die Hände des Kassierers, und insofern geht die Reaktion aus dem K an ein als stärker oder in der Situation überlegen empfundenes L. Beim Analysieren von Transaktionen kommt es darauf an, daß man sich nicht von der sozialen Über- oder Unterordnung fehlleiten läßt, sondern die psychologische Position erfaßt. Die Drohung: „Sehen Sie doch allein zu, wie Sie fertig werden", also die Drohung mit Gunstentzug, ist genauso verbreitet wie als Führungsmittel selbstmörderisch. Der Leiter eines Arbeitskreises, der den erwünschten Konsens mit der Drohung zu erzwingen versucht: „Wenn Sie sich jetzt nicht einig werden, fahre ich auf der Stelle nach Hause" – hat die Initiative an seine Mitarbeiter abgetreten und verhält sich psychologisch nicht anders als der kleine Junge, der seine Spielkameraden unter Druck setzen will mit der Ankündigung, er laufe jetzt heim zu Mutti. Das Ergebnis ist dann auch entsprechend: der Kassierer ist reichlich verwundert über die unerwartete Reaktion, irgendwie auch unwillig, weiß nicht, was das soll, und wenn das öfter passiert, ist der Rest von Achtung vor seinem Chef rasch abgebröckelt, und kommt das Gespräch darauf, fällt (zu Recht) die verhängnisvolle Vokabel „Führungsschwäche". Das Diagramm zeigt uns, daß die Kommunikationswege sich wieder gekreuzt haben, und wenn das Gespräch überhaupt fortgesetzt wird, dann nicht mehr über die Möglichkeiten, die Situation des Kassierers in der Firma zu verbessern.

Eine andere Situation: Der routinierte Dozent läßt einen seiner Hörer an die Tafel kommen und vergreift sich offensichtlich im Ton (Bild 31). Auf den Fortgang des Gesprächs darf man gespannt sein. Ob es nun dem Hörer gelingt, diesem Dozenten seinen Standpunkt klarzumachen oder nicht, dem Beobachter ist klar, daß entweder einer der Kampfhähne den Dialog wütend abbrechen wird oder die Auseinandersetzung jetzt eskaliert bis zu einer Explosion, sofern nicht Dritte eingreifen – nur die drei wichtigsten Punkte werden so bald nicht auf der Tafel stehen, *das* ist klar.

BILD 31

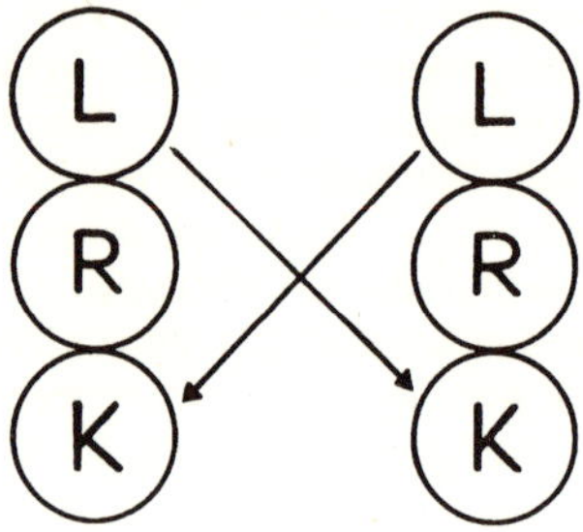

Referent: So, jetzt habe ich Ihnen das oft genug verklickert, jetzt schreiben Sie die drei wichtigsten Punkte schön untereinander an die Tafel, klar?

Hörer: Klar ist hier gar nichts, Herr Doktor, klar ist nur, daß Sie es mit Erwachsenen zu tun haben und uns mal höflich bitten können, *das* ist klar!

Alle betrachteten Beispiele für Überkreuztransaktionen haben eins gemeinsam: die Antwort kam nicht aus dem Element, das der erste Sprecher angesprochen hatte, sie war insofern „nicht in seinem Sinne", sondern enthielt einen gewissen Überraschungseffekt, der den ruhigen Fortgang des Gesprächs zumindest gestört, wenn nicht unmöglich gemacht hat. Das kann man in eine Regel fassen: wo die Erwartungen des Sprechers so abrupt gekreuzt werden, wird die Kommunikation häufig abgebrochen oder zeitweilig unterbrochen, auf jeden Fall geht sie nicht mehr über das gleiche Thema weiter.

FAZIT	Die zweite Kommunikationsregel der TA: Überkreuztransaktionen hemmen die Kommunikation.

4. Verdeckte Transaktionen

Bei den bisher betrachteten Beispielen sind wir davon ausgegangen, daß sowohl die Äußerung wie auch die Antwort klar und eindeutig war, daß also die Beteiligten das ausgesprochen haben, was sie meinten. Doch man braucht kein Psychologe zu sein, um zu wissen, daß das im Leben in ungezählten Situationen nicht so ist.

Rolf, der Ehemann und Familienvater, hatte Frühschicht und kommt mittags um 20 nach zwei nach Hause. Während er den Mantel auszieht, sagt seine Frau Ruth beiläufig: „Du, der Wagen steht noch an der Einfahrt, das Garagentor ist offen." Der Mann sagt: „Na gut, ich fahr noch rasch zum Tanken und setz ihn rein." Wenn man so ein Gespräch gedruckt liest, kann man nicht gut sagen, ob die Beteiligten nur das gemeint haben – dann wäre es eine Paralleltransaktion auf gleicher Ebene (Abb. II) – oder ob auch eine unausgesprochene Botschaft mit übermittelt worden ist gleichzeitig mit den gesprochenen Worten. Um das beurteilen zu können, müßte man den Klang der Stimme, den Gesichtsausdruck, die Bewegungen usw. miterlebt haben. Es wäre denkbar, daß man dann wahrnimmt, daß die Frau mit der Äußerung ihrem Mann die Bestätigung der eigenen Abhängigkeit, also ihre Ratlosigkeit, ihr Unvermögen und ihre Hilfsbedürftigkeit signalisiert. Wenn wir in Worte fassen, was die Ehefrau mehr im Ton und in ihrer Haltung hat durchklingen lassen (also gewissermaßen „verdeckt" ausgedrückt hat), dann würde sich das etwa so anhören: „Du, ich komme

Abb. II

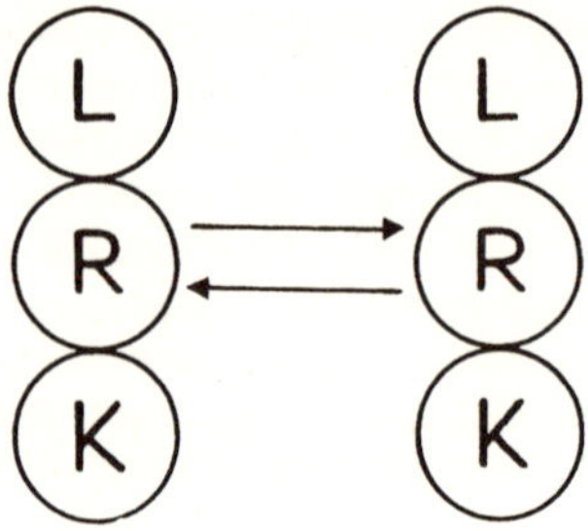

Ruth: Der Wagen steht noch an der Einfahrt.
Rolf: Ich setz ihn gleich rein.

mit dem Wagen so schlecht zurecht, immer habe ich am Garagentor Angst, ich könnte anecken; bitte, hilf mir doch!" Und es könnte genausogut sein, daß der Ehemann recht selbstgefällig eingeht auf eine Hilflosigkeit, die ihm Gelegenheit zum „Wiegen" gibt und ihn in der Rolle des überlegenen „Retters" bestätigt, und daß dann in seinen Worten so etwas mitschwingt wie „Tja, mancher lernt's eben nie, mein Kleines, aber laß nur, ich mach das schon!" Für das weitere Geschehen (und für die Erfassung der Beziehung zwischen den Ehepartnern) sind aber nicht nur die ausgesprochenen Worte bedeutsam, die auch ein unbeteiligter Dritter hören würde, sondern es kommt mindestens genauso auf die unausgesprochene Kommunikation an. Im Transaktionsdiagramm zeichnen wir diese durch eine gestrichelte Linie ein: sie gibt an, was der aufmerksame, geschulte Beobachter zusätzlich hört, was also psychologisch „in der Luft liegt" bei dem Gespräch.

Abb. III

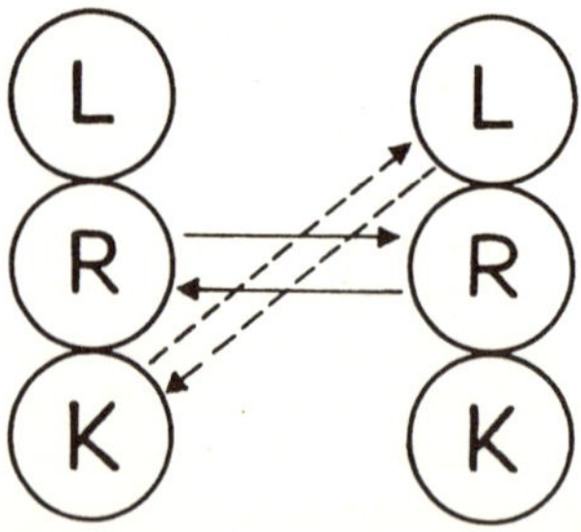

Gesprochen:	1.	Der Wagen steht noch an der Einfahrt.
	2.	Ich setz ihn gleich rein.
Nonverbal:	1a.	Ich schaff das nicht, bitte hilf mir.
	2a.	Das *kannst* du auch nicht, laß mich nur machen!

Für die Handlungsweise der Beteiligten ist hier entscheidend, daß sowohl die durchgezogene wie auch die gestrichelte Linie parallel verlaufen, und das Gespräch könnte demnach noch lange so weitergehen, sowohl mit den vernehmbaren Äußerungen (auf der sozialen Ebene) wie auch in der stimmungsmäßigen Verständigung (auf der psychologischen Ebene). Die nächste Transaktion heißt dann vielleicht:

3. Ehefrau: Ja prima, hier ist der Schlüssel, ich mach inzwischen das Essen.

Was jetzt dabei mitschwingt, könnte sich so anhören:

3a. Gut, daß ich dich habe, allein wäre ich zu nichts zu gebrauchen.

Im Diagramm sieht das so aus:

Abb. IV

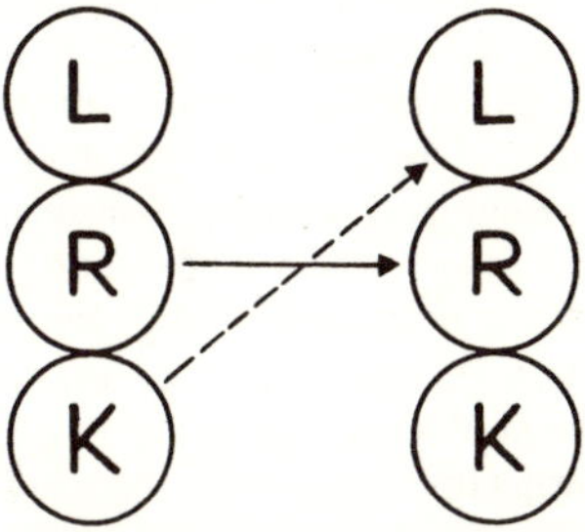

Schema einer verdeckten Eigenkreuzung

Und die Antwort lautet etwa:

4. Ehemann: In Ordnung, Schatz, bis gleich.

4a. (nonverbal): Ja, gut, daß du mich hast, was würdest du nur ohne mich anfangen!

Solche nonverbalen „Reden“ werden wohl selten so wörtlich auch ausgesprochen, wie sie im Innersten „gemeint“ sind – worauf es hier ankommt, ist die Beobachtung, daß sie die Handlungsweise bestimmen. In unserem Beispiel heißt das, daß er den Wagen in die Garage fährt und sie in die Küche geht: beide fühlen sich in ihrer psychologischen Rolle bestätigt, obwohl von Psychologie gar nicht die Rede war und den beiden der psychologische Vorgang wohl auch nicht weiter bewußt geworden ist.

Transaktionen, bei denen neben den gesprochenen Worten auf der sozialen Ebene noch eine verborgene Botschaft nonverbal übermittelt wird, nennt man *verdeckte Transaktionen*. Bei den hier wiedergegebenen laufen zwar die durchgezogenen Linien parallel, aber die gestrichelten kreuzen die eigene verbale Botschaft, deshalb sprechen wir von einer verdeckten *Eigenkreuzung*. Solche

Transaktionen sind überaus häufig im Privat- und Berufsleben. Dazu noch zwei Beispiele. Bei unserem Ehepaar ist der Wagen inzwischen gut in der Garage untergebracht, und der Mann sitzt auf seinem Zimmer, liest, trommelt, sieht auf die Uhr: gleich drei Uhr! Er ruft die Treppe hinunter: „Ruth, ist das Essen bald fertig?" Wir kennen das als die typische Eröffnung einer Paralleltransaktion: ich hole mir eine Auskunft, weiter nichts. Ob es wirklich weiter nichts ist, hängt vom Ton ab, denn „der Ton macht die Musik". Wenn die Ehefrau in der Frage keinen besonderen Unterton wahrnimmt, sagt sie vielleicht: „Ja, Rolf, in fünf Minuten ist es soweit" – und wir haben eine ganz normale R-R-Transaktion (Abb. V). Wenn sie aber spürt, wie er jammert, antwortet sie vielleicht auf die unausgesprochenen Worte (etwa: „Mein Gott, jetzt bin ich so müde nach der Frühschicht, und das Essen kommt und kommt nicht…") und sagt: „Du Ärmster, du tust mir wirklich leid, aber jetzt dauert's nicht mehr lange" (Abb. VI). Genausogut kann es aber sein, daß Ruth einen ganz anderen Ton in seiner Frage vernimmt: „Hör mal, jetzt bin ich schon wieder eine gute halbe Stunde zurück, und es ist immer noch nicht fertig. Nie bringst du es mal pünktlich auf den Tisch." Dann antwortet sie vielleicht aus dem nachgiebigen, beflissenen K-„Leiden" heraus: „Ich beeil mich schon, Rolf, mir kommt halt immer was dazwischen…" Oder sie drückt ihr „Leiden" durch aufgebrachten Ärger aus: „Alles bleibt an mir hängen, sei doch nicht immer so ungeduldig, du hast ja keine Ahnung, was mir heute alles schiefgegangen ist…" In beiden Fällen antwortet die Ehefrau jedenfalls nicht auf die gesprochenen Worte, sondern auf den Ton, der die Musik macht (Abb. VII).

Die verdeckte Eigenkreuzung, bei der der erste sich mit seinen

Abb. V

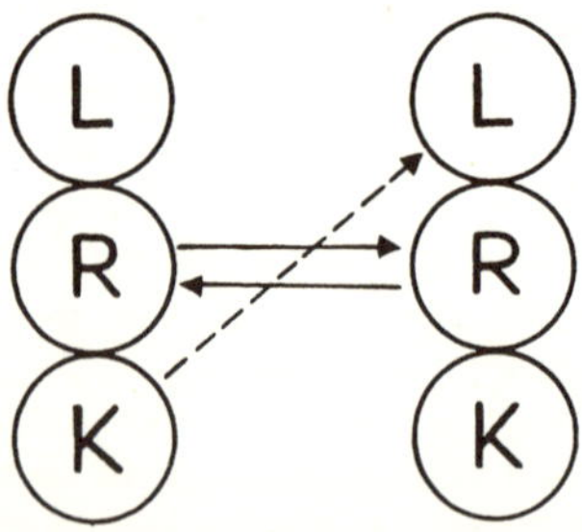

1. *Rolf* (gesprochen): Ist das Essen bald fertig?
1a. (nonverbal): Ich bin sooo müde!
2. *Ruth:* In fünf Minuten ist es soweit.

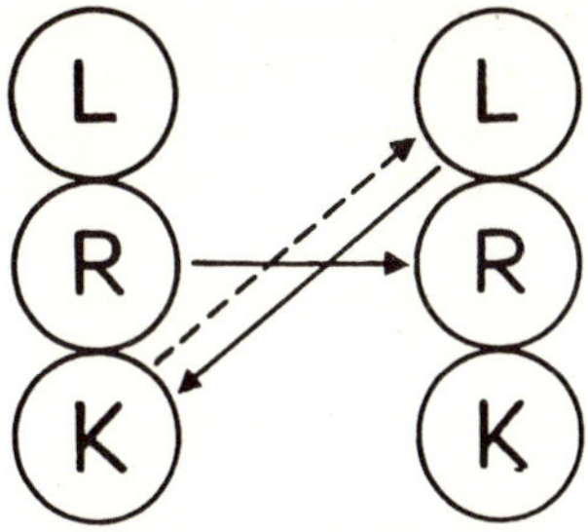

Abb. VI

1. *Rolf* (gesprochen): Ist das Essen bald fertig?
1a. (nonverbal): Ich bin sooo müde!
2. *Ruth:* Du tust mir leid.

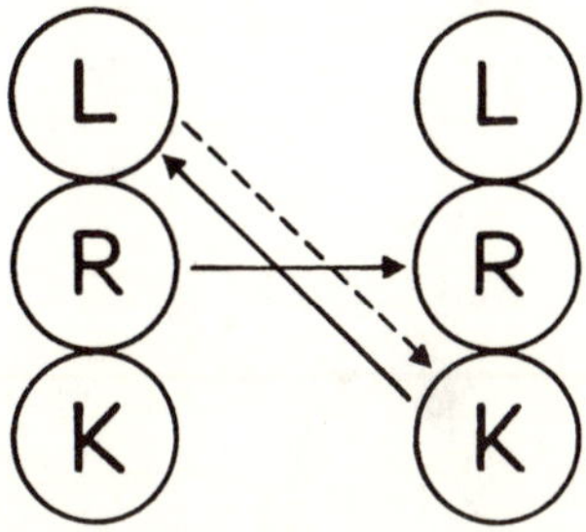

Abb. VII

1. *Rolf* (gesprochen): Ist das Essen bald fertig?
1a. (nonverbal): Nie bist du pünktlich!
2. *Ruth* (beflissen): Ich beeil mich schon.
oder
2. *Ruth* (aufgebracht): Alles bleibt an mir hängen!

Worten aus dem R heraus, im Ton aber aus dem L heraus äußert, wo also in der sachlichen Feststellung oder Frage eine Belehrung oder ein Einwand mitschwingt, ist im Alltag recht häufig, zwischen Ehepartnern, zwischen Eltern und Kindern, Lehrern und Schülern und im Berufsleben. Wenn der Geschäftsstellenleiter fragt: „Herr Schulze, wann kommt Ihr Monatsbericht?“ (Bild 32), dann kann es durchaus sein, daß er nur wissen will, wann er mit dem Eingang des Berichts rechnen kann. Und wenn Herr Schulze dann sagt: „Übermorgen haben Sie ihn auf dem Schreibtisch“, kann das eine normale R-R-Paralleltransaktion sein, und die Sache ist damit zur beiderseitigen Zufriedenheit erledigt (vor allem, wenn der Bericht dann auch fristgerecht eintrifft). Genausogut kann es sein, daß alle Anwesenden und Herr Schulze unüberhörbar auch die (noch) nicht ausgesprochene Anklage vernehmen, die in der sachlichen Frage mit anklingt: „Monat für Monat dasselbe, alle haben sie ihren Bericht abgegeben, nur der Herr Schulze nicht, der hat das nicht nötig." Wenn das so ist und Herr Schulze zu einem verlege-

BILD 32

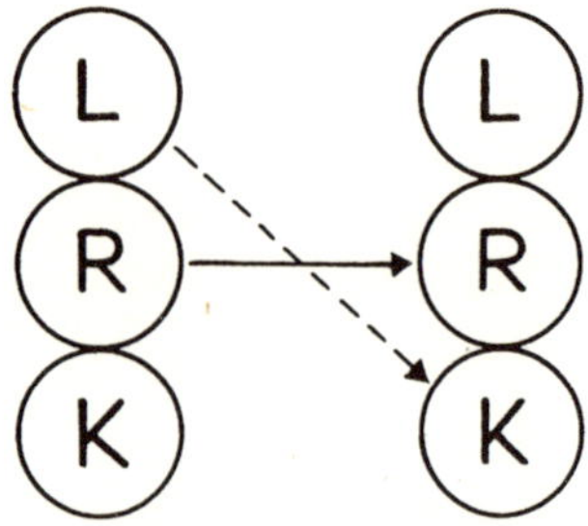

Geschäftsstellenleiter: Herr Schulze, wann kommt Ihr Monatsbericht?
(Unausgesprochen): Monat für Monat dasselbe…

nen „Also, ich weiß wirklich nicht …“ ansetzt, dann wird er wahrscheinlich bald unterbrochen: „So, mein Lieber, jetzt will ich Ihnen mal was sagen …“ (Bild 33). Dieser Vorgang ist typisch für die verdeckte Transaktion überhaupt: zu Beginn scheint es noch auf die gesprochenen Worte anzukommen, aber die Handlungsweise, das weitere Verhalten oder auch der weitere Gesprächsverlauf werden bestimmt durch die unausgesprochenen Botschaften.

BILD 33

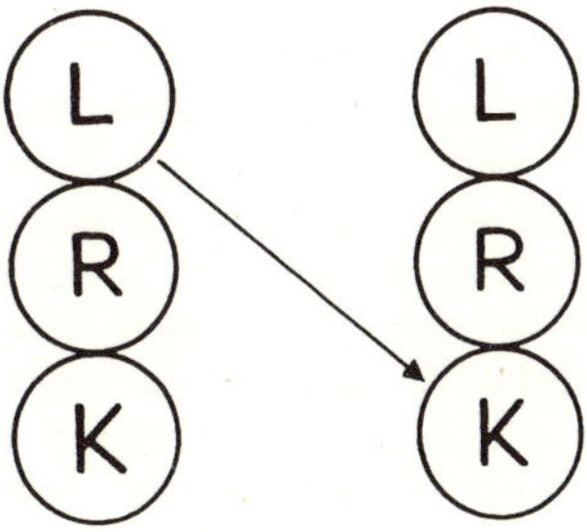

Geschäftsstellenleiter: So, mein Lieber, jetzt will ich Ihnen mal was sagen …

Betrachten wir noch zwei weitere Typen der verdeckten Transaktion.

Robert und Renate haben Händels Messias gehört und gehen nach dem Konzert noch zusammen in Richtung U-Bahn. Robert ist hingerissen: „Ich bin noch ganz ergriffen von diesen Chören. Aber ich höre Händel viel lieber auf deutsch. Zu Hause habe ich eine deutsche Fassung mit den Berliner Symphonikern, die lege ich jetzt auf. Wollen Sie nicht mitkommen, dann können Sie's mal vergleichen, solange Sie es noch im Ohr haben." Renate hingegen: „Also mir hat gerade das Englische gut gefallen, das war ja schließlich auch sein Text. Aber wenn Sie meinen, so spät ist es ja noch nicht." So weit, so gut – der bekannte R-R-Austausch. Aber wenn man den beiden Musikbegeisterten ins Herz schauen könnte, würde man das nicht in Worte (vielleicht nicht einmal in Gedanken) gefaßte psychologische Hin und Her vernehmen, das würde sich dann vielleicht so anhören: „Mensch, Kind, du siehst entzükkend aus. Jetzt möchte ich eigentlich nur noch ein wenig mit dir zusammenbleiben, und wer weiß ..." Und sie: „Du bist wirklich ein netter Kerl. Gut, ich komm mit, und wer weiß ..." (Abb. VIII).

Wenn wir diese Transaktion analysieren und die Endpunkte der durchgezogenen Linien mit denen der gestrichelten Linien verbinden, erhalten wir ein Viereck. Deshalb sprechen wir der Einfachheit halber von einer *Viereckstransaktion* (Abb. IX).

Wollen wir in diesem Fall das weitere Verhalten der Gesprächspartner vorhersagen, so bestätigt die Regel über verdeckte Kommunikation lediglich eine allgemeine Lebenserfahrung: wie lange steht die Sprache der Chöre wohl im Mittelpunkt des Interesses? Oder: welche Gesprächsebene wird sich durchsetzen, die durchgezogene oder die gestrichelte? Was für die Eigenkreuzung galt, bestätigt sich auch bei der Viereckstransaktion: meist die gestrichelte – wenigstens im Augenblick.

Noch etwas ist kennzeichnend für die Viereckstransaktion: die Gesprächspartner merken nicht (oder gestehen sich nicht ein), wo der „eigentliche" Austausch stattfindet. Vor allem wenn sich darin eine K-Empfindung, ein K-Bedürfnis oder ein K-Vergnügen ausspricht, das von einem gestrengen L im eigenen Persönlichkeitsgefüge nicht gutgeheißen wird, dann geht das Gespräch nach außen sachlich im R weiter, und dies R ist dann so eifrig mit der vordergründigen Thematik beschäftigt, daß es gar nicht wahrnimmt, wie das K die Situation genießt und dergestalt weiterführt, daß es zu seiner Spannung und seinem Spaß kommt. Wenn die Spannung sich dann löst oder der Spaß zu haben wäre, wenn also die psycho-

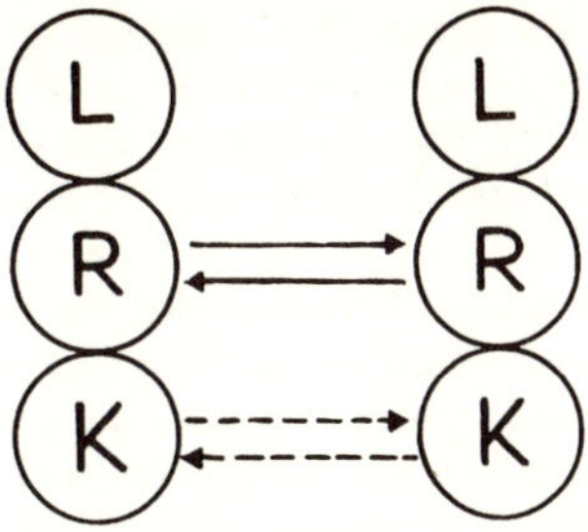

Abb. VIII

1.	ausgesprochen:	Ich höre Händel lieber auf deutsch. Wollen Sie das mal vergleichen?
2.	ausgesprochen:	Mir gefällt gerade das Englische, aber wenn Sie meinen ...
1a.	nonverbal:	Du siehst entzückend aus.
2a.	nonverbal:	Du bist ein netter Kerl.

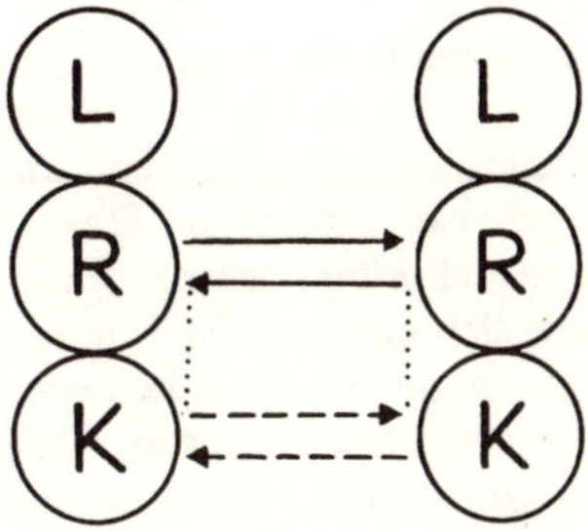

Abb. IX

Schema einer Viereckstransaktion

logische Ebene offenkundig wird, sind manchmal beide Gesprächspartner ehrlich erschrocken, und wenn dann ein mißbilligendes L zu seinem Recht kommt, schlägt das Pendel u. U. augenblicklich nach der anderen Seite aus. Dieser Umschlag ist typisch für das, was wir als *Psychospiel* bezeichnet haben; hier liegt der Grund dafür, daß wir die Feststellung über das größere Durchsetzungsvermögen der psychologischen Ebene eingeschränkt haben durch den Zusatz: „wenigstens im Augenblick“.

Das Kind-Ich der Konzertbesucherin mag jubeln, wenn der junge Händelfreund nach dem Halleluja-Chor gar nicht mehr daran denkt, eine neue Platte aufzulegen, und statt dessen den Arm um sie legt. Aber wenige Stunden später, wenn sie im nüchternen Morgenlicht auf den Korridor tritt und die fremde Wohnungstür hinter ihr ins Schloß fällt, dann sieht die Welt oft so anders aus – vor allem wenn sie als Kind oft genug gehört und brav in ihr Eltern-Ich aufgenommen hatte, was sich für ein junges Mädchen schickt und was es auf keinen Fall tun darf und wie überhaupt die Männer alle sind ...

Nun noch ein letzter Typ von verdecktem Austausch, der von der Viereckstransaktion deutlich zu unterscheiden ist. Der Chef muß verreisen und fragt seine Sekretärin: „Frau Meier, wo haben Sie denn meine Reisemappe gelassen?" Das wäre also die übliche Informationsfrage von R an R. Frau Meier kann nun sagen: „Im zweiten Fach von links liegt sie" oder auch: „Kann ich Ihnen nicht sagen. Ich weiß nicht, wo sie ist." In beiden Fällen kommt die Antwort aus dem R, und damit wird der Austausch eine Paralleltransaktion auf gleicher Ebene.

Wenn aber der Chef bei seiner Frage so ironisch lächelt oder auch seinen Satz durch eine etwas andere Wortwahl leicht verändert, etwa: „Frau Meier, wo haben Sie denn *wieder* meine Reisemappe *versteckt*?", dann hat er mit dieser Frage zwei Elemente bei seiner Mitarbeiterin gleichzeitig angesprochen (Abb. X).

Immer noch richtet sich der logische Sinn der Frage an das R, aber gleichzeitig peilt der gutgelaunte Chef, wie er so in sein Vorzimmer tritt, auch das verletzbare K der Frau Meier an. Im Unterschied zu dem Musikliebhaber, der sich hinterher wohl selbst über

Abb. X

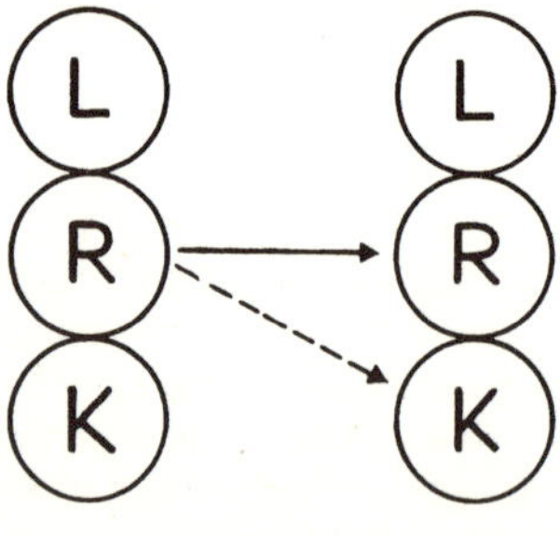

Unterschwellige Ansprache (Ironie)

seine Courage wundern mag, weiß der Chef sehr genau, was er tut: er scherzt natürlich nur, will seine Sekretärin so ein bißchen hochnehmen, die mag das doch gern – nur komisch, daß *er* immer gleich sauer reagiert, wenn er selbst sich im Vorstand Sticheleien dieser Art anhören soll!

Wie reagiert nun Frau Meier auf diese kleine Neckerei? Vielleicht kennt sie in der Tat ihren Chef recht gut und nimmt das gar nicht als Neckerei wahr, weil sie ja weiß, daß es gewiß nicht bös gemeint ist (oder sie denkt: „Alter Esel, wieso mußt du immer sticheln – aber ich hab jetzt keine Zeit für deine Albernheiten"), und antwortet: „Im zweiten Fach von links liegt sie" (Abb. XI).

Abb. XI

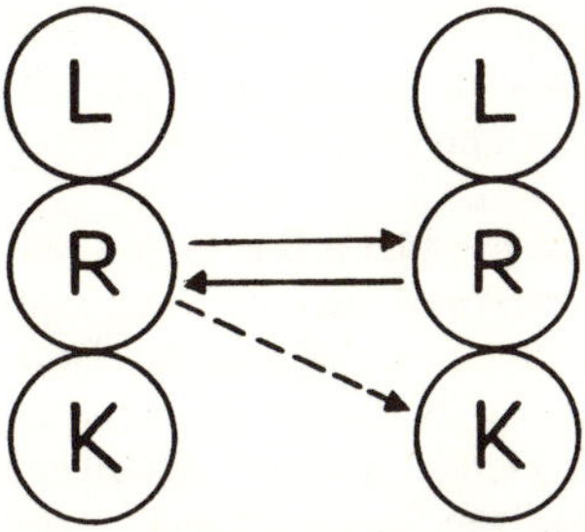

Es kann aber auch sein, daß sie aus ihrem verletzten K heraus reagiert und sich an seine Einsicht oder seinen Sachverstand in Fragen Büroorganisation wendet: „Wie soll *ich* die denn haben? Also, Sie können sich wirklich nicht beklagen: immer wenn Sie von der Reise zurückkommen und mir die Mappe vorreichen ..." Hier ist mithin das psychologische Kalkül des Chefs aufgegangen, Frau Meier hat aus ihrem Kind-Ich heraus geantwortet, und ihr kindhaf-

Abb. XII

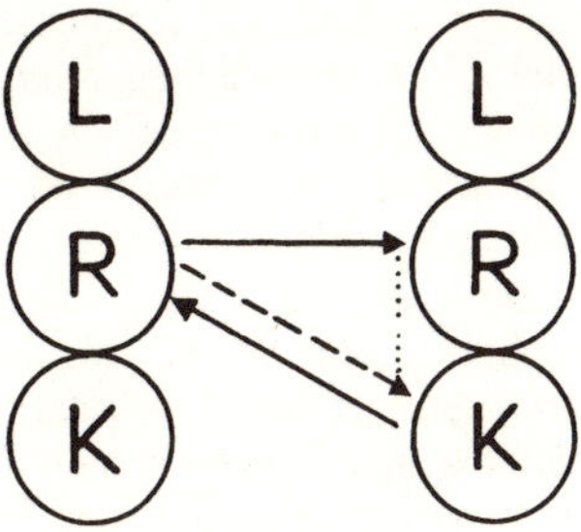

Schema einer Dreieckstransaktion

ter Anteil hat sich gewehrt, und wenn wir jetzt die Endpunkte der Pfeile wieder miteinander verbinden, erhalten wir ein Dreieck und bezeichnen diese Art Austausch denn auch als *Dreieckstransaktion* (Abb. XII).

Der entscheidende Unterschied zur Viereckstransaktion liegt also darin, daß derjenige, der eine Dreieckstransaktion einleiten will, gezielt vorgeht und genau weiß, was er will, d. h. *sein* R eingeschaltet hat; nur der andere soll es nicht merken oder jedenfalls noch nicht oder nicht so klar merken. Typische Anwendungsgebiete der Dreieckstransaktion sind Erziehung, Werbung und in der Mitarbeiterführung die Schachzüge einer den Gesprächspartner überlistenden (und deshalb falsch verstandenen und kurzsichtigen) „Motivation". Darüber hinaus finden wir sie bei aller Art Verhandlungsführung, und zu diesem Zweck wird sie auch systematisch gelehrt und trainiert, nicht zuletzt im Rahmen gewisser Verkaufstechniken.

Dazu zwei kurze Beispiele. Der Onkel sagt zu seinen Neffen: „60 Sekunden unter Wasser ist eine lange Zeit, wer von euch eine volle Minute taucht, der kriegt meinen Tiefenmesser." Und lachend fügt er hinzu: „Aber wenn ihr so weiter raucht, behalte ich den noch lange." Heiner hört die gestrichelte Botschaft: „Mit euren Lungen schafft ihr das doch nicht", sein anerkennungsbedürftiges K reagiert (still für sich) mit einem trotzigen „Jetzt extra", und zwei Minuten später trägt er den Tiefenmesser am Handgelenk. Die Ebene, die sich durchgesetzt hat (hier mit der Handlung, nicht mit Worten), war die des kindhaften Verhaltens.

Der Verkäufer schaltet die Musikanlage im Vorführwagen ein: „Hören Sie den Klang? Das ist eine *Spezialausführung,* ein vollautomatischer *Vierkanal-Stereo,* das kann sich natürlich nicht jeder leisten, aber *Sie* müssen ja wissen, was Sie dafür hinlegen wollen ..." Die Information ist sachlich, technisch ausgedrückt, der Preis wird nicht verharmlost, eher im Gegenteil, und die Entscheidung wird ausdrücklich beim Käufer gelassen. All das hört sich an nach klarem Angebot aus dem R heraus. Und doch hat der Verkäufer seine Botschaft nicht nur an das R des Interessenten gerichtet, sondern in erster Linie an sein K. Die Worte, also die „offenkundige Botschaft", schienen nur für das rationale Urteil des Kunden bestimmt, aber „gemeint" war das „Kind im Manne", der Erlebnisbereich seiner (manchmal uneingestandenen) Wünsche und Bedürfnisse, aber auch seiner Trotzreaktionen. In dem betont gleichgültigen Klang der Stimme klingt dann die Frage an: „Ob du dir das wohl bieten läßt? *Kann sich nicht jeder leisten?*

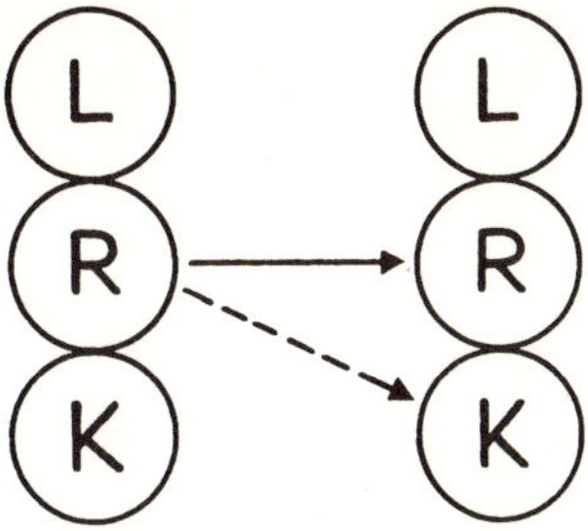

Abb. XIII

Verkaufsangebot (gezielte Ansprache)

Wieviel hast du denn flüssig? Und überhaupt: Läßt du so mit dir umgehen?" (Abb. XIII.)

Nun kann der Kunde ganz verschieden darauf reagieren. Er kann das Angebot vom R aus durchrechnen und antworten: „Brauche ich nicht, mir genügt ein gewöhnlicher Kurzwellenempfänger." Dann ist es also bei einem Informationsaustausch auf der R-Ebene geblieben, d.h., eine verdeckte Transaktion ist nicht zustande gekommen. Oder er kann aus seinem K heraus antworten: „Na ja, darauf kommt's jetzt *auch* nicht an", und wir haben die klassische Dreieckstransaktion. Oder aber er antwortet seinerseits mit einer verdeckten Entgegnung, mit Worten auf der R-Ebene, aber mit seinem Verhalten aus dem K heraus. Wie das dann aussieht, zeigt Abb. XIV.

Während die Viereckstransaktion charakteristisch ist als Auftakt zu einem Psychospiel, ist die Dreieckstransaktion[1] typisch für die bewußte Manipulation. Der eine der beiden Gesprächspartner setzt sie gezielt ein zur Erreichung eines ihm klar bewußten Zwecks; er selbst hat also sein R durchaus eingeschaltet. Er konzentriert sich nüchtern auf die Folgen, die er herbeiführen will; natürlich äußert er nicht, was er im Schilde führt. Oft liegt das für den erfahrenen Beobachter auf der Hand, aber zu beweisen ist es kaum, es wird ja gerade *nicht* in Worten ausgesprochen! Wer die Dreieckstransaktion geschickt handhabt, kann dadurch oft unbemerkt den Gang des Gesprächs steuern und die Entscheidung seines Gesprächspartners beeinflussen. Aber die Sache hat einen doppelten Haken: auch der geschickteste Manipulator hat keine Gewähr dafür, daß der andere wirklich aus dem verdeckt ange-

[1] Da die beiden Pfeile einen Winkel bilden, wird die Dreieckstransaktion auch als Winkeltransaktion (aus dem engl. *angular transaction*) bezeichnet, während im englischen zwischen Eigenkreuzung und Viereckstransaktion (beides *duplex transaction*) nicht unterschieden wird.

Abb. XIV

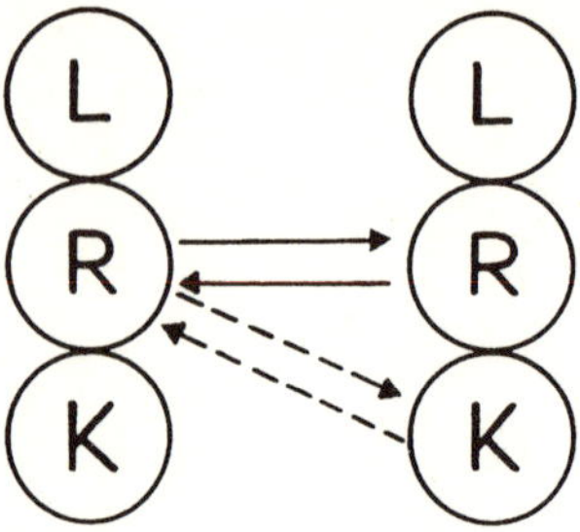

Verdeckter Austausch: eine andere Dreieckstransaktion

1.	verbal:	Das ist eine Spezialausführung, Vierkanalstereo... aber entscheiden müssen Sie selbst.
1a.	nonverbal:	Ob du dir das wohl zutraust?
2.	verbal	Na ja, das ist schon ein ganz schönes Sümmchen, aber das muß sich eben mit amortisieren, und irgendwie brauch ich sowas ja auch.
2a.	nonverbal:	Dir werde ich schon zeigen, mit wem du es zu tun hast!

sprochenen Element heraus antwortet. Je ruhiger der in seinem R bleibt, je weniger er sich von uneingestandenen Gelüsten oder Trotz- bzw. Angstreaktionen steuern läßt, um so weniger wird er auf das Angebot der verdeckten Ebene eingehen, und dann kommt es eben nicht zu einer Dreieckstransaktion. Und der andere Schönheitsfehler liegt darin, daß das durch die verdeckte Transaktion erzielte Ergebnis ein *Augenblicks*resultat ist. Nach Tische liest sich's dann wieder anders. Erzieher erleben das beim unerklärlichen Verhaltensumschwung vorbildlicher Schüler; Personalchefs können sich zuweilen keinen Reim darauf machen, wieso der Mitarbeiter so plötzlich kündigt, wo doch die „Motivation“ gelaufen war wie am Schnürchen, und Verkäufer wenden oft viele und vergebliche Mühe auf, um den Kunden, die so impulsiv zugegriffen hatten, die anschließend prompt auftretende Kaufreue wieder auszureden.

Die gekonnte Dreieckstransaktion klappt oft erstaunlich gut, aber sie wird auch oft zum Rohrkrepierer. Sie wird immer dann problematisch, wenn es darum geht, über Augenblicksresultate hinaus eine *bleibende Beziehung* zu gestalten.

Fassen wir unsere Beobachtungen zu den drei besprochenen Typen des verdeckten Austauschs zusammen, so ergibt sich, daß zwar grundsätzlich die psychologische Ebene, durch die gestrichelte Linie dargestellt, die stärkere ist, daß wir aber zwei Einschränkungen machen müssen, wenn wir das in eine Regel fassen:

sie kommt *nicht immer* zum Tragen (ich kann dazu beitragen, das verdeckt angesprochene Element sozusagen locken oder ködern, aber ich habe es nie sicher in der Hand, ob der andere wie gewünscht reagiert), und sie setzt sich oft auch *nur momentan* durch und nicht auf Dauer.

Somit erhalten wir als

FAZIT	Die dritte Kommunikationsregel der TA: Sind an einer Transaktion eine offenkundige und eine verdeckte Ebene beteiligt, so kommt die verdeckte in der Regel momentan zum Zuge.

Die Kenntnis der verdeckten Transaktionen – und überhaupt der Transaktionsarten – ist gewiß von Vorteil im Berufs- und Privatleben, weil sie eine Möglichkeit gibt, Beziehungen klarer zu sehen und einzelne Handlungsabläufe und Gesprächsverläufe konkret zu erfassen und hier und da auch zu steuern. Wer aber die Problematik konsequent durchdenkt, wird verdeckte Transaktionen meiden, denn wenn ihm wirklich daran liegt, echte Bindung zu schaffen und ein Vertrauensverhältnis zu begründen, wird er die offenen Formen des Umgangs mit dem Mitmenschen allen verdeckten Schachzügen vorziehen.

5. Beachtung als Grundbedürfnis

Durch die Schilderung verschiedener Arten von Transaktionen haben wir Einblick gewonnen in das *Wie* unseres Umgangs mit dem Mitmenschen. Wir können unser Verständnis weiter vertiefen, wenn wir nun der Frage nach dem *Warum* nachgehen.

Der Mensch ist auf das Zusammenleben mit anderen angewiesen, das wußten schon die Alten. „Es ist nicht gut, daß der Mensch allein sei" heißt es in der Bibel, und der griechische Philosoph Aristoteles gab die bündige Definition: „Der Mensch ist ein Gemeinschaftswesen."

In der Tat, Leben heißt ja nicht nur, in der Zeit sein und seine Zeit mit innerer oder sichtbarer Tätigkeit zu strukturieren, seelisches Leben heißt gleichzeitig, zu anderen Wesen in Beziehung zu stehen. Ob der andere wirklich anwesend ist oder nur in der Vorstellung gegenwärtig, ja ob ich überhaupt an einen Menschen denke oder an ein übersinnliches Wesen oder nur in mir selbst grüble, immer trete ich in *Beziehung,* entweder zu den Persönlichkeitselementen des anderen Menschen, zu den erfaßten oder gedachten, oder aus meinen eigenen Elementen heraus zu meinen eigenen, wenn etwa mein L meinem eigenen K Vorhaltungen macht. Auch wenn ich mich nur mit mir selbst befasse, bin ich noch in Beziehung; auch das Selbstgespräch ist ein Gespräch. Mit dem nahezu ständigen[2] „In-Beziehung-Sein" haben wir eine dem Menschen eigentümliche geistige Dimension angesprochen. Aber darüber hinaus sind wir noch in einer ganz elementaren, biologischen Weise unser Leben lang auf das Miteinander angewiesen.

Wenn wir die alte Erkenntnis, daß der Mensch auf das Miteinander angelegt ist, von ihrer biologischen Grundlage aus untersuchen, wird uns auch mancherlei menschliches Verhalten eher verständlich, das uns auf den ersten Blick seltsam, manchmal geradezu absurd erscheint. Die Einsichten, die wir dabei gewinnen, zeigen uns, wieso solch ein Verhalten im tieferen Sinne absolut folgerichtig und sinnvoll sein kann.

Es ist eine Binsenweisheit, daß der Mensch Lust sucht und Schmerz scheut. Die ganze Motivationslehre, die in der Pädagogik und in den Managementtheorien breite Anwendung findet, fußt doch darauf, daß der Mensch mehr oder weniger offen auf Genuß und Freuden aus ist und Schlägen und Demütigungen aus dem Weg geht. Kein Kind und kein Erwachsener müht sich schließlich darum, Prügel zu beziehen. Und doch wissen erfahrene Lehrer und Vorgesetzte immer wieder von Schülern oder Mitarbeitern zu berichten, die alles mögliche anstellen, um sich regelmäßig ihre Abfuhr zu holen. Ob man sich nun einen Reim darauf machen kann oder nicht, es sieht tatsächlich so aus, als wären sie nicht „glücklich", wenn sie nicht wieder eine beschämende Zurechtweisung oder eine peinliche Blamage erfahren oder sonstwie den ärgerlichen Unwillen einer Bezugsperson ausgelöst hätten.

Wenn wir verstehen wollen, was da vor sich geht, müssen wir uns mit einfachen biologisch-psychologischen Zusammenhängen vertraut machen. Das Kleinkind braucht zum Leben Wärme, Nahrung, Pflege, Sauberkeit. Wird es schlecht behandelt oder ist die Umgebung ungepflegt und schmutzig, so ist die Gefahr der Erkrankung groß und die Sterblichkeit entsprechend hoch. Man darf also davon ausgehen, daß Kinder mit gutem Essen in einem

---

[2] „nahezu": der Mensch ist im Dialog, solange er nicht im reinen Anschauen oder im unbefangenen Genießen Erfüllung findet.

peinlich sauberen, gepflegten Milieu besser gedeihen als in unordentlichen, dürftigen Verhältnissen.

Und doch gibt es schon seit langer Zeit Beobachtungen, die dem widersprechen. So hat man etwa in Preußen im letzten Jahrhundert präzise Statistiken geführt über Kindersterblichkeit. Man konnte über Jahre hinweg beobachten, wie viele Kleinkinder am Leben blieben in einem königlichen Waisenhaus, das sich allerhöchster Gunst erfreute und in dem es den jungen Erdenbürgern an nichts fehlte, und man zählte, wie viele überlebten unter den harten Bedingungen der Strafanstalt, weil auch diejenigen Neugeborenen erfaßt wurden, die von Zuchthäuslerinnen zur Welt gebracht wurden und bei der Mutter in der Zelle bleiben durften. Und zur Verwunderung der Hygieniker stellte sich heraus, daß die Sterblichkeitsquote in dem vorbildlichen Waisenhaus erheblich höher lag als im Frauenzuchthaus.

Vor einem halben Jahrhundert sind in Amerika ähnliche Beobachtungen gemacht worden. Dort haben Plazierungsinstitute, die sich um die Unterbringung von Waisen kümmerten, Vergleiche gezogen zwischen Kindern, die bei bester Ernährung und Versorgung in blitzblanken Heimen aufwuchsen, und anderen, die in ungeeignete Pflegefamilien gerieten und dort in Schmutz mit Püffen und Mißhandlungen fertig werden mußten. Und auch hier stellte sich heraus, daß die drangsalierten, vernachlässigten Kinder besser gediehen waren als diejenigen, die in einem perfekten, aber gleichgültigen Milieu herangewachsen waren.

Heute wissen wir, daß das Kleinkind die *ständige Ansprache* durch die Mitmenschen für seine Entwicklung so nötig braucht wie die Pflanze das Sonnenlicht zum Wachsen. Wir wissen, daß das Kind, schon das ganz kleine, erleben muß, daß man mit ihm spricht, sich mit ihm beschäftigt, sonst läßt Atmung, Muskel- und Nerventätigkeit nach und es bleibt zurück und kann schließlich sogar sterben, wenn es keinerlei Beachtung findet. Wärme, Licht, Nahrung, Schutz vor Krankheitskeimen, all das ist wichtig, aber in gleicher Weise (durch einen Mechanismus, über den wir noch wenig wissen) ist auch das seelische Erleben notwendig, daß sich die Mitmenschen mit dem Kind befassen, daß sie es beachten. Dieses Erlebnis kann viele Formen annehmen. Am innigsten genießt das Kind wohl die *Berührung,* Haut an Haut, am Körper der Mutter oder auf dem Arm des Vaters. Ob es eine ruhige, warme Berührung ist oder ein sanftes Streicheln, ein zärtliches Kneifen oder ein scherzhafter Klaps, das Kind erlebt die Berührung. Oder es wird gewiegt und erlebt die *Bewegung,* wird geschaukelt und geschüttelt und in die

Luft geworfen und wieder aufgefangen. Oder es hört die *Stimme,* die mit ihm spricht oder lacht, leise und verträumt oder zuredend oder auch schon ganz sachlich. Es versteht den Sinn der Worte nicht, aber es „begreift" die *Zuwendung,* die darin zum Ausdruck kommt. Wenn nun die Stimme zu barsch klingt oder ungewohnt laut und polternd, empfindet auch das Baby das schon als Schmerz und weint. Und wenn die Bewegung beim Schaukeln zu heftig wird oder der Klaps zu fest ausfällt, beginnt es zu schreien. Und hier ist nun die entscheidende Beobachtung gemacht worden: *selbst ein schmerzhafter Klaps, der das Kind zum Weinen bringt, ist für seine Entwicklung, ja für sein Überleben immer noch besser als gar keine Zuwendung.* Jedes Lebewesen, vor allem das ganz junge, kämpft instinktiv ums eigene Überleben. Es wird alles tun, um die Zuwendung zu erlangen, die es zum Weiterleben und Weiterwachsen braucht. Wenn es liebevolle Beachtung findet, Streicheln und *wohltuende* Berührung, wird es sich darum bemühen. Wer aber früh gelernt hat, daß es so etwas nur sehr selten gibt, daß es aber leichter ist, die *harte* Berührung von Schlägen zu bekommen, der wird verzweifelt auf Schläge aus sein, und für das kleine Kind war das nicht mal absurd, denn Schläge waren damals immer noch besser als gar keine Berührung. Natürlich atme ich gern frische Luft, wenn ich sie haben kann, aber wenn ich kurz vor dem Ersticken stehe, ist mir der dickste Mief lieber als gar keine Luft. Natürlich hat man eine warme, verständnisvolle Stimme lieber als gereizte Vorhaltungen; wer aber erfahren muß (oder sich eingeredet hat), daß es für ihn eine solche Wärme allzu selten gibt, der empfindet zu Recht auch das Gekeife und Geschimpfe als das, was es für ihn ja *auch* ist, nämlich als Zuwendung – sicher eine dürftige Form der Zuwendung, aber *für ihn* lebensnotwendig.

Alle Schelte, Schläge und Demütigung waren für diesen Menschen immer noch Weisen der Beachtung, und auch die schmerzhafteste Beachtung ist besser als Nichtbeachtung. Was für ein völlig hilfloses kleines Wesen, das mit offenen Augen auf dem Rücken liegt und kaum Kraft hat, den eigenen Kopf zu bewegen, was für solch ein hilfloses Wesen nahezu tödlich sein kann, ist dies: wenn es erleben muß, wie die Großen, die Mächtigen (die es versorgen und betreuen und von deren Zuwendung es ja abhängt), wie die im Zimmer an ihm vorbeigehen und sich nicht um es kümmern und es nicht ansprechen oder berühren, wie ihre Schritte und Stimmen wieder verhallen und es völlig unbeachtet lassen. Man kann erleben, daß ein Baby die Geräusche im Zimmer gespannt verfolgt und in herzzerreißendes Schreien ausbricht, wenn die Gefahr besteht, daß sich niemand um es kümmert. Ein Echo der tiefen Beklemmung, die uns die völlige Nichtbeachtung, die totale Gleichgültigkeit als Kleinkindern verursacht hat, verspüren wir noch als Erwachsene, wenn ein Bekannter aus früheren Zeiten, den wir im Konzertsaal oder in der Bank erkennen, auf unseren grüßenden Blick nicht reagiert und unbeteiligt durch uns hindurchblickt ...

Natürlich hat es niemand gern, wenn ihm im Konzertsaal oder im Schalterraum eine Szene gemacht wird. Und doch würden die meisten Menschen lieber eine unfreundliche Begrüßung hinnehmen als sich wie Luft behandeln lassen. Völlig übersehen, gar nicht zur Kenntnis genommen zu werden, das wird instinktiv als die schwerste Wertminderung (der schwerste *Discount,* s. S. 119) empfunden, die einen Menschen treffen kann. Von hier aus wird die tiefe Verletzung erlebbar, die ein Kind erleidet, wenn der Vater damit droht, wegzugehen und das Kind allein zu lassen. Der Vater, der die Drohung wahrmacht und sich das Leben nimmt, fügt seinem vierjährigen Töchterlein eine Wunde zu, unter der es vielleicht ein Leben lang leidet. Wer Vater oder Mutter früh verliert, durchlebt fast immer einen Schmerz, der nur sehr schwer zu verwinden ist.

Auch der Heranwachsende reagiert in seinem K noch genauso heftig auf den Verlust, der ihn plötzlich trifft. Der italienische Philosoph und Politiker Benedetto Croce brach noch als 86jähriger in Tränen aus, wenn die Rede auf das Erdbeben auf der Insel Ischia kam, bei dem er als 17jähriger die Eltern verloren hatte. Wer die Quelle für lebenserhaltende Zuwendung verliert, verbindet damit fast immer auch (meist uneingestandene) Vorwürfe gegen den, der ihn verläßt, vor allem, wenn der Tod unerwartet kommt. Und er steigert den Vorwurf oft zu tiefem Groll, wenn die Mutter oder der Vater zwar lebt, aber sich um das junge Wesen überhaupt nicht gekümmert hat. Die schlimmste Form des „Übersehens" ist es wohl, einfach nicht da zu sein für das eigene Kind.

Wir fassen zusammen: Das *Grundbedürfnis nach Beachtung* bleibt das ganze Leben hindurch bestehen. Wird es nicht erfüllt, so wird beim Kind das körperliche und geistig-seelische Wachstum, beim Erwachsenen das emotionale Gleichgewicht beeinträchtigt. Die unmittelbarste Äußerung der Beachtung ist der Körperkontakt; weniger direkt wirkt die Zuwendung *zum* anderen, sowohl nonverbal wie im Gespräch mit ihm; und eine dritte ebenso notwendige Weise der Beachtung ist das Sprechen *über* die Vorzüge, die den anderen auszeichnen, oder *über* seine Leistung, in der Form der Anerkennung.

Wir können weitere Unterscheidungen vornehmen, wenn wir beobachten, daß einige Formen von Zuwendung dem Menschen gelten, so wie er ist: wenn sich etwa eine Mutter einfach über ihr Kind freut und das auch zeigt, ohne irgend etwas dafür zu erwarten. Wir bezeichnen das als „unbedingte Zuwendung“: sie wird dem Mitmenschen zuteil, einfach weil er da ist, ganz unabhängig von seinem Verhalten, ohne weitere Begründung. Wenn die Mutter ihrem Kind hingegen nur dann zulächelt oder es nur dann auf den Arm nimmt, wenn es sich nach ihrem Willen gerichtet hat, ist das „bedingte Zuwendung“. Sie gilt dem Menschen für sein Tun und Lassen und wird (mit Worten oder aus der Situation heraus) begründet: „Weil du jetzt...“

Zuwendung kann warm und herzlich, streichelnd und liebkosend sein: wir sprechen dann von guter oder „positiver“ Zuwendung. Als ungute, „negative“ Zuwendung bezeichnen wir die kalte und harte, böse und verletzende Weise, auf den andern seelisch oder gar körperlich einzuwirken. Das Kleinkind kann wohl zwischen positiver und negativer Zuwendung noch nicht unterscheiden und bildet Gewohnheiten aus, durch die es überhaupt ein hinlängliches Maß an Beachtung erlangen kann – möglichst sicher oder möglichst mühelos. Natürlich hat jeder Mensch Sehnsucht nach unbedingter positiver Zuwendung. Gleichzeitig haben sich aber viele an Verhaltensweisen gewöhnt, durch die sie sich bedingte negative Zuwendung holen. Solche Gewohnheiten werden zu sogenannten Charaktereigenschaften; die Transaktionsanalyse hat sie näher untersucht und bezeichnet sie als Gefühlsmaschen und Psychospiele.

Das Sich-einem-anderen-Zuwenden, ihn in seinem Dasein zur Kenntnis nehmen, unbedingt oder bedingt, freundlich oder hart, bezeichnet man im Englischen als *stroke*. Das ist das gleiche Wort wie das deutsche *Streich* und gibt sowohl das freundliche „Streicheln“ wie auch das harte „Schlagen“ wieder – sogar der elektrische Schlag, der einen ins Jenseits befördert, ist ein *stroke*. Wir haben das neutrale Wort „Beachtung“ genommen, um sowohl die positive wie auch die negative Bedeutung des Begriffs *stroke* wiederzugeben. Es gibt wohl keinen deutschen Ausdruck, der dem englischen Wort voll entspricht, und es ist verständlich, daß er in TA-Gruppen oft unübersetzt bleibt bzw. eingedeutscht wird[3].

[3] Man spricht dann von „stroken“; das klingt anfänglich ungewohnt, gibt aber den Sinn viel besser wieder als das verniedlichende und mechanistisch klingende Modewort „Streicheleinheiten“.

FAZIT Das Streben nach Beachtung, der *stroke*-Hunger, ist ein biologisches Grundbedürfnis. Den Mitmenschen beachten heißt in diesem Zusammenhang, sein Dasein zur Kenntnis nehmen, sich ihm zuwenden oder auf ihn eingehen. Es gibt drei Weisen der Beachtung:

- Berührung (Körperkontakt)
- Zuwendung (in Blick, Gestik, Stimme usw.)
- Anerkennung (seiner Eigenart und Leistung).

Beachtung kann einfach dem Da-sein und So-sein des anderen gelten (unbedingte Zuwendung) oder für bestimmtes Verhalten gezollt werden (bedingte Zuwendung).

Natürlich kann ich menschliches Verhalten beeinflussen durch die Art und Weise, wie ich Zuwendung gebe. In der Pädagogik ist aufgefallen, daß man bei den meisten Schülern unerwünschtes Verhalten (Fehler im Unterricht, Denkblockierungen, Ungeschicklichkeiten) dann noch häufiger auslöst, wenn man jedesmal mit großem Aufwand (nachdrücklicher Beachtung) darauf eingeht. Lehrern und Psychologen ist diese „Verstärkerwirkung" seit langem bekannt. Kluge Eltern wußten schon immer (und Ärzte können es ihnen bestätigen), daß es bei aller Sorge um das kranke Kind gut ist, „kein Wesens zu machen" aus seiner Krankheit. Wenn wir gesunde Kinder haben wollen, geben wir ihnen die Zuwendung, die sie brauchen, für ihr Gesundsein, für ihre Fröhlichkeit und Tüchtigkeit, und nicht erst für ihre Wehwehchen, für ihren Knatsch und ihr Versagen. Zumindest geben wir ihnen dann keinen zusätzlichen Grund, das Krankwerden zu lernen.

Zweifellos ist die segensreichste Weise, wie wir mit unseren Kindern umgehen können, die unbedingte positive Zuwendung – solange sie echt ist. Gegen alles Künstliche wehren wir uns, mit Recht. Wo aber solche Zuwendung aus dem Herzen kommt, wirkt sie wie das helle Licht eines Sommertages und regt Wachstum, Kraft und Selbstvertrauen an. Einem Fremden gegenüber empfindet der Mensch, ist er nicht verliebt oder ein Heiliger, normalerweise nicht so rasch oder so stark unbedingte positive Zuwendung. Für den Freund und Kollegen, für den Lehrer und Ausbilder, für den Berater und Vorgesetzten liegt die beste Weise, guten Einfluß auszuüben, meist darin, daß er seine *bedingte positive Zuwendung* einsetzt. Das heißt, daß er gesundes, erwünschtes Verhalten nachdrücklich würdigt und anerkennt. Das heißt auch, daß er krankhafte Äußerungen und Fehlverhalten bewußt übersieht, um das nicht zu stärken – solange der andere durch solches Verhalten nicht sich selbst oder Dritte spürbar schädigt.

> FAZIT Zuwendung wird warm und liebevoll (positiv) oder kalt und ablehnend (negativ) ausgedrückt.
> Die verletzendste Form der Ablehnung ist die Nichtbeachtung.
> Aus dem *stroke*-Hunger heraus entwickeln die Menschen die Tendenz, sich ihr Leben lang um *die* Weisen der Beachtung zu bemühen, an die sie sich von klein auf gewöhnt haben.

Wenn wir nun unsere *strokes* zur Beeinflussung menschlichen Verhaltens, sogar zur Anregung menschlichen Wachstums gezielt einsetzen, ist es nicht verwunderlich, daß bei denen, die dadurch beeinflußt oder angeregt werden sollen, auch eine Portion Mißtrauen oder gar Abwehr gegen bestimmte Weisen der Zuwendung auftritt. Wie oft haben wir nicht schon als Kinder erlebt, daß wir zunächst mit Geschenken bedacht wurden und erst hinterher erfuhren, welche Erwartungen daran geknüpft waren. Was Wunder, daß es so wenig Menschen gibt, die noch Geschenke frei und ungezwungen annehmen können.

Was für materielle Zuwendungen gilt, gilt noch viel mehr für die seelische Zuwendung. Hier haben wir fast alle irgendwelche Hemmungen, und es ist sinnvoll, uns zu besinnen auf die Weise, wie wir mit *strokes* umgehen, auf die Situationen, wo wir uns Einschränkungen beim Geben oder Annehmen angewöhnt haben. Wenn es uns gelingt, dabei freizügiger zu werden, tun wir uns selbst etwas Gutes und tragen zu einem gesunderen Klima in unserer Umgebung bei. Je weniger sich in unserer Zivilisation, unter dem Einfluß unserer Erziehung und Gesittung der vitale Hunger nach Berührung noch äußern kann, um so mehr nimmt der Hunger nach Anerkennung zu. Sehr oft liegt dem nicht ein „übertriebenes" Geltungsbedürfnis zugrunde oder so etwas wie ein Minderwertigkeitskomplex, sondern das einfache Grundbedürfnis nach Wahrgenommen- und Ernstgenommenwerden. Und darauf können wir in guter Weise eingehen, wenn wir dem anderen aufrichtiges *Lob* aussprechen.

Es gibt kaum einen Menschen, der *Lob uneingeschränkt annehmen* kann, vor allem wenn es unerwartet ist. Wir haben alle eine Anzahl komplizierter, aber eisern eingehaltener Regeln darüber, wie wir Lob abwehren oder nicht gelten lassen, umdeuten oder zurückweisen usw. Logisch ist das in den wenigsten Fällen. Eine schöne junge Frau kocht vorzüglich; sie macht viel Handarbeiten, wenn auch mit einigen Fehlern. Loben Sie nur nicht ihre Kochkunst! „Ach wissen Sie, von Kunst kann man da wirklich nicht reden ..." Ein Kompliment für die gelungene Strickjacke nimmt sie anstandslos an (die paar Fehler stören sie nicht), aber wehe, wenn jemand sagt: „Du bist schön." Das ist ihr direkt peinlich, und sie meint rasch: „Zuverlässig bin ich" oder „Schon gut, ich bin nicht dumm, das weiß ich" oder so ähnlich. Es lohnt sich für den Leser, sich selbst einmal zu beobachten: was lasse ich gelten, und was weise ich zurück? Manche Menschen nehmen keinerlei unbedingtes Lob an und geraten in Panik, wenn jemand schlicht sagt: „Ich mag dich." Andere sind mißtrauisch allem bedingten Lob gegenüber. Hebt etwa ein Ausbilder ihren treffenden Einfall, ihr klares Urteil hervor, werden sie innerlich unruhig: Was will er damit erreichen? Sie können nicht einfach glauben, daß sie wirklich so gut waren, sondern unterstellen dem Ausbilder, daß er sie bestimmt irgendwie manipulieren wollte. Solch unlogisches Verhalten liegt meist in Kindheitserleben begründet. Wie viele Mütter spüren, daß sie ihrem Kind nicht die einfache unbedingte Beachtung zu geben vermögen, die sie ihm *eigentlich* schenken möchten (und in ihrer Kindheit selbst nicht erfahren haben), und wenden sich ihm dann auf dem Umweg über den Kochtopf zu: gutes oder schmackhaftes Essen als *stroke*-Ersatz. Und wehe, der Kleine ißt nicht mit Freuden, was Mutti ihm mit Mühen zubereitet hat. So wird Mittag für Mittag manch wehrloses Kind genötigt, mehr zu essen, als es eigentlich mag. Noch einen Bissen für Tante Anna, und einen für die liebe Oma! Und so muß er dann diese roten Rüben, die er nicht mehr sehen kann, „tapfer" hinunterwürgen, *weil doch die Oma so gut ist.* Wen wundert's, daß sich ihm später der Magen zuschnürt, wenn er *strokes* annehmen soll ...

In modernen Firmen, bei denen Teamarbeit hoch im Kurs steht, werden besondere Leistungen von einzelnen Mitarbeitern oder ganzen Gruppen vor der gesamten Belegschaft nachdrücklich gewürdigt. Wenn das oft geschieht, stumpft das nicht etwa ab, sondern schafft eine natürliche, offene Atmosphäre; die Gefeierten trainieren sich regelrecht darin, Anerkennungen auch anzunehmen und gelten zu lassen, und das wird für alle Beteiligten ein echtes Gemeinschaftserlebnis.

Vielen Menschen fällt es nicht minder schwer, *Lob auszusprechen,* vor allem, wenn sie spüren, daß der andere darauf wartet, oder wenn er es gar erbeten hat. Hier ist ein weites Feld, wo Eltern und Vorgesetzte Tag für Tag sehr viel Gutes bewirken können. Wieviel Schüler verbessern nach der Versetzung in bestimmten Fächern schlagartig ihre Leistungen, weil der neue Lehrer sie lobt! Und umgekehrt, wieviel Arbeitsverhältnisse werden ohne besonderen Anlaß aufgegeben (oder ohne innere Anteilnahme mechanisch und verdrossen ausgefüllt), bloß weil es dem Chef einfach *nie* einfällt, auch einmal eine Anerkennung zu äußern. Und in der Ehe? Wieviel Stunden Arbeit, Überlegen, Mühe, wieviel Einfälle, Mitdenken und Phantasie nimmt der Mann von seiner Lebensgefährtin kommentarlos und ganz selbstverständlich entgegen? Wann kriegt die Frau schon das Lob, das ihr für ihre stille, oft entsagungsvolle Mitwirkung am beruflichen Erfolg ihres Mannes weiß Gott zustehen würde? Und wie rasch ist der Herr der Schöpfung mit seiner Kritik bei der Hand, wenn sie mal was falsch gemacht hat...

Sehr verbreitet ist auch die Blockierung, wenn es darum geht, *um Lob zu bitten.* Zu oft sind Kinder ja zurückgewiesen worden. Wer diese Zusammenhänge recht bedenkt, wird aufhorchen, wenn etwa sein Arbeitskollege zu ihm kommt: „Schau mal, wie mir das geglückt ist!", und er wird sich die Seelennahrung auch selbst nicht versagen, wenn er spürt, daß er eine Anerkennung braucht. Manche Spannung in Firma und Familie läßt sich leicht lösen, wenn jemand es fertigbringt, sich die Zuwendung zu holen, die für sein seelisches Befinden so wichtig ist.

Wo weit und breit keine Aussicht besteht, die gebührende Beachtung zu finden, verfällt der Mensch darauf, *sich selbst zu loben.* Im Berufsleben läßt sich das besonders bei belastenden, nervenaufreibenden Tätigkeiten beobachten. Aber meist reagieren wir schon aufgrund unserer Erziehung in diesem Punkt besonders allergisch: „Eigenlob stinkt!" Dabei ist das Eigenlob manchmal die einzige natürliche Verhaltensweise, die dazu angetan ist, das seelische Gleichgewicht aufrechtzuerhalten und den unter Streß stehenden Menschen vor Schäden zu bewahren. Oft ist darüber hinaus die ruhige Besinnung auf eigene Qualitäten, das Innewerden der eigenen Kraft und die Freude über eigene Leistungen der

Ansatzpunkt, von dem aus der Weg aus Einengung und Bedrükkung wieder hinausführt zu freier Selbstverwirklichung.

Wir haben gesehen, wie wir uns daran hindern, Lob auszusprechen, anzunehmen, zu erbitten oder uns selbst zu geben. Aber es ist genauso wichtig, daß wir Lob, das wir nicht wollen, auch *zurückweisen* können. Mancher kann das schlecht, er nimmt mit süßsaurem Gesicht „aus Anstand" jedwedes Kompliment an, das an ihn gerichtet ist. Dabei gibt es *strokes* von recht zweifelhafter Qualität – attraktiv verpackt, aber innen eiskalt.

„Großartig, daß Sie heute mal pünktlich sind" oder „Ich staune, daß Sie nicht wieder so ein Theater machen." Zum gesunden Umgang mit Zuwendung gehört auch, daß man Lob, das man nicht mag, auch in Ruhe zurückweist.

FAZIT Blockierungen beim natürlichen Umgang mit Zuwendung äußern sich darin, daß es einem schwerfällt,

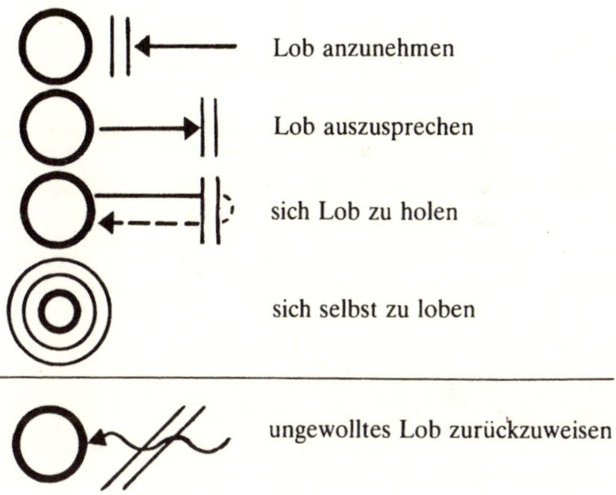

Wir haben die Funktionen von Beachtung und Zuwendung für unser Seelenleben aus seinen biologischen Grundlagen heraus aufgezeigt. Aber der Trieb zum Du reicht in andere Bereiche hinein. Man kann durchaus von einem dreidimensionalen Geschehen sprechen. In der ersten Dimension geht es einfach ums Überleben. Ohne Beachtung geht der Mensch körperlich und seelisch zugrunde[4]. In einer zweiten Dimension zeigt sich, daß die Erfüllung des *stroke*-Bedürfnisses Antriebskräfte frei macht und den Menschen instand setzt, weiterzuwachsen und Probleme selbst zu lösen. Schließlich reicht dieser Urtrieb über das rein Kreatürliche hinaus in eine dritte, personale Dimension hinein. In ihm äußert sich in vergeistigter Weise die tiefe Sehnsucht nach dem menschlichen Miteinander überhaupt. Je mehr ich den anderen als Person anerkenne, um so mehr erlebe ich mich selbst als *Person*.

[4] Einen Versuch am lebenden Menschen hat schon im 13. Jahrhundert Kaiser Friedrich II. in Sizilien angeordnet, als er feststellen wollte, ob Hebräisch, Arabisch oder Latein die Ursprache des Menschengeschlechtes sei. Er befahl, eine Anzahl Kinder ordentlich zu ernähren und zu pflegen, ohne jedoch mit ihnen zu sprechen „oder sie irgendwie zu liebkosen“ – um abzuwarten, in welcher Sprache sie dann von sich aus reden würden. „Aber seine Mühe war vergebens“, berichtet der Chronist (der Franziskaner Salimbene de Adam aus Parma), „da die Kinder früher oder später alle starben.“ Und bedeutsam fügt er hinzu: „Kinder könnten ja nicht leben ohne das Streicheln und die Gesten, ohne das Zulächeln und die Liebkosungen ihrer Pflegerinnen und Ammen.“

IV.

Sozialverhalten, Ersatzgefühle und Psychospiele

1. Sechs Weisen des Sozialverhaltens

Aus der Analyse der Transaktionen und aus den Beobachtungen über die Formen der Zuwendung wird deutlich, wie wir mit anderen umgehen, ob wir nun dabei sprechen, uns auf nonverbalen Austausch beschränken oder unsere Worte mit nichtsprachlichen Signalen begleiten. Aber zur psychischen Wirklichkeit gehören auch kurze Augenblicke oder längere Zeiträume, in denen wir mit niemandem Verbindung haben, sondern nur mit uns selbst beschäftigt sind. Auch hier lassen sich die jeweils tätigen Elemente angeben, und es stellt sich oft heraus, daß wir dann mit uns selbst umgehen, d. h. daß im eigenen Inneren, ähnlich wie in den Transaktionen mit unseren Mitmenschen, die verschiedenen Ich-Zustände zueinander in Beziehung treten und ganze Gesprächsfolgen durchgehen.

Wenn wir den Begriff des Austauschs in diesem weitesten Sinne fassen und die nach innen und außen gerichteten Abläufe einmal untersuchen von der Art des Austausches und vom Ergebnis her, lassen sich sechs Grundtypen des menschlichen Miteinander unterscheiden, die praktisch unser ganzes Leben ausfüllen. Da auf diese Weise die Zeit, über die wir verfügen, immer von einem dieser sechs Typen geprägt ist, hat *Eric Berne* auch von den sechs Möglichkeiten gesprochen, wie der Mensch seine Zeit verwenden und sie strukturieren kann.

Wenn von Sozialverhalten die Rede ist, heißt das nicht, daß ich mit anderen überhaupt in Beziehung treten muß. Ich habe jederzeit auch die Freiheit, auf eine Beziehung überhaupt zu verzichten und mich abzusondern. Ich beschäftige mich mit mir selbst und gehe in die *Isolierung*. Daß auch dabei ein intensives Geschehen im Inneren ablaufen kann, in dem meine unterschiedlichen Persönlichkeitsanteile zueinander in ganz bestimmten Beziehungen stehen, soll in diesem Zusammenhang außer Betracht bleiben. Wichtig ist hier, daß Transaktionen mit anderen nicht stattfinden. Ich bin in der Isolierung, wenn ich tagträume, vielleicht sogar meinem Gesprächspartner verloren zunicke, aber, statt zuzuhören, meinen eigenen Gedanken nachhänge, wenn ich in mich hineingrüble, mir still für mich Angenehmes oder Unangenehmes für die Zukunft vorstelle, und Nacht für Nacht, wenn ich schlafe (und dabei mehrmals und oft sehr intensiv – im Traum – meine seelische Lebendigkeit erlebe). Natürlich kann ich in der Isolierung keine Zuwendung von Dritten erhalten; um so intensiver allerdings kann ich mir selbst in meiner Vorstellung die Beachtung zuwenden (als *self-stroking*), die ich für mein seelisches Gleichgewicht brauche. Wenn ich mich auf ungute Erlebnisse konzentriere, hänge ich unter Umständen in meinen Gefühlsmaschen.

Es gibt einen Austausch von Blicken, Gesten und Worten, der nach ungeschriebenen Gesetzen verläuft wie ein *Zeremoniell,* bei dem es keine Überraschungen gibt. Wenn zwei Menschen, die sich nicht näher kennen, sich zufällig begegnen, läuft das in etwa so ab: „Tag, wie geht's?" – „Soweit gut, und selbst?" – „Danke, bestens. Ziemlich heiß heute, nicht?" Das Gespräch hat zeremoniellen Charakter, auch wenn vor einem „Also dann..." noch ein „Wo geht's hin?" eingeschoben wird: die persönliche Anteilnahme ist gering und wird auch gar nicht erwartet. Im Gegenteil, wenn einer sein Zeremoniell abspult, wäre er höchst verwundert, wenn der andere den Austausch von Fragen plötzlich ernst nehmen und etwa auf die Frage „Wie geht's?" berichten würde, daß seine Rheumaschmerzen doch nicht nachgelassen haben und er jetzt noch mal ein neues Mittel ausprobieren wird, ehe er sich nach einem anderen Arzt umsehen will. Das Zeremoniell erleichtert das menschliche Miteinander und macht oberflächliche Kontakte vorhersehbar; es ermöglicht uns, flüchtige Beachtung zu finden ohne die Risiken, die mit einer intensiven Zuwendung verbunden sein können. Weil ein solches Miteinander risikoarm ist, haben wir früh gelernt, gut damit umzugehen. Zeremonielle der verschiedensten Art nehmen in allen Kulturen breiten Raum ein, gerade wenn Menschen schrittweise zueinanderfinden, von der Brautwerbung über die offizielle Verlobung bis zum Polterabend und den Hochzeitsfestlichkeiten. Es gibt vielerlei Zeremonielle für bestimmte Anlässe, für die nüchterne und zweckgebundene oder höchst feierliche Abläufe festgelegt sind, etwa das Protokoll internationaler Konferenzen, das Gerüst eines Verkaufsgesprächs oder die Verfahrensweise einer Gerichtsverhandlung, aber auch die Gottesdienstordnungen in den verschiedenen Religionen (die in der römisch-katholischen Kirche sogar von einer besonderen Instanz, der Ritenkongregation, gestaltet und umgestaltet werden). Für den *stroke*-Haushalt hat das Zeremoniell den Vorteil, daß eine bestimmte Menge von Zuwendung vorhersehbar ist – meist ist das nicht gerade viel, aber ich kann sie mit Sicherheit erwarten, wenn ich so ein Zeremoniell ablaufen lasse, und brauche auch nicht mit negativer Zuwendung zu rechnen. Allerdings muß ich darauf gefaßt sein, daß sehr leicht formelhafte, oberflächliche Äußerungen verwandt werden (von den Amerikanern als *plastic strokes* bezeichnet, also als Zuwendung aus Kunststoff, eben weil sie oft gekünstelt sind).

Anders verläuft das Miteinander, wenn die Zuwendung schon intensiver ist, aber nicht sehr ernst werden oder tief gehen, sondern eher unterhaltsam sein soll. Wir sprechen dabei von *Unterhaltung* in allen möglichen Formen: das kann das vergnügliche Spiel der Kinder im Sandkasten sein oder die Bridge-Partie oder Skatrunde der Erwachsenen, der harmlose Klatsch beim Kaffeekränzchen oder die belanglose Cocktail-Plauderei auf der Party, das Wettschwimmen der Senioren oder der genüßliche Austausch der letzten Ostfriesenwitze. Die Unterhaltung verläuft zweckfrei, sie ist nicht nur ein angenehmer Zeitvertreib, der vor allem Vergnügen machen soll, sondern man kann dabei Zuwendung geben und erhalten, ohne sich zu engagieren, und hat gleichzeitig Gelegenheit, seine Mitmenschen kennenzulernen und sich, wenn man das will, für Arbeit oder Psychospiele (s. die nächsten Kapitel) passende Partner auszusuchen.

Sobald ich eine zweckgerichtete Tätigkeit ausübe und damit auf die Umwelt einwirke oder mich selbst bewußt weiterbringe, übe ich eine *Arbeit* aus. Natürlich gibt es dabei tausend Möglichkeiten: ob ich nun Materialien bearbeite und Gegenstände schaffe oder weitergestalte oder ob ich mich mit Ideen beschäftige und gedankliche Tätigkeiten ausübe oder ob ich Dienste für andere übernehme, als Taxichauffeur oder Damenfriseur, als Lehrer, Arzt, Seelsorger oder in einem der zahllosen beratenden Berufe, die in unserem Jahrhundert entstanden sind und in denen auf Spezialgebieten Problemlöser tätig werden. Das charakteristische Merkmal ist dabei nicht einmal, ob ich für meine Tätigkeit Entgelt erhalte, das ich zum Lebensunterhalt brauche (obwohl das in den meisten Fällen von Arbeit der Fall ist), sondern ob mein Tun ziel- und zweckgerichtet ist. Deshalb sprechen amerikanische TA-Autoren gern von „Aktivitäten", „Operationen" oder „Prozeduren" bzw. „Verfahren". Durch Arbeit soll etwas erreicht werden, irgendwie tragen wir immer bei zur Erhaltung, Gestaltung oder Veränderung der Welt, in der wir leben, oder unserer eigenen Persönlichkeit. Als

Zweck der Arbeit kann uns ein Werk vorschweben (oder unser Beitrag zu einem gemeinsamen Werk), unabhängig von der aufgewandten Zeit oder als „Leistung“ auf Zeiteinheiten bezogen. Im übrigen kann die gleiche Tätigkeit als Unterhaltung oder als Arbeit ausgeübt werden: das Seniorenschwimmen am Morgen ist für den einen ein fröhlicher Auftakt *vor* dem Arbeitstag und für den anderen die erste harte Arbeit des Tages, die er pflichtbewußt, programmgemäß und verbissen leistet. Die meisten Arbeiten geben vielerlei Gelegenheit zum Zusammenwirken oder doch zu Kontakten mit anderen und können deshalb zu Quellen vielfacher und unterschiedlicher Zuwendung werden. Zudem gibt die Arbeit, die gelingt und deren Sinn sichtbar oder erlebbar wird, tiefe Befriedigung. Insofern kann gute Arbeit eine wertvolle Quelle für Selbstzuwendung *(self-stroking)* werden und einen entscheidenden Beitrag zur Verwirklichung von Anlagen und Fähigkeiten, also zur Selbstentfaltung beisteuern. Die eigene Persönlichkeitsentfaltung kann sogar das eigentliche Ziel sein, das mit der Arbeit verfolgt wird. Das ist der Fall bei der „persönlichen Arbeit“, die im Entfaltungsgespräch geleistet wird.

Wir haben uns bereits mit einer Weise des menschlichen Miteinander befaßt, die intensive, aber ungute Zuwendung bringt, das sind die *Psychospiele.* Bei einem typischen Spielverlauf verstricken sich die Beteiligten in eine Reihe von Transaktionen, an deren Ende immer etwas im tiefsten Unbefriedigendes steht, oft für alle Seiten. Dennoch laufen Psychospiele immer wieder ab, und immer wieder in der gleichen Weise. Oft bringen sie Spannung, sie zwingen die Mitmenschen, auf den Spieler einzugehen, und sie bringen damit zwangsläufig Beachtung und oft Zuwendung von hoher Intensität – wenn auch im Endergebnis negative.

Die sechste Weise des Sozialverhaltens bezeichnen wir als *Einklang.* So nennen wir eine wohltuende seelische Erfahrung, die wohl die meisten Menschen in der einen oder anderen Form schon gemacht haben, wenn sie auch schwer zu beschreiben ist. Manchem bleibt der frühe Morgen unvergeßlich, wo er oben auf dem Berg auf das weite Land blickte und die Vögel singen hörte, als die Sonne aufging – wie er plötzlich zutiefst ergriffen war und sich im Einklang erlebte mit der Schöpfung und sich selbst und im Innersten wußte: Was immer auch geschehen mag, es ist gut, so wie es ist. Ein solches Erlebnis tiefen inneren Friedens nennen wir Einklang: Einklang mit sich selbst, mit der Welt, mit dem Mitmenschen. Einklang ist der Augenblick, wo die Mutter ihr kleines Kindlein wiegt und die beiden Augenpaare ineinander ruhen und beide lächeln und glücklich sind. Einklang gibt es in dem guten Gespräch, das der Vater mit dem heranwachsenden Sohn führt, wenn alle Spannungen aufgearbeitet sind und der Konflikt ehrlich ausgeräumt ist, in den Minuten, wo beide ein grundgutes Gefühl haben und es keinem einfiele, den anderen vor seinen Karren zu spannen. Einklang ist der Augenblick der Begegnung in voller Offenheit. Es muß nicht immer freudig sein, was im Einklang erlebt wird: Einklang ist auch der Schmerz, den Freunde oder Angehörige erleben, wenn sie nach Tagen fröhlicher Gemeinsamkeit wieder auseinandergehen müssen und sich der Tränen nicht schämen. Wo Einklang zustande kommt, ist immer das spontane, natürliche K auf beiden Seiten beteiligt. Die schönste Form von Einklang ist wohl für die meisten Menschen die Seligkeit der körperlichen Vereinigung mit dem geliebten Partner. Wohlgemerkt: Einklang ist dort, wo das Liebesgeschehen in seelischer Freiheit, offener Zuwendung und inniger Hingabe erlebt wird. Die Vereinigung und körperliche Zuwendung kann natürlich auch in durchaus anderer Weise erlebt werden, ohne die wirkliche Innigkeit, als amüsante, aber nicht bindende Unterhaltung oder gar als oberflächliches Zeremoniell, als leistungsorientierte Arbeit und sehr oft als Psychospiel. Umgekehrt ist Einklang nicht nur in der Liebe, Ehe und Familie erlebbar, sondern auch bei einer flüchtigen (und dann eben nicht mehr flüchtigen) Begegnung oder im gemeinsamen Einsatz in Beruf und Politik. Besonders ergreifend erleben wir Einklang gewiß da, wo es um ganz persönliche Dinge geht, beschwingende oder belastende. Einklang, so hat einer der Autoren in diesem Zusammenhang geschrieben, ist „die wohl machtvollste und erschütterndste Art der Zuwendung, die ich bisher erlebt habe". Im Einklang findet das Verhältnis des Menschen zur Welt und die Beziehung zweier Menschen zueinander Erfüllung. Einklang ist die intensivste und kann die beglückendste Quelle von guter Zuwendung sein. Einklang ist aber auch die Form seelischen Erlebens, die am zerbrechlichsten ist. Wer sich ganz öffnet, ist besonders verwundbar. Im allertiefsten bewahrt sich wohl jeder Mensch, auch der zynischste und hartgesottenste, noch Sehnsucht nach Einklang. Aber weil die Bereitschaft dazu so leicht Enttäuschungen und schmerzliche Verletzungen bringt, deshalb scheuen ihn viele Menschen und ziehen leichtere Unterhaltung und oft gerade ungute Psychospiele dem vor, was sie in der Tiefe wohl wünschen, aber nicht glauben können oder nicht wagen wollen. Verständlich ist auch solche Skepsis, denn Einklang ist nicht machbar, er bleibt unvorhersehbar, wenn er auch an bestimmte Voraussetzungen gebunden ist wie Ehrlichkeit und gegenseitiges Vertrauen. Doch wo er sich ereignet, bereichert er das Leben zutiefst durch das Geschenk von Schönheit, Zartheit und Vertrautheit.

FAZIT Die TA unterscheidet die folgenden *sechs Arten der Zeitstrukturierung,* die gleichzeitig grundlegendes Sozialverhalten kennzeichnen:

1. Isolierung
2. Zeremoniell
3. Unterhaltung
4. Arbeit
5. Psychospiel
6. Einklang

2. Gefühlsmaschen und Drama-Dreieck

Die Kinder spielen im Hof Ringelreihen, halten sich an den Händen, singen und lachen. Sie sind selbstvergessen, fröhlich, ausgelassen, ganz im K „Spielen und Genießen", und mit einem Mal, aus heiterem Himmel heraus, bleibt die kleine Ingrid stehen, blickt verstört drein, läßt die Hände der anderen los und fängt an, bitterlich zu weinen. Die anderen sind etwas erschrocken, wollen sie wieder bei der Hand nehmen, aber Ingrid hält ihre Händchen ängstlich an sich gepreßt, steht jammervoll heulend im Kreis, geht schließlich mit kleinen Schritten davon und weint zum Steinerweichen. Was ist passiert? Niemand hat etwas gesehen oder gemerkt, die anderen Mädchen sind betroffen, sie wollen etwas unwillig ihr Spiel fortsetzen, aber die Fröhlichkeit von vorher kommt nicht wieder auf.

Die Episode läßt sich leicht in den Alltag des Erwachsenen übertragen. Wie oft erleben wir im Berufs- und Privatleben Szenen, wo jemand sich in Gefühlsanwandlungen ergeht, die uns unverständlich sind und die wir etwas ratlos und betreten hinnehmen. Es können die verschiedensten Gefühle sein, die unsere Mitmenschen mit einer gewissen Intensität überkommen, für die wir aber keine Ursache entdecken, zumindest nicht in dem, was gerade geschieht. Da mag einer bei allen möglichen Gelegenheiten mit unerklärlicher, jedenfalls für die Situation unangemessener Angst reagieren (und andere zu überzogener Vorsicht nötigen wollen) oder bei jeder Kleinigkeit gleich aufbrausen (und die anderen veranlassen, ihn zu behandeln wie ein rohes Ei) oder auch eine übertriebene, unnatürliche Fröhlichkeit an den Tag legen, eine Begeisterung, die er selbst vielleicht als echt empfindet, wie er sich so da hineinsteigert – aber wenn die Zuhörer diese seltsame Verzückung erleben, wissen sie nicht recht, wieviel dabei noch spontan sein könnte und wieviel doch eher so ein gemachter Optimismus ist.

Wo es zu derartigen Gefühlsäußerungen kommt, die offensichtlich nicht als Schauspielertricks bewußt zur Täuschung eingesetzt werden und dennoch die anderen nicht recht überzeugen, so daß etwas Peinliches oder Beklemmendes in der Luft bleibt[1], sprechen wir in der TA von *Gefühlsmaschen*. Sehen wir uns an, wie derartige Maschen entstehen, welche es gibt, was sie bezwecken und woran man sie erkennen kann.

Das Gefühlsleben in der gesunden Persönlichkeit pulsiert nach dem Motto: „Alles fließt". Das K reagiert auf Ereignisse mit dem jeweils angemessenen Gefühl, mit Trauer auf *erlittenen* Verlust, mit Angst auf Gefahren oder *drohende* Verluste, mit Wut auf Hindernisse oder Mißgeschicke, und mit Freude auf lusterregende sinnliche Reize, schöne oder interessante Begegnungen, errungene Erfolge und erfreuliche Aussichten. Das Gefühl kommt auf, wird voll wahrgenommen, führt zu einer Handlung, einem Entschluß oder auch nur einer als Erfüllung erlebten Bewegung (Katharsis) und verklingt wieder. Der seelische Raum wird frei für neues Erleben.

In manchen Familien werden bestimmte Gefühle nicht zugelassen. Es gibt Häuser, in denen – mit oder ohne religiöse Begründung – Wut nicht erwünscht ist, während Traurigkeit absolut normal ist und vielleicht sogar einem heimlichen Wunsch des Vaters oder der Mutter entspricht. „Junge, werd mir bloß nicht wütend", ist eine bekannte elterliche Ermahnung, und wenn es der Junge schon nicht darf, wieviel weniger dann ein Mädchen! Hingegen wenn sie so melancholisch ist, ist sie doch eigentlich süß, da wird einem richtig wehmütig-warm – und so lernt die Kleine, ihre Empörung zu unterdrücken und in Trauer umzuwandeln, und wo ein anderes Kind zornig mit dem Fuß aufstampft, kullern ihr ein paar ach so anmutige Tränen die Bäcklein herunter. Ärger oder

[1] Zu unserer Alltagssprache: wir sagen verschleiernd, „es" bleibt etwas „in der Luft"; richtiger wäre: *wir verspüren* etwas Beklemmendes *in der Kehle*, etwas Peinliches *im Bauch* oder so ähnlich – das ist zwar ungebräuchlich und klingt ungewohnt, aber stimmt!

Wut grenzt an Empörung, das wäre undankbar dem Schöpfer gegenüber, Weinen aber – das ist doch wohl das Los der Menschen in diesem Jammertal. Resultat: die junge oder auch ältere Frau wird depressiv und weint in sich hinein in Situationen, wo andere zu Recht wütend wären, und das darunterliegende Gefühl wird ihr im Laufe der Jahre überhaupt nicht mehr bewußt, so daß sie schließlich nicht mehr versteht, wieso andere Frauen so „unbeherrscht" oder „sinnlos wütend" sein können. Sie selbst „regt sich nicht auf" und bleibt gefaßt und dem Leben gegenüber dankbar, aber dabei oft unergründlich traurig und schwermütig. Sie hat sich in langen Jahren daran gewöhnt, statt der natürlichen Empfindung ein Ersatzgefühl zu erleben.

Unter dem Ersatzgefühl liegt oft ein anderes, das ursprüngliche, echte Gefühl, und *das Ersatzgefühl oder die Gefühlsmasche* ist gelernt durch einen Akt der Anpassung an eine fremde Erwartung, eine Anpassung, die für das Kind nötig oder nützlich war (oder schien), aber im späteren Leben das Wahrnehmen des eigenen ursprünglichen Gefühls blockiert und durch das Unnatürliche auch den Kontakt mit der Wirklichkeit und den Mitmenschen beeinträchtigt. Nehmen wir noch ein Beispiel: Mehr Menschen, als man gemeinhin glaubt, haben Angst vor echter, freier, ungehemmter Fröhlichkeit. Was sie gerade noch zulassen, ist eine Art gedämpfte, gebrochene Freude. Wenn also das Kind in Vorfreude aufleuchtet, kriegt es zu hören: „Man soll den Tag nicht vor dem Abend loben." Und wenn es frühmorgens frisch und munter, vielleicht sogar singend und jubelnd davonspringt, mahnt die Mutter: „Vögel, die früh singen, frißt des Abends die Katz", und wehe, es wird übermütig: „Dir geht's wohl zu gut" und wie die klugen Stimmungsdämpfer alle heißen. So wird die Freude systematisch gebrochen, und das Kind lernt statt dessen jene Mischung von froher Stimmung und ängstlicher Vorsicht, die man als „halbe Freude" bezeichnen könnte, ein Maschengefühl, das gewiß nichts Ungutes oder Negatives hat, aber doch das ursprüngliche Gefühl überlagert.

Woher kommen also die Gefühlsmaschen? Wir lernen sie seit der frühen Kindheit, also normalerweise zu Hause. Wir lernen sie auf dreierlei Weise. Einmal ganz einfach durch Nachahmung: wir äußern die Gefühle genau so, wie wir es bei den Großen sehen. Oder wir holen uns durch die Gefühlsäußerungen die Belohnung (Beachtung, Zuwendung oder Liebkosung), die es für die erwünschten Gefühle gibt. Oder aber wir handeln auf Geheiß: es wird ausgesprochen, was erwünscht und was verboten ist. Dabei kommt das Verbot manchmal klipp und klar heraus: „Schluß jetzt mit der Heulerei, oder ...“[2]. Wenn auf diese Weise wichtige Wachstumsregungen regelrecht gelähmt oder unterdrückt werden, wirken solche Einschärfungen wie Verwünschungen, deshalb spricht man auch von Bann-Botschaften, die sehr unheilvoll ein ganzes Leben prägen können. Ähnlich wirksam sind Anweisungen oder Befehle, die aber (zumindest sprachlich) oft die Form von Aussagen[3] annehmen: „Die Garde stirbt, aber sie ergibt sich nicht“ – „Ein Schwarzenberg zuckt dabei nicht mit der Wimper“ – „Ein großer Junge weint nicht mehr“ – oder an Dritte gerichtet: „Nein, der Kleine hat keine Angst, der ist jetzt müde.“

Unter Masche[4] versteht man also das zur Gewohnheit gewordene und als unbewußt erfahrene Durchleben eines bestimmten Gefühls, das ein anderes überdeckt hat. Das echte Gefühl, das „darunter liegt“, ist vielfach nicht mehr zu erkennen, aber die Umgebung spürt oft instinktiv das Unechte einer Gefühlsregung, die nicht durch bestimmte Erlebnisse ausgelöst worden oder sonst einleuchtend zu begründen ist. Eine Masche kommt zustande durch einen Anpassungsvorgang im kindhaften Element und verfestigt sich, weil das reflektierende Element ausgeschaltet bleibt, solange die Masche abläuft. Die meisten Menschen haben eine oder mehrere Lieblingsmaschen.

FAZIT *Masche = Ersatzgefühl:*
kommt aus dem angepaßten K, wenn es sich unwohl fühlt und das R ausgeblendet hält.

Wie vielfältig solche Maschen sein können, zeigt recht anschaulich das unterschiedliche Verhalten in einer Szene, wie sie jedermann gewiß schon mal so oder ähnlich erlebt hat. Nicht nur, daß

[2] Wie ernst zu nehmen die Drohung sein kann, die hinter dem „oder“ steht, weiß das Kind ganz genau. Wer über die erschreckend hohe Zahl von Kindesmißhandlungen, die der Arzt zu sehen bekommt, und die vermutlich hohe Dunkelziffer nachdenkt, der begreift, wieso die Entscheidung für das gewünschte Gefühl in der TA als „Überlebensentscheidung“ bezeichnet wird. Sie ist es oft in des Wortes ernster Bedeutung.

[3] Aussagen über Eigenschaften, im Englischen „attributions“.

[4] Der Ausdruck Masche ist der Versuch, das englische *racket* wiederzugeben: unter *racket* versteht man einen fein gesponnenen, nicht leicht zu durchschauenden Betrug. Meist läuft ein *racket* in mehreren Phasen ab und stellt eine komplizierte Operation dar, bei der jeder einzelne Abschnitt völlig normal erscheint, so daß das Opfer erst im Nachhinein merkt, wieviel es draufgezahlt hat.

verschiedene Menschen ganz unterschiedlich reagieren, sondern ich selbst verhalte mich je nach „Stimmungslage“, Tageszeit oder Begleitumständen bisweilen recht unterschiedlich.

Ich habe eine wichtige Verabredung, aber ausgerechnet jetzt, wo es darauf ankommt, ist mir der Bus davongefahren! Ungeduldig warte ich auf den nächsten und hoffe nur, daß ich noch zurechtkomme – endlich kommt der Omnibus, aber nun gerät er in den dichten Stadtverkehr und bleibt immer öfter stecken. Schließlich erreiche ich die Haltestelle, haste zu der Verabredung, klingle, warte, klingle mit klopfendem Herzen nochmal – keine Antwort mehr. Also schon fortgegangen ... Wie fühle ich mich in dem Moment? Was sage ich mir im Kopf über mich selbst und andere?

Reaktionen wie diese sind besonders häufig:

a) Hätte ich mir doch denken können. Ich wußte ja gleich, daß das kein wirklicher Freund ist.
b) Der Esel muß doch wissen, wie leicht ich mal zu spät komme, da hätte er schließlich auch mal ein paar Minuten warten können.
c) Na schön, dann ist er eben weg – gut so, eigentlich wollte ich ihn sowieso nicht sehen.
d) Also dafür habe ich mich jetzt abgehetzt, daß er einfach verschwindet – eine Gemeinheit ist das! Aber der hat mich zum letzten Mal gesehen!
e) Diese Scheißbusfahrer, und dann die ganzen Autos und überhaupt diese Mopedfahrer, sowas müßte abgeschafft werden!
f) Immer passiert mir sowas: entweder die Leute respektieren mich nicht richtig oder im Grunde mögen sie mich nicht.
g) Mensch, ich kann mir noch so viel Mühe geben, ich komme einfach nicht zurecht. Alles geht mir daneben, ich bin wie gelähmt und schaffe es einfach nicht.
h) Also das ist doch jedesmal so, Gott und die ganze Welt ist gegen mich, das ist wohl mein Schicksal. Irgendwo scheint mit mir was nicht zu stimmen.

Die Serie der unguten Empfindungen, die wir in den Maschen immer wieder hochspülen und -spielen, reicht von Angst und Ohnmacht über Depression, Minderwertigkeits- und Schuldgefühl zu Abhängigkeit, Eifersucht und Neid, Nachtragen, Groll und Haß. Wenn sie über Jahre genährt werden, können sie mächtige Triebfedern werden für menschliches Handeln und schließlich ganze Völker in den Untergang stürzen. Die Nibelungensage gibt dafür ein großartig-schauriges Beispiel, und unsere jüngste Vergangenheit zeigt eindringlich, wie man aus Zurücksetzung und Verletzung heraus (der Schandfrieden von Versailles!) an Trotz und Stolz appellieren und damit ungeheure Energien mobilisieren kann. Oft finden Maschenstimmungen ihren Niederschlag in Liedern, weniger im eigentlichen Kunstlied als im Schlager und im Soldatenlied. Wer aufmerksam zuhört, findet dort in mannigfacher Abwandlung die vertrauten Dreiklänge des Maschenverhaltens, etwa Verlassenheit – Wehmut – Weltschmerz, oder Enttäuschung – Kränkung – Demütigung, oder Trotz – Zorn – Rachsucht.

All diese Gefühle sind ungut und obendrein unecht und unsinnig. Aber selbst wenn „gute" Gefühle zu Maschen werden, etwa bei der an sich doch als „positiv" empfundenen künstlichen Begeisterung oder der „gebremsten Freude", haftet ihnen etwas Unechtes an. Mit der Masche hat der Betreffende ja ein echtes Gefühl überlagert, ohne daß er das noch wahrnimmt. Er ist ja im K, und das K kann zwischen echten Gefühlen und Maschen nicht unterscheiden, sondern empfindet jedes Gefühl einfach als erlebt, also natürlich echt. Daher rührt die Uneinsichtigkeit der meisten Maschengefangenen, die ihr Unglück ja wirklich durchleben – allerdings *bei anderen* sehr genau spüren, daß da etwas Unechtes im Spiel war.

Heute sind Ersatzgefühle sinnlos, d. h. sie führen nicht zu einem zweckmäßigen Ergebnis. Der einzige Sinn scheint darin zu bestehen, das unechte und ungute Gefühl einfach „auszukosten".

Der Gesprächspartner, der auf den Besucher nicht länger gewartet hatte, merkt normalerweise nichts von den Gefühlsanwandlungen des Verspäteten. Höchstens wenn dieser, etwa im Falle d) oder e), seinem Unmut auch hörbar (oder durch ein böses Wort in den Briefkasten) Luft macht ... – aber dann hat er u. U. den Bereich des Maschenverhaltens schon verlassen und den ersten Zug in einem Psychospiel gemacht.

Solange der Verspätete in seiner Masche bleibt, begnügt er sich damit, in seinem Gefühl zu schwelgen; er wird es horten, wird es anstauen, aber nicht entladen – jedenfalls nicht *gleich*. Und hier zeigt sich nun eins der verborgenen Ziele alles Maschenverhaltens: Das Gefühl wird aufgestapelt bis ... Dieses „bis" klingt unterschiedlich: bis ich einfach nicht mehr weiter kann oder bis das Maß voll ist oder bis mir der Kragen platzt usw. Immer aber ist es ein Aufbewahren, bis irgendwann eine große Abrechnung kommt. Dann ist Zahltag, und man kann sich nach all dem Durchlittenen etwas erlauben, was man „eigentlich" nicht tun würde. Die TA drückt das anschaulich aus mit dem Gleichnis von den „Rabattmarken": mit jeder erlittenen Unbill, mit jedem gehorteten

Maschengefühl klebe ich mir sozusagen ein Märkchen in mein Rabattbuch, bis das letzte das Buch voll macht, „das Faß zum Überlaufen bringt" und ich nun ein Anrecht habe auf etwas, was ich mir ohne Vorlage meines Markenheftes nicht leisten dürfte, etwa einen gehörigen Wutanfall, einen kräftigen Rausch, einen Seitensprung im Urlaub oder einen Nervenzusammenbruch in der Hauptarbeitsperiode. In der TA spricht man dann davon, daß das Rabattbüchlein eingelöst wird. Solche Rabattmarken sind also sozusagen die Währung der Maschen.

Mit der Einlösung des Markenheftes ist ein Hauptzweck des Maschenverhaltens offengelegt worden: das K holt sich gewissermaßen die Berechtigung, „schuldfrei", d.h. ohne Vorwürfe aus dem Eltern-Ich, etwas zu tun, was ihm normalerweise seine L-Botschaften verwehren würden. Es verschafft sich mit einer Eskapade, einem Wutausbruch, einer Jeremiade usw. Luft, oder es richtet etwas an und „zahlt heim", rächt sich an der Welt und an den Menschen – oft genug an Unbeteiligten.

Gleichzeitig schützt die Masche als *Ersatzgefühl* davor, frühe Verletzungen und Kränkungen als solche wahrzunehmen. Dadurch daß ich traurig bin oder lächle, wo andere natürlicherweise empört oder wütend reagiert hätten, brauche ich mir nie klarzumachen, wie schmerzhaft ich schon ganz früh verwundet worden bin, und kann das idyllische Bild meiner „behüteten Kindheit" oder des „trauten Heimes", in dem ich aufgewachsen bin, weiter pflegen. So erweist sich die Masche auch als ein Versuch, die Vergangenheit umzufunktionieren: ich weiche dem aus, was wirklich war, und flüchte mich um so hartnäckiger immer wieder in meine emotional gefärbte Vorstellung.

Damit verwandt ist die Art, wie der Mensch über die Masche auf die Gegenwart einwirkt. Gewiß, solange der Fahrer still für sich hinter seinem Lenkrad nur seinem Gefühl nachhängt, nehmen andere nichts wahr. Aber es braucht nur seine Frau daneben zu sitzen – wie manche Ehefrau kennt ihren sonst so wohlerzogenen Mann nicht wieder, wenn er der Reihe nach entgegenkommende oder überholende Fahrer mit ebenso bildhaften wie unflätigen Kraftausdrücken bedenkt... Das Beispiel des grimmigen Fahrers mag noch harmlos sein, aber es geht schon genau in die Richtung, die mit solchem Maschenverhalten immer wieder angesteuert wird: wer so unter Druck steht, der darf sich eigenartig benehmen, der hat ein Recht auf eine Sonderrolle und auf die zusätzliche Beachtung, die ihm diese einbringt. Und so werden die anderen mit sanfter Gewalt gezwungen, diese Sonderrolle anzuerkennen. Die

Wirklichkeit wird nicht durch gerade Einwirkung umgestaltet, sondern auf einem Umweg zurechtgebogen. Die Einwirkung auf die Mitmenschen erfolgt nicht durch offene Beeinflussung, sondern auf Umwegen, die man sich selbst nicht eingesteht. Deshalb ist der amerikanische Ausdruck *racket* = Erpressung so treffend für diesen Vorgang, bei dem man andere durch den Einsatz von Gefühlen und Stimmungen letztlich vergewaltigt. Und es macht einem zum Schluß nichts mehr aus, wenn man dabei selbst immer mehr vom üblichen Verhalten abweicht. Man wird auffällig in der Art, wie man sich gibt, man setzt sich über Rechtsempfinden und dann auch über Rechtsbestimmungen hinweg, oder man gibt sich verklemmten, verspannten und schmerzhaften Körperreaktionen hin. Man wird kauzig, kriminell oder krank und findet das in Ordnung so. Was kann ich schließlich dafür, wenn... (meine Eltern mich..., oder die anderen immer..., oder die Ereignisse nun mal...)? In dieser Einstellung zeigt sich die Preisgabe der eigenen Verantwortung, die mit dem hartnäckigen Festhalten an Gefühlsmaschen stets verbunden ist.

Wo die Eigenverantwortung aufgegeben wird, wird auch immer ein Teil Wirklichkeitserfassung ausgeklammert, d.h. das R wird ausgeblendet. Wenn ich die Vergangenheit nicht akzeptieren will, wie sie eben war, sondern auch heute noch an einem unechten Bild festhalte oder wenn ich die Gegenwart manipulieren will, habe ich irgend etwas willentlich überhört oder übersehen, jedenfalls nicht in seinem richtigen Wert erfaßt.

Die amerikanischen TA-Experten sagen: Ich habe es zu billig taxiert, mit einer Abwertung eingekauft, sozusagen in einem *Discount*-Laden unter Preis erworben. Nur wenn ich z.B. die Fähigkeiten und Rechte meiner Mitmenschen nicht gelten lasse, kann ich mich über sie stellen, und nur wenn ich meine eigenen Anlagen oder überhaupt die Möglichkeit, Dinge zu ändern, nicht wahrhaben will, kann ich mich so hilflos oder leidend erleben, daß mir das Maschengefühl kommt. Interessanterweise kann ich ein Maschengefühl dann nicht aufkommen lassen, wenn ich mich als gleich tüchtig und gleichberechtigt neben allen anderen erlebe in einer Welt, die wir gemeinsam sinnvoll weitergestalten können. Wenn ich mein Leben als eine solche Chance begreife, warum sollte ich dann an alten, immer wiederkehrenden Empfindungen kleben? Wo ich aber unter Verkennung der Wirklichkeit, also durch einen „Discount", mich eine Stufe über den anderen stelle oder eine Stufe darunter, kann ich auch die ganze Serie unguter, unechter und unsinniger Gefühle auskosten, also meine Masche(n) abspulen.

Dabei hat es sich herausgestellt, daß es immer wieder eine von drei Rollen ist, die der Mensch bevorzugt einnimmt:

- Er setzt anderen zu und ruft sie zur Ordnung: er tritt auf als ihr „*Verfolger*".
- Er will anderen helfen und müht sich für sie ab: er tritt auf als ihr „*Retter*".
- Er erleidet Unrecht oder ist hilflos: er empfindet sich als „*Opfer*".

Viele unserer menschlichen Handlungen (und damit ein großer Teil der Familienkomödien, der Unternehmenstragödien, der politischen Dramen usw.) ergeben sich dann mehr oder weniger zwangsläufig aus den Beziehungen, in die wir zueinander treten, sobald wir eine dieser drei Rollen übernehmen (Abb. XV):

Abb. XV

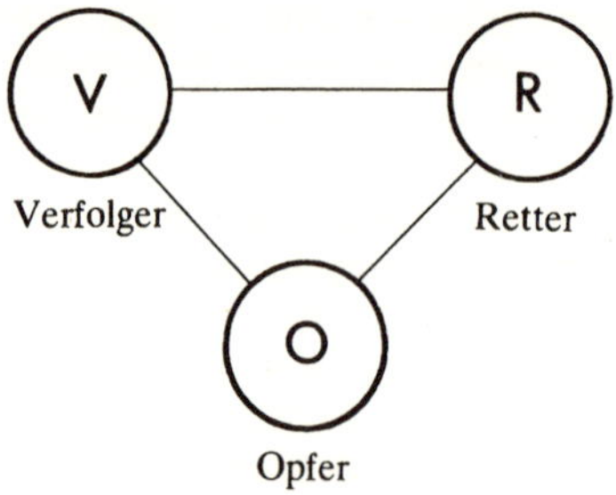

Drama-Dreieck oder „Karpman-Dreieck"

Sobald ich mich überlegen fühle und Dinge weiß oder Werte vertrete, die dem anderen nicht ohne weiteres zugänglich sind, ist es ganz natürlich, daß ich ihn zur Ordnung rufe und ihm zusetze, und wenn ich dann als Kind eine Besserwisser- oder Entrüstungs- oder Ärgermasche ausgebildet habe, werde ich ganz natürlich daran festhalten und dann auch Menschen finden, die ich belehren und korrigieren, verwarnen und maßregeln kann. Die Verfolgerrolle wird also aus dem L „Wissen und Werten" heraus eingenommen. – Wenn ich mich überlegen fühle und Fähigkeiten und Möglichkeiten habe, die der andere gar nicht haben kann, dann muß ich ihm zu Hilfe eilen, ihm aus der Patsche helfen und ihn beraten und betutteln, ohne zu merken, ob oder wann er sich selbst helfen und raten könnte oder ob ihm mein Betutteln überhaupt recht ist. Mithin ist es das unkritische L „Wiegen", das zur Retterrolle verführt und solche Maschen wie „Ach du Ärmster!" oder „Laß

Mutti/Vati das nur machen!" stützt. Wird die Aktion überzogen, heißt es bald vorwurfsvoll: „Wenn ich mich nicht um alles kümmere", und damit steige ich um in die Rolle des Verfolgers, oder aber: „Ich bin völlig am Ende; das hat man nun von seiner Aufopferung", und ich kippe ab in die Opferposition. Um die Retterrolle konsequent durchhalten zu können und immer wieder hilfs- und unterstützungsbedürftige Wesen zu finden, muß ich bei den armen Opfern konstant ihre eigenen Kräfte, Fähigkeiten und Möglichkeiten übersehen oder zu niedrig bewerten, also „discounten". – Wenn ich schließlich meine eigenen Kräfte, Fähigkeiten und Möglichkeiten zu niedrig veranschlage oder die ganze Welt grundsätzlich als verkorkst und das Leben als mies empfinde, bin ich in der Opferrolle. Wahrscheinlich habe ich sehr früh die Grundüberzeugung gewonnen, ich sei schlecht weggekommen, die andern seien besser dran oder stärker oder mehr im Recht, und mir bleibt in meiner Unterlegenheit nichts anderes übrig, als mich zu fügen und mir passiv heraushelfen zu lassen oder meinen Groll zu nähren, bis ich es ihnen oder dem Schicksal heimzahlen und Rache nehmen kann für so viel Unbill. Ich habe gut gelernt, mich selbst zu mißachten *(discounten)*, es fällt mir nicht schwer, überall Abwertungen, Zurücksetzungen, Beleidigungen wahrzunehmen, und nun kommt es darauf an, daß ich lange genug Enttäuschungen und Frustrationen aushalte, daß ich lange genug gespannt, verletzt, einsam, sorgenvoll oder schuldbewußt bin. Wenn ich das mit dem nötigen Eigensinn durchhalte und es nimmt mich doch niemand zur Kenntnis, kann ich immer noch mit den üblichen Verspannungen, mit Magenschmerzen, Kopfweh oder Migräneanfällen reagieren. Aber wenn ich meine Groll- und Trotzmasche richtig abziehe oder auch übermäßig beflissen und willfährig bin, finde ich wahrscheinlich bald die passenden Verfolger, und wenn ich ob der ewigen Benachteiligung durch die Fügung oder durch meine Mitmenschen nur unglücklich und elend und hilflos genug bin, wird sich wahrscheinlich bald ein Retter berufen fühlen, sich meiner gütig anzunehmen, und das vorhersehbare Drama läuft einmal wieder ab, und jeder kann in seiner Lieblingsmasche bleiben.

Es bringt normalerweise nichts ein, beim Mitmenschen eine Masche, die er gerade abzieht, als solche aufzudecken. Sein K empfindet ja das Gefühl, das er hervorbringt, durchaus intensiv, und das R ist bei der Masche ausgeblendet. Einen Tag später oder ein Jahr später ist er vielleicht einsichtiger – wenn er sich mit sich und diesen Zusammenhängen befaßt. Es ist auch nicht zu erwarten, daß dem Leser bei der ersten Lektüre gleich seine eigenen Lieblingsmaschen bewußt werden, er spult sie ja eben nicht mit klarem Vorsatz ab. Eher wird er sie bei anderen entdecken, bei seinem Chef, bei seinen Kindern, beim einen oder anderen Mitarbeiter, beim Ehepartner. Und auch wenn er es sich versagt, den anderen darauf anzusprechen, kann das Erkennen von Gefühlsmaschen recht nützlich sein. Zum einen werde ich nicht „darauf hereinfallen". Ich werde also bei einer mir unangenehmen Masche nicht über den Mitmenschen herfallen, und ich werde ihn bei einer Hilflosigkeits- und Depressionsmasche auch nicht mitleidig betreuen (wodurch ich ihm eben *nicht* wirklich helfen würde), sondern ich weiß, daß Maschenverhalten etwas allgemein Menschliches ist. Ich weiß, daß wir wohl alle an bestimmten Stellen gelernt haben, unsere ursprünglichen Gefühle zu unterdrücken und statt dessen Ersatzgefühle zu produzieren. Ich nehme es nicht so tragisch und trage es nicht nach, vor allem kann ich die Gefahr vermeiden, selbst eine der im Drama-Dreieck dazu passenden Ergänzungsrollen zu übernehmen und meinerseits mit einer Masche zu antworten. Es gibt weitere Gründe, weshalb es wichtig ist, Maschen richtig zu erkennen. Nehmen wir die Hilflosigkeits- oder Depressionsmasche. Wenn mir etwa ein guter Freund seine seelischen Nöte und seine tiefe Niedergeschlagenheit anvertraut, hält mich vielleicht so ein Gefühl des Unbehagens ohnehin davon ab, ihn nun zu bemitleiden und voller Mitempfinden dadurch zu betreuen, daß ich ihm fürsorglich möglichst jede eigene Anstrengung abnehme (was ihm ja letztlich nichts bringt). Aber dann besteht die Gefahr, daß ich mir selbst schlecht vorkomme mit meiner Gefühllosigkeit: mein Freund leidet doch! Das führt sehr oft zu einer gewissen Zwiespältigkeit bei der Reaktion auf die Masche: gehe ich darauf ein, so komme ich mir zu Unrecht in Anspruch genommen, irgendwie ausgebeutet vor, gehe ich aber unbekümmert weiter, mache ich mir Vorwürfe wegen meiner Teilnahmslosigkeit. Habe ich hingegen die Masche als solche erkannt, dann erspare ich mir wenigstens solche Schuldanwandlungen und weiß, daß mir selbst in einer solchen Situation mit Mitleid überhaupt nicht geholfen wäre.

Eine Möglichkeit bleibt mir immer offen, wenn ich mich dazu entscheide, echte Hilfe anzubieten. Wenn der Maschensüchtige mir nahesteht, kann ich eingehen auf eine der tieferen Ursachen für das Zustandekommen der Masche. Zwar werde ich als Nicht-Fachmann kaum an die früheren Verletzungen oder die eigenartige Familienatmosphäre herankommen, die in der Kindheit zur Ausbildung der Masche geführt hatte. Das ist meistens ein heikles Kapitel, und der Betreffende wehrt sich dagegen wie gegen das

Berühren einer empfindlichen Narbe. Aber eine der Ursachen für Maschenverhalten ist der Hunger des K nach Beachtung. Wenn ich sie geben kann und will in der Form, in der der andere sie sucht, als Anerkennung oder Zuwendung oder Berührung, und wenn ihm das bewußt wird und er das annimmt, dann wird die Masche überflüssig und fällt von selber ab. Manche verbissen geführte eheliche Auseinandersetzung mit Anschuldigung und Verteidigung, Beweisen und Gegenbeweisen hört von selbst auf (und das Thema wird gegenstandslos) dadurch, daß einer das dahinterliegende tiefere Bedürfnis erkennt und seinen Partner einfach in die Arme schließt und drückt.

Bleibt die Frage, *woran* wir bestimmte Verhaltensweisen im Alltag als Gefühlsmaschen *erkennen*. Das ergibt sich aus dem Dargestellten, wenn wir das Verhalten nicht von innen her, sondern in seiner Wirkung auf andere betrachten. Das erste Merkmal für ein Ersatzgefühl ist, daß man es anderen „erklären" muß und doch niemand kapiert, wieso es jetzt, gerade in dieser Situation auftritt. Das ist im übrigen auch ein gutes Mittel zur Selbstprüfung. Wenn ich bei meinen eigenen Gefühlsanwandlungen feststellen will, ob es „echte" Gefühle oder Maschen sind, brauche ich mich nur zu fragen: Was hat die Gefühlsaufwallung oder Stimmung, von der ich mich gerade habe beherrschen lassen, mit dem momentanen Geschehen eigentlich zu tun? Habe ich jetzt eine konkrete Bedrohung erfahren, vor der ich Angst haben müßte? Ist mir hier etwas wirklich so massiv in die Quere gekommen, daß ich mich zu Recht so aufgeregt habe? Habe ich jetzt einen so schmerzlichen Verlust erlitten, daß ich ganz natürlich traurig und niedergeschlagen bin? Wenn kein unmittelbarer greifbarer Anlaß da war für das Gefühl, kann es ein anderer auch nicht in sich miterleben. Auch das ist ein wichtiges Merkmal. Daraus ergibt sich gleich ein drittes: den Anwesenden wird nicht wohl dabei. Sie spüren instinktiv, daß da „was nicht stimmt", und reagieren mit Achselzucken, Betretenheit oder Unwillen. Und das vierte Kriterium haben wir auch schon erwähnt: es geschieht im Grunde nichts. Der Maschenstricker nimmt eine Menge Leute in Anspruch, wiederholt das gleiche Verhalten und zieht es in die Länge und hält es über Jahre hin durch, aber unternimmt nichts Durchschlagendes, um das Problem zu lösen oder die Situation zu verändern und die Masche überflüssig zu machen. Das Ersatzgefühl löst keine erkennbare sinnvolle Handlung aus.

FAZIT Maschenverhalten heißt, Ersatzgefühle hegen.
Es ist an vier Merkmalen zu erkennen:
- Das Gefühl kommt nicht aus dem Hier und Jetzt.
- Ein Dritter kann es nicht nachvollziehen.
- Die Anwesenden reagieren mit Befremden.
- Der Betreffende tut nichts, um die Situation wirklich zu verändern.

3. Was sind Psychospiele, und was bezwecken sie?

Kennen Sie das?

Nach der Abendeinladung sind die meisten Gäste schon aufgebrochen, nur Herr Müller und Herr Schulze, die beiden Unzertrennlichen, sind einmal wieder in ihre Fachsimpelei über die letzten Automodelle vertieft. Die Frauen lächeln, wie die beiden Männer sich ereifern, und solange es über den neuen Maserati und Ferrari und den Turbo-Porsche geht, herrscht eitel Harmonie. Doch dann ist plötzlich, keiner von beiden weiß wie, etwas Gespanntes, beinahe Feindseliges ins Gespräch gekommen[5], und nun verabschieden sie sich etwas steif, gar nicht wie zwei gute Freunde: „Kommen Sie gut nach Hause, und bleiben Sie ruhig bei Ihrer Meinung." – „Aber ich bitte Sie, es geht mir doch nicht um meine Meinung, schließlich sprechen die Fakten ja für sich ..." Ein kurzes, verlegen-gezwungenes Auflachen: „Gute Nacht dann." Beide beklagen sich anschließend im Wagen ihren Frauen gegenüber über den anderen: Was der nur immer hat, immer wenn die Rede auf den neuen Mercedes kommt, ist er gereizt. Das ist nur Neid, sagt Herr Müller, weil ich mir den 350er zugelegt habe, das kann er sich eben nicht leisten. – Der plustert sich nur jedesmal so auf, sagt Herr Schulze, weil ich bei dem 280er bleibe, ich habe eben die Angeberei nicht nötig.

Was ist gelaufen? Selbst wenn wir die Einzelheiten des Gesprächsverlaufs nicht kennen, dürfen wir vermuten, daß die Beteiligten aus dem Sozialverhalten „Unterhaltung" unvermerkt in das Sozialverhalten „Psychospiel" abgeglitten sind, daß sie aus

[5] So drücken wir uns in der Tat in der Alltagssprache aus: „etwas Gespanntes *ist ins Gespräch gekommen*, als hätte die Spannung Füße und käme von irgendwo herbeigelaufen. Damit schieben wir in der sprachlichen Ausdrucksweise die Verantwortung von uns weg auf „etwas". Richtiger würden wir sagen: „Dann *haben sie* plötzlich Spannung, ja beinahe Feindseligkeit *ins Gespräch gebracht.*"

dem Party-talk *Der neue Mercedes* wieder einmal zum Psycho-Spiel *Meins ist besser als deins* übergegangen sind.

Das war eins der beiden Psychospiele, die wir schon geschildert hatten, als wir uns ausführlicher mit dem kindhaften Persönlichkeitselement befaßt haben (s. S. 41–42). Was versteht man nun in der TA-Theorie unter einem Psychospiel?

Ein Psychospiel ist ein typischer Handlungs- und Gesprächsablauf, der sich öfter wiederholt, ähnlich wie in einem Drama, das oft aufgeführt wird und wo dann die gleiche Szene zwar auf verschiedenen Bühnen und von verschiedenen Darstellern, aber im Ablauf immer gleich dargestellt wird. „Immer wenn", sagt Herr Müller, und „Jedesmal", behauptet Herr Schulze, und es ist immer wieder das alte Lied: das Gespräch fängt so nett und interessant an, und am Ende sind beide gespannt oder verärgert, jedenfalls verstimmt, und können sich nicht recht erklären, wieso eigentlich. Dieser plötzliche Umschwung in der Atmosphäre ist charakteristisch für das Psychospiel und rührt daher, daß die Beziehung sich unvermerkt auf eine andere Ebene verlagert hat, oder anders ausgedrückt, daß insgeheim, also ohne daß das R eingeschaltet war, Transaktionen zwischen den beiden K-Elementen stattgefunden haben. Und da die gestrichelte Linie größere Aussicht hat, sich im Augenblick durchzusetzen, hat das K mit seiner verdeckten Botschaft fast immer Erfolg: wo das K „Leiden" unterschwellig darauf aus ist, sich etwas einzubrocken, gelingt es ihm meist schnell, sich und dem anderen den Augenblick zu verderben; bei anderen Psychospielen schafft es umgekehrt das L „Wissen" oder „Werten" genau so sicher, ein „leidensbereites", also zur Resignation oder Rebellion neigendes K so anzusprechen, daß ungezwungene Freude nicht aufkommt oder sofort beeinträchtigt wird.

Damit erhalten wir eine Definition dieses Verhaltensmusters: das Psychospiel besteht aus einer mehr oder weniger festgelegten Abfolge einzelner Schritte (Gesprächsphasen oder Handlungen), bei denen das, was gesagt oder gezeigt wird, immer abweicht von dem, worauf der Darsteller im Innersten aus ist, und bei denen ihm diese Abweichung nicht bewußt wird. Wenn man die Transaktionen analysiert, erhält man eine Kette von verdeckten Transaktionen. Die Kommunikation beim Psychospiel läuft also auf mehreren Ebenen gleichzeitig.

Zum Psychospiel gehört immer ein angebbarer „Spielgewinn". Der Nutzeffekt des ganzen Vorgangs liegt darin, daß der Spieler sich (und möglichst auch anderen) ungute Gefühle verschafft. Wer Psychospiele beobachtet, erkennt bald, daß das Endergebnis immer das gleiche, der Nutzeffekt also vorhersehbar ist. Er kommt immer zustande auf dem Weg über eine Mißachtung entweder der eigenen Person, des andern oder der Menschen bzw. der Welt überhaupt, also über einen „Discount". Die Art der unguten Gefühle richtet sich nach den Rollenpositionen im Drama-Dreieck, mit denen das jeweilige Spiel zu Ende geht: für den Verfolger Triumph oder Entrüstung (z. B. Verachtung, Unwillen, Wut usw.); für den Retter Besorgnis oder Mitleid (z. B. Erbitterung über das einem anderen angetane Unrecht, Rührung über die ihm bevorstehenden Schwierigkeiten, Auskosten von Angst an seiner Stelle usw.); für das Opfer Niedergeschlagenheit oder Hilflosigkeit (z. B. Verlegenheit, Bestürzung, Ohnmacht, Lähmung). Sehr oft ist allerdings die Position im Drama-Dreieck, mit der das Spiel ausklingt, nicht mehr die gleiche, die während des Spiels eingenommen wurde.

FAZIT	Psychospiel =	Immer gleiche Abfolge von *verdeckten*[6] Transaktionen, die in vorhersehbarem Gang auf einen genau definierten Nutzeffekt zuläuft, welcher aus unguten, in Abwertung begründeten Gefühlen besteht.

Wie entstehen nun Psychospiele, was bezwecken sie, und was für Spiele gibt es überhaupt?

Der Ursprung der Psychospiele ist der gleiche wie der Ursprung der Maschen: das biologische Bedürfnis nach Beachtung (in irgendeiner Form: Berührung, Zuwendung, Anerkennung) wird nicht erfüllt, und der „Zuwendungshunger" führt zu tiefer Beunruhigung. Oder eine spontane Gefühlsäußerung wird unterdrückt. Die Umgebung läßt sie nicht ungestraft zu, oder der Betreffende selbst versagt sie sich und ersetzt sie durch die Sucht nach anderen, durchweg unguten Gefühlserlebnissen. In jedem Fall nimmt er etwas ganz Natürliches nicht zur Kenntnis – ob er es nun einfach übersieht oder absichtlich übergeht. Am Anfang steht also ein „Discount", eine Mißachtung: ein Stück Wirklichkeit wird ausgeklammert.

---

[6] Bei denen also aus den offenkundigen Äußerungen nicht ohne weiteres ersichtlich ist, worauf der Spieler insgeheim aus ist – insofern steckt in dem Spielablauf auch immer etwas Schräges, ein bisweilen schwer faßbares Moment der Unaufrichtigkeit.

Die meisten Spiele sind früh gelernt und lassen sich bis in die Kindheit zurückverfolgen. Die L-Figuren, die mit ihrem Verhalten zur Maschenbildung beitragen, regen automatisch auch die Ausprägung der ersten Psychospiele an. Da hat eine Mutter zwei Mädchen, die voller Leben sind und ihre Gefühle, ihre ganze Vitalität laut und unbekümmert äußern. Die Ältere ist tüchtig und empfindet das so und will für ihre Leistungen schon als kleines Mädchen die verdiente Anerkennung. Die Mutter mag befürchten, daß so ein selbstbewußtes Kind sich als Frau einmal schwer tun würde, mit Männern zurechtzukommen, und hemmt ständig die natürliche Vitalität: „Schnapp nicht schon wieder über!" – „Lob dich doch nicht immer selber!" (will sagen: sei still und bescheiden). Die Antwort in der Transaktion, die häufig lief, kam mithin aus dem wertenden L der Mutter und legte sich allmählich lähmend auf das spontane K der Tochter.

Diese begann aus ihrem nicht gestillten Hunger nach Anerkennung heraus schon früh Verantwortung auch da zu übernehmen, wo sie es gar nicht brauchte, und behütete und beriet andere auch ungebeten und bildete schon in der Kindheit das Grundmuster aus für das Psychospiel *Versuch's doch mal so...*

Die Jüngere mag zurückgewichen sein vor der gelegentlichen Strenge, die die Ältere traf, und sich gar nicht erst angestrengt haben, Leistungen zu erbringen, die dann doch oft mit Ermahnungen kommentiert wurden. So lernte sie früh, sich über ihr Unvermögen zu beklagen – das wiederum machte der Mutter nicht Angst, sondern sprach ihr L „Wiegen" an, und so bekam die arme Kleine an ihr K eher Trost, Zuspruch und verständnisvolles Mitleid. Was Wunder, wenn die Jüngere sehr früh schon das Bewußtsein ausprägte, in vielen Dingen einfach weniger begabt zu sein und Anspruch zu haben auf Hilfe. Die innere Einstellung könnte also rasch hinführen zu Spielen wie *Holzbein* oder *Ich Ärmste.* Ist das Kind aber, wie in dem hier geschilderten Beispiel, ausgesprochen vital und geistig regsam, dann überrascht es nicht, daß es das *Ja aber*-Spielchen ausbildet und auch später als Frau noch bevorzugt spielt.

Was normalerweise in der frühen Kindheit entsteht, ist eine innere Verfassung, die sich in der Vorliebe für bestimmte Gefühle äußert. Das Kind fühlt sich in ihnen daheim und bildet so seine Lieblingsmaschen aus. Eine Zeitlang läßt es diese nur im eigenen Inneren ablaufen; auf Dauer braucht das Kind aber die Beachtung und Beteiligung seiner Umwelt. Wenn nun die Umgebung auf die Masche nicht mehr reagiert, wenn der Mensch es also durch das

Produzieren und Äußern der Gefühlsregungen nicht mehr schafft, andere festzuhalten und zu beschäftigen, dann tut er noch als Kind oder später als Erwachsener den nächsten Schritt und probiert aus, wie er den anderen in eine intensivere Gesprächs- oder Handlungsabfolge hineinziehen kann. Das ist dann der Übergang zum Psychospiel.

Zusammenfassend können wir also sagen, daß die Psychospiele gelerntes Verhalten darstellen, das aus der Kindheit stammt und seinen Ursprung im Verkennen oder Nicht-Annehmen von Grundbedürfnissen hat, und daß sie dann ausgebildet werden, wenn die Vorstufe, die Gefühlsmasche, nicht mehr zieht.

Der Zusammenhang mit den Gefühlsmaschen ist also ein dreifacher: von der Natur des Vorgangs her sind beide auf ungute Zuwendung gerichtet; wo der Mensch echte Bedürfnisse verkennt oder sich nicht zutraut, sie auf geradem Wege zu befriedigen, greift er zur Masche oder zum Spielchen als *Ersatzbefriedigung*. Vom Ursprung her gesehen entsteht das Psychospiel meist aus einer Masche, die sich verbraucht hat. Und schließlich ist das Erleben des Maschengefühls gleichzeitig eins der Ziele, um derentwillen ein Psychospiel aufgezogen wird: nach dem Psychospiel „darf" das Gefühl ja ausgekostet werden, es ist jetzt nicht mehr unbegründet, sondern durch den „von außen" aus dem Spielverlauf kommenden Anstoß legitimiert.

Nun wird man sich fragen: wenn ein Psychospiel immer wieder in peinliche Situationen, harte Auseinandersetzungen, leichte oder schwere Schädigungen und jedenfalls alle möglichen Arten von unguten Gefühlen einmündet, wieso wird es dann überhaupt gespielt?

Zunächst scheint in der Tat nicht einzusehen zu sein, weshalb Menschen soviel Zeit und Energie an etwas wenden, das ihnen nur Unannehmlichkeiten bringt. Aber bei näherem Hinsehen lassen sich eine ganze Reihe von Vorteilen ausmachen, die der Spieler sich durch das Psychospiel verschafft. Es ist wie überhaupt im Leben: wenn jemand auf eine Sache richtig versessen ist, ob er sich das eingesteht oder nicht, wird er leicht bereit sein, einen enormen Preis dafür zu zahlen, und nimmmt dann bisweilen unglaubliche Strapazen oder Entbehrungen in Kauf...

Soweit die psychologischen Zusammenhänge um das Psychospiel bisher erkannt und erforscht worden sind, läßt sich der Zweck, der damit verfolgt wird, in drei Richtungen aufzeigen: der Spieler will etwas erleben, er will etwas von den anderen, und er will auch mit sich selbst etwas ganz Bestimmtes anstellen.

In jeder dieser drei Richtungen lassen sich wiederum drei einzelne Ziele unterscheiden.

Zum ersten will der Spieler *überhaupt etwas erleben.* Er will sich nicht langweilen. Jeder Mensch hat das Bestreben, die Zeit, die er durchlebt, zu füllen oder irgendwie zu gestalten. Viele Menschen können Ruhe und Stille nicht aushalten, viele schon als Kinder nicht still sitzen, ohne in unerträgliche Spannung zu „geraten". So sind sie ganz natürlich darauf aus, sich irgendwie zu zerstreuen, eine Handlung zu inszenieren, um Spannung abzubauen oder – und das vielleicht noch häufiger – um sich Spannung zu schaffen und Spannung auszukosten.

Zum zweiten will der Spieler *Zuwendung erleben.* Jedes Psychospiel bringt Zuwendung, am Anfang, etwa bei dem interessanten Gespräch über die neuen Autotypen, oft positive, am Ende garantiert negative.

Und für viele Menschen ist es sekundär, ob sie jetzt in positiver oder negativer Weise Aufmerksamkeit auf sich ziehen, für sie kommt es elementar darauf an, daß sie überhaupt Beachtung erleben.

Dann haben wir gesehen, daß ein Zweck des Psychospiels darin liegt, das vertraute *Maschengefühl wieder erleben* zu können. Durch den stets gleichen Handlungsablauf kann ich immer wieder die ungute Empfindung auskosten und halte durch stete Übung auch mein Maschenverhalten aufrecht.

Das Psychospiel ist damit ein Mittel, durch das ich mir die Rechtfertigung besorge für etwas, das ich sonst als verboten empfinde.

Wie beim Rabattmarkensammeln hole ich mir also durch ein Spielchen hinreichende Gründe, jetzt (oder wenn es soweit ist) Rache zu nehmen an einem oder an bestimmten Menschen oder an der Menschheit überhaupt.

Sodann bezweckt das Psychospiel, *die anderen festzuhalten,* wenn die Masche bei ihnen wirkungslos geworden ist. Dadurch, daß aus der bevorzugten Position im Drama-Dreieck heraus jetzt nicht nur ein Gefühl gezeigt wird, sondern Aktion entfaltet und dabei oft die Position unvermutet gewechselt wird, kann sich der andere viel schwerer entziehen.

Man kann leicht zu sich selbst sagen: „Dieses ewige Regenwettergesicht und das ständige Gestöhne und Gejammere habe ich allmählich satt" und fortgehen, solange der arme Geplagte stumm in seiner Opferposition verharrt; doch es ist schwerer, nicht darauf einzusteigen, wenn er dann plötzlich gereizt meint: „Und ich habe mir eingebildet, bei dir fände ich *ein bißchen* Verständnis, aber du hörst ja nicht mal richtig hin" und mit seinem Vorwurf unversehens zum Verfolger wird.

Wer seinerseits gern die Gegenposition einnimmt, ist im Nu in das Spielgeschehen verstrickt und kommt auch so leicht nicht mehr heraus.

Wer kann schon der Versuchung widerstehen, auf Vorwürfe gekränkt zu reagieren oder sich empört dagegen zu verwahren oder zumindest zu versuchen, sie zu entkräften und dem anderen zu beweisen, daß er unrecht hat...

Des weiteren werden die anderen durch ein Psychospiel veranlaßt, die gesuchte *Zuwendung zu geben, ohne* dem Spieler dabei *wirklich nahezukommen.*

Insofern ist das Psychospiel ein Balance-Akt: einerseits wird Berührung, Beachtung, Anerkennung gesucht, andererseits wird der andere durch die Spielkonstellation auf Abstand gehalten – dahinter stehen gewiß oft frühe kindliche Erfahrungen: so sind die Großen, erst traust du ihnen, dann legen sie dich rein! Die Möglichkeit einer schmerzenden Enttäuschung wird von vornherein dadurch vermieden, daß der ganze Ablauf, hundertmal durchlebt, bekannt, wie „vorgeschrieben" ist (und damit leicht vorhergesehen und vorausgesagt werden kann).

Bei den meisten Psychospielen kommt es zu einem lebhaften, oft sehr *intensiven Austausch von Zuwendung,* aber *ohne* aufrichtige Begegnung. Das Erleben von Einklang ist aus der Spielverfassung heraus unmöglich, und damit ist auch *die Gefahr der Abweisung und der Verletzung* gebannt, die natürlich immer dann besteht, wenn ich mich dem anderen wirklich öffne.

Eheberater beobachten (und Betriebspsychologen bestätigen), daß eine Reihe von Psychospielen (das Verfolgerspiel *Wenn du nicht wärst,* aber auch das Retterspiel *Was würdest du nur ohne mich anfangen?* und vor allem das Opferspiel *Völlig überlastet* – u.a.m.) oft genug auch dazu in Szene gesetzt werden, um um das nächtliche Schäferstündchen mit seinen Tücken herumzukommen.

Noch etwas ermöglicht das Psychospiel im Umgang mit den anderen: sie werden *berechenbar!* Es läuft doch immer wieder wie gehabt, und wer sich einen großen Teil seiner Zeit in solch stereotypen Abläufen bewegt, schützt sich vor Überraschungen. Zwar bekommt das Leben dann etwas schablonenhaftes, und Außenstehende mögen den Kopf schütteln und von Wiederholungszwang sprechen, aber für einen seiner selbst nicht sehr sicheren, im Grunde ängstlichen Menschen dürfte es beruhigend sein, sich auf einer Bahn zu bewegen, auf der er selbst nicht weiter ausrutschen kann und auf der der Gang der Dinge überhaupt vorhersehbar ist.

Schließlich stellt der Spieler durch das Psychospiel mit sich selbst bestimmte Dinge an. Zunächst einmal bedeutet das Spiel eine Fluchtbewegung, und zwar *Flucht vor der Verantwortung*. Der Spieler weicht Realitäten aus, die er nicht sehen will, geht Aufgaben aus dem Wege, die ihm Mühe machen oder vor denen er Angst hat. Durch die Selbsttäuschung im Psychospiel vermeiden wir unbequeme Einsichten, Anstrengungen und unsere wirklichen Probleme. Es ist soviel leichter, mit dem Mitmenschen in den Clinch zu gehen und dabei immer wieder Grund zu finden, die Schuld auf ihn zu schieben, als selbst die Verantwortung für unser Verhalten zu übernehmen – für unser Verhalten im weitesten Sinne, für unser Tun und Lassen, Denken und Fühlen. Wir haben ja meist von frühester Kindheit an gelernt, andere haftbar zu machen – einer der Autoren hat das an einem klassischen Beispiel in einer Familientherapie-Sitzung miterlebt: ein Dreijähriger schlägt beim Spielen leicht mit dem Kopf an einen Stuhl. Sofort springt die Mutter hoch und macht ein Theater, als müßte der Kleine sterben, und sagt dann: „Hat der böse Stuhl dir Aua gemacht – schlag ihn mal – feste ..." Nach dem gleichen Rezept lernt das Kind dann, bei Streitereien die Geschwister zu beschuldigen, die Lehrer für die eigene Faulheit und natürlich einmal Vater und Mutter für ein verpfuschtes Leben verantwortlich zu machen.

Der Vollständigkeit halber erwähnen wir hier noch zwei weitere Zwecke, die das Psychospiel für das innere Erleben des Spielers erfüllt, auch wenn sie erst aus dem Zusammenhang des folgenden Kapitels ganz verständlich werden.

Durch das Psychospiel rechtfertigt der Mensch die *Grundeinstellung,* die er als Kind einmal eingenommen hatte, und „beweist" sich also, daß mit ihm selbst oder mit den anderen (oder mit beiden) etwas nicht in Ordnung ist. Das Psychospiel gibt schließlich eine Möglichkeit, gewissen früh aufgenommenen psychologischen Weisungen (den sogenannten Bann-Botschaften) nachzukommen und das *Skript,* den geheimen Lebensplan, unerbittlich voranzutreiben.

Für das, was das Psychospiel im Umgang mit anderen und mit sich selbst bewirkt, gibt es einen gemeinsamen Nenner: *der Spieler braucht nicht umzudenken.* Wer in seinen Maschen gefangen bleibt und seine Spielchen spielt, braucht nicht zu befürchten, er werde

Neues erfahren über sich selbst und seine Mitmenschen oder habe je Grund, andere Verhaltensweisen zu erproben oder zu lernen, er dreht sich im Kreise. Hinter der Vielfalt all der Dinge, die wir damit bezwecken, steht letztlich immer das hungrige und gleichzeitig mutlose, das geschädigte und eigensinnig auf seiner Schädigung beharrende kindhafte Element. Vom Kind-Ich gehen letztlich alle Psychospiele und Gefühlsmaschen aus. Und durch Spiele und Maschen verbauen wir uns unsere eigene Entwicklung und hindern uns an freier Selbstentfaltung.

4. Was für Psychospiele gibt es?

Wir können uns nicht vorstellen, daß es Menschen gibt, die im emotionalen Umgang mit anderen nicht irgendwelche Verhaltensmuster beibehalten haben, die früher einmal sinnvoll, vielleicht sogar lebenserhaltend waren, in der Gegenwartssituation aber eher hinderlich und jedenfalls innerlich belastend sind. Insofern läßt sich sagen, daß alle Menschen Psychospiele spielen, die meisten Menschen sicher eine ganze Reihe verschiedener Spiele, unterschiedlich auch je nach den Partnern, die sie sich als Mitspieler intuitiv ausgesucht haben und während des ganzen Lebens immer wieder neu aussuchen, in der Familie, im Freundes- und Bekanntenkreis und in der Arbeitsumgebung.

Man kann die beachtliche Zahl der Spiele, die die Fachleute bisher beobachtet und analysiert haben, nach verschiedenen Gesichtspunkten einteilen, z. B. nach der Zahl der Teilnehmer. Es gibt Spiele, an denen üblicherweise drei oder gar vier typische Figuren beteiligt sind, von denen jede auf andere Weise „auf ihre Kosten kommt". Man spricht dann von vierhändigen Spielen.

Ein Beispiel ist das Psychospiel *Alkoholiker*, das der amerikanische Psychologe *Claude Steiner* eingehend beschrieben hat[7]. Wer mit Definitionen etwas großzügiger umgeht und einmal vom Merkmal der Transaktion auf zwei Ebenen gleichzeitig absieht, kann sogar „einhändige" Spiele ausmachen und als Beispiel dafür das einsame Aufputschen oder Betäuben einer leichten Erregung durch Kaffee- bzw. Tabakgenuß anführen – wobei dann allerdings die Abgrenzung gegen Maschenverhalten problematisch wird.

Weitaus die meisten Spiele gehören sicher zu den „zweihändigen".

---

[7] Näheres zu diesem ganzen Komplex bei *Helmut Harsch,* Hilfe für Alkoholiker und andere Drogenabhängige, München, Kaiser 1976.

Unterschiedlich sind die Psychospiele auch hinsichtlich ihrer Dauer. Manche sind in Sekundenschnelle abgelaufen, z.B. *Meins ist besser als deins*, triumphierend demonstriert anhand eines besser funktionierenden Feuerzeugs. Andere werden mit verbissener Zähigkeit über viele Jahre hin gespielt manchmal bis zur völligen seelischen Zermürbung des Partners, etwa wenn es in Ehe und Familie darum geht, dem anderen (und sich selbst) etwas zu beweisen, beispielsweise in dem unerbittlichen Ehe- (und Geschäfts-) partnerspiel *Wenn du nicht wärst.*

Schließlich kann man Spiele einteilen nach der Intensität, mit der sie ablaufen, und der Position im Drama-Dreieck, aus der heraus sie gespielt werden.

Verbreitet ist die Unterscheidung nach dem Grad der Intensität, mit dem das Psychospiel begonnen und durchgehalten wird. Dieser zeigt sich manchmal an der Schwierigkeit der einzelnen Schritte, und meist noch klarer an dem Nutzeffekt, der angestrebt wird. Üblich ist die Einteilung in drei „Härtegrade".

Beim Psychospiel ersten Grades handeln sich die Beteiligten eine vorübergehende Gefühlsaufwallung ein. Diese Spielart kommt in allen möglichen Ausformungen vor und wird in der Familie, unter Bekannten, in der Firma oder Dienststelle laufend gespielt. In unserer Gesellschaft gilt sie als mehr oder weniger normales Verhalten; gleichzeitig spürt man aber, daß da irgend etwas nicht ganz stimmt, und so gibt dieses Spielmuster endlosen Stoff für Witze ab. Ein zur Veranschaulichung oft zitiertes Beispiel ist das Psychospiel *Wofür halten Sie mich eigentlich?*[8]: bei einer Abendeinladung, auf einem Betriebsausflug, während eines Seminartages kommt es zu einem richtig netten, intensiven Flirt, die Augen strahlen und die Backen glühen, und sie ist genauso begeistert mit von der Partie wie er – nur als er sie dann nach Hause oder auf ihr Zimmer begleiten will, bekommt er plötzlich eine enttäuschende Abfuhr, und beide fühlen sich verlegen oder betreten, jedenfalls etwas unbehaglich. Aber das Ganze ist meist rasch vergessen, oder man kann es wieder zurücknehmen und z.B. am nächsten Tag behaupten, es sei doch nur ein Scherz oder ein Mißverständnis gewesen oder so ähnlich. Da macht etwa ein Geschäftsreisender seinen Vertriebsleiter neugierig mit Andeutungen darüber, wieviel Zusatzverdienst man bei dieser Firma einheimsen kann, wenn man

---

[8] Im Englischen „Rapo" (anlocken und abfahren lassen, nach einem amerikanischen Slang-Ausdruck), ins Deutsche meist etwas zu dramatisch übersetzt mit „Hilfe! Vergewaltigung!"

nur ein cleverer Frisör ist! „Wieso Frisör?“ – „Ja ja, man muß eben die Spesenabrechnungen richtig frisieren …“ Der Vertriebsleiter will's genau wissen, setzt sich leutselig zu seinem Reisenden, aber der fährt empört zurück: „Hören Sie mal, wofür halten Sie mich eigentlich?“ So ein Spiel ersten Grades kann, von Dritten unbemerkt, in Sekundenschnelle ablaufen, etwa in der Hotelhalle: „Bitte schön, Sie können gern meine Zeitung mitlesen, dann sparen Sie sich die Mark.“ – „O danke, kann ich dann die Sportseite mal haben?“ – „Die lese *ich* jetzt!“

Das Psychospiel zweiten Grades wird „unter dem Tisch“ gespielt, also so, daß Dritte es nicht mitbekommen, ehe der Höhepunkt erreicht ist. Der Schaden ist schon ernster, und wenn er offenbar wird, gibt er Anlaß zu allgemeiner Entrüstung, aber er ist nicht irreparabel. Wenn es geht, wird die Gesellschaft sogar bemüht sein, den Skandal zu vertuschen: zu viele sind darauf angewiesen, daß man auch auf sie Rücksicht nimmt da, wo sie selbst sich gerade noch am Rande von Recht und Gesetz oder von Sitte und Anstand bewegen. Wenn wir hier das Geschehen wieder am Beispiel des Psychospiels *Wofür halten Sie mich eigentlich?* in seiner erotischen Ausformung veranschaulichen, so können die beiden Spieler natürlich nur dann in das härtere Spiel einsteigen, wenn sie sich schon besser kennen. Dann kommt im Laufe der Zeit der Augenblick, wo er, durch ihr Entgegenkommen sichtlich ermutigt, entweder mit Worten so anzüglich wird oder ihr mit Berührungen so nahe kommt, daß sie ihm eine schallende Ohrfeige geben oder laut weinend aus dem Zimmer laufen kann. Beide sind auf ihre Kosten gekommen und können ungute Gefühle in höherer Intensität erleben: sie die traurige Bestätigung dafür, daß alle Männer „so sind“ (etwa so verletzend und rücksichtslos, wie ihr Vater dem kleinen Kind gegenüber manchmal war) und sie nicht wirklich respektiert wird, wenn sie sich nicht wehrt: *Wofür halten Sie mich eigentlich?* Und er hat *Versetz mir eins!* gespielt und hat auch sein Fett abbekommen: hat wieder einmal erfahren, daß Frauen ihn nicht mögen und er jedesmal in beschämender Weise abgewiesen wird.

Beim Psychospiel dritten Grades kommt es dann zu Verletzungen, die nicht einfach wieder rückgängig zu machen sind. Oft sind das körperliche Verletzungen, es fließt also Blut, und oft geht es auch um eine Art geistiger oder seelischer Selbstverstümmelung. In unserer Gesellschaft müssen dann die Behörden eingreifen, und es werden Zwangsmaßnahmen erwogen oder verhängt. Schauplatz der Handlung für die Schlußszene ist dann die Polizeistation oder

der Gerichtssaal, das Krankenhaus oder die Heil- und Pflegeanstalt, das Gefängnis oder der Friedhof. Selbst hier wird vieles noch vertuscht und ist nur für die Eingeweihten oder den geschulten Beobachter als hartes Psychospiel erkennbar. Gerade im engsten Familienkreis laufen Psychospiele, die mit größter Ausdauer über Jahre hin durchgehalten werden und oft an Härte zunehmen, bis die Spieler auch Folgen in Kauf nehmen, die nicht mehr rückgängig zu machen sind. Doch auch im Geschäftsleben und in der Berufswelt gibt es ähnliches, wo beide Seiten Zug um Zug verbissen eskalieren und ihren Einsatz langsam, aber sicher immer höher treiben. Mancher Arbeitsgerichts- oder Zivilprozeß verrät nach außen kaum etwas von der Dramatik, mit der die Beteiligten jahrelang zielstrebig auf ihren Spielgewinn hingearbeitet haben, bei manchem Verkehrsunfall wird man nie erfahren, wie es zu dieser verhängnisvollen Fehlreaktion kommen konnte[9], und mancher Selbstmord geht nicht als solcher in die Statistik der Todesursachen ein. Wenn wir wieder das Psychospiel *Wofür halten Sie mich eigentlich?* heranziehen, käme es beim dritten Grad tatsächlich zur versuchten Vergewaltigung mit gerichtlichem Nachspiel oder zum Schuß aus der Pistole der Frau, die ihre Ehre verteidigen muß.

Recht praktisch ist die Unterscheidung der verschiedenen Spiele danach, welche Position im Drama-Dreieck der jeweilige Spieler einnimmt. Geht es ihm darum, zu belehren und Recht zu haben, den anderen zu ducken und zu schädigen, wird er ein *Verfolgerspiel* beginnen, z. B. das typische *Da habe ich dich erwischt!*, das wir bereits kennengelernt haben (s. S. 50). Hierher gehört auch das im vorigen Abschnitt geschilderte *Wofür halten Sie mich eigentlich?* Auch dabei weist der Verführer, ob männlich oder weiblich, dem anderen entrüstet dessen Fragwürdigkeit und sich selbst (moralische oder andere) Überlegenheit nach. Am Anfang kann solch ein Spielchen durchaus aus einem amüsierten Kind-Ich heraus laufen; am Ende schlägt das Eltern-Ich zu, als hätte es die ganze Zeit heimlich auf diesen Augenblick gewartet.

Ähnlich, aber eher hilfsbedürftig als amüsiert, fängt es an bei dem Psychospiel *Sieh bloß, was du angerichtet hast!* Der Mechaniker kommt mit dem Motor nicht zurecht; der Meister zeigt ihm, wie er die Sache anfassen muß. Der Mechaniker hält sich wortwörtlich

---

[9] Max Frisch hat das meisterhaft geschildert in seiner Erzählung „Skizze eines Unglücks", in *Tagebuch 1966–1971,* Frankfurt, Suhrkamp 1972, S. 229–252.

an die Weisung (u. U. auch noch, wenn er merkt, daß das in diesem Fall zu nichts führt), und wenn der Motor dann noch schlechter läuft, kann er (still für sich oder aber vernehmlich) dem Meister die Schuld geben: „*Sie* haben mich ja dazu gebracht..."

Dieses Spiel wird recht häufig gespielt, besonders gern im trauten Heim, wenn ihr das Essen angebrannt war, nur weil *er* sie abgelenkt hatte, oder ihm das Bier auf die Tischdecke gelaufen war, weil er sich gerade *ihr zuliebe* mit dem Einschenken beeilt hatte, und so fort.

Es könnte so aussehen, als würde ein Verfolgerspiel immer aus dem L heraus gespielt oder als käme zumindest das L durch, wenn der Spielgewinn einkassiert wird. Das muß nicht sein; es gibt durchaus Verfolgerspiele, bei denen der Vorwurf, der sich gegen den anderen richtet, vernehmbar aus dem leidenden K kommt. Das ist gewiß so bei dem Psychospiel *Wenn du nicht wärst,* das wir in anderem Zusammenhang geschildert haben (s. S. 42). Ähnlich ist es bei dem Spiel *Jetzt entscheide du mal* (oder *Gerichtssaal*), wo jemand bei einem Streit einen Dritten hinzuzieht, der entscheiden soll, wer wohl recht hat. Das listige K ist dabei oft äußerst „objektiv", will nur einmal „ganz offen sagen, wie es ist" – was sich so entwaffnend anhört, ist allerdings weniger wirkliche Offenheit (sonst könnte die Sache ja direkt mit dem Widersacher bereinigt werden) als das Bestreben des rachsüchtigen K, den anderen bloßzustellen. Dieser Vergeltungsdrang kann sich durchaus gegen den Mitmenschen richten, der einem am nächsten steht, auch wenn man ihn wirklich liebt. *Jetzt entscheide du mal!* spielt die Ehefrau, die den Krach von vorgestern vor dem Besuch noch mal aufrollt: „Also jetz will ich doch mal wissen: wie beurteilen *Sie* das denn?" – und der Ehemann, der auf dem Höhepunkt der Auseinandersetzung mit seiner Frau die beiden heiratsfähigen Töchter hereinruft: „Hier, ihr sollt das ruhig mal mitkriegen, ihr seid ja auch bald soweit..."

Ein Verfolger-Psychospiel, das häufig im K beginnt und dann umschlägt in die L-Position, heißt *Auch nicht besser!*[10]. Der Spieler lernt jemand kennen, interessiert sich für ihn und ist bereit, Vorzüge anzuerkennen, bis sich eines Tages herausstellt, daß er eben „auch nicht besser" ist als alle anderen (nicht daß er etwas falsch macht wie bei *Da habe ich dich erwischt!,* sondern er *ist* irgendwo in irgendeinem Punkt nicht gerade überzeugend). Der Spieler wird

---

[10] Im englischen *Blemish,* ins Deutsche meist treffend, aber nicht gerade geläufig mit „Makel!" übersetzt.

dann das Abschätzige hinter vorgehaltener Hand zu Dritten äußern oder offen feststellen, wenn sich herausgestellt hat, daß *auch der* nichts mehr auf dem Konto hat oder von den eigenen Kindern nicht ernst genommen wird, eine schizophrene Mutter oder eine jüdische Großmutter hatte oder in jungen Jahren sogar in der Partei war (rot oder braun, für den Spieler ist die Farbe auswechselbar). Die Feststellung mag noch so hämisch in L-Pose, sozusagen mit erhobenem Zeigefinger, getroffen werden, dahinter ist deutlich das Weinen des K darüber zu hören, wie ausnahmslos trüb die Welt doch ist, und das Suchen nach immer neuen Gründen für die Fortführung der depressiven Verstimmung.

All diesen Verfolgerspielen ist gemeinsam, daß der Spieler Schuldgefühle oder Angst auslöst oder sich rächt, indem er andere bloßstellt, straft oder spürbar schädigt. Was dadurch bekräftigt wird, ist die negative Grundeinstellung zum anderen oder zu sich selbst. Oft steht am Ende ein Machterlebnis, das nur die eigene innere Unrast übertönt, ein unguter Triumph („Dem habe ich's aber gegeben" oder „Heute habe ich's denen mal wieder gezeigt"), der weder den auftrumpfenden Sprecher noch den hämischen Zuhörer glücklich macht.

Ausnahmslos aus dem L heraus werden die *Retterspiele* inszeniert. Der Retter bestätigt sich seine Überlegenheit und Tüchtigkeit, seine Güte und Großmut, und damit implizit dem anderen dessen Unterlegenheit und geringe (oder doch geringere) Eignung oder Leistungsfähigkeit. Allerdings bringt die Dynamik des Spielverlaufs es mit sich, daß er oft genug in die Verfolgerposition hinüberwechselt oder in die Opferrolle abrutscht, je nach dem, auf welchen Spielgewinn er insgeheim aus war.

In dem Spiel *Versuch's doch mal so* sieht der Retter, wie sich jemand mit einer Sache abmüht, weiß eine bessere Lösung und gibt (ungebeten) Ratschläge. Diese werden entweder nicht angenommen, und der Spieler hat gleich Grund für Vorwürfe („Wem nicht zu raten ist, dem ist auch nicht zu helfen"), oder der Beratene versteht sie nicht richtig oder führt sie ungeschickt aus oder hat keinen Erfolg damit, dann erfolgt der nächste Zug im Spiel unter der gleichen Devise *(„Versuch's doch mal so ...")*, bis der Ratgeber ob soviel Begriffsstutzigkeit oder Tolpatschigkeit die Geduld verliert und die insgeheim erstrebte Verfolgerposition einnimmt („Mancher lernt's eben nie").

Anders verläuft das Psychospiel *Ich wollte dir doch nur helfen*. Hier hat der gutwillige Ratgeber (Vater, Lehrer, Vorarbeiter,

Unternehmensberater, Arzt) sein Hilfswerk von vornherein (natürlich ohne es „zu merken“) so konzipiert, daß er zum Scheitern verurteilt ist. Beispiel: er läßt realitätsferne Erwartungen gelten („Endlich bin ich in den rechten Händen, jetzt wird *alles* gut“ – womit die Enttäuschung des Betreuten schon einprogrammiert ist) oder ruft sie hervor („Für diese Sache bin ich *jederzeit* da“ – eine Aufforderung, den Helfer so gründlich in Anspruch zu nehmen, bis er nicht mehr kann und unwillig werden darf) oder macht bei der Hilfeleistung wichtige Dinge falsch (überschreitet etwa seinen Auftrag und rückt dem Betreuten so auf die Pelle, daß dieser sich behelligt fühlen muß und sich abwehrend gegen den Helfer wendet). Durch solches Vorgehen bestätigt er sich am Ende wieder, daß er oder sie zwar kraft Lebenssituation (als Mutter, Tante, große Schwester) oder Beruf (als Fürsorgerin, Psychologin, Krankenschwester) zum Helfen berufen, aber der Aufgabe nicht gewachsen war. Aus der so gefundenen Opferrolle kommt dann das entschuldigende *Ich wollte dir doch nur helfen* (ergänze: ... aber sehe mal wieder, daß ich's nicht schaffe). Es liegt auf der Hand, daß dieses Psychospiel in den beratenden und helfenden Berufen verbreitet ist. Den umgekehrten Wechsel, vom eifrigen K ins gönnerhaft leutselige L vollführt der Helfer in dem harmloseren Spiel *Ich bin ja so froh, daß ich helfen kann.*

Die beiden Psychospiele werden im Alltag in vielerlei Varianten aufgeführt. Wer kennt nicht das Angebot: „Das besorge *ich* Ihnen, das kriege ich billiger“ – im Großhandel, ohne Mehrwertsteuer, mit Sonderrabatt usw. Und wer hat nicht schon beobachtet, wie der Helfer seinem Mitmenschen mit unerbittlicher Großmut eine Sache aus der Hand nimmt: „Gib mal her, laß mich das machen!“ Solche Spiele hindern nicht nur den Großmütigen an Selbsterkenntnis und weiterer Entfaltung, sondern ersticken auch den Betreuten durch das ungebetene gütige Eingreifen. Vielleicht erfordert es Geduld, sicher Sinn für natürliches Wachstum und organische Entwicklung, zuzusehen, wie ein Einjähriger, der noch nicht laufen kann, sich unendlich abmüht, seinen Schuh hochzuheben bis auf die Fläche des Stuhls, der vor ihm steht. Aber unvergeßlich sind die leuchtenden Augen, wenn der Schuh, der neununddreißigmal wieder heruntergefallen ist, beim 40. Versuch glücklich oben liegen bleibt. Dieses Erfolgserlebnis wird der Kleine nie haben, wenn der Vater ihm vorher, natürlich in bester Absicht, zu Hilfe kommt.

Hinter manchem Retterspiel steht das Bestreben, sich die eigene Unentbehrlichkeit zu beweisen oder von Dritten bestätigen zu lassen. Wie mancher Chef ist kaum bewegt, wenn seine Mannschaft ohne ihn eine Aufgabe sachgerecht und überzeugend gelöst hat, aber emotional ganz da, wenn etwas schiefgegangen ist! Dann heißt es nachsichtig: Siehst du, *was würdest du nur ohne mich anfangen!* Daß oft die männliche (oder weibliche) Autorität in der Ehe in gleicher Weise Profit zieht aus dem Mißgeschick des Partners, kann man tagtäglich beobachten. Und wer das zu Lebzeiten nicht schafft, der erhofft sich den Nachweis für seinen wirklichen Rang für die Zeit nach seinem Ableben; das Spielchen heißt dann *Die werden sich noch mal glücklich schätzen, daß sie jemand wie mich gekannt haben.*

Wir sehen, daß die Retterspiele zwar regelmäßig im L „Wiegen" beginnen, daß sie aber samt und sonders die negative Grundeinstellung bestätigen, die der Spieler zum Mitmenschen oder zu sich selbst hat. Sehr häufig ist der Wechsel ins K „Leiden", und am Ende heißt es dann „Undank ist der Welt Lohn", „Das hat man nun von seiner… (Anständigkeit, Großzügigkeit, Menschlichkeit)" oder *Warum muß das ausgerechnet immer mir passieren?"*

Lang ist die Liste der verschiedenen Opferspiele, in denen sich der Spieler entweder mit seiner Fehlerhaftigkeit, Hilflosigkeit und Ohnmacht quält oder aber Beschämung, Demütigung und Erniedrigung aller Art provoziert.

Oft trügt der erste Eindruck. Wir haben z.B. das Psychospiel *Meins ist besser als deins* beschrieben (S. 41 und 124). Wer vermutet schon, daß hinter dem Protzen das geheime Verlangen nach Demütigung oder Isolation stehen kann? Und doch läßt die ausführliche Analyse keinen anderen Schluß zu.

Solches Verlangen tritt offen zutage in den Jeremiaden der Selbstbedaurer, die das Psychospiel *Ich Ärmste(r)* in allen möglichen Varianten veranstalten. Es braucht nicht einmal viel Hartnäckigkeit, bis der Spielgewinn erzielt wird: entweder kommt ein Retter vorbei und „will doch nur helfen", aber dem Ärmsten kann man natürlich nicht helfen, was sich dann beide bald bestätigen, oder das Gejammer erregt den Unwillen eines Verfolgers, und wenn der dann auf den Ärmsten losgeht, fragt dieser sich (scheinbar) zu Recht: *„Warum muß das ausgerechnet immer mir passieren?"*

Oft kann der Selbstbedaurer auch überzeugend nachweisen, daß er wirklich benachteiligt ist. Die Gründe reichen von eingebildeten oder höchst wirklichen körperlichen und geistig-seelischen Behinderungen bis zu allen möglichen widrigen Lebensumständen. Nicht daß ein *Holzbein* für den, der eins hat, nicht ein ernstes Handicap wäre – entscheidend ist, was er daraus macht und wie er es einsetzt.

Wir kennen einen blinden Konferenzdolmetscher, der sechs Sprachen fließend spricht, sein Leben sehr selbständig organisiert und mit einem Mindestmaß von Inanspruchnahme anderer in ganz Europa und Übersee herumfliegt, um auf Kongressen wissenschaftliche Vorträge simultan zu verdolmetschen. Ein schönes Beispiel für das Gegenteil eines Psychospiels!

Das *Holzbein*-Spiel kann übrigens außer unguten Gefühlen eine Reihe von handfesten Vorteilen einbringen, z. B. die „verdiente" Freistellung von Leistungen, die von anderen verlangt werden. „*Die* können das ja auch, aber ich mit meiner Depression ..." Das muß schließlich jeder einsehen, wo ich doch so ungeschickt bin (immer so leicht müde werde, so wenig sehen kann, so unpraktisch veranlagt bin, so ein schlechter Briefschreiber bin usw.). Die Zahl der Varianten von *Holzbein* ist praktisch unbegrenzt. Sie fangen entweder an mit „Ich als" (unverheiratete oder verheiratete Frau oder kinderlose Ehefrau oder kinderreiche Mutter usw.) oder mit „Ich mit meinem" (lauten Apartment im Zentrum, abgelegenen Eigenheim, schwierigen Kundenstamm im Bankenviertel, schlechten ländlichen Verkaufsbezirk usw.). Bedenklich wird dieses Psychospiel dort, wo der Spieler nachhilft und sich seine Nerven- und Organschädigung systematisch selbst besorgt. In milden oder auch ernsten Formen tut das die kaffeesüchtige Hausfrau und der nervöse Kettenraucher; tragisch wird es bei beiden, wenn die Kaffeetrinkerin kaum noch Ruhe findet und der Raucher nachts nicht mehr recht schläft vor Röcheln (das er, wie überhaupt seine seelische Verfassung, vor Dritten verbirgt). Zu schweren Selbstverstümmelungen führen die Psychospiele, die der *Alkoholiker* oder der Hasch-, Kokain- oder Heroinsüchtige in Gang setzt.

Eine verbreitete Sonderform von Holzbein heißt *Das kann ich doch nicht:* Der Spieler setzt seine intellektuellen Fähigkeiten nicht ein und gibt vor, er sei bei deren Verteilung schlecht weggekommen. Er spielt „stupide". *Das kann ich doch nicht* hängt nicht von dem wirklichen Maß geistiger Gaben ab, es kann von hochintelligenten Menschen genau so gekonnt gespielt werden wie von wenig Begabten. Der Leser versuche einmal, einem *Kann ich doch nicht*-Spieler die Überzeugung auszureden, er sei weniger phantasiebegabt, logisch veranlagt, kritikfähig, also irgendwie dümmer, als der Durchschnitt der Menschheit. Er wird sich wundern, mit welchem Einfallsreichtum und welch scharfer Konsequenz der „Dumm"-Spieler Argumente anführt, um seine Denkunfähigkeit zu beweisen. Es ist unglaublich, was Menschen im einzelnen alles „doch nicht können“: nachdenken, kopfrechnen, präzise lesen, telefonieren, sich ruhig konzentrieren. Hier wird besonders deutlich, daß viele Psychospiele früh gelerntes Verhalten widerspiegeln, von den Eltern unterstützt oder vom kleinen Schlitzohr raffiniert eingesetzt. Wie oft hört man nicht: „Um Gottes willen, laß die Carola nicht daran, sonst haben wir gleich die Bescherung!“ – „Gib's auf, unser Dummerle kapiert das doch nicht!“ – „Halt deinen Mund, du verstehst sowieso nichts davon“ u. dergl. Und wie oft mag der junge Erdenbürger schon früh entdecken, von wieviel Mühen ihn die Feststellung *„Das kann ich doch nicht!“* befreit. Gewiß kann so ein Verhaltensmuster ein Leben lang vor mancher Anstrengung bewahren, aber es macht gleichzeitig weitere Entfaltung und Bereicherung unmöglich. Wer sich und andere früh überzeugt, er könne nun mal nicht tanzen, Auto fahren, frei sprechen, Behördengänge erledigen, bestimmte Bücher (und sei es das Kursbuch) lesen oder gar sich fremde Sprachen aneignen, der kommt in der Regel auch später darum herum, das nun zu lernen – mit allen Folgen.

Das Psychospiel *Das kann ich doch nicht* kann durchaus eine Kehrseite haben, die dann sichtbar wird, wenn der Ruf des Unvermögens bedroht wird von jemandem, der dem Spieler seine schicksalhafte Unfähigkeit nicht abnimmt. Der Nachweis der Hilflosigkeit wird dann sehr gereizt, manchmal mit böser Erbitterung geführt, und natürlich gewinnt der *Kann ich nicht*-Spieler jedesmal, und in die eigensinnige Behauptung seiner Unfähigkeit mischen sich bisweilen Töne unverhohlenen Triumphs.

Völlig unschlagbar ist schließlich die Variante *Das begreife ich doch nicht.* Bei diesem Psychospiel sitzt das hilflose K am längeren Hebel. Wenn auch ganze Scharen von Schulmeistern, Lehrherren, Seelsorgern und Psychotherapeuten ihre Überzeugungskünste entfalten, immer wenn ein durchschlagendes Argument kommt, zieht sich der Spieler wieder auf seine Schutzbehauptung zurück: *„Das begreife ich doch nicht“* – und die wohlmeinenden Retter können sich die Zähne ausbeißen ...

Ähnlich verläuft das bekannte *Ja, aber*-Spiel. Auch hier hat der Spieler von vornherein die Gewißheit, das Spiel immer zu gewinnen. In der Montagsbesprechung legt der Chef seinen Abteilungsleitern unumwunden eins der dicksten Probleme vor: die Zentralverwaltung platzt aus den Fugen, in diesem Haus reichen die Büroräume für vernünftige Arbeit einfach nicht mehr aus. Der Chef rennt offene Türen ein. „Also, meine Herren, ich bitte um

Vorschläge." Der Organisationschef hat das schon längst bedacht. Seine Idee: „Warum machen wir nicht Nägel mit Köpfen und verlagern stufenweise die ganze Zentrale... die letzte Umzugsphase ist dann in dem und dem Jahr gerade vor den Betriebsferien abgeschlossen." – „Ja, das wäre eine runde Sache, aber das löst unser Problem nicht, wir brauchen *jetzt* Platz, nicht erst nach so langen Übergangsfristen." Der Marketingchef: „Von mir aus können wir diese Woche noch umziehen, ich muß es nur vorher wissen, dann setze ich neue Impulse." – „Na gut, aber übers Knie brechen läßt sich so ein Entschluß ja auch nicht." – „Und wenn wir vorläufig erst mal *hier* mehr Platz machen und das Materiallager verlegen?" – „Ja, das ist natürlich zu bedenken, aber der Aufwand mit dem Hin und Her..." Die Vorschläge kommen spärlicher, der Chef kontert einen nach dem anderen mit seinem *„Ja, aber"* – bis betretenes Schweigen eintritt. Der Chef blickt resignierend in die Runde: „Tja, meine Herren, dann kommen wir wohl zum nächsten Punkt" – und sein hörbarer Seufzer besagt: „Dafür bezahle ich nun alle diese klugen Experten. Aber wenn's drauf ankommt, muß ich in diesem Hause alles alleine machen!"

Noch effektvoller wird das *Ja, aber*-Spiel aufgeführt, wenn es, wie wohl meist, nicht von einem sozial Übergeordneten, sondern beispielsweise vom Schüler mit dem Lehrer gespielt wird. Der Schüler möchte ja so gerne mitmachen (die Aufgabe lösen, den Stoff lernen, pünktlich sein), er weiß nur nicht wie, und bringt es zu bewunderswerter Findigkeit beim raschen Kontern mit glaubhaften Gründen, weshalb alle die wohlgemeinten Ratschläge des Lehrers bei ihm nicht helfen. Der Spielgewinn ist denn auch ein doppelter: einmal der Nachweis, daß all die erfahrenen L-Figuren auch nicht weiterwissen, und zum anderen die Bestätigung für die Grundüberzeugung: ich sitze so in der Patsche, mir kann keiner helfen! Als Nebeneffekt wird der geheime Triumph ausgekostet, daß es dem ach so Hilflosen gelingt, gelassen dazusitzen und ganze Brigaden von berufenen Helfern für sich arbeiten zu lassen.

Ärzte und Seelsorger, Lehrer und Ausbilder, Vermögensberater und Betriebspsychologen können ein Lied davon singen. Und der geneigte Leser? Wer wird sich wohl, wenn er das Buch zu Ende gelesen hat, gleich fragen: „... tja, aber wie hilft *mir* das jetzt weiter?"

Verwandt damit ist die gespielte Ignoranz, mit der sich z.B. ein (vielleicht durchaus gebildeter) Besucher durch eine fremde Stadt führen läßt und pausenlos Fragen stellt, die er sich im Grunde selbst beantworten könnte. Nur: täte er das, so gäbe er die Zügel aus der Hand, er hielte seinen Gastgeber nicht ständig auf Trab und müßte gewärtig sein, daß an ihn selbst vielleicht eine Frage gerichtet würde oder, vielleicht noch unerträglicher, daß eine Weile Schweigen herrschen und er die eigene innere Beunruhigung verspüren würde, die er durch sein Frage-Einwand-neue Frage-Spiel übertönt.

Wem es nicht so sehr darum geht, die eigene Unzulänglichkeit oder die der anderen zu erleben, sondern die Welt überhaupt in ihrer mangelhaften Ausführung im rechten, d.h. trüben Licht erscheinen zu lassen, der spielt das Psychospiel *Ist es nicht schrecklich?* In harmloser Form ist das eine beliebte Party-, Reise- und Konferenz-Konversation, und vom Thema her kann es durchaus auch kurzweilige Unterhaltung sein. Wenn ich allerdings darauf aus bin, meinem Gegenüber die Stimmung oder mir selbst den möglichen Genuß des Augenblicks zu versalzen, indem ich mich mal wieder damit befasse, wie mies die Kollegen sind, wie verständnislos die Vorgesetzten, wie verantwortungslos die jungen Leute, wie schlecht überhaupt die Zeiten, und damit ungute Gefühle auslöse und wahrnehme, dann treibe ich ein Psychospiel.

Ein sehr verbreitetes Opferspiel, meist mit ernsten Folgen, heißt *Völlig überlastet.* Das spielt der Sekundaner ebenso wie die Hausfrau oder der Generaldirektor. Der Sekundaner ist nicht nur der erste in seiner Klasse, sondern er „muß" auch noch im Griechischbuch ein halbes Jahr vorausgearbeitet haben, einen Judo-Kurs belegen, natürlich die Tanzstunde besuchen und neben dem Flötenunterricht auch noch Trompete lernen. Wohlgemerkt, wenn er (wie gewiß mancher Sekundaner) das alles mehr oder weniger spielend schafft und einfach tut, was ihm Freude macht, dann ist das kein Psychospiel. Wenn er es aber „muß" trotz gelegentlicher Konzentrationsschwäche, Einschlafschwierigkeiten, Kopfschmerzen und Magenverstimmung, dann spielt er eins. Dann wird er sich auch so lange neue Pflichten aufladen, bis er feststellen kann, daß er doch nicht mitkommt, Sachen wieder fallenläßt und einfach „nicht konsequent" oder „nicht begabt genug" ist.

Wenn die Hausfrau gleichzeitig das Abendessen für die Familie zusammenstellt, beim Ältesten die Hausaufgaben und beim Jüngsten das Einräumen des Baukastens beaufsichtigt und nebenher noch hastig (zum zweiten Mal an diesem Tage) mit dem Staubtuch über alle Möbel fährt, weil in 22 Minuten die Damen vom Missionsverein zum Kaffee kommen, und wenn sie dabei – gewiß verständlich – recht angespannt ist, dann spielt sie *Völlig überlastet.*

Und im Berufsleben? Man braucht nur einmal zu beobachten,

wie wenig der Chef, der nie aus der Hektik herauskommt, wirklich rechtzeitig delegiert, wie viele Aufgaben er ohne Not noch zusätzlich übernimmt und wieviel Zeit er darauf verwendet, sich und anderen ausführlich klarzumachen, *wie* überlastet er ist, um zu begreifen, daß es seine eigene Entscheidung ist, überlastet zu sein, daß er die vielbeklagte Überlastung letztlich selbst sucht. Das wird er sich natürlich nicht eingestehen, denn um ihn herum geht so viel schief, daß er einfach ständig auf Trab bleiben „muß". Er selbst und seine Umgebung – das Unternehmen, die direkten Mitarbeiter, natürlich die Familie – leiden darunter, denn bei soviel Hektik kommt es von selbst zu immer neuen Fehlern und Pannen, die dann der geplagte Chef wieder selbst geradebiegen muß. Und so steht alles machtlos vor diesem Circulus vitiosus...

Bei diesem Spiel lassen sich die drei unterschiedlichen Härtegrade gut beobachten: beim Spiel ersten Grades holt sich der Spieler die Bestätigung, daß er nie zur Ruhe kommen kann und aus dieser Dauerhetze einfach nicht herauskommt. Beim Spiel zweiten Grades erzwingt er ernstere Konsequenzen: Verfehlen eines wichtigen Flugzeuges, Vergessen der Notizen gerade für die groß angekündigte Rede, Aussetzen der Konzentration in der entscheidenden Vorstandsitzung, plötzliche Erkrankung (Kreislaufbeschwerden, Blutdruckschwankungen, Magenschmerzen) ausgerechnet während der Hauptarbeitssaison oder mitten im Familienurlaub (in den er kofferweise Akten mitnimmt). Beim Spiel dritten Grades bestätigt er sich in härtester Währung, wie wenig er wirlich gebraucht wird: es endet mit „Nervenzusammenbruch", schwerer Depression, langem Aufenthalt im Sanatorium oder Landeskrankenhaus, Herzinfarkt.

Das Psychospiel *Völlig überlastet* rückt also in die Nähe des *Alkoholiker*-Spiels und hat mit diesem den Sucht-Charakter gemein, der letztlich ja allen Psychospielen anhaftet.

In diesen und anderen Opferspielen gewinnt der Mensch Bestätigung für die früh eingenommene negative Grundeinstellung zu sich selbst. Sie werden ausnahmslos aus dem leidenden, d. h. beunruhigten, quengeligen, matten, rachsüchtigen, letztlich hungernden und deshalb „rumorenden" K heraus gespielt.

Bei genauem Hinsehen entdeckt man, daß auch unter dem herrschsüchtigen oder teilnehmenden Eltern-Ich der Verfolger- und Retterspiele meist dieses leidende „Kind" sichtbar wird. So läßt sich schlüssig feststellen:

Vom K gehen alle Psychospiele und Gefühlsmaschen aus. Durch Spiele und Maschen hindern wir uns an unserer Selbstentfaltung.

Wir haben bei der Erläuterung des Drama-Dreiecks gesehen, daß sich Menschen zu ihrer Lieblingsposition meist rasch Gegenspieler in den Komplementärpositionen suchen. (Mit Spielern in der gleichen Position gibt es nur selten Psychospiele, etwa *Meins ist besser als deins* – und natürlich gibt es auch Abläufe, wo der andere gar nicht in ein Psychospiel verstrickt sein muß, z. B. die Mitmenschen bei *Auch nicht besser!* oder *Völlig überlastet.*)

Ein anschauliches Beispiel dafür liefert das äußerst verbreitete Psychospiel *Versetz mir eins!*[11]. Der Spieler führt sich so auf, daß er den Schlag oder Fußtritt direkt herausfordert, etwa wenn er sich ohne ersichtlichen Anlaß mit der besorgten Bitte an seine Umgebung wendet: „Bitte, tu mir nichts!" So etwas provoziert beinahe automatisch eine unfreundliche Reaktion, und schon kann der also Mißhandelte (juristisch zu Recht) darauf verweisen, daß er ja gerade darum gebeten habe, ihm *keins* zu versetzen. Hier tritt das Auseinanderklaffen zwischen den gesprochenen Worten (der sozialen Ebene des Umgangs miteinander) und der verdeckten Botschaft (der psychologischen Ebene) klar hervor. Ein paar Fahrgäste warten schweigend und gelangweilt auf den Straßenbahnanschluß, als sich ein Mann in verlegenem Ton an sie wendet: „Ich bitte vielmals um Entschuldigung, ich möchte Sie nicht weiter stören, ich wollte nur mal fragen... aber ich merke schon – ich dachte nur, Sie könnten mir vielleicht sagen..." Barsch fährt ihn einer der Wartenden an: „Also, was wollen S'jetzt?" Die grundlose Ängstlichkeit, die seltsame Scheu, die unbegründete Zurückhaltung, all das wird (psychologisch einleuchtend) als Herabsetzung der Mitmenschen, als eine Art stumme Verdächtigung oder nonverbale Mißachtung des anderen („Discount") empfunden, und so ist dem *Kick me*-Spieler die negative Reaktion so gut wie sicher. Allerdings gehört immer jemand dazu, der auch bereit ist, ihm eins zu versetzen oder sich in Empörung, Verachtung (oder Güte) seiner besonders anzunehmen. Das klassische Ergänzungsspiel zu *Versetz mir eins!* ist also *Da habe ich dich erwischt!,* aber auch ein *Wofür halten Sie mich eigentlich?* oder ein *Versuch's doch mal so*-Spieler übernimmt gelegentlich die Gegenposition, deckt den *Kick me*-Spieler mit Beschämung oder Ratschlägen ein und bringt ihn damit in die Bedrängnis, auf die er aus war. Er kann sich dann wieder sagen: *„Ich Ärmster,* alle fallen sie über mich her!" und hat auch recht damit – er vergißt nur, daß er das selbst ausge-

---

[11] Bekannter unter dem englischen Namen *Kick me,* ins Deutsche übersetzt als *Tritt mich* (wörtlich), *Schlag mich* oder *Mach mich fertig!*

löst hat, manchmal, wenn die Umgebung wenig Notiz nimmt oder nicht verfolgungsbereit ist, mit gereizt eskalierten Provokationen. Aber das nimmt er nicht wahr, ihm liegt ja daran, unbedingt zu seinem Spielgewinn zu kommen, und der heißt immer gleich: *„Warum muß das ausgerechnet immer mir passieren?"*

> FAZIT *Zu den verbreitetsten Psychospielen gehören*
> *– aus der Verfolgerposition:*
> Da habe ich dich erwischt!
> Wenn du nicht wärst...
> Wofür halten Sie mich eigentlich?
> Sieh bloß, was du angerichtet hast!
> Jetzt entscheide du mal!
> Auch nicht besser!
> *– aus der Retterposition:*
> Versuch's doch mal so...
> Ich wollte dir doch nur helfen
> Ich bin ja so froh, daß ich helfen kann
> Was würdest du nur ohne mich anfangen!
> Die werden sich noch mal glücklich schätzen, daß sie jemand wie mich gekannt haben!
> *– aus der Opferposition:*
> Versetz mir eins!
> Völlig überlastet
> Ja, aber
> Meins ist besser als deins
> Ist es nicht schrecklich?
> Ich Ärmste(r)
> Holzbein
> Das kann/begreife ich doch nicht
> Warum muß das ausgerechnet immer mir passieren?
> Alkoholiker/Drogensüchtiger

5. Wie erkenne ich Psychospiele?

Aus dem Gesagten lassen sich *vier Anzeichen* zusammenstellen, die für ein Psychospiel wesentlich sind. Sind bei einem Vorgang alle vier zu beobachten, dann ist so gut wie sicher, daß es sich um ein Psychospiel handelt. Die *für den Alltagsgebrauch* ausreichenden Erkennungsmerkmale sind:

- Am Ende hat mindestens ein Beteiligter, meist haben mehrere *ungute Gefühle.*
- Der Ablauf bleibt sich im wesentlichen gleich *(„immer wieder dasselbe").*
- Die Beteiligten *wissen nicht,* was da eigentlich läuft. (Sie halten ihr R ausgeschlossen.)
- Wird der Vorgang analysiert, so *reagieren* die Beteiligten *allergisch* darauf (Was heißt hier Psychospiel? „Ich muß doch..." oder „ich kann doch nicht...").

Wer größere Gewißheit darüber erlangen will, ob ein Vorgang ein Psychospiel im Sinne der Transaktionsanalyse darstellt, kann ihn im einzelnen mit einer der verschiedenen Methoden analysieren, die in den Schulen der TA praktiziert werden und von denen wir fünf kurz darlegen.

a) Die erste Methode besteht darin, daß man Schritt für Schritt *die Transaktionen analysiert.*

Der unruhige Kursteilnehmer fragt den Seminarleiter herausfordernd: „Hören Sie mal, kann ich Sie heute abend noch mal sprechen?" Der müde, unsichere Trainer entgegenkommend: „Ja sicher, gehen wir nach dem Abendessen auf mein Zimmer." Darunter aber läuft unausgesprochen eine ganz andere Verständigung, die der geschulte Beobachter vielleicht wahrnimmt, die aber den Beteiligten im Augenblick nicht bewußt wird (Abb. XVI).

Abb. XVI

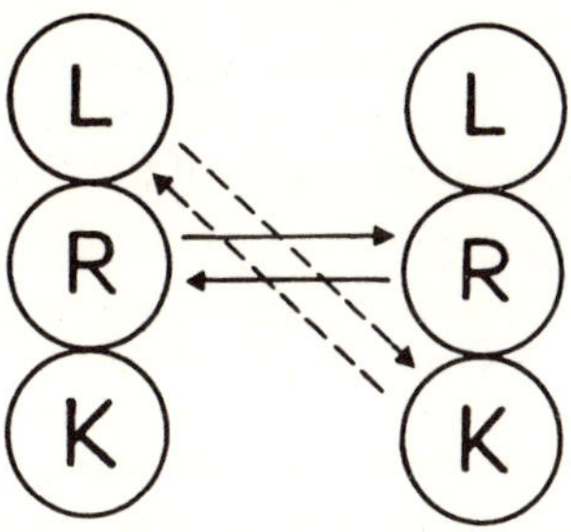

1. Kursteilnehmer:	Kann ich Sie heute noch sprechen?
2. Seminarleiter:	Ja sicher, nach dem Abendessen.
1a. (unausgesprochen)	Wart mal ab, Bürschchen, mir kommst du nicht aus!
2a. (unausgesprochen)	Ist schon recht, besorg mir meine Abreibung.

Was wie eine harmlose Verabredung für ein Abendgespräch aussieht, ist unterschwellig eine Vereinbarung zwischen einem *Hab ich dich erwischt*-Spieler und seinem *Versetz mir eins*-Gegenpol. Das Psychospiel beginnt immer mit einer oder mehreren *verdeckten Transaktionen* – so unser Beispiel auf S. 88, wenn der junge Händel-Liebhaber *Versetz mir eins!* spielt und sie einmal wieder ihr *Wofür halten Sie mich eigentlich?*-Spielchen aufführt. Voraussetzung ist, daß sie sich ihrer tiefen Motivation nicht bewußt sind, im Gegensatz zu dem jungen Mann, der routinemäßig zu Schallplatten einlädt und vorher schon eine Rose ans Bett gestellt hat. Dieser führt ein Manöver aus, das er raffiniert durchdacht hat, aber kein Psychospiel. Casanova war ein mit allen Wassern gewaschener Verführer, kein Psychospieler.

Natürlich muß der Spieler, der seine Rolle aus dem L heraus spielt, nicht in der sozial übergeordneten oder beruflich belehrenden Position stehen; die Einladung kann wie in dem Beispiel zu Abb. XVI genausogut vom Schüler ausgehen, die sozialen Rollen sind im Psychospiel durchweg auswechselbar.

b) Robert L. Goulding unterscheidet *vier Merkmale, die alle nicht vom R bewußt erfaßt werden.* Das sind:

1. Die scheinbar völlig angemessene Frage oder Mitteilung („Kann ich Sie sprechen?")
2. Eine geheime Botschaft, die gleichzeitig übermittelt wird („Du kommst mir nicht aus!")
3. Die (ebenfalls verborgene) Antwort auf diese geheime Botschaft („Gehen wir auf mein Zimmer, da kann das Spiel ungestört ablaufen.")
4. Der Nutzeffekt: der Spieler empfindet (oder mehrere Beteiligte empfinden) unguten Triumph, Ärger, Angst, Schuld, Hilflosigkeit oder Niedergeschlagenheit (sie kassieren ihren Spielgewinn ein).

c) Eine andere Methode, Psychospiele zu analysieren und die ihnen innewohnende Dynamik zu verstehen, geht dem Geschehen mit Hilfe des *Drama-Dreiecks* nach. Erich kommt geknickt nach Hause. Seine Frau geht in die Retter-Position: „Ach Gott, du armer Kerl, hast du Kummer gehabt?" *(Was würdest du nur ohne mich anfangen?)* Erich sonnt sich in der Verfolger-Erinnerung, berichtet von einer Auseinandersetzung mit seinem Chef: „Dem hab ich's aber gegeben ..." *(Da hab ich ihn erwischt)* und geht dann in die Opfer-Position: „... nur mit meiner Beförderung, der Traum ist wohl aus." *(Warum muß das ausgerechnet immer mir passieren?)*

Sie wechselt prompt in die Verfolger-Rolle: „Na ja, das hätte ich mir ja denken können, du lernst auch nie dazu.“ *(Auch nicht besser!)* An der Stelle greift der älteste Sohn ein und spielt den Retter: „Aber Mama, das mußt du verstehen, Papa hat schließlich die ganze Zeit ...“ *(Ich bin ja so froh, daß ich dir helfen kann.)* Aber Papa will sich nicht helfen lassen, schon gar nicht von diesem Schnösel, und unterbricht ihn: „Komm, halt du dich raus, ja, ausgerechnet du, wo ich die ganze Sache überhaupt nur wegen deinem blöden Studium angepackt habe!“ *(Sieh bloß, was du angerichtet hast!)*. Bedauernd zuckt der Sohn mit den Schultern: „Ich hab's doch wirklich nur gut gemeint“ *(Ich wollte dir doch nur helfen)*, und flugs schlüpft Mutter wieder in ihre Retter-Rolle, diesmal dem Sohn gegenüber: „Nu laß ihn doch, der Junge ist schließlich kein Kind mehr.“ (Und zum Sohn gewandt:) „Ist schon recht, daß du deine eigene Meinung anbringst, aber wart halt damit, bis wir ausgeredet haben“ *(Versuch's doch mal so ...)*.

Das Ganze dauert keine Minute, und Vater und Mutter haben je zweimal ihre Position im Drama-Dreieck gewechselt. Oft löst gerade der Rollenwechsel, weil er unerwartet kommt, den Nutzeffekt aus und bringt das dramatische Moment in das Spielgeschehen. Es ruft wohl immer eine Sekunde lang Perplexität hervor, wenn ein Mitspieler sich plötzlich in einer anderen Rolle äußert als der, die er gerade noch innehatte.

Wenn der Familienvater zu Hause, der Lehrer in der Schule oder der Ausbilder im Seminarraum unerwartet von der Retter- in die Opfer- oder Verfolger-Position umschwenkt, sind die Anwesenden zunächst verblüfft, der Nutzeffekt tritt ein, und das nächste Psychospiel kann beginnen. In der Familie und am Arbeitsplatz, im Konferenzzimmer oder Trainingsraum laufen oft ganze Kaskaden von ineinander übergehenden Psychospielen unter fortwährendem Rollenwechsel ab, wodurch gewährleistet ist, daß nacheinander alle Mitspieler in den Genuß unterschiedlicher Spielgewinne kommen. Ein nicht zu unterschätzender Nebeneffekt liegt darin, daß auf diese Weise Spannung in die Handlung kommt und immer wieder neu erzeugt wird. Rollenwechsel und damit unerwartete Reaktion sorgt für Spaß und Abwechslung und befriedigt unseren natürlichen Erlebnishunger. Sowohl die Spannung zwischen der psychologischen und der sozialen Ebene wie auch die häufigen psychologischen Rollenwechsel tragen sehr zum Reiz bestimmter literarischer Gattungen bei, vom klassischen Schelmenroman über die Verwechslungskomödie bis zur Spionagestory und zum Krimi unserer Tage.

d) Dieses Moment der Überraschung, das bei den meisten Psychospielen zu beobachten ist, hat *Eric Berne* in seine bekannte *Spielformel* aufgenommen. Dadurch wird der Hergang beim Psychospiel sinngemäß so beschrieben:

$$\mathbf{AF + SI \rightarrow HR + (RW + MP + SG)}$$

Abb. XVII: Bernesche Spielformel

Der Spieler, der das Geschehen in Gang bringt, stellt dem anderen (oder den anderen) eine Falle, die natürlich als solche nicht erkennbar ist, sondern attraktiv wie der Speck an der Mausefalle oder der Köder an der Angel: *die attraktive Falle.* Das kann z.B. eine Äußerung sein, in die eine Abwertung des Gesprächspartners verpackt ist. Das Spiel kommt dann in Gang, wenn der andere das durchspürt und darauf anspricht, also irgendwo eine wunde Stelle hat, die sich reizen, d.h. zum (noch) verborgenen Miteinander auf der psychologischen Ebene verführen läßt: dann erklärt er durch die Blume sein *Spielinteresse.* Eine mehr oder weniger lange Folge von *harmlosen Reaktionen* schließt sich an: beide bleiben einstweilen noch auf der sozialen Ebene, tauschen z.B. verbal R-R-Botschaften aus. Doch dann geht es so schnell, daß die Spieler hinterher oft ehrlich sagen: „Ich weiß gar nicht, wie das gekommen ist". Einer wechselt plötzlich die Rolle, einen Augenblick herrscht Sprachlosigkeit, und schon wird der Nutzeffekt erfahren. Die Klammer um *Rollenwechsel, Moment der Perplexität* und *Spielgewinn* soll nur ausdrücken, daß diese drei Momente oft in der gleichen Sekunde ablaufen. Die Spiel„formel" von *Eric Berne* drückt aus, daß die Beteiligten bei einem solchen Geschehen nach festen Regeln verfahren, ähnlich wie bei einem Mühlespiel oder in der Skatrunde. Wer also gut beobachtet und die Regeln kennt, kann sich rasch ein Bild davon machen, wie es weitergehen wird.

e) Die Familie Schiff vom Cathexis Institut in Kalifornien sieht Psychospiele als Resultat einer ungelösten *Symbiose*[12]. Diese

[12] Unter Symbiose versteht man in der TA das wechselseitige Aufeinander-angewiesen-sein. Die gegenseitige Abhängigkeit kommt häufig dadurch zustande, daß einer bestimmte Persönlichkeitsanteile nicht einsetzt, vielleicht ganz verkümmern läßt und sein Erleben in diesen Bereichen vom anderen bezieht. Beispiel: der Ehemann hat Spielen und Genießen verlernt und „borgt" sich alles kindhafte Erleben von seiner Frau, die ihm nicht nur alles autoritäre und fürsorgliche Auftreten, alle Elternfunktio-

wurde nicht gelöst, da krankhaftes Einwirken oder gar Nichtbeachtung (s. S. 98f.) den gesunden Reifungsprozeß des Individuums hemmten. – Heute setzt der Betreffende seine Psychospiele als verzweifelten Versuch ein, eine Umgebung neu herzustellen, in der die ursprünglichen Probleme wieder lebendig gemacht und endlich gelöst werden können.

Im Unterschied dazu wird die Gefühlsmasche als das eigensinnige Bemühen verstanden, aus der angepaßten Seite des K-Elementes (dem „angepaßten Kind“) heraus den innerlich erlebten Konflikt zwischen L-Botschaften und R-Informationen einerseits und natürlichen Reaktionen des „freien Kindes“ andererseits zu lösen.

Ein Psychospiel beginnt mit einer *Mißachtung* der gegenwärtigen Realität und der eigenen Fähigkeit, eigene Probleme selbst zu lösen. Diese wird vom Spieler nicht als solche erkannt. Die Reaktion des Partners zeigt dessen Bereitschaft an, eine der Spielrollen anzunehmen. Um die eigene Fähigkeit und Verantwortung zur Problemlösung weiterhin ignorieren (also sich passiv[13] verhalten) zu können, muß der Spieler die Realität verkennen und sogar verzerren. Diesen inneren Prozeß der Rechtfertigung macht der Betreffende nach außen hin sichtbar durch Übertreibungen und Superlative (*Grandiosität*). In unserem Alltag klingt das so: „Ich habe dir schon tausendmal gesagt … “ – „Das dauert ja eine Ewigkeit, bis du mal …“ – „Ich war viel zu aufgeregt, um noch … zu können.“ – „Ich bin heute so entsetzlich nervös, ich kann beim besten Willen nicht weiter … “ – typisch etwa beim „Dumm“-Spieler (s. S. 140f.): Wenn der Gesprächs- oder Handlungspartner solche Übertreibungen oder Verallgemeinerungen akzeptiert, statt sie als das anzusprechen, was sie sind (sie zu konfrontieren), dann steigt er in das Spiel ein!

Zwei Kumpel treffen sich vor dem Werkstor:

Anton: „Du bist schon wieder entlassen, höre ich?“
Franz: „Da kann man halt nichts machen.“ (Mißachtung)
Anton: „Doch, du darfst bei der Arbeit eben nicht saufen.“ (Konfrontation)

---

nen überläßt, sondern auch ihr R nie selbst gebraucht und sich immer, wenn es etwas durchzusetzen oder zu bedenken gibt, auf ihren Mann verläßt. Diese Ehe ist durch die Symbiose gekennzeichnet, denn erst gemeinsam bilden die Partner eine vollständige und damit lebensfähige Persönlichkeitsstruktur.

[13] *Passiv* wird hier jedes Verhalten genannt, das der Spieler nicht zur Problemlösung einsetzt; dementsprechend ist zielloses Agitieren und „… tun als ob“ ebenfalls passives Verhalten.

Franz: „Was bleibt einem bei dieser Scheißarbeit noch anderes übrig, und überhaupt diese idiotischen Großkapitalisten fressen einen ja auf... " (Grandiosität)

Anton: „Bist ja doch ein armes Schwein!" (Anton steigt in die Symbiose und damit ins Spiel ein!)

In einem anderen Beispiel wird das passive Verhalten nur an einem kleinen Wörtchen sichtbar: Vater soll auf seinem Heimweg die Tochter Inge von der Tanzschule abholen. Mutter hat diese Information nicht. Als Vater und Mutter am Abend wie gewöhnlich heimkommen, sagt der Vater plötzlich: „Verflixt, jetzt haben wir doch die Inge vergessen." Hierbei besteht die *symbiotische Störung* in Vaters Annahme, seine Frau sei gleichermaßen verantwortlich für seine Fehler. – Vater *mißachtet* (ignoriert), daß in diesem Fall nicht seine Frau, sondern er verantwortlich ist. – In seiner *Grandiosität* unterstellt Vater seiner Frau, daß sie mitverantwortlich ist, ohne daß sie die entsprechende Information hat.

Zusammenfassend heißt die Spielformel nach Schiff: Eine ungelöste Symbiose wird durch passives Verhalten aufrechterhalten. Der dazu nötige Mechanismus ist die Mißachtung (*discount*) und die entsprechende Rechtfertigung die Grandiosität.

Wer sich den Sachverhalt der Psychospiele einmal klargemacht hat und diese Klarheit dann auch beibehält, kann dahinterkommen, wie weit er selbst in alle möglichen Spielabläufe verstrickt ist oder wie oft er seine Lieblingsspiele anbietet. Er kann immer öfter aussteigen, auf den Spielgewinn verzichten, sich die ersehnte Zuwendung direkt holen und damit seine Beziehungen klarer und freier gestalten. So wird er mehr aus seinem Leben machen und immer mehr der werden, der er werden will.

V.
Der Lebensplan

1. Wie verstehe ich mein Leben?

Wahrscheinlich wird jeder Mensch irgendwo auf seinem Lebenswege einmal innehalten und sich fragen: Wie verläuft mein Leben eigentlich? Wieweit erleide ich es, nehme ich es hin wie ein vorgegebenes Schicksal und lasse mich von den Ereignissen treiben, und wieweit gestalte ich es, nehme es in die eigenen Hände und bestimme mein Schicksal selbst?

Nicht umsonst sagt der Volksmund: Charakter ist Schicksal. Wir haben das am Beispiel der unterschiedlichen Reaktionsweise eines Gewinners und eines Verlierers auf eine mißliche Situation veranschaulicht (S. 40). Es liegt auf der Hand, daß ein Mensch mit einer offenen, zupackenden, klaren und begeisternden Wesensart mehr im Leben erreicht als jemand, der leicht negativ reagiert. Nur: einen Charakter „haben" wir nicht wie ein Auto oder ein Grundstück, der Charakter „sind" wir. Mein Charakter, unverwechselbar *ich selbst*, bin ich in allem, was ich empfinde, denke, tue und lasse. Ich „habe" meine Wesensart auch nicht unveränderlich wie die Form meines Schädels oder die Farbe meiner Augen, sondern ich bilde sie mit jedem Atemzug weiter, werde jeden Tag ein Stückchen mehr *ich selbst*. Also: Charakter *habe* ich nicht nur, *bin* ich nicht nur, ich *werde* auch der Charakter, der ich werden will. Ich baue gewissermaßen an mir selbst. Doch solches Bauen kann nicht willkürlich sein, und mein Weiterbauen ist nur dann sinnvoll, wenn ich das, was ich werden *will*, abstimme auf das, was ich werden *kann*. Befassen wir uns also erst einmal mit der Frage, wie ich der geworden bin, der ich heute bin.

Nach dem heutigen Stand unserer Erkenntnis sind hauptsächlich drei Faktoren an der Bildung unserer Persönlichkeit beteiligt:

1. Die Kräfte und Gaben, Bedürfnisse und Impulse, die uns die Natur mitgegeben hat (Erbgut).
2. Unsere ersten Reaktionsweisen, die wir in der Auseinandersetzung mit unserer Umwelt sehr früh ausgebildet und später ver-

gessen haben, die aber all unser Erleben geprägt haben (frühkindliche Botschaften und Verhaltensmuster).
3. Spätere Orientierungen, durch die wir solche frühen Weichenstellungen entweder korrigiert, d. h. entmachtet und umgestellt, oder gefestigt, d. h. begründet und bestätigt haben (Lebensanschauung).

Der erste Faktor beinhaltet die Grundausstattung für unser Leben, die zu ändern uns nicht gegeben ist, die wir hinnehmen müssen und fruchtbar machen können. Auf den dritten Faktor gehen wir im Schlußkapitel noch ein. In diesem Zusammenhang beschäftigen wir uns hauptsächlich mit dem zweiten Faktor, also mit den Dingen, auf die wir selbst einzuwirken vermögen.

Das Leben des Menschen ist wie alles Leben an bestimmte Bedingungen gebunden. Zum gesunden körperlichen Wachstum braucht der Mensch Luft, Nahrung, Wärme, Licht, Sauberkeit u. dergl. Und um seine geistig-seelischen Gaben entfalten zu können, braucht er gewährende, fördernde, positive Zuwendung. Liebe ist keine Erfindung von Religionsstiftern oder Dichtern, sondern ein Grunderfordernis für das seelische und körperliche Gedeihen des Menschen. Dort, wo dem kleinen Kind schon bedeutet wird: es ist in Ordnung, daß du strampelst, krabbelst, lallst, lachst und weinst, singst und springst, dich freust und böse wirst, da entfaltet das Kind seine Gaben, da *kann* es wachsen und stark und sicher, fröhlich und leistungsfähig werden, da entwickelt es Interesse am anderen und Zutrauen zu ihm, Musikverständnis und Sprachbegabung, eigene Phantasie und eigene kritische Gedanken. Es ist das schöne Verdienst von Millionen Eltern in aller Welt, daß überall Kinder heranwachsen, die ganz selbstverständlich wissen: ich *kann* selbst denken, ich *kann* Probleme lösen, ich *kann* Dinge in die Hand nehmen, was draus machen – und überhaupt immer lernen! Ihre Eltern haben ihnen von klein auf *gute Botschaften* mit auf den Weg gegeben, und das wirkt auf kleine Lebewesen anregend wie die warme Sonne und der frische Tau auf ein Pflänzlein im Morgenlicht. Es ist *die Erlaubnis*, zu leben und all das hervorzubringen, was in ihnen steckt und sinnvoll ist, und diese Erlaubnis – den Eltern vielleicht nie als solche bewußt geworden und wohl auch nie in Worten formuliert, aber tausendmal ausgedrückt im Klang der Stimme, in den teilnehmenden Augen und zugewandten Bewegungen – diese Erlaubnis braucht der junge Mensch einfach, um sich entfalten zu können.

2. Bann-Botschaften

Aber nicht *alle* Eltern geben durchweg gute Botschaften, und wenn *wir* das im Umgang mit den eigenen Kindern auch tun, so geben wir nicht *immer* nur gute, und vor allem geben wir ja nicht zu *allen* Impulsen unserer Sprößlinge gute Botschaften. Und was vielleicht noch wichtiger ist, mit Botschaften ist das immer so eine Sache: der, der sie gibt, weiß nie ganz sicher, wie sie ankommen, und eine gutgemeinte Botschaft kann durchaus als ungute aufgefaßt werden. Ja, es kommt sogar vor, daß das so intensiv der Welt mit ihren tausend Rätseln zugewandte Kind in seinem Bestreben, sich einen Reim auf allerhand Unerklärliches zu machen, ungute Botschaften auch da vernimmt, wo überhaupt niemand irgendeine Botschaft an es gerichtet hatte!

Gehen wir von der Tatsache aus, daß es neben den segensreichen und wachstumsnotwendigen guten auch ausgesprochen böse, bedrohliche und verhängnisvolle Botschaften gibt. Diese legen sich auf die kindliche Seele wie Rauhreif auf zart sprießende Keime und hemmen weiteres Wachstum, sie wirken wie ein Zauberfluch im Märchen, der alles Leben und Treiben in eisige Starre bannt, und deshalb sprechen wir von *Bann-Botschaften*. Nicht daß das Lebewesen daran gleich zugrunde gehen würde, aber in der Richtung, in der sich die Bann-Botschaft auswirkt, gibt es kein weiteres Wachstum, sondern es gibt *Ver*wachsungen.

Ehe wir im einzelnen darauf eingehen, was für Bann-Botschaften die kindliche Entfaltung lähmen, wollen wir die Frage klären, woher sie kommen, wieso sie so mächtig sind und wie sie sich auswirken.

Das kleine Kind ist vom ersten Atemzug an auf Erwachsene angewiesen. Würden sich die Eltern oder Betreuer nicht um es kümmern, es könnte gar nicht leben. Aber durch seine Pflegebedürftigkeit greift es seinerseits kräftig in das Leben dieser Erwachsenen ein. Unerbittlich verlangt das kleine Wesen sein Recht, Tag und Nacht, Alltag und Sonntag, und erzwingt Gehör, Rücksichtnahme, Umstellungen, Verzicht. Was Wunder, wenn das zu Spannungen führt und manchmal zu Unwillen, und was Wunder, wenn dieser Unwille dann auch schon mal geäußert wird? Ist das nicht manchmal einfach eine Frage der Energie? Auch die liebevollste Mutter ist bisweilen mit ihren Kräften am Ende, wenn sie des Nachts zum siebten Mal heraus muß, und auch dem verständnisvollsten Vater reißt schon mal die Geduld, wenn der zweijährige Trotzkopf unaufhörlich sein herausforderndes „Nein, nein, nein …“ in die Welt trompetet. So kann es auch in der idealsten Situation dazu kommen, daß plötzlich ungute Botschaften zu hören sind. Und wenn das bei ganz vorbildlichen Eltern schon geschehen kann, wie sieht das dann wohl „im Normalfall" aus, wenn die Eltern den Kopf voll haben mit allen möglichen Dingen, mit Pflichten und Sorgen und eigenen Problemen, und den kleinen Störenfried bei aller Liebe manchmal auf den Mond schießen könnten? Nicht zu reden von den leider gar nicht so seltenen Fällen, wo Eltern eine vorübergehende oder bleibende Abneigung gegen gewisse Züge bei ihrem Kind entwickeln oder es von vornherein als Belastung empfunden haben.

Die ungute Zuwendung nimmt im Leben des Kindes und späteren Erwachsenen Verbotscharakter an. So wie durch eine gerichtliche Verfügung bestimmte Schritte im normalen Handel und Wandel blockiert werden können, so bewirkt eine Bann-Botschaft, daß die mit dem Verbot belegte Lebensregung, Neigung oder Anlage nicht weiter ausgebildet wird. Deshalb haben die amerikanischen Begründer der TA zur Kennzeichnung der Bann-Botschaften einen Ausdruck aus der Rechtspflege genommen: *injunction* heißt soviel wie „einstweilige Verfügung". Daß solch frühe Verbote soviel Macht haben und oft ein Leben lang wirksam bleiben, erklärt sich aus der natürlichen Situation des Kindes und dem Nachdruck, mit dem sie geäußert werden. Das Kind ist seinen Eltern ja im Guten und Bösen völlig ausgeliefert, ist schutzlos, wenn die Eltern es nicht gut mit ihm meinen. Oft steht hinter dem geäußerten Unwillen oder dem deutlich in Worte gefaßten Verbot auch eine unüberhörbare Drohung: „Tu das nie wieder, hörst du?" – „Wenn du noch *einmal* diesen ..." Manches Kind weiß nur zu gut, aus wiederholter trauriger Erfahrung, wie ernstgemeint solche Strafandrohungen sind, und wird alles tun, damit es vor solch schmerzlichem Erleben verschont bleibt. Selbst wenn das Verbot unsinnig ist, wird es sich fügen; das Kind hat durchweg weder die Informationen noch die Denkfähigkeit, um den Sinn elterlicher Verbote anzweifeln zu können, und meist hat es auch vor sich selbst nicht den Mut und das Selbstbewußtsein dazu. Und selbst *wenn* es das Absurde mancher Äußerungen und Forderungen begreifen könnte, was will es schon tun? Es kann ja doch nicht einfach fortgehen und sich eine andere Familie suchen. Das Kind ist doch auf die elterliche Zuwendung angewiesen, nicht nur um versorgt zu sein und nicht zu kurz zu kommen, sondern aus Liebesbedürfnis heraus – welches Kind tut nicht erst einmal alles, damit seine Eltern es liebhaben! –, und so wird es alles daran setzen, sich ihre Zuwendung zu erhalten, oder sie anzuregen oder gar zu erzwingen.

Wenn hier von „elterlicher" Zuwendung die Rede ist, dann gilt natürlich das gleiche – manchmal in geringerem Maße, bisweilen aber auch noch intensiver – für alle anderen L-Figuren, die im Leben des Kindes eine Rolle spielen. Bann-Botschaften werden genauso von älteren Geschwistern, von der Tante und Großmutter, vom Nachbarn und der Kindergärtnerin, einem Lehrer oder einer Krankenschwester ausgesandt. Je näher dem Kind die Bezugsperson steht, um so mehr wird es dazu neigen, die Botschaft ernst zu nehmen. So beschließt das Kind bei sich selbst, die Bann-Botschaft anzunehmen und darauf einzugehen. Dieser Beschluß ist das Entscheidende für die ganze weitere Entwicklung. Es ist nicht so, als würden gute und böse elterliche Botschaften das Kind „prägen" wie Licht und Schatten eine photographische Platte. Die Instanz, von der die weitere Wirksamkeit jeder Botschaft abhängt, ist *der Beschluß des Kindes.*

Wenn wir hier von „Beschluß" sprechen, so deshalb, weil uns kein besseres Wort eingefallen ist, um eine Grundentscheidung zu kennzeichnen, die im ganz kleinen Kind sicher noch kreatürliche Züge hat. Das wenige Wochen oder Monate alte Kind, das noch nicht sprechen und noch nicht begrifflich denken kann, wird auf eine mütterliche Bann-Botschaft ähnlich reagieren wie die Blüte auf Frost. Wieso, wissen wir letztlich nicht. Mitunter „beschließen" auch nicht alle Blüten, ihr Wachstum einzustellen und am Zweig zu verkümmern. Nicht alle Kinder, die den gleichen Botschaften ausgesetzt sind, reagieren darauf.

Es gibt also keinen Mechanismus bei der Wirkungsweise der Bann-Botschaften: Vater hat das und das gesagt, Mutter hat dich so und so behandelt, also bist du zu einem ... geworden. Sondern es kommt zuerst einmal darauf an, *ob* das junge, werdende Menschenwesen eine Bann-Botschaft überhaupt zur Kenntnis nimmt, gelten läßt, für sich annimmt, d.h. sich *innerlich* danach richtet. Schon das ist ein Beschluß. Dann kommt es darauf an, *wie* es die Botschaft deutet; gleiches elterliches Verhalten wird von verschiedenen Geschwistern oft völlig unterschiedlich wahrgenommen. Und schließlich steht es bei ihm selbst, *was* es daraus macht für sein Verhalten – wir werden das im nächsten Kapitel sehen. Halten wir fest, daß zur Erklärung der mächtigen Wirkung der Bann-Botschaften *das Wichtigste die eigene Entscheidung desjenigen* ist, *der die Botschaft annimmt.* „Bann-Botschaften" können paradoxerweise sogar wirksam werden, ohne daß überhaupt eine Botschaft übermittelt worden ist. Wenn L-Figuren die normalen „fördernden Botschaften" vorenthalten, wenn sie zu Verhaltensweisen des Kindes keine gewährende, wegbereitende „Erlaubnis" geben, kann das Kind das schon – psychologisch ja einleuchtend – als „Bann-Botschaft" auffassen. Aber es gibt Fälle, wo es zu tiefsitzenden wachstumshemmenden Narbenbildungen gekommen ist, ohne daß überhaupt eine L-Figur aufgetreten war. In Entfaltungsgesprächen tritt bisweilen die verletzende Einwirkung zutage, die von dem Spott der Spielkameraden ausging. Wer als Brillenschlange, Schielaugust oder Sommersprossengretel gehänselt worden ist, hat das oft ein Leben lang in den Knochen. Und schließlich kann der Entschluß des Kindes, bestimmte Dinge zu tun oder nie wieder zu tun, aus einem traumatischen Ereignis ohne jede menschliche Mitwirkung entsprungen sein. Der kleine Klaus will allein auf den Stuhl klettern, schafft es nicht, wird wütend, stampft mit dem Fuß auf, und als er im nächsten Augenblick doch oben angekommen ist, kippt der Stuhl um, und in der Sekunde des Sturzes ist der Schreck noch furchtbarer als der dann einsetzende Schmerz. Was Klaus „beschließt", braucht er nicht einmal in Gedanken zu fassen, er hat es in den Knochen und lebt es vielleicht ein Leben lang aus: Klaus kann von da an nicht richtig wütend werden und wird auch als Erwachsener nie mit dem Fuß aufstampfen (oder mit der Faust auf den Tisch hauen). Die Wirkung des Ereignisses auf seine Persönlichkeitsbildung ist die gleiche, als hätte eine allmächtige Mutter in einer Schlüsselszene einen anlaufenden Zornesausbruch ihres Sprößlings unterbrochen mit der Drohung: „Werd mir bloß nicht wütend! Das sag ich dir, Klaus, alles kannst du bei uns tun ... "

Wenn ein Ereignis eine so mächtige Wirkung ausübt, daß es das ganze Wesen des Menschen verändert – genauer müßten wir sagen: daß der Mensch in dem Augenblick sein Wesen ändert –, dann sprechen wir von einem Schlüsselerlebnis. Solche auf einen einzigen Augenblick konzentrierten Erlebnisse können auch noch im Jugend- oder Erwachsenenalter einem Leben eine neue Richtung geben und haben bisweilen die Geschichte verändert. Wir wissen nicht, was psychisch bei Saulus aus Tarsus in Kleinasien vorgegangen ist, als er den Sturz vom Pferd erlebte – Tatsache ist, daß er danach ein anderer Mensch war und seinen Lebensinhalt, seine Ziele und sogar seinen Namen änderte. Ein Jurastudent aus Eisleben machte mit einem Kommilitonen einen Bummel vor den Toren der Universitätsstadt Erfurt. Ein Gewitter zog auf, ein Blitz traf den neben ihm gehenden Freund. Der Tod des Mitmenschen hat den jungen Martin Luther so erschüttert, daß er von nun an nicht mehr loskam von der Frage: wie bekomme ich einen gnädigen Gott? – die er sich vorher nie gestellt hatte [1].

FAZIT	Die Grundlage der Persönlichkeitsbildung beruht auf frühen Botschaften und Erlebnissen. Diese allein haben wenig Macht. Die Entscheidung über ihre Wirkung fällt das Kind selbst.

Hemmende, bedrohliche, lähmende Botschaften werden von Eltern in der vielfältigsten Form an ihre Kinder gerichtet, je nach dem gerade gegebenen Anlaß, dem Temperament der Eltern und der Eigenart des Kindes.

1966 hat der kalifornische Arzt Robert L. Goulding eine Tabelle der am meisten ernst zu nehmenden Bannsprüche aufgestellt, die seitdem Grundlage für die Behandlung dieses Kapitels ist. Wir greifen im folgenden die sieben Botschaften heraus, die sich u. E. am stärksten hinderlich und lebensfeindlich auswirken, und schließen der Vollständigkeit halber einige weitere an.

1. „*Sei nicht!*" Die wichtigste Erlaubnis, die das Kind für seine Entwicklung braucht, ist die, überhaupt leben zu *dürfen*. Das Kind muß spüren können, daß es ein Wunschkind ist oder geworden ist. Wenn ihm beim Eintritt in dieses Leben gleich bedeutet wird, es wäre besser nicht gekommen, oder wenn es später zu fühlen kriegt, es wäre am besten gar nicht da, dann nimmt es das auf als die Bann-Botschaft „*Sei nicht!*"

Die Bann-Botschaften werden selten direkt in Worten an das Kind gerichtet, meist werden sie durch nonverbale Signale übermittelt, oder das Kind erschließt sie auch ohne besondere Zeichen aus dem allgemeinen Verhalten von L-Figuren. Schließlich gibt es die Möglichkeit, daß das Kind sich eine solche verhängnisvolle Botschaft selbst gibt. Betrachten wir am Beispiel der „*Sei nicht!*"-Botschaft im einzelnen das Zusammenwirken elterlicher Verhaltensweisen und kindlicher Entscheidungen.

[1] Die tiefere Wahrheit solcher Episoden kommt in Legende und Mythus manchmal exemplarisch zum Ausdruck, auch wenn die historische Forschung die fromme Erzählung erschüttert. Der Hergang der „Bekehrung" Luthers wird so von den Quellen nicht gestützt (um nicht zu sagen widerlegt), und zumindest das Gewitter und der Tod des Freundes fallen zeitlich nicht zusammen. Dennoch enthält auch die Religionsbuchversion ihr Körnlein Wahrheit.

Unter den Möglichkeiten direkter Übermittlung der Bann-Botschaft *„Sei nicht!“* ist das offene Aussprechen nicht immer die schlimmste. Das Grauenhafteste ist wohl der Tötungsversuch (der manchmal schon vor der Geburt unternommen, zumindest erwogen worden war und dann ein Leben lang ein unbefangenes Miteinander verhindert hat), aber auch das Aus-dem-Hause-Jagen kann tiefe Spuren hinterlassen, auch wenn es erst in der späteren Kindheit passiert ist. Sozial durchaus akzeptable Wege, ein störendes Kind loszuwerden, bieten renommierte Internate (besonders, wenn sie entsprechend teuer und vor allem fromm genug sind). Oft hört das Kind die direkte Bann-Botschaft nicht aus dem, was *an* es gerichtet, sondern was *über* es gesagt wird: „Wir wollten eigentlich kein Kind mehr, aber als gläubige Menschen, Sie verstehen ...“ – „Na ja, er ist zu früh gekommen, wie das so ist.“ – „Ohne euch Kinder wäre ich an der Schule geblieben, und heute wäre ich ... “ Ergeht die Aufforderung, nicht da zu sein, direkt an das Kind, werden Worte laut wie „Weg hier!“ – „Hau ab, ich kann dich nicht mehr sehen.“ – „Mensch, wärst du nie geboren worden!“ – „Verschwinde bloß!“ Das kann sich steigern bis zu unumwundenen Todesdrohungen: „Weg! – oder ich bring dich noch mal um!“ – „Ich knall dich an die Wand ... “ usw. Solche unverblümten direkten Drohungen brauchen nicht die verhängnisvollsten Botschaften zu sein, denn manchmal ergibt sich schon aus der Situation, daß sie gar keinen so ernsten Hintergrund haben, sondern einfach den Sprößling gehörig beeindrucken, ihm das ganze Ausmaß des elterlichen Unmuts klarmachen sollen. Dann bleiben sie in der Regel wirkungslos, vor allem wenn dagegen die überzeugend übermittelte gute Botschaft steht: „Ich hab dich lieb und ich bin glücklich, daß du da bist.“

Indirekt erhält das Kind die Bann-Botschaft *„Sei nicht!“* dadurch, daß ihm die Eltern (oder wer auch immer) entweder die normale Beachtung verweigern oder sich mit negativer Zuwendung gegen es richten.

Wenn das Kind spürt, daß es von der Bezugsperson weder Mitfreuen noch Mitleiden erwarten darf, keinen Trost und keinen Schutz bekommt, dann wird es trotz einwandfreier materieller Versorgung und hygienischer Betreuung die *„Sei nicht!“*-Botschaft wahrnehmen, die in Gleichgültigkeit oder Gefühllosigkeit dem anvertrauten Wesen gegenüber ja immer enthalten ist. Ganz deutlich wird das in einer Reihe von nonverbalen Äußerungen: gespanntes Gesicht oder Stöhnen und Seufzen beim Stillen, Baden, Wickeln, Füttern; unbeteiligtes Halten des Kindes (ohne An-sich-Schmiegen, Streicheln, Wiegen); Schimpfen und „extra“ abweisend sein, wenn das Kind (oft in immer wieder neuer Vertrauensbereitschaft) einen Wunsch äußert; schließlich jähes Schlagen oder regelrechtes Quälen.

Zu den seelischen Grausamkeiten, mit denen Bezugspersonen dem Kind indirekt zusetzen, gehören in seiner Gegenwart (oft, und in bedeutsamem Ton) erzählte Begebenheiten, die mit seiner Geburt zusammenhängen: die Mutter ist bei der Geburt gestorben oder hatte eine schwere Geburt („Ich wäre *beinahe* gestorben“ – „Du hast mir sehr weh getan“) u. dergl. Der Sinn eines solchen immer wieder aufgewärmten „Geburtsmythus“ heißt: „Wenn du nicht gekommen wärest, wäre es uns besser gegangen“, und das Kind vernimmt die Botschaft *„Existiere nicht!“*

Wie will ein Waisenkind Vertrauen zur Menschheit gewinnen, dem über Jahre hinweg von der Großmutter und anderen Verwandten immer wieder vorgehalten worden war, daß es schon durch seine Geburt die eigene Mutter umgebracht hatte, und das dann bei der Schulentlassung die Daten vergleicht und feststellt, daß die Mutter sechs Wochen *nach* der Geburt gestorben ist (wie sich herausstellt an einer Krankheit, die mit der Niederkunft nichts zu tun hatte).

Daß sich das Kind eine solche Botschaft auch selbst geben kann, erwähnten wir schon: der Älteste hatte sich daran gewöhnt, der Augapfel seiner Eltern und ihr einziger Liebling zu sein, hatte es noch nicht verarbeitet, daß das kleine neue Brüderlein ihn nun entthront hatte, und erlebte sich voller Eifersucht; plötzlich stirbt der Kleine, und der Älteste glaubt, er sei nun am Tod des Brüderleins schuldig (was weiß er von Pneumokokken und Lungenentzündung!) und bestraft sich für sein Vergehen mit einer *„Sei nicht!“*-Botschaft: „Ein böses Kind wie mich dürfte es gar nicht geben.“

Wir hatten gesehen, daß die Bann-Botschaft an sich machtlos ist ohne einen darauf eingehenden Beschluß des Kindes. Wenn es schon eine Vielzahl unterschiedlicher Botschaften gibt, so gibt es gewiß noch mehr verschiedene Weisen, wie das Kind darauf reagieren kann. Betrachten wir einige Möglichkeiten anhand der Bann-Botschaft *„Sei nicht!“*

Zunächst kann das Kind die Botschaft einfach ignorieren. Es glaubt sie instinktiv nicht, und die Sache ist damit erledigt, oder es erkennt die Absurdität des Ansinnens (wie kann jemand gebieten wollen: „Sei nicht!“ – ich bin da, und das hat seine Richtigkeit und fertig) oder die Anomalie, die Erschöpfung, das K„Leiden“, die Verrücktheit in der Bezugsperson („Na ja, der sagt das so, aber...“).

Die andere Möglichkeit ist, daß das Kind die Bann-Botschaft „annimmt", d.h. sie in der Tiefe als irgendwie berechtigt („Ich bin ja sowieso lästig, habe hier doch nichts zu suchen!") empfindet und unter dem Druck dieses Erlebens einen Entschluß faßt. Was so beschlossen worden ist als ein Weg zum Weiterleben (*mit* elterlicher Zuwendung), ist meist in großer Angst oder tiefem Schmerz entstanden, und das Kind blickt nicht lange zurück, sondern versucht, sich nun danach zu richten. Deshalb wird der Anlaß (das „Schlüsselerlebnis") für solche Entscheidungen fast immer vergessen, und da auch die Bann-Botschaften selbst in aller Regel nicht verbal übermittelt werden, bringt aktive Selbsterfahrung in einer Gruppe und das Gespräch mit einem erfahrenen Therapeuten in diesem Punkt erheblich eher Aufschluß als Lektüre und einsame Besinnung.

Die *Beschlüsse*, die in solchen Schicksalsstunden gefaßt werden, in denen das Kind die Botschaft annimmt, *sind vielfältig* wie die Wege, auf denen sie ausgeführt werden. Das Kind kann einer *„Sei nicht!"*-Botschaft nachkommen und bei sich beschließen: „Also, wenn es einmal ganz dick kommt, bringe ich mich um." Wenn es so dem Bannspruch gehorcht, wird es z.B. zum Rabattmarkensammler, der ständig Ungemach erleidet und heimlich auf den Augenblick wartet, wo einmal „alles schief geht" oder „es langt" und er endlich das Recht hat, die früh angenommene Botschaft an sich zu vollziehen. In den meisten Fällen aber mischt sich in den Beschluß tiefer Groll oder verzweifelte Liebe zu der Bezugsperson, die die *„Sei nicht!"*-Botschaft geäußert hatte. Das „Ich knall dich an die Wand" wird innerlich erwidert durch ein traurig-trotziges „Tu's doch!" Der Beschluß kann dann heißen: „Ich krieg dich noch soweit, daß du mich umbringst." So entsteht der harte *„Schlag mich"*-Spieler, der z.B. seinen Vater an der empfindlichsten Stelle trifft und immer wieder zu maßlosem Zorn reizt und später als Geschäfts- (oder Ehe-) partner wieder jemand findet, der unbeherrscht und jähzornig ist und den er genauso zur Weißglut bringt wie weiland Vater selig. – Oder die Botschaft wird gegen die Bezugsperson gerichtet: „Wenn *du* dich nicht änderst, bringe ich mich um." So wird früh das Maschentraining aufgenommen, und es wächst ein Erpresser heran, der zuerst mit Teilnahmslosigkeit und Depressionen und schließlich mit Unfällen oder Selbstmordversuchen reagiert, um sich seine Umgebung oder einen bestimmten Menschen gefügig zu machen. – Oder das Kind beschließt: „Und ich beweise es dir noch, und wenn ich dabei draufgehe" – und wird im Leben alles Mögliche anstellen, vielleicht tolle berufliche oder sportliche oder wissenschaftliche Leistungen erbringen, um auch vor der geheimen Stimme da drinnen in seinem L (denn Vater oder Mutter sind vielleicht längst tot) doch noch seine Daseinsberechtigung zu erweisen – nur zu „leben", einfach für sich und aus sich heraus zu leben, das will nicht gelingen, und eines Tages, ohne sichtlichen Anlaß bei einem so erfolgreichen Menschen, wird die Leere offenbar und er „zieht die Konsequenzen". – Oder das Kind klammert sich an: „Ich laß dich nicht aus, und wenn ich dabei draufgehe", und setzt der Bezugsperson zu, als könne es über alle vernichtenden Botschaften hinweg ihre Liebe durch Beharrlichkeit erzwingen, und hält um so beharrlicher fest, je wütender es zurückgestoßen wird, und das Spiel setzt sich in Freundschaften, Verlobungen oder Ehe(n) fort, bis die schmerzlich erfahrene Unfähigkeit, normale, gelöste Beziehungen zu erleben, zum letzten Verzweiflungsschritt treibt.

Bei unseren Beispielen haben wir den Gehorsam bis zur letzten, wörtlichen Konsequenz, dem Selbstmord, geführt. Oft aber bleibt es (zumindest über lange Zeit hinweg) bei Psychospielen ersten und zweiten Grades, oder die Selbstschädigung wird auf mancherlei Umwegen erreicht. Die Variante des zuletzt geschilderten Beschlusses kann dann so klingen: „Ich wäre tatsächlich *beinahe* umgekommen (so dreckig ist es mir gegangen, und das immer wieder!) und krieg dich dadurch doch dazu, daß du mich magst." Ein Leben nach dieser Devise wird eine Folge von Katastrophen, Unglücksfällen, Krankheiten und vielleicht auch Selbstmord*versuchen*, aber das Tragische ist, daß all das vielleicht manche Mitmenschen rührt, nur den nicht erschüttert, dem zuliebe der Lebensweg so gestaltet wird.

Die *Wege* schließlich, die sich Menschen suchen, um solch verheerenden Botschaften zu gehorchen und die verhängnisvollen *Beschlüsse in die Tat umzusetzen*, sind manchmal in ihrer Richtung und Herkunft klar zu erkennen, und manchmal so verschlungen, daß man sie nur durch geduldige Beobachtung bis zu der kindlichen Entscheidung zurückverfolgen kann. An die Stelle des offenkundigen Selbstmordes treten dann andere Mittel, mit denen der Mensch die frühe Weisung (oder besser: seinen frühen Entschluß) in die Tat umsetzt und sich um sein Leben bringt. Das kann ganz unauffällig geschehen, wenn jemand im entscheidenden Augenblick keine ärztliche Hilfe sucht (sich z. B. erst zu spät helfen läßt oder sich an Nichtfachleute wendet oder sich einer Sekte anschließt, die medizinische Behandlung überhaupt untersagt). Schon aktiver hilft die Frau mit dem Lungenemphysem nach, die sich achselzukkend eine Zigarette ansteckt, oder der Zuckerkranke, der sich ungut lachend an ein Stück Torte macht, beide vergleichbar dem „Verunfaller", der sich andauernd in Arbeits- oder Haushaltsunfälle verwickelt (und dann herausfordernd-selbstgefällig erzählt: „Ich hab schon viermal einen gewischt gekriegt, beinahe wäre ich hops gegangen."). Andere setzen sich mit „psychosomatischen" Leiden zu und kommen der Aufforderung, nicht oder nicht voll da zu sein, dadurch nach, daß sie Magengeschwüre oder bedrohliche Blutdruckschwankungen, Asthma oder lähmenden Herzinfarkt produzieren. Langsam, aber sicher bringt sich der um normales Leben, der zu Suchtkrankheiten seine Zuflucht nimmt, milde in Form von Koffein oder Nikotin, härter bei Haschisch und Alkohol, offen selbstmörderisch bei Opiaten, Kokain, Heroin. Wer ein aufregendes, plötzliches Ende vorzieht, mußte früher noch fechten lernen und dann einen Streit vom Zaun brechen mit jemandem, der satisfaktionsfähig war. Heute kann jedermann sein Auto als Waffe benutzen, und wenn es klappt, wird er nicht einmal in die Selbstmordstatistik eingehen. Es gibt auch Sportarten, die zum gleichen Ergebnis führen können; wir denken da an Auto- und Motorradrennen, an waghalsige Klettertouren, unter gewissen Umständen an Taucher und Hanggleiter und ähnliches.

Vor allem gibt der Krieg Gelegenheit, einer *„Sei nicht!"*-Botschaft nachzukommen, man braucht sich nur für besondere Einsätze freiwillig zu melden. Das geschieht bisweilen sogar offen in der Absicht, „den Tod auf dem Schlachtfeld zu finden", wie zu Beginn des letzten Krieges in dem tragischen Fall des Obersten Beck. Überzeugende ideelle Motive brauchen dabei nicht ausgeschlossen zu sein, wie das Beispiel Che Guevara beweist. Wer mit diesen Zusammenhängen vertraut ist, wird auch manche Märtyrerlegende mit neuer Aufmerksamkeit lesen. Manchmal will es scheinen, als sei die Aufopferung für den Glauben nur ein willkommener Vorwand und die Todessehnsucht das Hauptmotiv. Wer liest, mit welcher List und Aggressivität sich junge Mädchen gegen wohlmeinende (auch christliche!) Eltern und Beschützer wenden und heimlich oder trotzig ihr Märtyrerschicksal durchsetzen, der gewinnt Verständnis dafür, daß Freud als Ergänzung zum Lebenstrieb und Lustprinzip auch den Todestrieb, die „mortitudo", als menschlichen Grundimpuls postulierte.

Wir haben die Botschaft *„Sei nicht!"* so ausführlich behandelt, weil sie die mächtigste und lähmendste aller Bann-Botschaften sein kann und weil sie, auch bei durchaus normalen, leistungsfähigen und erfolgreichen Menschen, viel häufiger anzutreffen ist, als man gemeinhin annimmt. Betrachten wir nun die anderen häufigen Bann-Botschaften.

2. *„Komm mir nicht zu nahe!"* Eine große Rolle für die Bildung der Persönlichkeit und damit für Lebensglück und Lebensgeschick spielt die Art und Weise, wie im Elternhaus Zuwendung, vor allem körperliche Berührung, ausgetauscht wurde. Das Kind, das mit seinen Eltern schmusen durfte und das auch liebevolle Zärtlichkeit im Umgang der Eltern miteinander erlebt hat, hat die Erlaubnis, Wärme anzunehmen und zu geben und menschliche Nähe als beglückendes Erlebnis zu genießen und zu vermitteln. Wem das als Kind versagt geblieben ist, der mag auch selber meist Berührung oder körperliche Nähe nicht, verspannt sich, wenn er bei der Begrüßung umarmt wird oder gar einen Kuß bekommen soll, blickt weg, sobald es im Fernsehen zu Liebkosungen kommt, und empfindet sich leicht als „prüde" oder gar „frigid". Und er wird dazu neigen, das *„Komm nicht zu nahe!"* auch auf andere auszudehnen: „Hört auf mit dem albernen Geschmuse!" im Sinne von „Kommt euch nicht nahe!", oder „Komm anderen nicht nahe!" Das kann sich zynisch anhören („Muß Liebe schön sein!"), aber auch recht vernünftig: „Wahre stets deinen Abstand! Laß dich nicht immer gleich so einnehmen! Wart erst mal ab! Halt dich ein bißchen fern! Sei nicht immer so vertrauensselig!" Dahinter steht die Botschaft, früh aufgenommen und an die nächste Generation weitergegeben: „Hab die Menschen nicht lieb! Traue ihnen nicht!"

Direkt wird die Botschaft durch Äußerungen dieser und ähnlicher Art vermittelt, indirekt durch das Vermeiden von Zärtlichkeiten, manchmal schon durch die räumliche oder zeitliche Hausordnung, wenn etwa der Vater die Tische so stellt, daß die Kinder – auch wenn kein Besuch da ist – nicht am Tisch der Eltern oder sogar nicht im gleichen Zimmer essen dürfen, oder wenn die Mutter ihren Tag dergestalt einteilt, daß sie durch unermüdliche Tätigkeit so ausgelastet ist, daß für „Geschmuse" von vornherein keine Zeit mehr bleibt.

Noch deutlicher ist die Botschaft bei den Eltern, die sich so viele Pflichten aufladen, daß sie überhaupt „nicht da" sind, entweder nicht zu Hause oder aber in einem Arbeitszimmer, das für die Kinder „Off limits" ist, d. h. absolut unerreichbar. Und ähnlich wie bei der Bann-Botschaft *„Sei nicht!"* gibt es auch bei der Botschaft *„Komm mir nicht zu nahe!"* Situationen, in denen sich das Kind den Bann selbst auferlegt, ohne daß jemand eine Botschaft übermittelt hätte. Wenn die Mutter plötzlich stirbt oder das Kind sich von dem geliebten Vater trennen muß, durch eine längere Abwesenheit oder im Zuge einer Ehescheidung, dann kann es beschließen: „Nie mehr! Ich will keinen Menschen mehr liebhaben, das tut hinterher einfach zu weh."

Andere Entscheidungen, die ein Kind als Reaktion auf die *„Komm mir nicht zu nahe!"*-Botschaft trifft, sind „Ich mache alles alleine"; „Wenn ich groß bin, heirate ich bestimmt nicht"; „Ich kann das süße Getue nicht haben"; „Mit Mädchen lasse ich mich nie mehr ein"; „Ich traue keinem Menschen mehr über den Weg"; „Ich halte grundsätzlich meine Distanz."

3. *„Nimm dich nicht wichtig!"* Um seelisch gedeihen zu können, braucht jeder Mensch das Bewußtsein des eigenen Wertes, und wo sich dieses Bewußtsein ungestört hat entfalten können, findet er von selbst Wege, das auch angemessen auszudrücken. Diese innere Sicherheit geht Hand in Hand mit der Bereitschaft, auch die Persönlichkeit des anderen mit ihrem Gewicht und in ihrer eigenen Würde anzuerkennen. Wenn aber Vaters Selbstwertgefühl gestört ist, wird es ihm schwerer fallen, die Eigenart des Sohnes zu respektieren und auf ihn einzugehen. Direkt äußert sich das in Abwehr: „Stör mich nicht immer" – „Laß mich in Frieden" – „Raus!" – oder in Verwunderung: „Was willst *du* denn?" – „Merk dir ein für allemal: auf dich kommt es hier nicht an!" Indirekt wird das Nicht-ernst-nehmen ausgedrückt durch Nachlässigkeit in der Pflege und Versorgung des Kindes oder auch in der Art, wie seine Wünsche und Bedürfnisse grundsätzlich mißachtet werden. In manchen Familien ist dieser *discount* eine Selbstverständlichkeit: das war doch immer so, Kinder reden nicht bei Tisch, und zwischen den Mahlzeiten hört man in barscher Regelmäßigkeit: „Halt den Mund!" Wer die Bann-Botschaft *„Nimm dich nicht wichtig!"* annimmt und auslebt, wird Mühe haben, sich einmal durchzusetzen. Er mag sich sein Leben lang Herren suchen und darin aufgehen, ihr Diener zu sein. Er mag sich in der Kleidung vernachlässigen und auch sonst ein Aschenputteldasein führen. Oder er beschränkt seine Unwichtigkeit auf einen bestimmten Bereich und gleicht das woanders nachdrücklich aus, z. B. bleibt er in der Familie still und zurückgezogen, tut sich aber bei der Arbeit um so mehr hervor, oder aber bleibt im Beruf farblos und unbedeutend, aber beweist seiner Familie Tag für Tag eindringlich, wie sehr es in diesem Leben auf ihn ankommt!

Ähnlich reagiert derjenige, der sich zwar im tiefsten Inneren nicht wichtig nehmen und vor allem seine eigenen Bedürfnisse nicht wahrnehmen kann, das aber ausgleicht durch eine Anhäufung von Äußerungen, die der Umwelt auf Umwegen klarmachen sollen, was er für eine wichtige Persönlichkeit ist. Er wendet dann viel Zeit, Gedanken und oft auch Geld auf für Fassadenpflege: der Titel, der auf die Visitenkarte kommt, ist dann wichtiger als das, was er in seiner Position eigentlich tut; Haus und Auto werden danach erworben, wieweit sie die anderen beeindrucken, und im Gespräch wird beiläufig erwähnt, wie groß der Wohlstand in der Kindheit oder das Ansehen der Eltern war, was der Ehemann alles für Titel und Kompetenzen hat, an welchen interessanten Orten man die Ferien zu verbringen pflegt und vor allem, mit was für bedeutenden Leuten man schon zu tun hatte. Steigt der Gesprächspartner darauf ein, ist das Spiel *Meins ist besser als deines* in vollem Gange.

4. *„Sei kein Kind!"* Vorstellungen und Bedürfnisse, Impulse und Lieblingsbeschäftigungen des Kindes durchlaufen eine Folge unterschiedlicher Stufen und entwickeln sich allmählich. Zu Störungen kommt es, wenn das Kind nicht seiner Altersstufe gemäß leben darf. Wenn die Eltern kindliches Verhalten oft als albern oder kindisch bezeichnen, das ungeschickte Sprechen des Kindes, sein Lachen oder Weinen ärgerlich oder verächtlich nachmachen, äußern sie direkt die Botschaft *„Sei kein Kind!"* Indirekt bringen sie das zum Ausdruck, in dem sie das Kind überfordern mit Aufgaben, die es noch nicht lösen kann, oder ihm eine Verantwortung aufbürden, die seinem Alter nicht entspricht (etwa dem Ältesten die Sorge für die jüngeren Geschwister oder die ganze Familie). Eine indirekte Bann-Botschaft kann schon dadurch vermittelt werden, daß die Mutter (oder Tante oder Nachbarin) ihre eigenen Nöte, etwa Eheprobleme, mit der „so verständigen" Tochter bespricht („Sie war mir immer eine gute Kameradin."). Was auch immer dahinter stehen mag, Abneigung gegen kleine Kinder überhaupt, oder Überlastung und der Wunsch, die Sorge bald los- und selbst versorgt und umsorgt zu werden, oder ein hartes Schicksal wie bei dem Vater, der sterben muß und seinem ältesten Sohn Mutter und Geschwister ans Herz legt, das Gebot – wenn es angenommen wird – bleibt ein Leben lang wirksam. Der Sohn wird, tapfer oder voller Groll, für andere da sein, und wenn die Mutter nicht mehr lebt und die Geschwister ihn nicht mehr brauchen, wird er innerlich weiter angewiesen sein auf Menschen, die in irgendeiner Beziehung so hilflos sind, daß sie ihn wirklich brauchen, und natürlich findet er auch immer genügend Zeitgenossen, die er betreuen kann. Er wird eigene Bedürfnisse nicht gelten und sich

spontan nicht von anderen helfen lassen. „Ich sorge schon für mich!" Und er wird sich genieren über jede Anwandlung, so unbekümmert und kindlich aufzutreten wie andere Menschen. Er weiß, daß er „sich nicht richtig freuen" kann, und wenn alle Welt ausgelassen ist, wirkt er gezwungen und verklemmt. Er gilt als humor- und phantasielos, trocken und enttäuschend nüchtern. Er weiß das, und wenn er unerwartet einmal Kinderglück miterlebt, äußert sich seine hilflose Ergriffenheit in einem tiefen Seufzer oder einer verstohlenen Träne. Das „Spielen und Genießen" hat sich bei ihm nie richtig entfalten dürfen, und wie bei all solchen Bann-Botschaften besteht auch hier die Gefahr, daß er sie seinen eigenen Kindern einmal weitergibt.

5. *„Sei nicht gesund!"* Es gibt Erkrankungen, die wenig oder nichts mit seelischem Erleben zu tun haben. Wenn ich mich vor einer Tropenreise gegen infektiöse Gelbsucht habe impfen lassen und es erwischt mich dann doch, trotz vernünftiger Vorsicht bei der Wahl der Speisen, dann ist das wohl schwerlich als Auswirkung psychischen Verhaltens anzusehen. Für die meisten Krankheiten allerdings gilt eine Erkenntnis, die sich auch in der Schulmedizin zunehmend durchsetzt: *Krankwerden ist gelerntes Verhalten.*

Wenn das Kind über Jahre hinweg die Erfahrung macht, daß es immer dann besonders Beachtung und gute Zuwendung erfährt, wenn es ihm gesundheitlich nicht gut geht – was durchaus verständlich, aber darum noch nicht richtig ist –, dann lernt es, krank zu werden und auf diese Weise Mutter ganz für sich zu haben oder endlich einmal auch die Aufmerksamkeit des sonst so vielbeschäftigten Vaters zu finden. Manche Ehepaare streiten sich jahrein jahraus und gehen nur dann friedlich miteinander um, wenn eins der Kinder ernstlich krank wird. Und manche Familien pflegen das Krankwerden wie ein Hobby, sie üben es reihum, das Beobachten und Beschreiben aller möglichen Beschwerden und Symptome wird zum Familienthema Nr. 1, und wenn nicht mindestens einer gerade an irgendetwas leidet, wird die Familie gleich nervös – wenn keinem was fehlt, *fehlt* ihnen was! Oft wird dann obendrein jedes Jahr eine andere, möglichst ausgefallene und alleingesundmachende Ernährungsweise oder Leibesübung oder Meditationstechnik praktiziert.

Nesthäkchen hat das längst gespannt und enttäuscht die Familienerwartung nicht: vor allem wenn ihr was nicht paßt oder wenn sie etwas durchsetzen oder besonders geschont werden will, hat sie flugs diese Atembeschwerden, den Schweißausbruch, die Magenschmerzen und natürlich ein bißchen Fieber. Aber sie ist ja so gutwillig und will den anderen den Ausflug nicht verpatzen, so kommt sie trotzdem mit – und wird dann konstant alle zehn oder zwanzig Minuten gefragt, wie es denn jetzt gehe, und die besorgte Mutter fragt nicht: „Geht's dir wieder *gut*?", sondern „Ist dir noch so *schlecht,* Anna?" oder „Tut es immer noch so *weh*?"

Daß die Kleine zwischendurch völlig gesund und munter mit den anderen Mädchen über die Wiese tollt und Verstecken spielt, nimmt niemand zur Kenntnis, und wenn sie sich sogar untersteht, auf die besorgte Frage nach ihrem Ergehen fröhlich zu antworten: „Prima, alles wieder in Ordnung", meint man, die Enttäuschung der überrascht-ratlosen Eltern direkt zu spüren.

Man braucht nur einmal in Praxis-Wartesälen oder Krankenhauszimmern Gesprächen zuzuhören, um zu ermessen, wie verbreitet das genüßliche Breittreten aller möglichen Beschwerden ist. Da wechseln die Psychospiele einander nur so ab *(Ich Ärmster, Holzbein, Meine Krankheit ist ärger als deine),* und am Ende haben alle ein reichlich Maß unguter Gefühle. Das Kind, das in einer solchen Atmosphäre groß wird, wird auch später seine Krankheiten produzieren, um die Mitwelt auf sich aufmerksam zu machen oder bestimmte Vorteile zu erreichen oder von bestimmten Anforderungen verschont zu bleiben, und, wenn der Automatismus einmal funktioniert, auch ohne geheime Zielsetzung einfach aus innerer Spannung oder Erregung heraus. So kommt es zu der hartnäckigen Halsentzündung ausgerechnet in den Ferien und zu der beängstigenden Kreislaufstörung gerade an dem Tage, an dem die wichtige Aufsichtsratssitzung stattfindet – wie übrigens auch im Jahre zuvor...

Noch ernster kann sich diese Bann-Botschaft auswirken, wenn sie auf die geistig-seelische Gesundheit bezogen wird und aufgenommen wird als *„Sei nicht normal!"* Einzelheiten zu diesem Thema haben ihren Platz nicht in einem Taschenbuch für Gesunde, aber mancher Vorgesetzte wird hellhörig, wenn Untergebene sich besonders häufig konfus geben, keinen klaren Gedanken mehr hervorbringen und sich selbst kommentieren mit Worten wie „Zu blöd" – „Ist ja albern" – „Ich weiß gar nicht, sowas Idiotisches" – „Das ist ja verrückt, aber..." Und auch ganz normale Eltern könnten sich fragen, wieso sie ihre Kinder gelegentlich mit Äußerungen bedenken wie „Du spinnst doch!" – „Du bist wohl nicht ganz bei Trost?" – „Schnapp nur nicht gleich über" u. dergl.

6. *„Schaff es nicht!“* Vater spielt mit seinem Sohn Schach. Das ist eine schöne, friedliche Sonntagvormittagszene und geht solange gut, bis Sohnemann seinen Vater zum dritten Mal mattgesetzt hat. Vater sagt weiter nichts dazu, aber das war sein letztes Schachspiel mit dem Sohn. – Freude und Anerkennung für die eigenen Leistungen braucht jeder heranwachsende Mensch. Wird sie ihm immer dann entzogen, wenn er einen durchschlagenden Erfolg hat, kann er bei sich beschließen: „Ich könnte ja, aber ich fahre besser, wenn ich kurz vorher abbreche.“ Er entwickelt dann die Tendenz, kurz vor dem entscheidenden Examen oder der endgültigen Beförderung verhindert zu sein, krank zu werden, plötzlich etwas ganz anderes anfangen zu müssen. In seiner Schublade häufen sich *fast* fertige Entwürfe. Er lernt ein Instrument nach dem anderen und gibt es wieder auf. Er spricht ein Dutzend Sprachen und keine richtig. Er gehorcht der Weisung: „Sei nicht wirklich erfolgreich!“ Dahinter steht die Eifersucht der Bezugsperson: „Wenn du erfolgreicher (interessanter, schöner, beliebter) wirst als ich, mag ich dich nicht mehr.“

Oder: Vater ist gar nicht immer der klassenbewußte, allem Bildungsschnickschnack abholde Fabrikarbeiter gewesen, sondern – was niemand weiß – hat sich bis zur Quarta redlich mit lateinischen Vokabeln herumgeschlagen. Dann hat er aufgeben müssen. Vielleicht empfindet er deshalb sein Leben insgeheim als „schiefgelaufen“, und wenn nun der eigene Sohn nicht nur mühelos lernt, sondern auch noch brillante Zeugnisse bringt (mit der Gefahr, sich in akademischen Kreisen wohlzufühlen und dem Elternhaus zu entfremden), dann wird ihm die ganze Misere des eigenen Schicksals deutlich. So kommt es zu widersprüchlichen Äußerungen: „Gut, mein Sohn, schön daß du vorankommst“ – und gleichzeitig (vielleicht zu Dritten, aber so, daß der Sohn es mitkriegt): „Diese Theoretiker mit ihrem gelehrten Kram, die werden sich sowieso nie einig, das ist doch alles verlorene Zeit. Unsereins kann mit der ganzen Schulweisheit ja doch nichts anfangen“ – und so weiter und so fort.

Eine indirekte Weise, die Bann-Botschaft *„Schaff es nicht!“* zu vermitteln, sind ironische Zweifel an der Leistungsfähigkeit des Jüngeren: „Wie du das schaffen willst, ist mir schleierhaft. Zu meiner Zeit...“ Natürlich kann das auch eine Dreieckstransaktion sein, vor allem wenn die Äußerung nicht an ein Kind gerichtet ist, sondern im Berufsleben unter Erwachsenen fällt. Ähnlich kann das Kind die Botschaft „Habe keinen Erfolg!“ durchhören, wenn das gute Zeugnis, die bestandene Prüfung, die Versetzung (und später

Beförderung oder Berufung ins Ausland) kaum Beachtung findet („... schließlich nicht mehr als deine Pflicht und Schuldigkeit"), aber jeder Mißerfolg und jedes Versagen reichlich Trost und Aufmerksamkeit und liebevolle Zuwendung auslöst.

7. *„Tu's nicht!"* Oben auf dem Zuckerhut warten an die drei Dutzend Menschen auf die Drahtseilbahn, die sie wieder hinabbringen soll in das Häusermeer von Rio de Janeiro. Die kleinen brasilianischen Kinder laufen hierhin und dahin, müssen alles von nahem sehen und möglichst auch anfassen, und niemand hindert sie. Der kleine Kurt will auch einmal ganz nahe ans Gitter, will direkt hinuntersehen auf die Dächer und Hochhäuser, will einem großen bunten Schmetterling nachlaufen, eine Eidechse anfassen, das riesige eiserne Rad der Drahtseilbahn von nahem begucken, aber die Mutter ruft ihn unerbittlich zurück: „Nicht tun, Kurtchen!" – „Kind, laß das!" – „Kurtchen, komm hierher!" – „Vorsicht, Kurtchen, bleib da weg!" So ging es in einem fort, bühnenreif. Und wenn der Junge etwas vorhatte, aber ahnte, daß er wohl zurückgepfiffen würde, fragte er lieber vorher: „Darf ich mal ..." und prompt kam die immer gleiche Antwort: „Um Gottes willen!" – „Bloß nicht!" Die Frau war Deutsche.

Derart überängstliche Reaktionen können verschiedene Gründe haben. Vielleicht hat die Mutter ein Kind durch einen Unfall verloren. Oder sie ist entsetzt über sich selbst, wenn sie sich dessen bewußt wird, daß sie den kleinen Quälgeist „manchmal direkt umbringen könnte", und verhält sich so überbesorgt und überbeschützend, um ja keine *„Sei nicht!"*-Botschaft auszusenden. Wer die *„Tu's nicht!"*-Botschaft annimmt, bildet meist ausgesprochene Entscheidungsschwäche aus, läßt später auch wichtigste persönliche Dinge von seinem Onkel, seinem Schwager, seinem Vorgesetzten ordnen und nimmt es achselzuckend in Kauf, daß er bei dem Verfahren oft schlecht wegkommt. Wenn er selber Vorgesetzter ist, wird er seine Untergebenen mit seinem ewigen „Einerseits – andererseits" verunsichern: er nimmt nichts auf seine Kappe und legt sich erst fest, wenn er sich doppelt rückversichert hat. Auch er wird dazu neigen, die Botschaft seinerseits weiterzugeben, und seinen vielleicht anfangs entscheidungsfreudigeren Sohn zweifelnd fragen: „Hör mal, Junge, hast du das denn auch bedacht?" – oder ironisch hänseln: „Nur Mut, die Sache wird schon schiefgehen!"

Das *„Tu's nicht!"* kann besonders wirksame Folgen haben, wenn es aus religiöser Furcht heraus dem Kind zugerufen wird, also mit bestem Gewissen, weil das Kind ja nur angehalten wird zum Gehorsam gegen Gottes Willen. Die Mutter, die nicht weiß, daß die Natur auch dem Vierjährigen schon sexuelle Impulse gibt, kann zutiefst beunruhigt sein, wenn sie ihr Kind überrascht, wie es neugierig den eigenen Körper erkundet oder lustvoll mit sich oder gar anderen Kindern spielt, und in das erschrockene „Laß das!" mischt sich die Angst um das Seelenheil ihres Kindes. Wenn die Bann-Botschaft sich scharf gegen das frühe Erwachen der natürlichsten Regungen richtet, kann das Kind – das ja nicht böse, sondern gottwohlgefällig sein will – zeitlebens ein gestörtes Verhältnis zum eigenen Körper und überhaupt zu allem Körperlichen, vor allem zum sexuellen Bereich ausbilden. Das kann zu Kälte und Isolierung und zum Verzicht auf geschlechtliches Erleben führen; häufiger ist wohl, daß das Unvermögen kompensiert wird und der junge (oder nicht mehr junge) Mann sich ein halbes Leben lang in (immer wieder unbefriedigenden) Don-Juan-Abenteuern gefällt oder die junge Frau das Psychospiel *„Wofür halten Sie mich eigentlich?"* (Anlocken und abfahren lassen) in immer neuen Varianten spielt und nicht merkt, daß der Spaß ja von *ihr* ausgeht: „Ich brauche nur in ein Lokal zu kommen oder eine Reise zu machen, schon habe ich drei am Bändel. Diese Männer ..." So macht sich der (weibliche oder männliche) Verführer oft selbst etwas vor über seine wahren Motive; zu tief sitzt ihm das *„Tu's nicht!"* in den Knochen, aber gleichzeitig erlebt er auch die Macht seiner natürlichen Impulse, und so gewöhnt er sich allmählich daran, vor sich und auf alle Fälle vor anderen Verstecken zu spielen. Und die Fähigkeit, eine Rolle überzeugend zu spielen, kann schließlich das beherrschende Thema eines Lebens werden; der französische Philosoph und Zeitkritiker (und, so würden wir heute sagen, Verhaltenspsychologe) Denis Diderot schrieb einmal in einem Brief: „Ja, die richtige Maske finden, das ist *das* Problem der menschlichen Existenz!" Gewiß. Nur, wer dieses Problem löst, wird dabei einsam werden, denn auch die Nächsten wissen schließlich nicht mehr, ob sie gerade dem Antlitz oder der Maske gegenübersitzen – und wenn der Maskenträger dann selbst unsicher wird und nicht mehr weiß, wer er denn *wirklich* ist, wird der bittere Ernst offenkundig, der in Masche und Psychospiel angelegt ist, und was als Verhaltensstörung begonnen hatte, setzt sich nun fort in Richtung Verwirrung und Verlust der eigenen Realität, oder doch tiefe Unsicherheit hinsichtlich der eigenen Identität.

FAZIT Die wichtigsten Bann-Botschaften sind:
1. Sei nicht!
2. Komm mir nicht zu nahe!
3. Nimm dich nicht wichtig!
4. Sei kein Kind!
5. Sei nicht gesund/normal!
6. Schaff es nicht!
7. Tu's nicht!

Die Liste ließe sich natürlich fortsetzen. Der Vollständigkeit halber seien noch einige weitere Bann-Botschaften aus der Tabelle von *Goulding* erwähnt, deren Auswirkungen der Leser in seinem Bekanntenkreis oder an sich selbst leicht beobachten kann:

Fühle dich nicht zugehörig!
Sei nicht du selbst!
Werde nicht erwachsen!
Denke nicht!
Fühle nicht!

3. Grundeinstellungen

Das Kind nimmt also von den ersten Lebenstagen an eine Reihe von gewährenden und von verwehrenden Botschaften wahr und reagiert darauf. Aus seinem eigenen Lebensdrang und seinem Umgang mit den Botschaften aus seiner Umgebung bildet es früh eine Vorstellung aus über den Platz, den es im Verhältnis zu anderen Menschen einnimmt. Je nachdem, wie sich die Behandlung durch die anderen in seinem Inneren niederschlägt, je nachdem, wie es sich selbst in seiner Reaktion auf die anderen erlebt, wird es eine ganz bestimmte Grundeinstellung einnehmen. Die TA-Forscher haben dreierlei festgestellt:

1. Das Bestreben, sich in der Einstellung zu den Mitmenschen festzulegen, scheint ein menschliches Grundbedürfnis zu sein: Der „Positionshunger" ist wohl ähnlich elementar wie der Hunger nach Beachtung und Zuwendung oder der Hunger nach Gestaltung der Zeit.
2. Sehr verbreitet ist die Tendenz, die einmal eingenommene Grundeinstellung unverändert beizubehalten. Aus ihr heraus bestimmt der Mensch sein Verhalten im Umgang mit sich selbst und mit den anderen auch unabhängig von der momentanen

Gefühlssituation. So scheint die Grundeinstellung sein Erleben letztlich noch tiefer zu prägen als die jeweilige Stimmung.

3. Dieser bleibende Hang, sich selbst und die Mitmenschen entweder zu schätzen oder zu kritisieren und die Achseln zu zucken, ist nicht schicksalhaft ein für allemal gegeben; durch Besinnung, tiefes Erleben und Einsicht läßt die Grundeinstellung sich ändern.

Betrachten wir einmal, wie es zu solchen Grundeinstellungen kommt und wie sie aussehen.

In den ersten Lebenswochen kann das Neugeborene wohl noch nicht unterscheiden zwischen sich selbst und anderen, es erlebt seine Existenz problemlos, strampelt und schreit, wenn es Unbehagen verspürt, und atmet zufrieden, bewegt sich und schläft, wenn seine Bedürfnisse erfüllt sind. Wenn es nicht schon vor der Geburt Schädigungen erfahren hat in seinem Nervensystem oder seinen seelischen Erlebnismöglichkeiten und wenn es normal betreut und versorgt wird, ist die Welt in Ordnung, und es nimmt auch sich selbst wahr als eine Folge von mehr oder weniger wohligen Empfindungen. Kommen dann die ersten Lächelreflexe und das erste Wechselspiel mit jemand anderem, meist also die ersten nonverbalen Austauschvorgänge mit der Mutter, so spiegelt sich darin bei ungestörtem Wachstum eine Art emotionalen Erlebens, das die Bedeutung annimmt: „Mit mir stimmt alles, und mit dir ist auch alles in Ordnung." Natürlich kann das kleine Kind so etwas noch nicht in Worte fassen und auch gar nicht denken, es hat ja noch keine Sprache und beginnt gerade erst, überhaupt einen Unterschied zu erfassen zwischen dem eigenen Dasein und der Existenz des anderen. Aber wenn es reden könnte, würde es seine Empfindungen wohl in die Worte kleiden: „Mit mir ist alles in Ordnung, und du bist mir recht, so wie du bist."[2]

Diese frühe Grundeinstellung der tiefen Übereinstimmung mit sich selbst und des ruhigen Geltenlassens des anderen kann durchaus ein Leben lang das Verhältnis eines Menschen zu seiner Mitwelt bestimmen. Es kann zu einer unverletzlichen Gewißheit werden und gibt dann die Grundlage ab für ein „Lebensdrehbuch" oder Skript (s. S. 190), das den Menschen innerlich und oft auch äußerlich zum Gewinner macht. In der TA wird sie als die „erste Grundeinstellung" bezeichnet.

---

[2] Die Amerikaner haben dafür den Ausdruck: „I am OK, you are OK", der den Titel des Buches von Harris bestimmt hat. Harris selbst ist übrigens *nicht* der Meinung, daß (wie Berne lehrte und wie auch die Verfasser glauben) die Grundeinstellung beim ganz kleinen Kind heißt: Ich bin OK, du bist OK.

Leider verläuft die Entwicklung meist nicht so glücklich. Irgendwann wird die Idylle der allerersten ungetrübten Kindheit gestört, und es kommt der Augenblick, wo in sehr schmerzlicher Weise die Bedürfnisse des kleinen Wesens nicht befriedigt werden. Auch die liebevollste Mutter kann einfach nicht immer bei ihrem Kind bleiben.

Selbst wenn das Kind Schmerzen hat oder sich vor dem Alleinsein fürchtet, wird die Mutter es einmal weinen lassen und fortgehen müssen, einfach weil sie die Arznei holen muß, die der Arzt ihrem Kind gerade verschrieben hat, oder weil sie Besorgungen zu machen hat, die beim besten Willen nicht warten können.

Öfter noch wird es geschehen, daß sie bei aller Liebe auch mal ungehalten ist oder die Geduld verliert und ihr Kind zurechtweist oder nicht beachtet. Und selbst wo das nie geschieht, gibt es immer noch Situationen, wo das Kind das Geschehen so erlebt, daß es sich vernachlässigt vorkommen kann – denken wir nur an das Kleine, das plötzlich Fieber bekommen hat und ängstlich aufwacht und weinend mit aller Energie nach der Mutter ruft, unermüdlich und vergebens, eine halbe Stunde lang, gerade die halbe Stunde, wo die Mutter bei der Nachbarin ist, weil das Kind gut versorgt ist und ruhig schläft... Das Kind erlebt nur, daß ihm heiß wird und Puls und Atem jagen und es rufen kann, so viel es will, die Mutter kümmert sich nicht um es. In einer solchen Stunde kann es in seiner Angst eine Grundüberzeugung gewinnen, vor allem wenn es die Welt der Großen als völlig geschlossen und in Ordnung erlebt und obendrein sehr mächtig – was die Erwachsenen vom Standpunkt des Kleinkindes aus auch sind. Diese Grundüberzeugung heißt dann: „Ich kann schreien, so viel ich will, wenn ich die andern brauche, bin ich ihnen gleichgültig, also bin ich wohl nicht wichtig: letztlich muß mit mir etwas nicht in Ordnung sein. Mit mir stimmt was nicht, die andern kümmern sich nicht um mich, wahrscheinlich haben sie ihre Gründe dafür..." Wenn das Kleine in dieser Einstellung verharrt, wird verständlich, daß es sich später leicht benachteiligt fühlt, sich als Opfer erlebt, sich als hilflos oder mißverstanden empfindet und sich nicht wehrt und durchsetzt, sondern sich auch als Erwachsener eher abkapselt oder rechtfertigt oder für alles Mögliche entschuldigt, vermutlich auch häufig ausweicht, bockt und grübelt oder aber leicht Rollen spielt, andern zu gefallen trachtet und dazu neigt, seine wahren Reaktionen zu verbergen, weil damit doch „irgendwas nicht stimmt" im Gegensatz zu den Mitmenschen, die wohl irgendwie besser weggekommen sind. Das eigensinnige Behaupten der Unterlegenheitsposition kann durchaus aggressive Züge bekommen: der permanent Griesgrämige duldet einfach keine Fröhlichkeit in seiner Nähe, setzt sein verschlossen-muffiges Gesicht auf am Arbeitsplatz, lähmt langsam aber sicher jeden Schwung im Familienleben, dämpft die spontanen Regungen der Kinder, erstickt Phantasie und Poesie bei der Ehefrau und durchsetzt allmählich seine ganze Umgebung mit seiner eigenen Verdrossenheit. Diese Einstellung, wo man sich selbst im tiefsten als nicht in Ordnung und das Gegenüber als besser weggekommen empfindet, ist überaus verbreitet. Man bezeichnet sie in der TA als die „zweite Grundeinstellung". In schweren Fällen führt sie zu Einsamkeit und Depression und, wenn sie durch die Bannbotschaft *Sei nicht* bestätigt wird, manchmal bis zum Selbstmord.

An der entscheidenden Stelle, wenn Bedürfnisse nicht erfüllt werden oder das Kind Schmerzen, Zurückweisungen oder Verletzungen hinnehmen muß, kann es seine innere Einstellung auch entgegengesetzt ausprägen. Das Kind kann erleben, daß die anderen sich in unbegreiflicher Weise ihm gegenüber verhalten, wo es doch nichts Unrechtes getan hat, und sein Recht als ganz natürlich empfinden. Dann kommt es vielleicht zu der Anschauung: „Mit mir ist alles in Ordnung, aber bei *den andern* ist ein Webfehler drin. Die Großen sind anscheinend boshaft oder unverantwortlich oder schwach oder verrückt. *Ich* bin schon richtig, aber mit *den andern* stimmt was nicht."

Diese Grundeinstellung – die dritte in der TA – bei der das eigene Selbstwertgefühl sich (anscheinend) ungebrochen behauptet, aber keine tiefe Wertschätzung für die Mitmenschen aufkommen läßt, führt später oft zu einem Verhalten, das sich mit Leichtigkeit über Regeln aller Art hinwegsetzt, also in der Familie oder in einer kleinen Menschengruppe über die dort geltenden Anstands- und Spielregeln und in größeren Gemeinschaften über Ethik, Recht und Gesetz. Aber nicht der Gesetzesbruch an sich ist hier kennzeichnend (der aus dieser Grundeinstellung heraus ohne jede Gewissensregung begangen wird), sondern die innere Einstellung: der andere wird mit der größten Selbstverständlichkeit immer wieder als letztlich „im Unrecht" erlebt, und persönliche Beziehungen werden davon abhängig gemacht, wieweit der andere den eigenen Soll-Vorstellungen zu entsprechen bereit ist. Menschen mit dieser Einstellung erkennt man in der Familie daran, daß sie ihre eigene Herrschaftsposition auch nicht für eine Sekunde in Frage stellen lassen, ja sie meistens nicht einmal als solche empfinden. Es steht ihnen einfach zu, über alles *letztlich allein* zu befinden, über Berufs- und Wohnsitzwechsel, Zeitpunkt und Dauer des Urlaubs, Ausbildung und möglichst auch Freizeit der Kinder und, im Konfliktfall, Hinauswurf und Ehescheidung. Solche Menschen kennen letzten Endes kein Verzeihen; Bitten um Entschuldigung oder Versöhnungsangebote weisen sie ungerührt und unerbittlich zurück, und in ihrem eigenen Auftreten neigen sie (oft ohne es zu merken) zu einer gewissen Selbstgerechtigkeit. Diese bleibt auch dann charakteristisch, wenn sie sich nicht fordernd und unduldsam *gegen* andere wenden, sondern fürsorglich und helfend *für* sie eintreten: immer werden die anderen als nicht ganz auf der Höhe erlebt. Selbst wenn sich jemand aus dieser Einstellung heraus rastlos einsetzt für seine humanitären Ziele, wenn er Versorgungspläne aufstellt und großartige Sozialwerke ins Leben ruft, so wird er seine Schützlinge selten vorher befragen und immer ein wenig Abstand wahren, denn ganz für voll nehmen kann man sie ja schließlich nicht ... Aber im tiefsten läßt sich eine solche Grundeinstellung nicht durchhalten, denn der Mensch muß schon große Teile von Selbsterkenntnis und vermutlich Selbsterlebnis ausblenden, um so vom Unrecht oder dem geringeren Wert anderer überzeugt zu sein. Das mag einer der Gründe dafür sein, daß diese Einstellung oft getarnt und nicht in der Form ausgesprochen wird: „Ich selbst bin in Ordnung, nur die andern nicht", sondern nur in der Mehrzahl: „Mit *uns* ist alles in Ordnung, nur mit den andern stimmt etwas nicht." Mit „uns" ist dann die Partei gemeint, der man gerade angehört, oder die Kirche, in die man hineingeboren wurde, das Volk, dessen Sprache man spricht, oder die Firma, von der man sein Einkommen bezieht. In der Familie führt solch eine Verzerrung oft zum schrankenlosen Durchsetzen *einer* Generation auf Kosten der anderen: zur unangefochtenen Autorität der Eltern, oft des Vaters, oder zum rücksichtslosen Ausbruch der Jüngeren bis zur brutalen Gewaltanwendung gegen „die Alten". Im Geschäftsleben führt eine solche Einstellung von einer überzogenen (und oft genug durch Einschüchterung äußerlich erzwungenen) Firmenvergötterung über die fanatische Verteufelung der Konkurrenz bis hin zu jenen Delikten, die von cleveren Wirtschaftsverbrechern ohne irgendwelche Bedenken begangen werden. Und in der Politik führt die gleiche Haltung entweder zur alles umfassenden, alles regelnden Beherrschung und Fürsorge des Staates oder der Partei für jeden einzelnen, „ob ihm das nun paßt oder nicht" (eine typische Äußerung!), oder früher zur Errichtung von Kolonien, später von Protektoraten und heute noch zu militärischen Aktionen (bzw. „brüderlichen Hilfeleistungen"), um unbotmäßige Staaten (konterrevolutionäre Kräfte) zur Raison zu bringen.

Wie wir schon bei der Besprechung der letzten Grundeinstellung angedeutet haben, ist es schwer, konsequent den Standpunkt einzunehmen, daß mit mir alles seine Richtigkeit hat, aber meine Mitmenschen grundsätzlich minderwertig sind. Mit der Einstellung, daß mit allen anderen Menschen irgendwo etwas nicht stimmt, kann ich mich auf Dauer unmöglich selber wirklich in Ordnung fühlen. Genau so unhaltbar ist aber auch die Position, der zufolge alle anderen besser weggekommen sein sollen, aber ausgerechnet ich soll aus irgendeinem Grunde benachteiligt sein. Eine konsequente Weise, das Dilemma zu lösen, besteht dann in der Grundeinstellung: Ich selber bin zutiefst geschädigt, und die anderen taugen auch nichts. Eine Einstellung, die in der ganzen Menschenwelt keinen wirklichen Wert zu erkennen vermag, führt ohne Umwege in Nihilismus und am Ende in Wahnsinn. Sie scheint in der Tat am Grunde schwerer Denkstörungen und seelischer Erkrankungen zu liegen, die wir gemeinhin als Geisteskrankheiten oder Psychosen definieren. In der TA wird sie zumeist als die vierte Grundeinstellung bezeichnet, und sie erscheint uns als der Weg der Verzweiflung aus der zweiten oder dritten heraus. *Fanita English,* die die TA-Theorie um interessante Beobachtungen und Hypothesen bereichert hat, sieht darin eine Durchgangsphase, die alle Kinder durchmachen, wenn sie (etwa im Alter von dreiviertel Jahren – die Kinderpsychologen sprechen von der Acht-Monats-Depression) die Erfahrung machen, daß ihr eigener Wille auf Grenzen stößt und nicht alles, was sie erleben, von ihnen gelenkt und gesteuert werden kann. Nach *Fanita English* ist aber gerade die Verzweiflung dieser Position, die nirgendwo Werte anerkennt, nicht durchzuhalten, und aus dem Erleben dieser Unhaltbarkeit heraus entschließt sich dann das Kind, entweder die Mitmenschen oder die eigene Person doch gelten zu lassen. Es geht also aus der Verzweiflungseinstellung zur zweiten oder dritten Grundeinstellung über. Gerät der Mensch später unter seelischen Druck – in Augenblicken des Erschreckens, in Frustrationssituationen oder Zeiten mit besonderem Streß – läuft er immer Gefahr, wieder in die verzweifelte Position seines acht Monate alten K zurückzugleiten und in dieser Verfassung gar nichts mehr zu empfinden, was ihm Halt geben oder emotional weiter- oder heraushelfen könnte.

Die unhaltbare Spannung, daß in der Ich-Du-Beziehung nur der eine Pol wertvoll sein soll, der andere aber nicht (oder doch nicht im gleichen Maße), läßt sich noch auf andere Weise lösen. Ich überbrücke sie, wenn ich im Laufe meines Reifungsprozesses irgendwann die realistische Entdeckung mache, daß es keinen stichhaltigen Grund für meine frühe Selbsteinschätzung als nicht so wertvoll gibt oder daß mein frühes vernichtendes (und später überhebliches) Urteil über die Mitmenschen auf fehlenden Informationen und mangelnder Urteilsfähigkeit beruhte. Ich wachse sozusagen durch eine Einsicht aus der zweiten oder dritten Grundeinstellung heraus und gelange zu der Erkenntnis, daß ich „wer bin" und daß der andere mir so recht ist, wie er ist. *Fanita English* kennzeichnet eine solche Einstellung mit den Worten „I am OK, you are OK – *for real*" – das heißt: „Mit mir stimmt alles, und bei dir ist auch alles in Ordnung, *wenn ich es recht bedenke*", oder *„nach reiflicher Überlegung"*[3]. Sie hat sie den von Berne entdeckten vier Grundeinstellungen als fünfte hinzugefügt. Diese führt in der Tat über die vier ursprünglichen hinaus und unterscheidet sich von der ersten dadurch, daß sie dem Menschen nicht sozusagen in die Wiege gelegt worden ist, sondern als Frucht ruhiger Überlegung und einer klaren Stellungnahme erworben wird. Sie ist vielleicht die tragfähigste unter allen Grundeinstellungen, denn sie schließt das Verständnis ein für die Mitmenschen, die noch in der zweiten oder dritten Grundeinstellung verharren – die derjenige für sich selbst überwunden hat, der die fünfte einnimmt.

Es liegt auf der Hand, daß der einzelne je nach seiner Grundeinstellung bestimmte Persönlichkeitselemente stärker entwickelt, sozusagen trainiert, und dann entsprechende Maschen ausbildet, Psychospiele inszeniert und Positionen im Drama-Dreieck einnimmt.

Aus der zweiten Einstellung heraus („Mit mir stimmt was nicht, die andern sind besser weggekommen") erhält das K „Leiden" immer wieder Nahrung. Hilflosigkeits- und Depressions-, Mißmut- und Vergeltungsmaschen werden abgespult und die Opferposition bevorzugt eingenommen. – In der dritten Position wird entweder das L „Wissen und Werten" angeregt, und Maschen und Spiele werden aus der Verfolgerposition heraus ausgebaut, oder das L „Wiegen" kommt stärker zum Tragen, und dann wird im Drama-Dreieck häufiger die Retterposition eingenommen.

Wenn die eingenommene Grundeinstellung in Übereinstimmung steht mit den befolgten Bann-Botschaften und von Kind auf

---

[3] Ursprünglich hatte sie geschrieben: „I am OK, you are OK, *sober*", also *„bei nüchterner Würdigung"* und nicht in so einem berauscht-seligen (oder aggressiven!) OK-Geschwätz.

durch entsprechende Maschen und Spiele immer wieder neu Nahrung erhält, wird der Mensch schon gehörige Mühe aufwenden müssen, wenn er sie wirklich ändern will. So wird auch die Vorstellung verständlich, so eine Grundeinstellung sei etwas, das ein für allemal unverrückbar festliegt. Aber schon *Berne* hat darauf verwiesen, daß der gleiche Mensch je nach den angesprochenen Verhältnissen (z.B. Religion – materieller Wohlstand – Herkunft – Bildung usw.) ganz unterschiedliche Positionen einnehmen kann (in Glaubensfragen absolut von der Richtigkeit der eigenen Position überzeugt ist, sich aber in Gelddingen immer etwas unterlegen fühlt – unabhängig davon, wie arm oder vermögend er objektiv ist) und daß im übrigen die Grundeinstellungen mit Fug und Recht ausgeweitet werden können auf die Einstellung entfernteren Dritten gegenüber, etwa mit *mir* stimmt alles – *du* bist auch in Ordnung – aber *Dritte,* z.B. Fremde, sind mit Vorsicht zu genießen, usw. Schon aus solchen Erwägungen heraus vermögen wir uns der Vorstellung von der Unveränderlichkeit der Grundeinstellungen nicht anzuschließen. Überhaupt ist die Grundeinstellung nichts Starres, Absolutes; die meisten Menschen nehmen je nach Gegenüber, Situation und Stimmung immer wieder auch unterschiedliche Einstellungen ein. Allerdings scheint eine dabei zu überwiegen; das ist dann ihre persönliche Grundeinstellung. Dabei zeigt die Erfahrung sowohl im ärztlichen Bereich wie auch im Training, daß Grundeinstellungen durchaus umgestellt werden können. Sie sind das Ergebnis früher Entscheidungen, und alles, was ich entschieden habe, kann ich auch umentscheiden.

Finde ich durch persönliches Erleben, durch Besinnung und Einsicht aus der zweiten oder dritten Grundeinstellung zur fünften: „Natürlich habe ich meinen Wert, *es gibt mich unter viereinhalb Milliarden Menschen nur einmal,* und es hat mich in Jahrtausenden Menschheitsgeschichte noch nicht gegeben und wird mich in Jahrmillionen nicht wieder geben! Ist das nichts? Und der andere ist mir recht, so wie er ist, und ich kann ihn von innen anerkennen, finde an jedem Wesenszüge, die mir etwas sagen und mir oft spontan gefallen und Freude machen" – nehme ich also nun die fünfte Grundeinstellung ein, so führt das keineswegs zu einem sentimentalen „Seid umschlungen, Millionen!" etwa in dem Sinne: macht, was ihr wollt, ihr seid eh OK. Das Gegenteil kann eintreten: der Mitmensch ist mir recht, so wie er *ist,* das heißt nicht, daß ich alles billige, was er *tut.* Aber ich empfinde ihn als ebenbürtig und mich selbst als gleichberechtigt; also kann ich ihm ja auch sagen, wie ich sein Verhalten sehe, ohne dabei bedrückt oder verletzend auftreten zu müssen. Mit der fünften Grundeinstellung wird das Leben nicht immer leichter, noch nicht einmal konfliktärmer, aber es wird freier und offener. Ich werde eher bereit und fähig zum ehrlichen Gespräch. Ich muß nicht darauf bestehen, den anderen zu bekehren, ich kann Gegensätze ertragen: so wie ich das Recht auf meine eigene Meinung habe, so darf der andere ein „Andersfühlender" und „Andersdenkender" sein ... und bleiben. Aus dem Feind von gestern, vor dem ich mich abgeschirmt habe, dem ich aus dem Wege gehen oder den ich treffen, vielleicht vernichten wollte, wird der Gegner, den ich anerkenne, vielleicht der Gesprächspartner, mit dem ich Meinungsverschiedenheiten austrage, die ich als etwas Natürliches empfinde, der Mitmensch, der einen ähnlich schweren, oft verschlungenen, meist interessanten Lebensweg geht und der die gleichen Chancen des Wandels und Wachstums hat wie ich selbst.

FAZIT Die vier ursprünglichen Grundeinstellungen heißen:

1. „Mit mir ist alles in Ordnung; du bist mir recht so, wie du bist."
2. „Mit mir stimmt was nicht; die andern sind besser weggekommen."
3. „Mit mir ist alles in Ordnung; bei den anderen stimmt was nicht."
4. „Mit mir ist was schiefgelaufen; die anderen taugen auch nichts."

Die Grundeinstellung, für die sich jeder Mensch nach reiflicher Überlegung entscheiden kann, heißt:

5. „Wenn ich es recht bedenke, ist bei mir alles in Ordnung, und die anderen sind mir recht, auch wenn sie anders sind."

4. Weg-Weiser

Die Bann-Botschaften werden von den Eltern und anderen Bezugspersonen aus ihrem leidenden K heraus geäußert, ohne daß das R eingeschaltet ist. Deshalb werden die Eltern sich nicht klar darüber, daß sie selbst die Entwicklung ihrer Kinder gehemmt haben. Aber sie bemerken natürlich die Auswirkungen: Warum ist der Junge so unfrei? Unser Mädchen ist so schüchtern, so bedrückt!? Je größer das Kind wird, um so mehr spüren die Eltern, daß sein Lebensweg, wenn er so weiter verläuft, sie enttäuschen wird, und sie beschließen, ihrem Kind zu einer Kurskorrektur zu verhelfen. Sie stellen *Weg-Weiser* auf mit Richtsätzen, Ermahnungen und guten Aufforderungen, die dem heranwachsenden Menschen zeigen, wie er ein tüchtiger Mann oder eine anständige Frau wird. Das ist die Erklärung, die die TA für das Entstehen einer zweiten Serie von Botschaften gibt, die Eltern ihren Kindern ein paar Jahre später, diesmal bewußt aus ihrem L heraus, zu vermitteln pflegen und die ebenfalls prägende Kraft für die Persönlichkeitsbildung gewinnen können.

Die Wirkungsweise der Weg-Weiser ist leichter zu begreifen und im Einzelfall festzustellen als die der Bann-Botschaften. Zunächst handelt es sich um *Ge*bote, keine *Ver*bote. Dann werden sie verbal geäußert und durchweg so ausgesprochen, wie sie gemeint sind; deshalb werden sie vom Kind oder Jugendlichen auch im L gespeichert und leicht erinnert. Auch sie können das Verhalten ein Leben lang steuern, und doch sind sie in der Regel nicht so mächtig wie die Bann-Botschaften, hinter denen meist ein unsichtbarer, aber unentrinnbarer Zwang stand: die unheilvolle Drohung mit Strafe oder Liebesentzug. Die Weg-Weiser hingegen sind gebunden an die elterliche Wertschätzung und an die Selbstachtung. Sie beziehen ihren zwingenden Einfluß aus dem „sonst“: Tu das, *sonst* wirst du kein tüchtiger Mann, bist du kein anständiges Mädchen ...

Zu den Weg-Weisern gehören alle Verhaltensregeln und Ideale, die Menschen seit Anbeginn der Zeiten zur Erreichung größerer Vollkommenheit aufgestellt haben, von der Tapferkeitsforderung der Spartaner und dem Frömmigkeitsbegriff der Römer bis zum „Fürchte Gott und scheue niemand“ oder „Üb immer Treu und Redlichkeit“ unserer Tage. Das Kind nimmt solche Botschaften etwa ab dem sechsten Lebensjahr auf und macht sie zur Grundlage seiner L-Anschauungen. Es erhält sie – wie die Bann-Botschaften – von nahestehenden, verehrten Bezugspersonen, in erster Linie den Eltern, aber vermehrt auch von Lehrern und Idealfiguren, die es selbst auswählt, und nicht wenige mag es sich selber geben: „Ich bin nicht in Ordnung, solange ich nicht ...“ Der Inhalt, also *was* ich tun oder sein soll, ist vielleicht noch vielfältiger als bei den Bann-Botschaften, aber auch hier hat sich herausgestellt, daß einige wenige besonders häufig in die Persönlichkeitsstruktur eingehen und den Charakter nachhaltig prägen. Der Psychotherapeut Taibi Kahler hat 1974 fünf beschrieben, an die wir uns auch hier halten.

1. *„Sei stark!“* Dieser Weg-Weiser steht seit vielen Jahrhunderten an unzähligen Lebenswegen in aller Welt. Er besagt: auf die Zähne beißen, sich keine Blößen geben, Vorbild sein, Haltung bewahren, eiserne Konsequenz zeigen, am besten alles allein durchstehen und notfalls hart durchgreifen. Es ist der Aufruf zum Heldentum, und er verlangt von dem Mann oder der Frau, denen nun mal nicht heroisch zumute ist, daß sie ihre Empfindungen verleugnen und sich hinter einer Maske verbergen. Er heißt im Grunde: „Zeig keine Gefühle!“ Und hier zeigt sich gleich die fatale Wirkung aller wohlgemeinten Ratschläge, die auf solchen Weg-Weisern stehen: sie lindern den Einfluß der Bann-Botschaften nicht, sondern wo der Mensch eine Bann-Botschaft in Empfinden und Verhalten aufgenommen hat, wird er sie durch den Weg-Weiser noch verschärfen.

2. *„Sei perfekt!“* Mach nirgendwo Fehler, *sonst* bist du nicht akzeptabel! Gib keine Ruhe, bis alles restlos vollkommen ist, einwand-frei! Gib den Bericht erst ab, wenn du ihn dreimal (besser viermal) überarbeitet (besser umgeschrieben) hast! Geh erst ins Examen, wenn du beim besten Willen keine Lücken mehr ausmachen kannst (du hast dann auch nicht mehr lange bis zur Pensionierung)! Wer so seinen Mann stehen will, der gibt sich nicht damit zufrieden, die an ihn gestellten Erwartungen zu erfüllen, sondern fühlt sich gedrungen, sie „über-“zuerfüllen. Diesen Weg-Weiser trifft man in unserer technischen Gesellschaft oft an, besonders bei uns Deutschen. Für kompromißloses Perfektionsstreben ist vor allem derjenige anfällig, der unter der Bann-Botschaft *„Nimm dich nicht wichtig!“* leidet. Hier erhofft er sich eine Möglichkeit, auf dem Wege über die tadellose, absolut fehlerfreie Leistung doch noch die Bedeutung zu erlangen, nach der er sich sehnt und die er ohne Umweg, einfach so, nicht für sich beanspruchen kann.

3. *„Beeil dich!“* Das ist der Weg-Weiser, der den Menschen am sichersten aus dem Hier und Jetzt führt – oder richtiger: vertreibt. Wer ihm folgt, ist nie ungeteilt da, wo er sich gerade befindet, sein Trommeln, auf die Uhr Sehen, sein nervöser Blick am Gesprächspartner vorbei in den Saal verraten, daß er voller Unruhe schon wieder mit der nächsten Sache beschäftigt ist. Er spricht hastig, atmet flach, beendet seine sprudelnden Sätze nicht, unterbricht sein Gegenüber, verschiebt das Wichtigste immer auf die nächste Besprechung, packt seine Unterlagen hastig und ungeordnet wieder ein, verabschiedet sich, ohne stehen zu bleiben, und will dann,

ohne hinzusehen, durch die falsche Tür hinaus ... Er telefoniert oft und ungeduldig und bearbeitet dabei Akten. Im Unternehmen verschickt er Berge von Memos mit immer neuen Rückfragen, Vorschlägen, Anregungen. Er hört weder richtig hin noch jemals zu und produziert Hektik, wo er geht und steht. Mit dem Gebot „*Beeil dich!*" potenziert er oft eine „*Komm mir nicht zu nahe!*"-Botschaft, und sein bevorzugtes Psychospiel ist natürlich *Völlig überlastet* – wenn er bis nachts um zwei im Büro zu tun hat, dann ist ein Einklangs-Erlebnis ja wohl nicht mehr drin! Oder es liegt eine „*Sei nicht!*"-Botschaft darunter, dann wird das gleiche Psychospiel durchgehalten bis zum Ausgang im dritten Grad: Herzinfarkt.

4. „*Streng dich an!*" Die Inschrift auf dem Weg-Weiser besagt, daß im Leben nicht das Ergebnis zähle, sondern die aufgewandte Mühe. Im Schweiße deines Angesichts ... Nur nicht locker lassen, nur keine Müdigkeit, meine Herren! Wer rastet, der rostet. Vor den Erfolg haben die Götter den Schweiß gesetzt. Wer diesem Weg-Weiser folgt, macht aus jedem Auftrag ein Jahrhundertwerk. Ist ein Vierzeiler gefragt, liefert er eine Ballade. Kommt er oder geht er, dann mit schweren, mühsamen Schritten, die Lippen aufeinandergepreßt und die Schultern hochgezogen, als trüge er alle Probleme dieser Welt auf seinem Buckel. Wenn er sich äußert, macht er bedeutsame Pausen und sieht seinen Mitmenschen dabei nachdrücklich und vielsagend an. Wird ein neues Thema angeschnitten, seufzt er erst mal. Seine Stellungnahmen oder Referate beginnen mit dem umständlichen Nachweis, wie schwierig es sei, sich gerade über dieses Thema zu verbreiten – überhaupt gerade jetzt zu sprechen, gerade vor diesem Kreis ... Daß er damit nicht gerade besonderen Anklang findet, merkt er nicht. Weil er es sich (und anderen) so schwer macht, will ihm manches trotz enormer Mühen einfach nicht gelingen, und so stellt sich das Gebot „*Streng dich an!*" als ein idealer Weg heraus, der Bann-Botschaft „*Schaff es nicht!*" zu gehorchen.

5. „*Mach's mir recht!*" Unter diesem Weg-Weiser ist der andere immer wichtiger als ich selbst. Mein inneres Wohlbefinden hängt davon ab, daß ich so auf ihn eingehe, daß *er* sich wohlfühlen kann. Ich mache mich verantwortlich für seine gute Laune, für seine Reaktionen überhaupt. Bloß richtig erfassen, was in ihm vorgeht! Und bloß keine Kritik, bloß nichts, was er übelnehmen könnte! So sinniere ich denn vor jeder Begegnung hin und her, wie ich ihn

„kriegen“, vielleicht gewinnen, es ihm auf jeden Fall recht machen könnte, und lasse mich schließlich ständig von anderen steuern. Das fügt sich gut zu der Bann-Botschaft *„Nimm dich nicht wichtig!“* Und in dieses Bild paßt dann auch das Auftreten des *„Mach's mir recht!“*-Akrobaten. Man hält ihm vor, er rede den Leuten nach dem Mund? Er lächelt etwas verlegen, weiß nicht recht, es liegt ihm nun mal nicht zu widersprechen. Aber bitte schön, wenn's *daran* liegt, will er's gerne mal versuchen. Im übrigen hat er doch eine Reihe wirklich guter Eigenschaften. In der Tat, er grüßt zuerst, auch Unbekannte, geht spontan links, steht auf, um Feuer zu geben oder wenn der Chef in den Raum kommt, hält auch dem Jüngeren eilfertig die Tür auf und hebt ihm den zu Boden gefallenen Bleistift auf, und wenn er beim Betreten eines Saales auf seinesgleichen trifft, besteht die Gefahr, daß beide an der Eingangstüre Hungers sterben, weil jeder höflich darauf besteht, dem anderen den Vortritt zu lassen. Und selbst, wenn er als Vorgesetzter ganz oben auf der Stufenleiter angekommen ist, will er doch von seinen Mitarbeitern bei jeder Maßnahme, nach jedem Auftritt immer wieder hören, daß er's auch recht gemacht hat. Da fahren dann Schmeichler und Lobhudler gut, doch „es recht zu machen jedermann, ist eine Kunst, die niemand kann.“ Und so kommt er in seinem tiefen Bestreben auch nie wirklich an – und fühlt sich nie richtig wohl.

Der Mensch erinnert sich dann an seinen Weg-Weiser, wenn er sich in seiner Haut nicht wohl fühlt, in der Hoffnung, durch Befolgung des elterlichen Ratschlags oder der selbstauferlegten Regel die unguten Empfindungen zu überwinden. Leider erlebt er dann immer wieder, wie der innere Druck noch zunimmt. Der Weg-Weiser ist nämlich ein Hinweisschild ohne Kilometerangabe. *Wie* stark muß ich sein, damit ich dem Gebot genüge? *Wie sehr* muß ich mich anstrengen, um wirklich in Ordnung zu sein? *Wie* schnell muß ich machen? Sosehr ich mich auch spute, ich *könnte* mich immer noch ein bißchen mehr beeilen ... Der Wirkungsmechanismus der Weg-Weiser erinnert an das berühmte Faß ohne Boden: je mehr ich auf sie höre, um so mehr halten sie mich auf Trab und verstärken unmerklich die ungute Wirkung der frühen Bann-Botschaften. Diese erweisen sich als stärker und spannen im inneren Mechanismus sozusagen die Wegweiser-Aussage noch vor ihren Karren. Die Weg-Weiser wirken mithin wie rastlose *Antreiber,* sie entmachten die verhängnisvollen Bann-Botschaften nicht etwa, sondern bedürfen ihrerseits eines neuen Gebots, das sie außer Kraft setzt. Da sie später (und über die L-Ebene) aufgenommen sind als die meist ganz früh (in das K) eingegangenen Bann-Botschaften, lassen sie sich auch leichter rückgängig machen. Das geschieht in dem Augenblick, wo ich anstatt des Antreibers den erlösenden *Erlauber* annehme, den ich mir aus meinem L „Wiegen“ heraus selbst gewähre oder den mir mein TA-Trainer vorschlägt (oder den ich diesem Leitfaden entnehme). Dann mache ich einen Schritt vorwärts auf dem Wege, der zu werden, der ich werden kann. Dann wird die Wirkungskette *Du darfst nicht – Du mußt,* die so manchen Menschen ständig außer Atem hält, durch das befreiende *Du darfst ruhig* ersetzt.

Wir fassen in einer Tabelle zusammen, welche Weg-Weiser zu welchen Bann-Botschaften besonders gut passen, und setzen dann jeweils den lösenden Erlauber dahinter. Die für die eigene Lebenspraxis und für die Erziehung und Führung anderer Menschen wichtigste Spalte ist also die mit den Erlaubern, durch die der ungesunde Einfluß früherer Botschaften ausgeschaltet wird.

FAZIT

Bann-Botschaften (Lähmung)	*Weg-Weiser* (Antrieb)	*Erlauber* (Lösung)
Komm mir nicht zu nahe! Sei kein Kind! Fühle nicht!	1. Sei stark!	Du darfst offen sein.
Nimm dich nicht wichtig! Tu's nicht! Fühle nicht!	2. Sei perfekt!	Du darfst du selber sein.
Komm mir nicht zu nahe! Sei nicht! Denke nicht!	3. Beeil dich!	Du darfst dir Zeit nehmen.
Schaff es nicht! Sei nicht! Nimm dich nicht wichtig!	4. Streng dich an!	Du darfst deine Dinge gelassen abschließen.
Nimm dich nicht wichtig! Sei nicht du selbst! Werde nicht erwachsen!	5. Mach's mir recht!	Du darfst dich selber bejahen.

Abschließend noch zwei Hinweise zum Thema *Weg-Weiser.* Woran erkenne ich nun, ob ich unter der Einwirkung solcher Weg-Weiser lebe? Nicht, daß ich sie gehört habe, ist entscheidend, nicht einmal, daß ich sie als Ideale anerkenne. Als Weg-Weiser im

Sinne der TA wirken sie erst, wenn ich mich ihnen ausgeliefert habe: Sei perfekt, *sonst* bist du nicht in Ordnung! Um kein Mißverständnis aufkommen zu lassen: nicht das Ideal der Vollkommenheit wirkt sich negativ aus, nicht die Vermeidung von Fehlern und die Anerkennung von Mühe und Anstrengung. Selbstverständlich gehören das Streben nach Vortrefflichkeit oder die Freude über die durch Einsatz aller Kräfte erzielte eigene Leistung zu den positivsten Motivationsfaktoren für menschliches Handeln. Die Sache bekommt dann einen Haken, wenn das *Selbstwertgefühl* unlösbar an die *ständige* Befolgung dieser Ideale gebunden wird.

Deshalb ist auch das Gegenmittel nicht das Gegenteil: es wäre widersinnig und einer gesunden Entwicklung gewiß nicht zuträglich, nun Fehlerhaftigkeit anzustreben oder Anstrengungen grundsätzlich zu vermeiden. Wenn ich einen Transatlantikflug mache, habe ich gar nichts dagegen, daß der Pilot des Großraumflugzeugs ein Perfektionist ist und seinen Dienst absolut fehlerfrei zu versehen sucht. Und bei dem Chirurgen, der mir den Blinddarm entfernt, stört mich das auch nicht. Die Erlauber richten sich also nicht gegen das Ideal, das auf dem Weg-Weiser steht, sondern gegen seine Verabsolutierung. Sie gehen tiefer, sie entmachten die exzessive Wirkung der Weg-Weiser automatisch, indem sie eine Gegenwirkung gegen die darunterliegenden Bann-Botschaften mobilisieren.

5. Programm und Drehbuch

Bisher haben wir uns mit frühen Botschaften befaßt, die vom K der Eltern an das K des Kindes gerichtet waren (Bann-Botschaften) oder von ihrem L ausgingen und vom Kind auch im L gespeichert wurden (Weg-Weiser). Daneben gibt es aber auch Botschaften, oft schon sehr frühe, die vom R der Eltern ausgehen und vom Kind im R verarbeitet werden. Das sind Programmpunkte, die im einzelnen zeigen, wie das Kind es anfangen kann, den Geboten – also den im L offen übermittelten Botschaften, aber damit gleichzeitig, wie wir gesehen haben, auch den verborgenen Verboten – nachzukommen. Ein Beispiel soll das verdeutlichen.

Die Frau eines Taxiunternehmers arbeitet im Büro mit und hat daher wenig Zeit für ihren Sohn. Sie ist in ihrer Art zurückhaltend und hält nichts von so „zärtlichem Getue", wie sie sagt. Das zeigt sich im übrigen auch in der sachlichen Art und Weise, wie sie mit ihrem Mann umgeht. Dadurch vermittelt sie ihrem Sohn Bann-

Botschaften wie *„Fühle nicht!"* und *„Komm mir nicht zu nahe!"* Gleichzeitig betont sie, daß der Junge ein echter Kerl werden wird („Wer wird denn noch weinen!"), wenn er früh lernt, sich zu beherrschen („Haben diese Kinder ein Theater gemacht, aber Sie hätten mal unseren Sohn sehen sollen, der stand da wie eine eins und sagte keinen Muckser!"). Sie stellt ihm also den Weg-Weiser *„Sei stark!"* auf. Vater tut ein übriges, indem er daheim den großen Helden spielt, der sich seine Leute vom Leibe hält und jedermann auf Trab zu bringen versteht. Abends läutet das Telefon. Die Frau nimmt ab, hält die Muschel zu: „Es ist Meier, weißt du, der wollte doch frei haben, weil seine Tochter operiert wird." Der Mann blickt ungehalten drein und winkt seiner Frau stumm mit dem Finger ab; die sagt: „Es tut mir leid, mein Mann ist noch nicht da, jetzt treten Sie ihren Frühdienst morgen erst mal an, sie können's ja dann noch mal versuchen." Anschließend kommentiert Vater: „Da könnte ja jeder kommen, wo käme ich denn da hin!" Und der Sohn hat die Lektion verstanden: „Stark sein" heißt sich nicht rühren, nichts fühlen und sich bei einem Anruf eben verleugnen lassen. Wenn ihm das einleuchtet, wird er das in vergleichbaren Situationen ausprobieren, und es geht als ein Programmpunkt, d. h. als eine gelernte und im Laufe der Zeit eingeübte Fertigkeit, ein in sein *Lebensprogramm.* Mein Programm besteht also aus Verhaltensweisen, die mir meine Bezugspersonen im R übermittelt haben und die ich (ohne das zu wissen) deshalb aufgreife, weil sie mir zeigen, *wie* ich die anderen frühen Botschaften in die Tat umsetzen kann.

Und wie geht es weiter, wenn der Kleine einmal Vaters Taxiunternehmen übernimmt? Er wird es dann u. U. für selbstverständlich halten, sich verleugnen zu lassen, und das vielleicht mit der gleichen, betont langsamen Fingerbewegung zu verstehen geben, wie er es bei seinem Vater gesehen hat. Aber genausogut kann es auch sein, daß er einem Menschen begegnet, an dem ihm liegt, und in der Begegnung spürt, wie ihn solche seelische Kraftmeierei hemmt, und dann für sich beschließt (ohne sich das Wieso klarzumachen), daß er sich jetzt erlauben wird, offen zu sein im Umgang mit anderen Menschen, auch mit seinen Mitarbeitern.

Programmpunkte werden schon in frühester Kindheit aufgegriffen und auch später immer wieder eingebaut, ja, in manchen Situationen wird jemand noch bis ins hohe Alter an seinem Lebensprogramm weiterbasteln. Der *Inhalt* des Programms unterscheidet sich nicht wesentlich von den Weg-Weiser-Geboten, nur daß das erwartete Verhalten jetzt „einleuchtend" begründet wird. Das Lebensprogramm wird scheinbar gerechtfertigt durch Überlieferung, Sitte und Anstand, Religion und Weltanschauung aus dem L heraus oder einfach durch Zweckmäßigkeit und „gesunden Menschenverstand" (R-Argumente). Die Grundlage für das Programm legt immer eine L-Figur, eine Beziehungsperson, die etwas vormacht und damit zeigt, „wie's gemacht wird". Der eigentliche, d.h. der psychologische Grund ist jedoch die durch das Programm gegebene Möglichkeit, den Bann-Botschaften und den Weg-Weisern unauffällig zu gehorchen.

Das Programm stellt mithin nicht nur ein Rezeptbuch für die Lebensführung dar, sondern gleichzeitig eine Rationalisierung von Verhaltensweisen, die als Programmpunkte einleuchtend wirken, ohne daß ich mich noch mit ihrer emotionalen Verursachung zu beschäftigen brauche. Hier mag einer der Gründe für das Mißtrauen liegen, das tiefer blickende Geister dort äußerten, wo man sich allzu selbstsicher auf den gesunden Menschenverstand berief: Luther sprach von der stets gefälligen „Hure Vernunft", und Hegel verglich einerseits den raschen Rückgriff auf letzte, nicht mehr zu untersuchende Prinzipien mit der Nacht, in der alle Kühe schwarz sind, und sah andererseits auch die sozial trennende Wirkung, welche die Berufung auf den „gemeinen Menschenverstand" auslöst: wer sich darauf zurückzieht, ist nicht mehr diskussionsbereit und tritt somit die Wurzel der Humanität mit Füßen.

Wenn wir die drei Arten früher Botschaften und ihre Herkunft in ein Schema einzeichnen, erhalten wir folgende Abbildung:

Abb. XVIII

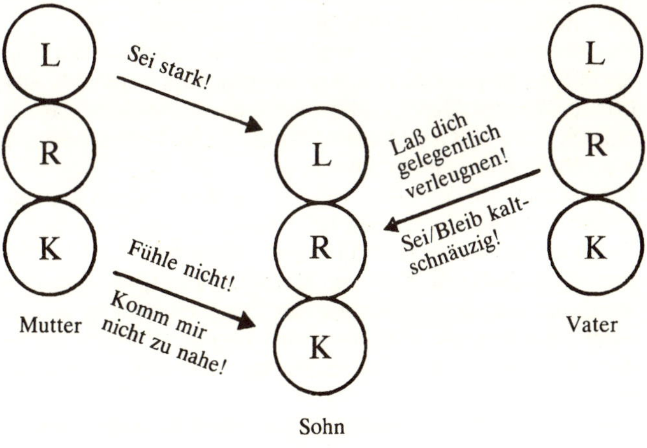

Daß sich manche Handlungsweise des späteren Juniorchefs aus Bann-Botschaften, Weg-Weisern und Lebensprogramm erklären läßt oder, umgekehrt, daß diese drei Faktoren vieles im Verhalten des Kindes und dann des Mannes steuern, liegt auf der Hand, auch wenn er sich dessen gar nicht inne wird. Er hat es früh einmal so beschlossen, und als Erwachsener führt er es dann getreulich aus, weil das so „seine Art ist".

In der Tat handeln wir Menschen auf weite Strecken wie nach einer Rollenanweisung, die uns vorgibt, wie wir uns zu verhalten haben. Nur sprechen wir dabei nicht, was ein anderer uns vorschreibt, wie wir das auf der Bühne tun, wenn wir die Worte des Autors rezitieren, sondern wir richten uns nach einem *Drehbuch,* das wir mit unseren frühen Beschlüssen Stück für Stück selbst geschrieben – dann allerdings wieder „vergessen" haben. Es ist, als trügen wir insgeheim eine Regieanweisung mit uns herum, so wie die Filmleute ihr Skript, in dem die große Richtung, die Hauptstationen und oft genug auch der Endpunkt unseres Lebensweges festgelegt sind wie in einem Rahmenfahrplan. Zur Veranschaulichung dieser Entdeckung haben die Begründer der TA einen Fachausdruck aus der Bühnensprache übernommen und bezeichnen diesen den meisten Menschen nicht bewußten Lebensplan als *Skript.* Stellen wir einmal systematisch zusammen, aus welchen Faktoren das Skript besteht oder welches die Antriebskräfte sind, nach denen wir unseren Lebensweg gestalten.

1. Die *Bann-Botschaften* sind die frühesten Einwirkungen auf die seelische Entfaltung des Menschen; sie zielen darauf ab, bestimmte Entwicklungsrichtungen zu blockieren.
2. Die *Entscheidung* über die Wirksamkeit aller frühen Botschaften fällt das kleine Kind oder der heranwachsende Mensch selbst in einer Art Beschluß: er setzt sich mit der Bann-Botschaft auseinander und findet einen Weg, wie er sie im Lebensvollzug in seine Persönlichkeit einfügt.
3. Die *Grundeinstellung* wird früh eingenommen und damit das eigene Selbstwertgefühl und die Stellung zu den Mitmenschen – oft ein Leben lang gleichbleibend – festgelegt.
4. Die *Gefühlsmasche* läßt die Bann-Botschaft, den eigenen Beschluß und die eingenommene Grundeinstellung in eine emotionale Reaktion einfließen, die nun eingesetzt wird, um andere Menschen in Beschlag zu nehmen oder regelrecht zu erpressen.
5. Das *Psychospiel* gewährleistet das stets wiederholte Erlebnis des

Maschengefühls, bestätigt die Grundeinstellung und treibt das Lebensdrama voran.

6. Die *Weg-Weiser* werden zur Förderung der Entwicklung und zur Korrektur von Hemmungen aufgestellt, aber in aller Regel verschlimmern sie diese eher, weil sie die Wirkung der Bann-Botschaften nur noch verstärken.
7. Das *Lebensprogramm* enthält praktische Anweisungen dazu, wie der Mensch sich im Lebensvollzug so verhalten kann, daß er automatisch den Bann-Botschaften und Weg-Weisern gehorcht und seine Grundeinstellung nicht zu ändern braucht.

Alle sieben Faktoren bilden in ihrem Zusammenwirken den „Skriptapparat". Das Lebensskript läßt sich für jeden Menschen im einzelnen analysieren, d. h., es läßt sich ermitteln, auf welche Bann-Botschaften er mit welchen Beschlüssen reagiert hat, welche Grundeinstellung er eingenommen, welche Maschen und Spiele er bevorzugt hat usw. Dadurch wird ihm vielleicht manches in seinem früheren Verhalten, was ihn selbst befremdet hatte, eher einsichtig. Der entscheidende Wert der Skriptarbeit liegt aber nicht in der Aufhellung von Zusammenhängen für die Vergangenheit, sondern in dem, was jeder einzelne für seine Zukunft mit den verschiedenen Faktoren anfängt. Dazu noch einige Erläuterungen.

Die angeführten Skriptfaktoren kommen nicht in sauberer zeitlicher Reihenfolge schön nacheinander von eins bis sieben zum Tragen. Gewiß sind die Bann-Botschaften immer die ersten frühen Verletzungen des wachsenden Organismus. Und sicher werden Weg-Weiser erst später, in der Regel vom sechsten Lebensjahr an, aufgenommen. Aber daneben gibt es durchaus Beeinträchtigungen durch Bann-Botschaften, die noch eintreten können, wenn die ersten Weg-Weiser ihre Wirkung bereits entfaltet haben. Und die *Entscheidung,* die in unserer Übersicht an zweiter Stelle steht, gehört natürlich zu allen Faktoren; *ich entscheide* meine Grundeinstellung, *ich beschließe* meine Masche, *ich entschließe mich* für ein Psychospiel – auch wenn mir das alles nicht (oder nicht mehr) bewußt ist –, und ohne meine zustimmende Entscheidung bleibt der interessanteste Weg-Weiser unbeachtet.

Das Skript wird bisweilen hingestellt als das unbewußte Lebensdrama, das der Mensch Szene für Szene zwanghaft durchspielt. Das stimmt und stimmt auch nicht, je nach dem wie man die Akzente setzt. „Unbewußt" trifft insofern nicht ganz zu, als die Weg-Weiser und vor allem das Programm ja durchaus bewußt aufgenommen (und vertreten) werden. Von „nicht bewußt" oder „nicht mehr bewußt" kann man insofern sprechen, als der größte Teil des Skriptapparats dem Handelnden nicht mehr deutlich vor Augen steht und ihm heute auch die Zusammenhänge nicht klar sind, solange er sie nicht der Vergessenheit entreißt und analysiert. „Zwanghaft" heißt nicht, daß der Mensch sich auf Geheiß unsichtbarer Fäden bewegt wie eine Marionette und gegen seinen Willen ausführt, was das geheimnisvolle Drehbuch ihm vorschreibt. Zwanghaft heißt, daß der Mensch sein Lebensdrehbuch stückweise geschrieben hat, im Laufe mehrerer Jahre, und oft schon wieder vergessen hatte, wie die letzte Eintragung war, und es auch unterlassen hat, den Namen des Autors auf das Titelblatt zu schreiben, ehe er das Buch zuklappte. Und wenn er sich nun in einer Selbsterfahrungsgruppe zu persönlicher Skriptarbeit entschließt und erstaunt oder fasziniert feststellt, wie kohärent sich die großen Akte, die einzelnen Szenen und die Bühnenanweisungen dieses Drehbuchs zusammenfügen, so sollte er dabei nicht aus dem Auge verlieren, daß *er selbst* es war, der es geschrieben hatte. Kein Mensch steht unter dem ehernen „Muß" eines von der Fügung verhängten oder von den Eltern aufgezwungenen Skripts. Jeder Mensch hat vom ersten Atemzug an die Freiheit, auf Zwänge in hundertfach unterschiedlicher Weise einzugehen, sich zu entscheiden und festzulegen, seinen Spielraum einzuengen oder zu erweitern und dadurch seine Wesensart selbst zu gestalten. Diese Freiheit hatte er als Kind, und er hat sie auch heute noch – nicht nach jeder Richtung, nicht mit einem willkürlich gewählten Ausgangspunkt, sondern ausgehend von dem, was er in seinem bisherigen Lebensverlauf gestaltet hat. So verstehen wir die Aufforderung „Werde, der du werden kannst", und darin liegt für uns Gewinn und Verheißung der Skriptforschung.

Es gibt so viel unterschiedliche Skripts, wie Menschen leben. Man kann sie u. a. einteilen nach Eigenart der Bindung an die Zeit, nach beherrschenden Themen oder nach dem angestrebten Ausgang. Man erkennt sie an dem gesamten Streben, Wollen und Handeln eines Menschen. Man braucht dazu nicht unbedingt seine ganze Lebensgeschichte aufzurollen, die Skriptfaktoren zeigen sich in jeder Äußerung, darin wie er steht und geht, in allem, was er sagt und nicht sagt und vor allem darin, wie er das tut.

Betrachten wir zunächst Eigenarten der Bindung an die Zeit. Diese steuern das Lebensgefühl so, daß es Gelingen oder Mißlingen immer nur im Rahmen einer bestimmten zeitlichen Abfolge geben kann. Deshalb enthalten die entsprechenden Skriptbezeichnungen Umstandswörter der Zeit, z. B. erst, dann, nie, immer oder immer wieder. Da gibt es das *„Erst wenn“*-Skript: wirklich Erfolg haben, dich wohl fühlen, Freundschaft und Liebe erleben darfst du erst, wenn … die Kinder groß sind, du dich habilitiert hast, die Hypotheken abgetragen sind oder was sonst erst zu schaffen ist oder passieren muß. Der griechische Held Herkules wußte, daß er einmal zu den Göttern erhoben würde, aber *erst wenn* er zwölf Jahre lang als Sklave gearbeitet hatte. Das *„Erst wenn“*-Skript kann eine Verheißung in sich bergen und einen beglückenden Ausgang nehmen: Selig ist der Mann, der die Anfechtung erlitten hat, denn *dann* … Das geht gut, wenn er auch weiß, wann die Anfechtung vorüber ist. Es wird tragisch, wenn er vor das *wirkliche* Leben Ziele setzt, die er nie erreicht, oder aber stets neue *„Erst wenn“*-Hürden vor sich aufbaut. Man sieht das vielfach bei „dynamischen“ Naturen in der Wirtschaft. Die Familie leidet mit, denn Urlaub gibt es erst, wenn … die ersten drei Jahre Selbständigkeit geschafft sind, … die erste Million voll ist, … die Zahl der Mitarbeiter sich verdoppelt hat, … die neue Villa steht, … das Geschäft wirklich konsolidiert ist. So vergeht denn ein Jahr nach dem anderen, und Frau und Kinder haben längst die Hoffnung auf diesen immer wieder aufgeschobenen Familienurlaub aufgegeben. – Aber auch im ganz persönlichen Bereich ist solches *„Erst wenn“*-Verhalten häufig. Wenn es daheim erst eine Abreibung gesetzt hatte, ehe die Mutter ihre Unbeherrschtheit mit einem Stück Schokolade wieder gutmachte, kann sich das Reaktionsschema „Erst Gewitter, dann Sonnenschein“ so festsetzen, daß richtige Freude erst dann erlebt werden kann, wenn es vorher kräftig gedonnert hat. Man beobachtet das oft in der Ehe, über längere Zeiträume hinweg oder in wenige Augenblicke gerafft. Langdauernd zeigt sich das in der Vorstellung, Glück und Gemeinsamkeit könne es erst nach besonderen Leistungen geben. Erst wenn die Ehefrau ein paar Jahre lang angestrengt im Wirkungskreis ihres Mannes mitgearbeitet hat, wird er sie anerkennen und ihr näherkommen. Oder kurzfristig: erst wenn es einen handfesten Krach gegeben hat (wie damals bei Mutti), kann es auch Zärtlichkeit und Wonne geben. In wieviel Ehen gehört die Ohrfeige oder doch der Knatsch vorher und die anschließende Versöhnungsrührung zum festen Bettzeremoniell!

Umgekehrt wirkt sich das *„Aber dann“*-Skript aus. Solange ich selbst die Verhandlungen führe, ist ja alles in Ordnung, aber dann! Und in der Tat, wenn der Delegationschef von der Verhandlungsrunde zurückkommt, ist er deprimiert und einfach nicht zu gebrauchen. Oder: im Urlaub fühle ich mich großartig, aber dann! Das ist der Mann, der seinen Urlaub wirklich genießt, aber dann regelmäßig bitter bezahlen muß. Oder die Frau, die sich lange auf den Besuch freut und mit ihren Gästen ein paar herrliche Tage verbringt, ... aber dann bleibt das dicke Ende nicht aus. Man vermeint direkt, die elterliche Botschaft zu vernehmen, wenn das Kind glücklich und begeistert heimkam: „Ist schon recht, mach nur, du wirst schon sehen, wenn du erst mal ... (Soldat wirst, im Berufsleben stehst, selbst Kinder hast usw.)."

Beim *„Darf nie"*-Skript ist dem Kind gerade das verboten worden, was es am liebsten getan hätte. Karl war ein Großstadtjunge, er wird nie die Ferien vergessen, die er auf dem Lande verlebt hatte, als er noch ganz klein war. Er war stundenlang durch den Wald gelaufen und sehnte sich nach nichts so sehr wie nach dem Duft der Tannen und dem Spiel der Sonnenstrahlen zwischen den Zweigen. So wäre er am liebsten Förster geworden wie sein Großvater, aber nichts da! Du wirst Bergmann wie dein Vater. Unter Tage träumte er vom Wald, und wenn es dann Sonntag war, wäre er gern wenigstens in den Stadtpark gegangen, aber gleichzeitig traute er sich nicht recht. Blieben die Ferien. „Leider"[4] hat er eine Frau geheiratet, die Wald und Berge nicht besonders schätzt, und so fährt er denn Sommer für Sommer nach Westerland und schmort am Strand und träumt von unendlichen Wäldern, die er nie durchstreifen darf. „Untersteh dich!" tönt es ihm durch den Sinn. Ja, das war wohl die Mutter gewesen, die hatte oft so gesprochen ...

Beim *„Muß immer"*-Skript ist der Mensch dazu verdammt, sein Leben lang etwas zu tun oder zu erdulden, was er zutiefst haßt. Er jammert, daß er in einer Zweckmühle sitzt, aus der es kein Entrinnen gibt. Lotte klagt über ihren Mann: „Es ist wirklich ein Kreuz mit einem Trinker. Bleibe ich zu Hause, geht es ein paar Tage lang gut, und dann säuft er aus Angst, daß ich nicht genug Geld verdiene. Nehme ich Aufträge an und bin unterwegs, säuft er aus Kummer, daß er alleine ist. Wie ich es auch anstelle, ist es falsch." Sie erntet reichlich Mitempfinden, denn man sieht, daß sie es mit ihrem (dritten) Mann wirklich nicht leicht hat (auch die beiden ersten, denen sie hatte helfen wollen und von denen sie sich zuguterletzt doch hat scheiden lassen, waren Trinker gewesen). Hinter solchen Lebensschicksalen stehen elterliche Botschaften wie *„Sei stark!"* und *„Komm mir nicht zu nahe!"* (in der Form: „Komm mir

---

4 „Leider" sagt (und empfindet) er selbst; der Beobachter, der sein Skript aufblättert (und er selbst, wenn er sich seiner eigenen tieferen Motive bewußt wird), würde sagen: „Gerade deshalb ..."

nur nicht *da*mit!" oder „Da sieh du selber zu!" oder „Wie du dich bettest, so liegst du!").

Das Schicksal Lottes erinnert schon an das *„Immer wieder"*-Skript: bei diesem gelingt es dem Menschen *beinahe* (das Wort ist typisch für dieses Skript), sein Ziel zu erreichen. Im letzten Augenblick „geht ihm irgend etwas schief" (der unbeteiligte Beobachter würde sagen: hat er sich irgend etwas eingebrockt oder sich jedenfalls so ungeschickt verhalten, daß es eigentlich nur danebengehen konnte!). Konrad ist leidenschaftlicher Bastler, er verbringt viele Stunden zurückgezogen in seinem Keller, um seiner Frau *das* Geburtstagsgeschenk zu machen, aber dann passiert immer wieder sowas wie jetzt gerade: seit Wochen hat er mühsam diese Schlafzimmerlampe mit dem fünffüßigen Ständer gefertigt, und als er sie endlich zusammenmontieren will, bricht das Gestell auseinander und die ganze Mühe war umsonst. Immer wieder geht ihm das so, es ist zum K...! Walter freut sich das ganze Jahr auf den lange vorbereiteten Urlaub, und die Familie mit ihm, und *beinahe* hätte es auch geklappt, aber im letzten Augenblick gibt es eine Intrige in der Firma, und nun muß er sich auf alle Eventualitäten vorbereiten, vielleicht kommt es wieder zu Prozessen, und so packt er denn mehrere Mappen mit Unterlagen ein, die er im Urlaub durcharbeiten muß, und mit der heiß ersehnten Erholung wird es wieder nichts. Immer wieder kommt was dazwischen, letztes Jahr war es der plötzliche Einbruch der Konkurrenz, davor die unvorhergesehenen Probleme mit dem Betriebsrat, und das Jahr davor wäre es beinahe mal ideal gewesen, nur war da der ganze Urlaub verregnet, ausgerechnet in *seinem* Alpental, und im Fernsehen haben sie gesehen, daß 50 km weiter südlich die ganze Zeit Sonnenschein war (und haben sich nicht einfach ins Auto gesetzt, um kurzerhand ins Nachbartal zu fahren)! So ein Pech! – Die Personalchefs kennen das *„Immer wieder"*-Skript recht gut. Sie sehen es bei Bewerbern, die alle zwei Jahre regelmäßig die Stelle wechseln: selbst gekündigt – entlassen – gekündigt worden usw. Die elterlichen Botschaften, die zu diesem Skript führen, heißen *„Streng dich an!"* und *„Schaff es nicht!"*, und das Lieblingsspiel könnte heißen: *„Warum muß das ausgerechnet immer mir passieren?"*

Wenn man einmal das Hauptmotiv eines Skripts in einen Satz faßt, bekommt man eine Art Leitthema, das in vielen einzelnen Vorgängen immer wiederkehrt. Solche Skriptthemen lassen sich treffend benennen nach bekannten Gestalten, die dieses Thema auf der Bühne des Lebens oder der Geschichte dargestellt haben. Das sei an den folgenden Beispielen deutlich gemacht:

- Ich werde ein strahlender Held (Siegfried)
- Ich werde zum finsteren Rächer (Hagen)
- Ich will die Welt verbessern (Don Carlos)
- Ich bin der Größte (Napoleon)
- Ich finde noch die richtige Maske (... dann kommt mir keiner auf die Spur) (Diderot)
- Ich nehme euch alle auf den Arm (Till Eulenspiegel)
- Ich mache es mir leicht (Papageno)
- Ich mache es mir schwer (Rigoletto)
- Ich weiß gar nicht, was das Ganze soll (Becket: Warten auf Godot)
- Ich mache es immer falsch, wie ich es auch anstelle (Prinz von Homburg)
- Ich schaffe es doch nicht (K in Kafkas Schloß)
- Ich will mein Recht, und wenn ich dabei draufgehe (Michael Kohlhaas)
- Ich muß immer kämpfen (Don Quijote)
- Ich muß den Tod suchen (Che Guevara)

Das Skriptthema gibt also die Rollen an, die sich jemand in seinem Lebensdrama zugedacht hat. Oft ist es leicht zu ermitteln: Welche Geschichte hat dich als Kind besonders beeindruckt? Für welchen Film hast du später geschwärmt? Welches war damals deine Lieblingsfigur? Warum?

Wenn die Antwort lautet: „Kristina Söderbaum, weil sie immer ins Wasser ging", sollte man weiter fragen:

Was glaubst du, wie du sterben wirst? Und in welchem Alter? Bisweilen läßt sich das Skriptthema besser aus den Äußerungen eines Menschen über Dritte erschließen als durch direkte Fragen an ihn selbst in Erfahrung bringen. Was den Menschen innerlich beschäftigt, das sieht er oft bei anderen. Gerade wenn er sich selbst gewisse Wesenszüge oder Handlungsmotive nicht eingesteht, „entdeckt" er sie um so häufiger bei seinen Mitmenschen. In der Psychologie bezeichnet man diese Neigung als Projektion. Heißt das Skriptthema „Ich muß immer kämpfen", dann kommen Äußerungen wie „Der bereitet sich doch nur zum Angriff vor" – „Das ist doch ein Nebenkriegsschauplatz" – „Das wird ein frontaler Durchbruch" – „Sowas ist ja nicht kriegsentscheidend" usw. Heißt das Thema „Ich muß leiden", hört man „Dem wird auch nichts geschenkt" (auch wenn der also Zitierte den Preis, den er für etwas zahlt, als durchaus angemessen empfindet) oder „Da muß er nun mal durch, da hilft nichts" (wenn etwa der Sohn Soldat wird, zwar gelegentlich mal stöhnt, sich aber im Grunde recht wohl dabei fühlt) oder „Der Mensch erträgt mehr, als er glaubt" (auch wenn die Betreffende gar nicht weiß, was es dabei zu „ertragen" gibt) oder dann „Na ja, sie wird sich schon durchbeißen" (und das tut sie in der Tat – recht gerne, weil's ihr schmeckt). Und wer sich das Versteckspiel als Thema gewählt hat, in der germanischen Fassung der Tarnkappe à la Siegfried oder in der welschen der Maske à la Diderot, der enttarnt dann plötzlich seinen ahnungslosen Gesprächspartner: „Jetzt hast du dich aber verraten!" oder er mutmaßt tiefsinnig: „Was der wohl im Schilde führt?" oder zwinkert wissend: „Du tust doch bloß so..."

Auch nach dem *Ende,* auf das das Leben hinführen soll, kann man die Skripts einteilen. Das Ende eines Menschenlebens ist ja in der Regel kein Zufall, sondern – wie man es manchmal ahnt, manchmal auch kristallklar erkennen kann – das Ergebnis von tausend kleinen und großen Schritten. Und wer aus seinem Skript heraus alle wichtigen Schritte in die gleiche Richtung lenkt, wer aus den immer gleichen Antrieben heraus seinen Beruf wählt, seine Freunde aussucht, seinen Ehepartner findet und die Gemeinschaft oder Auseinandersetzung mit ihm gestaltet, der kann die Gewißheit haben, daß er auch den fernen Endpunkt erreicht, den er für sein Skript einmal festgesetzt hatte. Dieser Endpunkt mag Erfüllung heißen, frohe Selbstverwirklichung oder Enttäuschung und graue Leere oder Tragik und katastrophaler Ausklang. Wir sprechen von Erfüllung, nicht von Erfolg im landläufigen Sinne. Das kann äußeren Erfolg mit beinhalten, muß es aber nicht. Oft genug ist gerade das Gegenteil der Fall: der materielle oder soziale Erfolg (die überraschende Anschaffung, der clevere Schachzug) macht bisweilen geradezu erlebbar, daß er nur eine Fassade bleibt, hinter der der Betreffende sein tragisches Skript unaufhaltsam vorantreibt. Gerade nach dem phantastischen Abschluß oder dem unglaublichen Jahresumsatz fühlt sich der nur äußerlich Erfolgreiche noch mehr getrieben und eingeengt, und das gekünstelte Lächeln beim festlichen Trinkspruch verbirgt nur noch mühsam die unerklärliche Angst tief drinnen, die beklemmende Unrast, die zunehmenden Schwierigkeiten in den menschlichen Beziehungen, im Beruf und daheim.

Durch das Skriptende, das er sich schreibt, entscheidet der einzelne darüber, ob ihm das Leben gelingt oder mißrät. Von hier aus wird deutlich, warum das TA-Modell so unerbittlich zwischen

Gewinner- und Verliererskript unterscheidet. Auch das unpersönliche und banale „Gelebtwerden“ mit all seiner Unlust, seiner Antriebsschwäche, seinem Mißmut und seiner ständigen Enttäuschung ist Verliererschicksal.

In dem Abschluß des Lebens kommt zum Ausdruck, ob der Mensch mit sich und seinen Kräften vernünftig umgegangen ist und die Möglichkeiten seines Daseins auf diesem Planeten sinnvoll genutzt hat. Allerdings, Kräfte und Möglichkeiten werden durchaus unterschiedlich zugeteilt. „Auch wollen können ist schon Gnade“ – dieser Einsicht vermögen wir uns bei aller Bejahung der Eigenverantwortung nicht zu verschließen. Zudem ist das Gewebe der Lebensschicksale durchzogen von Fäden, die wir nicht selbst gesponnen haben. Es ist ja nicht alle Krankheit selbstgewollt, nicht alles Leiden selbstverursacht. Altern und Tod bleiben auch dem Gewinner nicht erspart. Und bei allem Vertrauen auf die nachprüfbaren Ergebnisse von Vernunft und Forschung bleiben wir doch zugänglich für die Ahnung, daß über allem Menschengeschick, oft unbegreiflich und dennoch zutiefst spürbar, die Hand der Gnade waltet. Doch damit haben wir die Skripttheorie und überhaupt den Rahmen unserer Betrachtung verlassen. Solche Erkenntnis mag dort weiterführen, wo unser Gedankengang aufhört, und so wollen wir sie an dieser Stelle in Demut andeuten. Vielen Menschen gibt sie Trost, Halt und tiefe Geborgenheit. Das ist die gleiche Geborgenheit, die das Kind in uns spürt, wenn es sich von einer schützenden Elternfigur angenommen und geliebt weiß. Und zu den L-Figuren zählen psychologisch gesehen viele Gottheiten in sämtlichen Religionen[5]. Aber manche Menschen nutzen dann diese Geborgenheit aus, um jede Eigenverantwortlichkeit für ihr Leben abzugeben (wie Konsulin Buddenbrook) – indem sie sich weigern, ihr R zu gebrauchen. Wir halten es dagegen mit dem schönen norddeutschen Sprichtwort: Gott hilft dem Seemann in der Not, doch steuern muß er selber!

---

[5] Der Religionswissenschaftler wird bei bestimmten Gottheiten leicht die Persönlichkeitselemente der TA wiederfinden, etwa das L bei dem indischen Gott Wischnu, der Recht und Ordnung erhält und wiederherstellt, das R bei Brahma, dem Gott schöpferischer Weisheit und Erkenntnis, und das K bei dem schelmischen Krischna mit seinen Streichen und Heldentaten, Liebesabenteuern und Flötenmelodien.

VI.

TA im Beruf

In vielen Berufen hängt der Erfolg ab vom richtigen Umgang mit Menschen. Dabei kann entscheidend sein, wieweit ich mich dem anderen öffne und wie ich seine Äußerungen auf mich wirken lasse und, umgekehrt, wie ich auf ihn einwirke. Aus der unabsehbaren Fülle verschiedener beruflicher Situationen greifen wir fünf heraus, die besonders häufig sind und aus denen sich vieles auch auf verwandte Tätigkeiten übertragen läßt:

- die Beziehung zwischen Arbeitskollegen und Partnern
- die Stellung des Lernenden
- die Aufgaben des Lehrenden
- die Chancen und Risiken für den Kaufmann
- die Verantwortung des Vorgesetzten und Managers.

In allen beruflichen Positionen beobachten wir, daß *auf Dauer* derjenige am erfolgreichsten ist, bei dem alle drei Elemente gut entwickelt sind und je nach der Situation abwechselnd zum Ausdruck kommen, ohne sich gegenseitig zu behindern oder zu widersprechen[1]. Wie im Privatleben wird das auch in der Berufswelt dann am besten erreicht, wenn wir unsere Bedürfnisse annehmen und unsere Arbeit nicht nur als Erwerbsquelle, sondern auch als Möglichkeit zum Austausch von Zuwendung schätzen und nutzen.

1. Die Beziehung zwischen Kollegen und Partnern

Arbeitskollegen im gleichen Unternehmen beklagen sich oft darüber, daß das Verhältnis oberflächlich und gespannt ist, die Bereitschaft zur Zusammenarbeit ungenügend und das Klima trotz aller forschen Scherze recht rüde.

Viel oberflächliches Gerede ergibt sich aus dem verbreiteten *Lästern:* man spöttelt oder schimpft über Dritte, seien es Vorge-

---

[1] *Berne* spricht von der *Integration der Ich-Zustände* als einem Ziel der Arbeit mit der TA.

setzte, Kollegen oder Mitarbeiter, politische oder wirtschaftliche Institutionen oder deren Vertreter. Sicher gibt es so etwas wie harmlosen Klatsch, und eine kleine Dosis Spöttelei über Dinge, Verhältnisse und Menschentypen, von denen man nicht viel hält, ist gewiß natürlich. Die Ähnlichkeit in den L-Botschaften trägt ja oft dazu bei, daß man „sich versteht" und gut miteinander auskommt; gleiche ideologische, religiöse, politische und sonstige Lebensanschauungen schaffen eine erste Gesprächsbasis. Nur wenn das Wetteifern im gemeinsamen Abwerten, das Herziehen über Dritte einen großen Teil der Zeit in einer Beziehung ausfüllt, wird das die Beteiligten bald anöden, weil es nichts bringt, aber häufig Anlaß ist, Ärger, Groll und Neid heraufzubeschwören. Manches Gespräch, das mit scheinbar harmlosem Klatsch und Tratsch begann, wird fortgesetzt in Richtung Psychospiel: *Auch nicht besser,* oder *Ist es nicht schrecklich?* oder *Warum muß das ausgerechnet immer mir passieren?*

Es gibt ein *Flachsen* unter Kollegen, das aus einem lustigen K kommt und auf alle Beteiligten amüsant wirkt. Es gibt aber auch ein ewiges Frotzeln, bei dem alle lachen, aber dann im Einzelgespräch äußern, wieviel Tiefschläge sie hinnehmen müssen und wie sie die ständige Hänselei – bei der sie nach Kräften mitmachen – letztlich verletzt. Viel ist schon gewonnen, wenn sie sich das gegenseitig eingestehen; die Psychospiele, in die die rüden „Scherze" allzuoft einmünden und durch die die Hackordnung festgelegt wird *(Hab ich dich wieder erwischt; Wenn du nicht wärst; Sieh bloß, was du angerichtet hast; Meins ist besser als deins)* nehmen ab, und in dem Maße, in dem Zeit und Energie nicht mehr durch Spiele gebunden werden, nimmt die Bereitschaft zur Kooperation spürbar zu. Es stimmt eben nicht, daß es in jeder Gruppe *zwangsläufig* eine Hackordnung gibt und einer immer die Rolle des „Schlußlichts" übernehmen und sich von den anderen treten lassen *muß*. Arbeitsgruppen, die begonnen haben, ihre Probleme freimütig und offen miteinander zu besprechen, erleben sehr oft, daß sie ein gutes Miteinander schaffen und immer wieder neu herstellen können, wo niemand unterdrückt wird.

Andere, aber ähnliche Beobachtungen haben wir bei *Geschäftspartnern* gemacht. Wieviel Zeit wird einer sinnvollen und einbringlichen Tätigkeit entzogen, nur weil keiner den Mut hat, dem anderen einmal zu sagen, wie ihm das unaufhörliche Lästern oder Herumblödeln auf den Wecker geht. Genauso belastend kann es sich aber auswirken, wenn einer den anderen ständig belehrt, ihm immer alles zeigen oder ihn laufend korrigieren „muß". Solange der andere den Unterlegenen spielt und sich auf dem betreffenden Gebiet als urteilsunfähig oder überhaupt ungeschickt oder unbegabt vorkommt, geht das gut. Eine solche Abhängigkeit kann sogar eine starke Bindung schaffen. Amerikanische Psychologen sprechen von regelrechten Abhängigkeitsbedürfnissen *(dependency needs)*. Wo diese sehr ausgeprägt sind, sind Menschen zu unfaßbaren Erniedrigungen bereit und wehren sich allergisch dagegen, daß ihnen das Bild des rettenden Partners (des klaren, willensstarken, mutigen Mitstreiters) oder überhaupt der überlegenen L-Figur[2] genommen wird. Wer in einer Partnerschaft eine derartige Überlegenheitsposition jahrelang eingenommen hat, dem fällt es natürlich schwer, das unerbetene Dozieren, Erklären und Richtigstellen plötzlich bleibenzulassen. Er hat sich zu sehr daran gewöhnt, die Beziehung einseitig aus dem L heraus zu gestalten. Darin wird er meist durch seinen Partner bestärkt, der zwar in seinem K gelegentlich aufmuckt oder sich (vor allem wenn Dritte zuhören) schon mal über die Bevormundung beklagt, aber im Grunde sehr gut auf seine Rolle als der Hilflosere eingespielt ist. Wo das L-Element nur von einer Seite aus und überwiegend aus dem „Wissen" und „Werten" heraus eingesetzt wird, kann eine Partnerschaft dadurch so belastet werden, daß sie schließlich zerbricht – sicher ein Grund dafür, daß so manche hoffnungsvoll geschlossenen geschäftlichen Ehen nach einer gewissen Zeit wieder (meist unter Spannungen) aufgelöst werden. Wo das L aber je nach den angesprochenen Belangen gut auf beide Seiten verteilt ist, bei fachlichen Fragen durchaus aus dem „Wissen" kommt, in Augenblicken der Gefährdung auch einmal aus dem „Werten", aber in Zeiten der Not und wirklicher Hilfsbedürftigkeit genügend aus dem „Wiegen", wird es zur Erhaltung echter Partnerschaft beitragen.

Wo der Partner sich sicher fühlt, wird er von selbst seine Gespräche klarer und sachlicher führen. *Arbeitsgespräche* sind wesentlich R-R-Transaktionen. Man kann störende Überkreuzreaktionen vermeiden, indem man vorher den Rahmen für die Gesprächsführung absteckt. Ratsam ist, sich vor Beginn eines längeren Gesprächs über Thema, Zeit und Ziel zu einigen. Nützlich ist es auch, wenn die Beteiligten so früh wie möglich auch die Interessen, die sie verfolgen, so offen wie möglich auf den Tisch legen. Es liegt ja nichts Verwerfliches darin, daß jemand materielle Inter-

---

[2] etwa der weisen, entschlossenen, gütigen, gottgesandten oder von der Vorsehung auserwählten Führergestalt – wie das an einigen historischen Entwicklungen auch in unserem Jahrhundert wieder deutlich geworden ist, beispielsweise in Italien, später in Deutschland und Österreich und in jüngster Zeit wieder im Iran.

essen vertritt; problematisch wird die Sache dann, wenn er das vor sich und seinem Partner überdeckt. Geld verdienen zu wollen, auch viel Geld, ist durchaus in Ordnung, und es ist auch sinnvoll, das mit möglichst geringem Aufwand schaffen zu wollen, solange es nicht auf Kosten Dritter geht – nur darf ich dann die Ebenen nicht verwischen und von Freundschaft und Hilfsbereitschaft, persönlichem Einsatz oder hohen ideellen Werten sprechen, wenn ich nur mein Portemonnaie im Auge habe. Wo ich das tue, werde ich mit verdeckten Transaktionen operieren und ungute Spielchen anbieten. Ich werde dann auch darauf aus sein, mein Gegenüber zu manipulieren, indem ich bei ihm negative Gefühle anrege oder fördere, etwa Angstempfindungen oder Schuldkomplexe. Aber damit bin ich weit entfernt von einer sachlichen, leistungsfördernden Verständigung, bei der beide ihr R benutzen.

Was aber, wenn die Ebenen bereits verwischt *sind* und seit Jahr und Tag nach Kräften manipuliert wird? In solchen Situationen kann eine nüchterne *Beziehungsanalyse* nützlich sein. Ich stelle etwa fest, daß ich mich mit meinem Partner viel über Dritte aufhalte, ab und an ein Sachgespräch führe, aber im Grunde doch viel seltener, genauso wie ich selten gesellig mit ihm beieinandersitze. Ich frage ihn oft um Rat und warte, bis er Dinge entscheidet; umgekehrt ist er sehr darauf erpicht, in allem Recht zu haben, und beweist mir das immer wieder; ich lasse das gelten, auch wenn es recht viel Zeit kostet. Wenn ich dieses Miteinander in ein Beziehungsschema einzeichne, sieht das in etwa so aus:

Abb. XIX

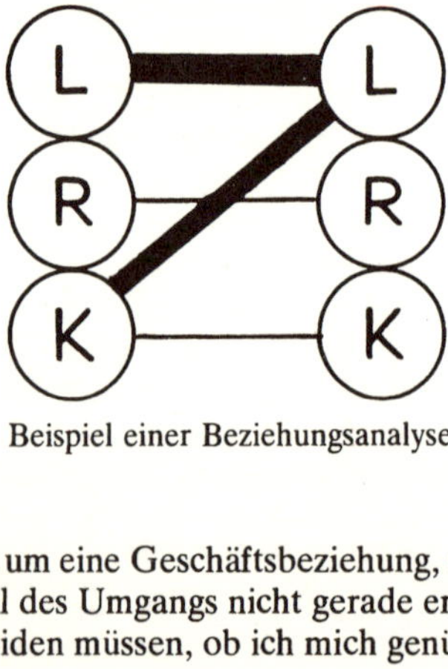

Beispiel einer Beziehungsanalyse

Handelt es sich um eine Geschäftsbeziehung, so liegt es auf der Hand, daß der Stil des Umgangs nicht gerade ertragsfördernd ist. Ich werde entscheiden müssen, ob ich mich genüßlich oder zornig über Dritte verbreiten und mich anlehnen und belehren lassen will oder ob ich an einem Unternehmen mitwirken und Gewinne erzielen will. Und wenn mein Partner die gleiche Analyse erstellt, wird er zu entscheiden haben, ob er seine Zeit mit Lektionen und Rechthabereien verbringen und im übrigen einen Partner oder einen Ja-Sager als Gegenüber haben will. Natürlich können sich die unterschiedlichsten Bilder ergeben. Ist z.B. die K-K-Verbindung besonders ausgeprägt, wohltuend und problemlos, aber es kommt kaum zu sachdienlichem R-Austausch, dann sind die beiden sicher gute Freunde, sollten aber rechtzeitig überlegen, ob sie nicht gerade zur Erhaltung ihrer Freundschaft die Geschäftsbeziehung rechtzeitig auflösen sollten. Tun sie das nicht, so laufen sie Gefahr, bei anhaltend mageren Resultaten eines Tages auch nicht mehr am gleichen Stammtisch zu sitzen oder Urlaubstage gemeinsam zu verbringen.

Besser dran sind schon diejenigen, die *vor* dem Eingehen einer beruflichen oder geschäftlichen Partnerschaft eine solche Analyse erstellen. Ein Viertelstündchen ruhige Überlegung, ehe die Arbeitsgemeinschaft begründet oder die Firma errichtet wird, kann mir viele Stunden unnütze Auseinandersetzungen ersparen, wenn ich meine Einsichten gleich im Gesellschaftsvertrag berücksichtige. Zumindest weiß ich klarer, was ich von meinem Partner im Grunde erwarte, und erspare mir all die unguten Gefühle, die mit Enttäuschung, Frustration und gegenseitigen Vorwürfen einhergehen.

Wo aber beide Seiten ihr R-Element genügend einbringen, wird die berufliche Partnerschaft fruchtbar sein, ob es sich um wissenschaftliche, technische oder geschäftliche Zusammenarbeit handelt. Beide Seiten werden aus ihrem R heraus immer wieder Vereinbarungen treffen, die Verantwortung für ihre jeweiligen Beiträge übernehmen und ihre Verträge regelmäßig überprüfen, um offen zu bleiben für neue Entscheidungen und konstruktiv darauf eingehen zu können.

2. Die Stellung als Lernender

In der heutigen Ausbildungs- und Arbeitswelt sind viele Menschen immer wieder in der Stellung des Lernenden. Schüler, Auszubildende und Studenten sowie alle Berufsanfänger sind das ohnehin. Aber im Zeichen der ständigen Weiterbildung, des „lebenslangen Lernens“ sind Arbeiter, Angestellte und Beamte bis in die höchsten Führungsränge hinein immer wieder als Teilnehmer von Lehrgängen bei der Ausbildung an neuem Gerät oder in neuen Verfahren, von Umschulungskursen, Fachschulen und Akademien in der Position dessen, der auf der Schulbank sitzt. Deshalb lohnt es sich, dieser Position besonderes Augenmerk zu schenken.

Sobald man Lernender ist, ist man besonders oft oder anhaltend im K-Element und sehr leicht im angepaßten K, entweder in der rebellischen oder in der fügsamen Äußerungsform. Wenn ich etwas Neues lerne, muß ich mich mehr anstrengen und bin auch am Anfang besonders ungeschickt. Das ist beim Skilaufen genauso wie bei einem beratenden Beruf, besonders wenn ich am Arbeitsplatz lerne, also nach der modernen Methode des *On-the-job-Training* bereits mit der Berufsausübung beginne, ehe meine eigene Ausbildung abgeschlossen und nachgewiesen ist. Daß dabei öfter Empfindungen des Ungenügens auftreten und ich versucht bin, ins K „Leiden" zu gehen, liegt auf der Hand. Da kommt es sehr darauf an, daß ich nicht in Bedrückung und Selbstvorwürfen hängen bleibe, sondern mir im R klarmache, was wichtig ist und welches die Auswirkungen sein können, wenn ich bestimmte Verrichtungen noch nicht perfekt beherrsche. Nehmen wir den Automobilverkäufer oder den Vermögensberater in der Einarbeitungszeit. Es ist ein Unterschied, ob ich Autos verkaufe, selbst wenn ich dabei noch ungeschickt vorgehe und mir sogar hier und da Sachwissen fehlt, oder ob ich eine Werkstatt betreibe oder gar Kraftfahrzeuge baue. Es ist ein Unterschied, ob ich für eine Baufinanzierung die Einschaltung eines Computer-Systems empfehle, dessen Arbeitsweise ich vielleicht noch nicht so überzeugend verdeutlichen kann, oder ob ich ohne genügend fachliche Ausbildung selbst Finanzierungen zusammenbastle. Solange ich mich von meinem *„Sei perfekt!"*-Weg-Weiser beherrschen lasse, werde ich mir ungeeignet vorkommen und die innere Sicherheit nicht gewinnen, ohne die ich einen beratenden Beruf oder gar eine Führungstätigkeit nicht erfolgreich ausüben kann.

Eine andere Gefahr für den Lernenden liegt in der Erscheinung der *raschen Abnutzung:* der Lehrer oder Dozent oder Ausbilder, der mich gestern noch so begeisterte, kommt mir von Tag zu Tag glanzloser vor, und je nüchterner ich ihn erlebe, um so beschränkter will er mir erscheinen. Ein solcher Ablauf ist verbreitet und kann mit der natürlichen L-K-Dynamik zusammenhängen: das fügsame K, das auf der Suche war nach Sicherheit und Geborgenheit, hatte sich gerade an den strengen Lehrer stark angelehnt, weil dieser so sicher und erfahren und festgefügt gewirkt hatte. In dem Maße, wie er dann bei wachsender Vertrautheit mit dem Sachgebiet als eingefahren und festgelegt erlebt wird, regt sich das rebellische K und montiert das Bild (wieder einmal) ab. Wird ein Spiel daraus, so könnte es heißen: leider ist er *Auch nicht besser* oder *Ich Ärmster,* finde nie jemand, der wirklich wer ist... Daneben kann der Umschlag aber auch durch den natürlichen Kräftehaushalt unserer Wahrnehmungsfunktionen mit verursacht sein. Allem Neuen wenden wir instinktiv erhöhte Aufmerksamkeit zu; neue Wahrnehmungen könnten ja auch Warnsignale vor möglichen Gefahren enthalten. Haben wir uns einmal daran gewöhnt, fällt diese Möglichkeit fort, und wir nehmen kaum noch wahr, was uns anfangs in (gespannte oder freudige) Erregung versetzt hatte. Der Autofahrer nimmt die normalen Motor-, Wind- und Schaltgeräusche während der Fahrt gar nicht mehr wahr, horcht aber sofort gespannt auf, wenn der Ton des Motors sich ändert oder ein neues Geräusch auftritt. Es ist also natürlich, daß Beziehungen „sich abnutzen"; im Deutschen heißt es: „Was selten ist, bleibt schön", und ein italienisches Sprichwort besagt: „Ein Gast ist wie ein Fisch: nach drei Tagen stinkt er."

Ein Kapitel für sich ist die *Examensangst.* In jeder Prüfungssituation liegen ja auch Risiken, und so ist denn ein gewisses klammes Gefühl um so natürlicher, je näher der Termin rückt. Auch das ist eine biologische Schutzreaktion, die eine gesunde Arbeitsspannung auslöst. Wo die Angst aber nicht mehr Energien mobilisiert, sondern lähmt, blockiert sich der Prüfling im K „Leiden". Dazu drei Hinweise.

Zum einen kann die Angst ganz handfeste Ursachen haben. Solange ich ungenügend vorbereitet bin, helfen mir weder psychologische Einsichten noch sonstige Selbsterfahrung, da hilft nur Üben und Lernen, es führt kein Weg darum herum. Wenn ich mich darauf einstelle, mit Tricks durchzukommen, steigere ich automatisch meine Angst. Das gilt im übrigen für das Leben überhaupt, nicht nur fürs Examen: je mehr ich mich damit beschäftige, Dinge zu verbergen, um so mehr muß ich befürchten, daß mir das nicht recht gelingt oder jemand dahinterkommt. Das erste Mittel gegen Examensangst heißt also ganz einfach: tu was, bereite dich angemessen vor.

Prüfungsangst wird häufig genährt durch einen Weg-Weiser. Auf dem steht sehr oft *„Sei perfekt!"*, manchmal auch *„Streng dich an!"* oder *„Sei stark!"* Unter allen dreien kann die Bann-Botschaft liegen: *„Fühle nicht!"* Dann wird es lösend sein, die Angst erst einmal zuzulassen und jemandem mitzuteilen. Du brauchst dich nicht abzuriegeln und auch nicht unter Druck immer neue Kapitel anzulesen. Sieh dir die Tabelle auf S. 186 an: du darfst offen sein, und du darfst deine Vorbereitungen gelassen abschließen. Du mußt nicht *alles* beherrschen, aber du kannst das wirklich Wichtige erkennen, übersichtlich herausarbeiten und dir aneignen. Und folgst du dem Weg-Weiser: *„Sei perfekt!"*, dann mach dir klar, daß es in den meisten Prüfungsfächern eine wirklich „perfekte" Leistung gar nicht gibt. Du kannst eine Fertigkeit noch so gut beherrschen, man „könnte" es immer noch besser können. Und geht es um Wissensstoff, so entdeckst du immer mehr Lücken, je tiefer du wirklich in die Problematik des Sachgebiets eindringst. Das hört wirklich nie auf, und wenn du erst alle Lücken füllen willst, kommst du nie an. Aber kein Mensch erwartet das heute von dir, sondern du sollst *angemessen* vorbereitet sein. Das heißt, daß du auch Mängel aufweisen und Fehler machen darfst. Du darfst du selber sein. Nimm dich, wie du bist, und die halbe Angst fällt ab.

Was noch an ängstlicher Erwartung bleibt, könnte eine Maschenblockierung (Bild 11) sein, die aus *stroke*-Hunger entstanden ist. Der dritte Tip heißt also: hol dir *Strokes,* gute Zuwendung auf geradem Wege, dann brauchst du die Masche nicht mehr. Und wenn es dir in deiner Situation schwerfällt, sie von anderen zu holen, dann gib dir selber welche. Ein gutes Mittel, Ängste (und sogar ernstere Depressionen) abzubauen, ist körperliche Bewegung in frischer Luft. Zehn Minuten kräftiger Dauerlauf jeden Morgen wirken sich auf das Examensergebnis bestimmt besser aus als stundenlanges Grübeln oder Hin- und Herdiskutieren.

Der Lernende ist naturgemäß besonders oft im K. Das bringt die Gefahr mit sich, daß er zu oft in sein *rebellisches K* geht und sich gegen nützliche Ratschläge und hilfreiche Korrekturen auflehnt. Im R kann er sich wahrnehmen und sich aus seinem fürsorglichen L heraus erlauben, Hilfe auch anzunehmen, ohne sich erst lange zu sträuben. Aber auch sein verspieltes, lustiges K wird durch die Lernsituation angeregt. Er braucht es nicht zu unterdrücken, im Gegenteil, aus dem *freien K* kommt viel Schwung, „die Lust am Lernen", die Freude auf das Unbekannte. Aus dem freien K kommen Neugier und Spaß, die Spannung, die sich auf den Stoff richtet, und der Übermut, der auf Streiche aus ist.

Auch der Generaldirektor faltet im Managementtraining Papierschwalben und läßt sie hinter dem Rücken des Dozenten durch den Trainingsraum fliegen und freut sich wie ein Sechsjähriger, wenn er dem „Lehrer" einen Streich spielen kann. Es ist die kleine Chance des Lernens, daß auch das K einmal wieder unbefangen und unbekümmert zum Zuge kommt. Die große Chance aber erfassen wir im R: die Chance, dazulernen zu können! Lernen dürfen ist ein Geschenk, und es ist kennzeichnend für den Gewinner, daß er gern lernt und nie aufhört, dazuzulernen.

3. Die Aufgaben des Lehrenden

In einer Zeit, wo Kenntnisse und Erkenntnisse mit kaum faßbarer Geschwindigkeit zunehmen und das gelernte Wissen über Nacht veraltet, wächst auch die Zahl derer, die unter den verschiedensten Bezeichnungen Wissen und Können vermitteln, entweder hauptberuflich als Lehrer und Dozenten, als Ausbilder und Trainer, als Meister und Schulleiter, oder aber neben anderen Aufgaben als Vorarbeiter und Gruppenleiter, Vertriebschefs oder Fachreferenten. Sie alle erleben immer wieder ähnliche Situationen, in denen ihnen die Vertrautheit mit der TA zugute kommen kann.

Ich kann anders auf meine Schüler oder meine erwachsenen „Adressaten"[3] eingehen, wenn ich sehe und höre, mit welchem Element ich es im Augenblick zu tun habe. Ich kann erkennen, welche Transaktionen gerade stattgefunden haben, und entsprechend reagieren. Vor allem kann ich Psychospiele als solche wahrnehmen, die angebotene Gegenposition *nicht* einnehmen und dadurch dem Schüler vielleicht weiterhelfen, auf jeden Fall aber für mich Zeit sparen und Streß vermeiden. Dazu ein Beispiel.

Es gibt Kinder (das wirkliche Lebensalter spielt dabei kaum eine Rolle, das K beim Sechzigjährigen verhält sich ganz ähnlich wie beim Sechzehnjährigen oder Sechsjährigen), die immer wieder auffallen „müssen". Sie spielen *„Extrawurst"* – eine Variante des Psychospiels *Versetz mir eins.* Sie stören den Unterricht auf jede nur denkbare Weise – immer dieselben! Oder sie kommen in der Pause oder nehmen den Lehrer telefonisch, noch besser zu Hause in Beschlag mit geschickt fabrizierten persönlichen Anliegen: „Also bei mir sieht das so aus ...". Oder sie erregen als hartnäckige Zuspätkommer den Unwillen des Lehrers und die Aufmerksamkeit der Klasse. Es ist wichtig, sie erleben zu lassen, daß sie die Zuwen-

---

[3] Es gibt anscheinend noch keine einheitliche Bezeichnung für die erwachsenen Teilnehmer an Ausbildungsveranstaltungen, die nicht eine Schule im engeren Sinne darstellen. Kein Wunder, daß auch deutsche Unternehmen das kurze englische *Trainee* verwenden, das klingt immerhin weniger umständlich als das steife Wort „Auszubildender" oder der bei manchen Firmen und Behörden eingeführte Titel „Ausbildungsempfänger" ...

dung, an der ihnen so sehr liegt, auch auf „normalem", geradem Wege erhalten können. Und es kann heilsam sein, sie nicht in der Erwartung eines Extra-*strokes* noch zu bestärken, wenn sie ein Spielchen abziehen. Wo der Zuspätkommer merkt, daß er keine Gelegenheit erhält, seine Entschuldigung oder Erklärung anzubringen (darin liegt ja sehr oft, ihm selbst kaum bewußt, das eigentliche Motiv für seine regelmäßigen Verspätungen), und sein Zuspätkommen überhaupt nicht weiter zur Kenntnis genommen wird, da verliert er oft rasch das Interesse an dem Spiel, und der Schulordnung ist damit dem Sinne nach mehr gedient als durch die disziplinären Maßnahmen, auf die er ja insgeheim aus war.

Es gibt eine Reihe typischer Schülerspiele, mit denen geschickte Kinder oder Erwachsene ihre Lehrer[4] „an den Rand der Verzweiflung bringen" – so wenigstens berichtet der erboste Lehrer, der die Natur von Psychospielen nicht durchschaut und nicht sieht, wie er selbst, im Grunde nur zu bereitwillig, die Rolle des Mitspielers übernimmt, damit das Spiel in Gang kommt und beide auf ihre Kosten kommen. Häufig gespielt wird das *Ja, aber*-Spiel. Der Lehrer, der beginnt, für den fragenden Schüler Lösungen zu erarbeiten, statt ihn zu eigener Arbeit anzuregen, und den Schüler nicht konfrontiert, wenn dieser eine nach der anderen verwirft, ist eifrig an dem Spiel beteiligt, über das er sich beklagt. Unter erwachsenen Adressaten sind es oft die intellektuell anspruchsvolleren Teilnehmer, die mehr oder weniger akademisch alle möglichen Situationen austüfteln: „Was würden Sie tun, wenn jemand ...". Die attraktive Falle liegt im Konditional der Eröffnungsfrage. Schon die sprachliche Form verrät, daß es oft müßige Gedankenspielerei ist, die zu dieser Frage angeregt hat. Wenn ich nun ebenfalls anfange, theoretisch denkbare Lösungen zu erarbeiten über das, was ich wohl tun würde, spiele ich mit. Genausogut kann ich von vornherein das Spielangebot ausschlagen, indem ich etwa frage: worum geht es Ihnen denn? Hatten Sie das Problem, und was haben Sie getan? Und wenn Sie es jetzt haben: was wollen *Sie* in der Wirklichkeit tun? Ich kann auf manche ehrliche Weise den Schüler anregen, in die Wirklichkeit zurückzukehren, wenn ich selbst im Hier und Jetzt bleibe. Ich kann ihn direkt fragen, was er mit meiner Antwort tun wird, wenn ich ihm eine gebe. Oder wieso er glaubt, daß meine Lösung für ihn brauchbarer sein könnte als das, worauf er selbst kommt. Oder wie lange *er* schon über das Problem nachgedacht hat,

[4] Oder Ausbilder oder Dozenten usw.; wir sprechen der Einfachheit halber vom Lehrer, auch wenn die Ausführungen genauso für einen Meister oder Gruppenleiter gelten.

und ob er sich überhaupt schon einmal etwas dazu hat einfallen lassen.

Doch damit genug der Ratschläge, sonst wird aus unseren Tips zur Vermeidung des *Ja, aber*-Spiels selbst ein Spielbeitrag...

Es gibt Kinder, die gern petzen. Erwachsene Adressaten machen das eleganter und spielen *„Jetzt entscheiden Sie mal!"* Dieses Spiel (wie überhaupt viele Psychospiele) kommt gar nicht erst zustande, wenn sich die Adressaten von vornherein daran gewöhnen, nicht *über*einander, sondern *zu*einander zu sprechen. Hier kommt dem Lehrer oder Trainer eine echte Erziehungsaufgabe zu (wobei er gleichzeitig darauf achten kann, daß die Teilnehmer sich nicht angewöhnen, jeweils *für andere* zu sprechen, sondern jeder *für sich selbst,* ohne sich zum unbeauftragten Rechtsbeistand oder Verständigungsgehilfen ihrer Mitschüler oder Seminarkollegen zu machen). Man hört dann nicht mehr (zum Lehrer gewandt): *„Der* hat doch gerade ...", sondern *„Sie* haben doch eben ..." (oder noch präziser: *„Ich* habe eben gesehen/gehört, wie Sie ..."). Andere Spiele, die Schüler oft inszenieren, sind *Ich Ärmster, Völlig überlastet* und vor allem *Holzbein,* natürlich meist in der Variante *Das kann ich doch nicht* oder *Das begreife ich doch nicht.* Gerade der raffinierte „Dumm"-Spieler ist praktisch unschlagbar, solange er verbockt auf seiner Weigerung beharrt. Wenn er hingegen mitmacht, liegt eine gute Chance darin, daß er einmal einen druck- und straffreien Raum erlebt. Wenn seine Neugier angeregt wird und er spürt, daß ihm eigenes Denken wirklich Spaß macht, ist er vielleicht bereit, die Blockierung zu lockern. Weniger zugänglich sind die meisten „Dumm"-Spieler für Argumente, etwa den Beweis, daß sie mit ihren Einwänden ja beredt Zeugnis ablegen für ihre Denkfähigkeit. Die Versuchung liegt zu nahe, nicht die angebotene Schlußfolgerung zu ziehen: „Stimmt, also *kann* ich denken!", sondern sich schnell wieder zu sperren: *„Das begreife ich doch nicht!"* Nicht umsonst heißt es sogar von den Göttern, daß auch sie vergebens kämpfen, wo sie es mit eigensinniger Dummheit zu tun haben. Unsere einzige Empfehlung in einer solchen Situation: nicht ärgern, es gibt genügend Adressaten, die sich nicht sperren. Wer sich ärgert, hat Konrad Adenauer einmal gesagt, büßt für die Sünden anderer.

Damit sind wir bei den Reaktionen des Lehrers angelangt. So wie es typische Schüler-Spiele gibt, gibt es auch Psychospiele, die besonders oft von Lehrern angeboten werden. Dazu gehören *„Da hab ich dich erwischt"* und *„Ich wollte dir doch nur helfen"* (S. 50

und 137). Eine unschöne Variante des letzteren heißt *„Erschrekken und trösten"*. Der Lehrer macht sich die Klasse (oder einzelne) gefügig durch angsteinflößende Maßnahmen oder Ankündigungen. Er spricht von besonders schweren Klassenarbeiten oder vom bevorstehenden Eingreifen des Direktors, oder bei Erwachsenen immer wieder von der Prüfung oder von unerbittlichen Ausleselebestimmungen und dergl. Hat er genügend Spannung erzeugt, erfährt der eingeschüchterte Schüler oder die Klasse, daß es ja gar nicht so schlimm war – und der gütige oder leutselige Lehrer wundert sich, daß er „nicht ankommt", wo er es doch so gut gemeint hat (vielleicht hat er das Spiel sehr früh gelernt, als er erst aus heitern Himmel eine Ohrfeige bezog und dann zum Trost ein Stückchen Schokolade kriegte.)

Ein Psychospiel, das manche Lehrer immer und immer wieder abspulen, heißt *„Gedankenlesen"*. Es geht nach dem Muster: „Ich denke mir jetzt eine Zahl, und du sagst mir welche." – „16!" – „Falsch!" – „18!" – „Falsch!" – Natürlich wird der Lehrer das nicht so primitiv spielen, er denkt an etwas Bestimmtes und unterstellt, der Schüler könne das erraten. In TA-Schilderungen trägt dieses Spiel den einprägsamen Namen *„Argentinien"*. Also: „Was ist typisch für Argentinien?" Alle Antworten – die Rinderherden, die Pampas, der Peronismus, das Corned beef – gehen natürlich daneben, der Lehrer kann nur jedesmal den Kopf schütteln, und auch die Kordilleren und der Rio de la Plata sind „falsch". Der Vorwurf im Ton des Lehrers ist unüberhörbar, wenn er sich schließlich entschließt („weil es hier anscheinend wirklich niemand weiß"), die Antwort selbst zu geben: „Typisch für Argentinien sind die Gauchos!"

Richtig fragen ist eine Kunst, die leider in unseren Hochschulen zu wenig geübt wird. Dazu gehört, daß der Lehrer zuerst einmal intuitiv erfaßt, was der Schüler vernünftigerweise wissen und selbst leisten kann. Gute Fragen regen an, führen weiter und ermöglichen Aha-Erlebnisse. Genauso wichtig ist aber auch der saubere Umgang mit Schülerfragen. Es ist wichtig, die Adressaten selber denken zu lassen und ihnen die Arbeit nicht abzunehmen. Deshalb wird es oft sinnvoll sein, eine Frage an den Schüler oder die Klasse zurückzugeben – nicht als Trick eines Lehrers, der sich aus der Affäre ziehen oder jemanden bloßstellen will, sondern als Anregung, Aufforderung, auch Herausforderung. Kinder (und auch Gruppen von Erwachsenen) spüren schnell, wie so etwas gemeint ist. Stellt der Schüler aber Fragen, die er vermutlich beim besten Willen nicht beantworten kann, dann hat er Anspruch auf eine klare Antwort, ohne Ironie (die das K ohnehin nicht richtig versteht) und weitläufige Kommentare. Oft gibt ein schlichtes Ja oder Nein dem Frager und der Klasse mehr zu denken als langwierige und gewundene Erklärungen.

Der Lehrer sollte überhaupt darauf achten, an welchen Stellen im Unterricht er wortreich und weitschweifig argumentiert. Gute Selbstbeobachtung kann zum Entdecken eigenen Maschenverhaltens führen. Wo trägt er seinen Stoff mit besonderem Nachdruck vor, steht auf, hebt den Finger? Bei welchem Schülerverhalten fühlt er sich bedroht, angegriffen, verletzt? Was bringt ihn in Verlegenheit, hält er bestimmte Tabus ein, weicht er aus? Gibt es Schüler, um die er sich immer wieder besonders liebevoll kümmert, und wieso? Vor allem: was erregt oder ärgert ihn so, daß er auch nach der Stunde noch darüber spricht und im Gespräch mit den Kollegen oder daheim ein zweites und drittes Mal Anstoß nimmt?

Es gibt ein probates Mittel für den Lehrer oder Trainer, der sein Maschenverhalten ablegen will: aussteigen aus dem Drama-Dreieck! Wenn ihm nicht mehr daran liegt, das drangsalierte Opfer seiner Adressaten zu sein wie die zur Witzblattfigur gewordene Schulmeisterfigur, die die früh gelernte Angst-, Niedergeschlagenheits- oder Zerstreutheitsmasche auslebt, dann wird das beobachtbare Auftreten von selbst gesünder. Das gleiche gilt für den gestrengen Oberlehrer, der die Klasse unnötig herumkommandiert, weil er damit seiner Ärger-, Wut- und Zornesmasche frönen kann. Und besonders häufig erleben wir den gütigen, gefälligen Lehrer, den verständnisvollen Trainer, der von seinen Klassen oder Gruppen ausgenutzt wird nach Strich und Faden, weil er in der Retterrolle die Masche des Überlegenen, des Wissenden und Unentbehrlichen immer wieder auskostet. Dabei ist einzuräumen, daß der Lehrer von Natur aus eine helfende und fördernde Funktion hat und von daher besonders leicht in Versuchung geraten mag, die Retterposition einzunehmen. Schließlich ist es seine Aufgabe, mitzufühlen und mitzudenken und immer, wenn er bei seinen Schülern Verständnisschwierigkeiten wahrnimmt, neue Analogien zu entwickeln oder einleuchtende Beispiele zu finden, durch die er den Stoff mit Bekanntem verknüpft. Und genauso wird er damit leben müssen, daß er von seinen Klassen auch einmal zu Unrecht als Verfolger empfunden wird; schließlich muß er für Ordnung sorgen und oft auch Grenzen setzen, um seinen Stoff überhaupt in der verfügbaren Zeit angemessen behandeln zu können.

Der Lehrer, der mit *Bann-Botschaften* vertraut ist, wird eine Fülle von Beobachtungen machen. Sicher kann er manchen Schüler besser verstehen. Aber er wird vorsichtig sein und bedenken, daß eine direkte Konfrontation nicht nur sehr verletzend sein, sondern das Kind obendrein dann in eine Zwickmühle bringen kann, wenn es sich den größten Teil des Tages doch den elterlichen Botschaften fügen muß. Vor allem wird er ein Gespür dafür entwikkeln, wie er selbst durch sein Verhalten die hemmenden Verbote noch verschärfen kann. Da ist beispielsweise der kränkelnde Schüler, der die Botschaft *„Sei nicht gesund"* auslebt. Wenn er immer dann die betonte Aufmerksamkeit des Lehrers genießt, wenn es ihm wieder schlecht geht, fühlt er sich emotional natürlich noch bestärkt. Was er brauchen würde, wäre Zuwendung gerade dann, wenn er gesund ist und seine Kräfte einsetzt. Wer das Verbot auslebt, erwachsen zu werden, fühlt sich natürlich in seinem Anlehnungsbedürfnis bestätigt, wenn er Güte und Wärme des Lehrers immer gleich zu spüren bekommt, sobald er sich rührend ungeschickt verhält, hilflos wirkt oder in Weinen ausbricht.

Damit kommen wir zu einem Einsatz emotionaler Lernmotivation, der mehr schadet als hilft. Demgegenüber ziehen wir die nüchterne Unterrichtsvorbereitung durch Stoff- und Aufgabenanalyse, Lernzieldefinition und vor allem Mitteilung der Lernziele vor. Durch dieses von Robert Mager[5] verfeinerte und geistreich kommentierte Verfahren wird die Lernbereitschaft besonders bei älteren oder erwachsenen Adressaten noch am ehesten angesprochen. Dabei werden in der modernen Didaktik die unterschiedlichen Lernzielebenen getrennt; zu Recht wird klar unterschieden zwischen Vermittlung von Kenntnissen, Fähigkeiten und Fertigkeiten, dann Beeinflussung der Einstellung und schließlich Training des Verhaltens. Beim Ansprechen der Lernzielebenen kann die pädagogische Methode sinnvoll durch Erkenntnisse der TA ergänzt werden: für die kognitive übernimmt der Lehrer weitgehend die Verantwortung. Er wählt den Stoff aus, bereitet ihn auf und kontrolliert die Aufnahme anhand beobachtbarer Leistungen. Einstellungsänderungen zeigen sich erst einmal in neuen Einsichten und beim erweiterten Problembewußtsein; dabei ist der Lehrer stärker auf eine anregende, im besten Sinne anbietende Funktion beschränkt. Eine Einsicht kann er nicht erzwingen, „klick machen" muß es bei dem Schüler. Bleibende Verhaltensänderungen schließlich sind Ausfluß einer Persönlichkeitsentfaltung, die nur

[5] Robert F. Mager, *Motivation und Lernerfolg,* Weinheim und Basel, Beltz-Verlag 1970; vorher schon *Lernziele und Unterricht,* und später *Zielanalyse,* im gleichen Verlag.

der Adressat selbst in sich vollziehen kann. Es ist ein Wachstumsvorgang, und alles, was der Trainer tun kann, ist, ihn verstehend und fördernd zu begleiten. Der Ausbilder, besonders der Trainer, der das zuletzt genannte „affektive Lernen“ ermöglichen will, tut gut daran, seine Mitverantwortung ausdrücklich von der Eigenverantwortung der Adressaten abzugrenzen, besonders bei urteilsfähigen erwachsenen Adressaten. Auch eine klare Sprache, die nichts beschönigt, wirkt im besten Sinne motivierend.

Das Finden der richtigen Sprache ist überhaupt eine wesentliche Voraussetzung für den Unterrichtserfolg. Die Schüler beziehen den Schub zum Lernen aus ihrem kindhaften Element. Lernen darf nicht nur, es *soll* Spaß machen, dann geht es rasch und das Gelernte bleibt viel besser haften. Also muß das K ständig angesprochen werden. Das K versteht Fremdwörter nicht, nimmt keine Schachtelsätze auf und sträubt sich gegen geschraubte, nach „Buchdeutsch“ klingende Ausdrücke. Der erfahrene Lehrer oder Trainer spricht selbst vor einem anspruchsvollen Publikum so, daß auch der Achtjährige ihn versteht. Er drückt sich klar aus und bevorzugt kurze, einfache Sätze, und wenn das Sachgebiet auch alles andere als kindhaft ist, das K hört zu, findet Gefallen an Ausdruck und Klang oder rebelliert dagegen, wenn es zu künstlich wird. Übrigens ist das K in uns auch noch nicht an den Gebrauch der Sie-Anrede gewöhnt, die natürlich in der Erwachsenenbildung die Regel ist. Hier wird der gute Trainer sehr behutsam sein und Nähe nicht forcieren, solange sie nicht spontan erlebt wird. Er wird den natürlichen Abstand auch in der Anrede respektieren. Umgekehrt kann aber das Du, wenn es spontan ist, den direkten Umgang sehr erleichtern und die Lernbereitschaft fördern. Das kann, besonders im Verhaltenstraining und in anderen Formen der beruflichen Weiterbildung, ein beglückendes Erlebnis werden für Trainer und Adressaten. Wenn das K sich wohlfühlt, beim vertrauten Vornamen gerufen wird und selbst den Vornamen gebrauchen darf, geht manches leichter. Das haben sogar die Mächtigen in der Politik entdeckt. Heute ist es bei Gipfeltreffen in der westlichen Welt gang und gäbe, daß sich Staats- und Regierungschefs beim Vornamen nennen, und vieles läuft in der Tat viel unkomplizierter als etwa vor einem Vierteljahrhundert. Auch Minister haben schließlich ein K, das nach direkter Zuwendung verlangt.

Wir glauben im übrigen, daß das Geheimnis gelungener Erziehung großenteils im richtigen Einsatz von Zuwendung liegt, vor allem von bedingter positiver Zuwendung (s. S. 101f.). Aber auch das kann der Lehrer nicht willkürlich „machen“, die Zuwendung entfaltet nur da ihre wachstumsfördernde und anspornende Wirkung, wo sie von Herzen kommt. Das Fehlen persönlicher Zuwendung scheint uns einer der Gründe dafür, daß auch die wunderschön folgerichtig und logisch aufgebauten Lernhilfen der Programmierten Unterweisung so oft enttäuschen (einschließlich der technisch brillant gemachten Videoprogramme über TA), v.a. wenn der direkte Kontakt mit dem lebendigen Trainer oder Lehrer fehlt. Vielleicht erklärt es sich auch so, daß bei Fernunterricht diejenigen Schüler erfolgreich sind, die den Stoff in kleinen Gruppen erarbeiten. Und sicher ist die Bedeutung der positiven Zuwendung einer der Gründe dafür, daß der vielzitierte „geborene Lehrer" tatsächlich mit beinahe jeder Methode gut fährt, Lernerfolge auslöst und dabei persönlich beliebt ist. Er findet auch das richtige Maß für die Anforderungen, die er an seine Klassen stellt: wer Kinder zu wenig fordert, macht sie unsicher. Er wird sein kritisches und sein fürsorgliches L ausgewogen einsetzen und seine Adressaten gleichermaßen fordern und fördern.

Natürlich ist Unterricht nicht Erziehung. Und zu Recht verwahrt sich der Lehrer dagegen, Lückenbüßer zu werden für die mangelnde Erziehungsbereitschaft der Eltern und jetzt alles in Ordnung bringen zu sollen, was Vater und Mutter versäumt haben. Da ist unsere Lehrerschaft hoffnungslos überfordert, vor allem, wenn sich dann das Elternhaus noch gegen die Schule stellt und die Unarten oder die Interesselosigkeit des Sprößlings gereizt unterstützt. Andererseits gibt es kaum kontinuierliche Unterrichts- oder Ausbildungstätigkeit, von der nicht auch erzieherische Impulse ausgehen. Selbst fachliche Schulung ist durch die Art, wie sie erfolgt, auch immer ein Teil Persönlichkeitsbildung. Überall gibt es einen Rahmen, den der Lehrer setzt, über dessen Einhaltung er aus seinem kritischen L heraus zu wachen hat, aber innerhalb dessen er in seinem wohlwollenden L das Spielen der vielen Kinder erlaubt und fördert, vielleicht sogar mit seinem eigenen freien K mitspielt, wenn ihm das gegeben ist. Aber dabei wird er auch wissen: das K gibt rasch der Versuchung nach, über die Stränge zu schlagen, es wird unversehens maßlos, solange das L, das eigene oder das des Erziehers, nicht Grenzen setzt, Maßstäbe errichtet und Werte behauptet. Damit aber rücken Unterricht und Erziehung in die Nachbarschaft der Menschenführung. Und so gesehen wird dieses Kapitel fortgesetzt durch den Abschnitt über die Verantwortung des Vorgesetzten (S. 220–236).

4. Chancen und Gefahren für den Kaufmann

Die Vielfalt der Bezeichnungen scheint uns bei den kaufmännischen Berufen noch größer zu sein als bei den Tätigkeiten in Unterricht und Ausbildung. Zu diesen Berufen gehören der Lebensmittelkaufmann und der Staubsaugervertreter, der Bezirksdirektor und der Ladeninhaber, der Losverkäufer und der Bankkaufmann. Kaufleute sind die Manager der einflußreichen Ladenketten, die Abteilungsleiter im großen Warenhaus und der Pächter des kleinen Zigarrengeschäftes an der Ecke. Und als Kaufleute handeln der Leiter einer regionalen Außendienstgruppe, der kaufmännische Direktor eines großen Werks und der Chef einer Verhandlungsdelegation, der für sein Land ein Millionen- oder gar Milliardenprojekt unter Dach und Fach zu bringen trachtet. Das Bild wird einheitlicher, wenn wir nicht so sehr auf Titel und Position, sondern auf die Verrichtungen sehen, auf die eigentlichen Tätigkeiten all dieser Kaufleute. Es geht fast überall darum, Bedürfnisse anzusprechen und Bedarf zu ermitteln, Chancen und Wagnisse zu erkennen und zu bemessen, wahrscheinlichen Aufwand und voraussichtlichen Ertrag abzuschätzen oder zu berechnen. Dabei gilt es, in der materiellen Welt Positionen zu erobern und zu halten und im menschlichen Bereich andere zu überzeugen und zu gewinnen. All das verlangt ständige Wachheit und Kreativität, ohne die sich heute auch der Tante-Emma-Laden nicht behaupten kann. Damit kommen R und K ins Spiel; das sind die Elemente, die im kaufmännischen Leben so entscheidend sind wie ein ausgewogenes L für den Lehrer. Das K ist aktiv beim Umgang mit Bedürfnissen und dem Aufspüren von Chancen, bei der Eroberung von Positionen und beim Gewinnen von Menschen. Und das R kommt zum Zuge beim Vorausblicken und Vorausberechnen, beim sachlichen Überprüfen und nüchternen Abwägen. Das Geheimnis kaufmännischer Erfolge liegt darin, das eigene K träumen und rechtzeitig durch das eigene R wieder wecken zu lassen, das K der Mitmenschen anzusprechen und doch bei allen wichtigen Transaktionen das Gegenüber dazu zu bewegen, sein R einzuschalten.

Ohne die Phantasie seines K, das sich immer wieder etwas Überraschendes einfallen läßt, bringt der Kaufmann nichts Neues zuwege und ist bald aus dem Geschäft. Überragende geschäftliche Leistungen werden von Menschen erzielt, die ihre Träume bunt ausmalen, aber dann nüchtern gangbare Wege suchen, auf denen sie große Teile ihres Traums in die Wirklichkeit umsetzen können.

Dabei kommt ihnen die Begeisterungsfähigkeit ihres K genauso zugute wie die Ausstrahlung oder Überzeugungskraft, die dort zustande kommt, wo ein freies K und ein ruhiges R als Verbündete auftreten. Fehlt das R oder tritt es zu spät in Erscheinung, wird die Sache bedenklich. Wo das Träumen nicht genug oder nicht rechtzeitig an der Realität gemessen wird, wird es zum Wunschdenken; in der Sprache der TA liegt eine R-Trübung durch Eindringen von K-Inhalten vor (s. S. 254). Wunschdenken aber führt meist rasch zu Fehldispositionen und Verlusten. Die jährliche Ergebnisrechnung bringt es normalerweise an den Tag; wer sie über Gebühr schönt, hartnäckig an seinen Illusionen oder magischen Vorstellungen[6] festhält und im übrigen auf bessere Zeiten oder die glückbringende Wende wartet, geht damit schnurstracks in Richtung Konkurs. Nicht umsonst sagt das Sprichwort: „Die Hoffnung ist des Kaufmanns Tod."

Eric Berne hat ein Psychospiel entdeckt, das für den Kaufmann existenzbedrohend werden kann, wenn er es nicht rechtzeitig erkennt. Er nannte es „*Schuldner*". Es gehört zum Kaufmannsberuf, mit Krediten umzugehen, heute die nötigen Summen aufzunehmen und morgen dort Beträge auszuleihen, wo es der Situation und den eigenen Interessen entspricht. Der „*Schuldner*"-Spieler bewegt sich auf der Kreditallee wie auf einer Einbahnstraße. Er kann ohne Schulden nicht leben, nimmt auf, findet immer wieder Gläubiger und versteht es, sie immer wieder zu vertrösten, zu täuschen und ihnen zu entkommen. In Polynesien ist es nicht selten, daß der „*Schuldner*"-Spieler sich eines Tages in sein Boot setzt und ein paar hundert Meilen zu einer entfernten Insel fährt, um dort eine neue Spielserie aufzulegen – solange seine alten Gläubiger ihn nicht ausfindig machen. Dies Psychospiel wird in der Südsee erleichtert durch den bei vielen Insulanern verbreiteten Brauch, im Laufe ihres Lebens wiederholt ihren bürgerlichen Namen zu wechseln. Der europäische Leser mag sich die faszinierenden Möglich-

---

[6] Besonders bedenklich wird das, wenn die K-Inhalte von einem strengen und herrischen L übernommen werden, das dann auch von Untergebenen die pauschale und möglichst kritiklose Übernahme der eigenen magischen Glaubensinhalte fordert: etwa daß Erfolg dadurch mitbedingt sei, daß die Organisation in ihrem Aufbau, ihren Abschlüssen und sogar ihrer Terminplanung bis hin in die Uhrzeiten eine bestimmte Zahl bevorzuge, etwa die Glückszahl Sieben, auf die dann ein ganzes Traumsystem aufgebaut wird (das dann natürlich wiederum vor der kritikfähigen Umwelt und dem Gespött der Konkurrenz geheimgehalten werden „muß"). Auf solche Träumereien folgt regelmäßig ein böses Erwachen, und die Verluste unter dem Strich sind um so höher, je später sich die Träumer entschließen, die Augen zu öffnen.

keiten, die dieses Spiel in den Weiten der pazifischen Inselwelt bietet, selber ausmalen...

Der Kaufmann schützt sich vor solchen (und anderen) Spielen durch Urteil und Augenmaß, also durch Prüfung aus dem R heraus. Sein R hilft ihm auch gegen die Verlockungen, selber Psychospiele anzufangen. Er macht z. B. bei einem Kunden einen Bedarf aus, sei es an bestimmten Waren, sei es an Dienstleistungen, etwa an geeignetem Versicherungsschutz oder einer praktischen Kontoform. Wenn er das seinem Gesprächspartner klar zum Bewußtsein gebracht hat, wird er ihn natürlich darum bitten, diesen Bedarf auch bei ihm selbst zu decken. Aber er darf nicht vergessen, daß er letztlich nur bitten kann, und muß seinem Gegenüber auch das Nein einräumen und damit leben, wenn es dabei bleibt. „Nein" muß ja nicht heißen „für alle Zeiten nicht"; oft bedeutet es nur „im Augenblick nicht". Das Psychospiel eröffnet der übereifrige Händler da, wo er versucht, sein Gegenüber nicht zu überzeugen, sondern zu überreden oder gar zu überrumpeln und seine Zustimmung mit List oder Druck herbeizuführen. Der Gesprächspartner reagiert entweder empört und der Anbieter ist gekränkt, oder der Partner läßt sich breitschlagen und geht auf den Vorschlag ein, bereut das aber bald und steigt aus dem Geschäft wieder aus, und der Anbieter beklagt sich über soviel Gemeinheit, wo man sich doch völlig einig gewesen war! Aber er hat seine Enttäuschungen (die er manchmal am laufenden Band bezieht) selbst eingekauft. Er spielt nur die kaufmännische Version des Psychospiels *„Versetz mir eins!"*

Damit sind wir bei einer der interessantesten Tätigkeiten des Geschäftsmannes angelangt, beim *Verkauf*. Wer verkauft, wird das K ansprechen. Selbst wenn es um Riesenprojekte geht, wird ein Scherz an der richtigen Stelle die Verhandlungsatmosphäre lokkern. Auch der Vogeljakob an seinem Stand, der die Zwitscherplättchen für den harten Gaumen verkauft, verdankt seinen tollen Umsatz vor allem den amüsanten Dreieckstransaktionen, mit denen er seinen kabarettistischen Verkaufsvortrag spickt. Das ist unterhaltsam und genauso harmlos wie so mancher auf eine verdeckte Transaktion abgestellte Werbespruch, der unter sachlichen R-Äußerungen ganz gezielt die Trotzreaktion des mithörenden K anstoßen will: „Wenn Sie einen Remy Martin nicht von einem anderen Cognac unterscheiden können, dann kaufen Sie wirklich besser diesen anderen Cognac!" Wer mit TA vertraut ist, dem macht es Spaß, die oft einfallsreichen Dreiecksansprachen zu beobachten. Mit dem Käufer, der in seinem R bleibt, kommt die beabsichtigte

Transaktion nicht zustande, und wer sich in seinem K angeln läßt, wird vermutlich ohnehin in seinem Leben oft manipuliert. Daß damit nicht der bewußten Manipulation Vorschub geleistet werden soll, wissen alle, die seriöses Verkaufstraining mit TA betreiben[7]. Wohl aber wird dadurch der alte römische Rechtsgrundsatz des *Caveat emptor*[8] bekräftigt: der Käufer sei auf der Hut und vergesse nicht, daß er sich anschickt, einen Kauf zu tätigen! *Caveat emptor* heißt nichts anderes als: ehe du unterschreibst oder das Portemonnaie zückst, schalte dein R ein! Wenn du's nicht tust, tut's niemand für dich. Es nutzt nicht, wenn du hinterher jammerst, dich über „die Verkäufer" beschwerst und dich darüber hinwegsetzt, daß wir alle auf eine Weise „Verkäufer" sind, sobald wir wirken und Einfluß nehmen wollen. Dann machen wir uns doch natürlich Gedanken darüber, wie wir mit vertretbarem, also möglichst geringem Aufwand gezielte Resultate herbeiführen. Das macht der Politiker, der für seine Ideen wirbt, genauso wie der Wissenschaftler, der Mittel braucht für sein Forschungsprogramm, oder der Missionar, der Seelen bekehren will und erst mal an sie herankommen muß. Und die Versuchung des Nachgebens, der scheinbaren Zustimmung und schließlich der Täuschung besteht für sie alle genauso wie für den Verkäufer. Aber auf die Dauer hat keiner von ihnen Erfolg, wenn er auf Täuschungsmanöver baut.

Viele Verkäufer blicken bei ihrer Arbeit auf einen Weg-Weiser, auf dem steht: *„Mach's mir recht!"* Wenn sie dem Kunden nach dem Mund reden und eilfertig und rückgratlos auftreten, rufen sie leicht Widerwillen hervor, und die großen Verkaufserfolge bleiben denn auch aus. Wo sie ehrlich zu sich sind, gestehen sie sich ein, daß sie sich selbst nicht ausstehen können mit dieser dienernden Art. Ihnen hilft nur persönliche Entfaltungsarbeit, mit der sie sich von der Befolgung früher Gebote befreien. Anders derjenige (den man Gott sei Dank genausooft antrifft), der sein Verhalten *gern* nach dem anderen ausrichtet, dem das „Wie hätten Sie's denn gern?" von Herzen kommt und den es innerlich befriedigt, wenn er die Bedürfnisse anderer Menschen präzise erfassen und treu erfüllen kann. Er ist der „geborene Verkäufer" und bei seinen Kunden verständlicherweise beliebt. Die überragenden Verkäufer allerdings sind Persönlichkeiten, die ihre Fahne nicht nach dem

[7] Sie lernen für ihr Verkaufsgespräch aus der allgemeinen Problematik verdeckter Transaktionen, vor allem der Dreieckstransaktionen (s. S. 92), und erarbeiten neue, klare, nicht mehr stornoauslösende Abschlußtechniken.

[8] Zu deutsch: „Es hüte sich der Käufer!"

Winde hängen, stark im K „Spielen und Genießen“, kontaktfreudig und gut gelaunt, und genauso stark in ihrem R, das die Art und Interessen des Partners klar erfaßt und so zu behandeln sucht, daß beide Seiten auf ihre Kosten kommen. Der Spitzenverkäufer ist immer auch der echte *Berater,* der die Situation seines Kunden sauber analysiert und mit ihm zusammen überzeugende Problemlösungen erarbeitet.

Meist ist er Meister der *Gesprächsführung.* Er hat sein Gespräch vorbereitet, einigt sich auf das Thema (und schweift dann nicht ab) und schlägt zu Beginn eine zeitliche Begrenzung vor. Er liebt es, seine Interessen gleich offen auf den Tisch zu legen. Wenn beide das tun, kann das durchaus auch zu einem zunächst bedauerlichen Resultat führen: beide sehen rasch, daß das erwogene Geschäft nicht zustande kommt. Aber sie ersparen sich Zeitverluste und Illusionen, und die Beziehung bleibt. Und vielfältige Beziehungen und ein guter Ruf sind für den Kaufmann Geld wert. Es macht Spaß, bei Geschäftsverhandlungen zwischen geübten Partnern zuzuhören, wie sie im R die Interessen Punkt für Punkt einander nähern, immer wieder neue Alternativen entwickeln und prüfen und bei jeder neuen Idee die Folgen nach allen Richtungen hin ausloten, ehe sie sie fallenlassen oder vorläufig annehmen. Das ist nicht unähnlich, als wenn ein TA-Trainer seinem Adressaten einen Vertrag anbietet für persönliche Arbeit; auch er wird sich bei der Erwägung der Fakten an das R wenden und zur Erzeugung der Motivation an das K.

Das Ziel von Geschäftsverhandlungen ist immer ein Akt der Einigung, juristisch ein *Vertrag.* Klare Verträge schließen, die Situation auf alle möglichen Folgen hin durchdenken, umsichtig und vorsichtig vorgehen und Rechte und Pflichten sauber formulieren, das ist die hohe Kunst des Kaufmanns. Gott sei Dank gibt es ihn auch heute noch, den königlichen Kaufmann, der das ruhig und gelassen tut, seinen Vorteil wahrnimmt, ohne andere zu übervorteilen, und dabei genauso stolz ist auf alte Traditionen wie auf seine eigenen Leistungen und Neuerungen. Er hat keine „Komplexe“, und es ist für ihn nichts Ehrenrühriges, Geld zu verdienen; andererseits gilt für ihn auch als selbstverständliche Maxime, daß durch seine Geschäftsführung kein anderer geschädigt oder hinters Licht geführt wird.

Wir haben bewußt die Lichtseiten des Kaufmannsstandes hervorgehoben, auch weil dieser in unserem Lande außerhalb der Hansestädte im allgemeinen Bewußtsein zu wenig gewürdigt wird. Über Generationen hinweg haben wir Namen und Zahlen von

Feldzügen, Kriegshelden und Monarchen gelernt und die Kaufleute als Pfeffersäcke verachtet. Aber ihr Unternehmungsgeist, ihre Zähigkeit und Phantasie haben sich wohl mehr kulturbegründend und -erhaltend ausgewirkt als die vielen Kriege und Siege. Und wo heute TA-Trainer Eigenverantwortung und Kreativität ansprechen, leisten sie einen Beitrag dazu, daß wir auch den fixen und findigen, wagemutigen und nüchternen Kaufmann wieder im rechten Licht sehen.

5. Verantwortung in der Menschenführung

„Menschenführung" war zu keiner Zeit auf den Kreis derer beschränkt, die die Position eines „Vorgesetzten" bekleideten. Führungsaufgaben löst tagtäglich auch der Arzt in seiner Praxis oder der Anwalt in seiner Kanzlei, der Vorsteher eines Postamts oder der Hafenkommandant, und natürlich der Kapitän eines Schiffes oder Flugzeuges. Gewiß, es mag auch heute noch hier und da Vorgesetzte alten Stils geben, die reine Aufsichtsfunktionen wahrnehmen. Und es gibt gewiß vereinzelt Managementpositionen, bei denen der Kontakt mit den Mitmenschen sehr gering ist und die Lösung von Sachproblemen fast die ganze Arbeitszeit ausfüllt. Aber im Normalfall geht es doch wesentlich um die richtige Führung von Mitmenschen. Ob Vorarbeiter oder Meister, ob Abteilungsleiter oder Betriebsführer, immer kommt es schließlich darauf an, wie er als Chef[9] seine Mitarbeiter führt, nicht anders als der Unternehmer und der Organisationschef, der Geschäftsführer und der Vorstand. Sie alle müssen gleichzeitig mit Menschen umgehen und Probleme lösen, und meist bedingen sich die beiden Aufgabenbereiche gegenseitig. Je besser sie mit ihren Mitarbeitern umgehen, um so erfolgreicher sind sie oft auch bei der Klärung und Bearbeitung sachlicher Zusammenhänge. Wenden wir uns also zunächst den Problemen der Menschenführung zu. Was kann die TA dazu beitragen, daß der Vorgesetzte oder Manager seine Mitarbeiter mit Ruhe, Klarheit und Verständnis führt?

Führen heißt, mit andern Menschen so umgehen, daß sie in ihrer Gesamtheit eine vorgegebene Leistung erbringen, entweder gemeinsam oder jeder für sich. Die echten „Führernaturen" setzen dabei wechselnd ihr L, R und K ein, wie es die Situation erfordert. Je näher sie in tagtäglichem Kontakt mit den ausführenden Mit-

[9] Es ist bedauerlich, daß das Wort „Führer" heute im Deutschen fast nur noch in Zusammensetzungen gebraucht werden kann, ohne ungute Erinnerungen wachzurufen.

arbeitern stehen, um so mehr werden sie ihr L gebrauchen. Und je komplexere Aufgaben sie auf den höheren Stufen der Hierarchie zu lösen haben, um so mehr tun sie das aus dem R heraus. Das gilt gleichermaßen für Führung in der Wirtschaft, in der Politik oder beim Militär.

Bei der Führung, die ohne Widerstreben akzeptiert wird und über längere Zeit hinweg leistungsfördernd wirkt, wird klar und offen geführt. Die Verantwortlichen suchen nicht Deckung hinter höheren Weisungen oder hinter einer unechten Kumpanei mit ihren Mitarbeitern, sie reden auch nicht viel darüber, daß *sie* es sind, die hier bestimmen, sie ordnen mit Selbstverständlichkeit an, fördern und überwachen die Durchführung und übernehmen – für alle sichtbar – die Verantwortung für die Maßnahmen, die sie für richtig halten.

Wer offen und klar aus dem R heraus führt, der wird sich realitätsgerecht verhalten und auch die psychische Realität der Mitarbeiter wahrnehmen. Er wird auch ihr K schätzen und anregen, und er läßt bei aller gebotenen Sachlichkeit doch die Kirche im Dorf. Er schafft für sich selbst und seine Mitarbeiter auch immer wieder Raum für unbekümmertes Spiel und für spontane Freude, und gerade das trägt sehr stark zu seinem Erfolg bei. Er regt die Kreativität und Unternehmungslust aus dem kindhaften Bereich an und macht sie fruchtbar für gemeinsame Vorhaben, auf alle Fälle für eine lebendige und aufgeschlossene Arbeitsatmosphäre. Er verwischt die Ebenen nicht und gefällt sich weder in künstlicher Distanz noch in plumper Anbiederei. Er führt wenig mit Druck und Sanktionen, lieber mit Überzeugung und Begeisterung. Wo andere Zwänge einsetzen, wirkt bei ihm das persönliche Vorbild. Er verschließt sich den Notwendigkeiten einer geordneten Administration nicht, aber er selbst erreicht das Wesentliche durch seine Ausstrahlung, Klarheit und Natürlichkeit.

Die Verantwortung des Vorgesetzten ist so mannigfaltig, und die Transaktionsanalyse hat so viele Aspekte aufgedeckt, daß ganze Bücher darüber geschrieben worden sind[10]. Wir sehen

---

[10] In den USA sind einige sehr lesenswerte Beiträge dazu erschienen; wir nennen von *James H. Morrison* und *John J. O'Hearne*, Practical Transactional Analysis in Management (1977), dann auch von *Muriel James*, The OK Boss (1975) und von *Dorothy Jongeward*, Everybody Wins (1976), alle drei im Verlag Addison-Wesley, Reading (Mass.), London, Amsterdam u. a. – Ein sehr anregendes Buch mit einer Fülle von Praxisbeispielen hat *Rolf Rüttinger* aus seiner Erfahrung mit deutschen Verhältnissen heraus geschrieben: Selbstbehauptung durch Selbstsicherheit – eine praktische Anleitung zum sicheren Verhalten in beruflichen Alltags- und Sondersituationen, Kissing, WEKA-Verlag 1979.

Schwerpunkte im sinnvollen Einsatz von Zuwendung, in der Steuerung des Sozialverhaltens, vor allem im Umgang mit Psychospielen, und in der Berücksichtigung früher Festlegungen im Lebensskript.

Sehen wir zunächst, welchen Nutzen uns die Erkenntnisse über das Grundbedürfnis der *Beachtung* bringen können.

Der Vorgesetzte, der mit der TA vertraut ist, erkennt im Hunger nach Anerkennung bei bestimmten Mitarbeitern kein übertriebenes oder gar krankhaftes Geltungsbedürfnis, sondern eine biologische Grundreaktion. Er ist bereit, ihre Leistungen immer wieder neu zu würdigen, nicht nur weil das gerecht ist und sich so gehört, sondern weil er damit auf das vitale Streben nach Beachtung eingeht. Das zu übersehen führt fast immer zu Leistungsabfall, Gleichgültigkeit und anderen folgenschweren Störungen. Besonders auf den höheren Ebenen erliegen Führungskräfte leicht dem Trugschluß: jetzt habe ich einen so hervorragenden Mann oder eine so tüchtige Frau eingestellt, mit besten Zeugnissen und obendrein akademischen Auszeichnungen, der oder die wird jetzt starten wie eine Rakete mit eigenem Schub, da sind doch meine Kommentare gar nicht nötig. Und der Neue bekommt dann auch keine Zuwendung, „weil das doch auf solch einen Mann bestimmt lächerlich wirken würde", und plötzlich setzt der Schub aus und die Rakete ist erloschen. Auch und gerade der exzellente neue Mitarbeiter braucht die ständige Ansprache; auch für ihn gilt, daß selbst ein Tadel oder sonst eine im Augenblick schmerzende Beachtung im Endeffekt zuträglicher ist als völlige Nichtbeachtung (s. S. 98f.).

Gewiß ist das Unternehmen nicht der Ort, an dem viel unbedingte Zuwendung erfahren wird; das kann man billigerweise von den Führungskräften auch nicht erwarten. Aber sie können *bedingte Zuwendung* so einsetzen, daß sie damit das Tun und Lassen ihrer Mitarbeiter beeinflussen. Das ist ein natürliches und höchst wirksames Führungsmittel. Durch bedingte Zuwendung kann der Vorgesetzte zwar die Persönlichkeit seiner Mitarbeiter nicht verändern (das kann er bei Erwachsenen, noch dazu von außen, auch mit keinem anderen Instrument), aber er kann ihr Verhalten steuern, und zwar von innen her.

In der Praxis kommt solche Zuwendung allzuoft aus dem K „Leiden" des Vorgesetzten in Form von Mißmut und Ärger oder auch von Verlockungen und Versprechungen, und noch häufiger aus dem L „Werten" in Form von Tadel und Druck, also als bedingt *negative* Zuwendung. Das hat den Nachteil, daß Maschen und Psychospiele, ähnlich wie in der Schule (s. S. 101), dadurch gerade verstärkt werden können. Wer früh gelernt hat, sich ungute (negative) Zuwendung zu holen, wird alles daran setzen, um sich die Quellen dafür zu erhalten. Daran wird deutlich, wie bedenklich bei vielen Mitarbeitern die Führung aus dem K „Leiden“ oder L „Werten“ heraus ist. Gewiß kann ich meine Mitarbeiter damit immer wieder vorübergehend zu bestimmten Leistungen anstacheln oder sie so einschüchtern, daß sie unerwünschtes Verhalten im Augenblick unterlassen. Da sie aber ihre Verhaltensmuster nicht ändern, muß ich immer stärkere Reize aufwenden, immer zugkräftigere Belohnungen und Drohungen einsetzen und bekomme doch kein stabiles Unternehmen, sondern immer neue Spannungen und Unruhen.

Damit soll nicht gesagt sein, daß nicht auch gelegentlich aus dem strengen L heraus geführt werden soll. Auch bedingte negative Zuwendung ist bisweilen unumgänglich; ich prüfe mich aber zuvor: will ich jetzt dazwischenfahren, weil ich etwas einfach nicht leiden kann und mir das auf die Nerven geht, oder weil ich aus einem Vorurteil heraus Anstoß nehme, d. h. aus dem K oder L heraus? Oder will ich eine wirkliche Gefahr abwenden und habe den Einsatz meines kritischen L vorher im R gutgeheißen? Es gibt handfeste Gründe, aus dem strengen L heraus ein- oder auch durchzugreifen: immer, wenn ich darin ein wirksames Mittel sehe, Schäden zu verhüten, wenn also der Mitarbeiter Gefahr läuft, Kunden zu schädigen, den Kollegen oder sich selbst erhebliche Nachteile einzubrokken oder das Unternehmen nachhaltig zu beeinträchtigen.

In der Regel bin ich hingegen gut beraten, wenn ich zwar mein Augenmerk gebührend auch auf Fehlverhalten richte, aber daraus nicht unnötig Wesens mache und dafür die *guten Leistungen* meiner Mitarbeiter um so mehr ins rechte Licht rücke. Ich spreche bei ihnen nicht so sehr Begehrlichkeit und Angst an, sondern ihren Stolz auf Erreichtes und die Ziele, die sie sich für ihre Selbstverwirklichung setzen. Und statt das mit Beachtung hervorzuheben, was ich von mir aus *nicht* haben will, werde ich das mit guter Zuwendung unterstreichen, was ich *fördern* will. Zwar setze ich diese *bedingte positive Zuwendung* aus dem R heraus auch deshalb gezielt ein, weil ich die psychologischen Gesetzmäßigkeiten kenne. Doch wenn sie wirksam sein soll, muß sie echt sein, sonst verkrampfe ich mich unversehens dabei und ende bei der verbreiteten, häufig als „Motivation“ getarnten und dennoch rasch durchschauten Manipulation. Dazu ein Beispiel.

In vielen Unternehmen und Teilbereichen finden regelmäßig freie Aussprachen statt, wo nicht nur bestimmte Arbeitsvorhaben, sondern alle möglichen Probleme, auch Betriebsklima und zwischenmenschliche Beziehungen behandelt werden sollen. Das können Abteilungsbesprechungen und Führungskreise sein, wo sich ein bestimmter Personenkreis trifft, oder aber Diskussionsrunden und Belegschaftsversammlungen, an denen *alle* Mitarbeiter teilnehmen. Auch aufgeschlossene gutwillige Führungskräfte beklagen sich häufig über die vertane Zeit: hätte ich das bloß nie eingerichtet, es kommt ja doch nichts dabei heraus! Was sie nicht wahrnehmen, ist dies: während der Runde sprechen sie die Hälfte der Zeit (oft auch mehr) selbst, und wenn ein Mitarbeiter der unteren Stufen schon einmal etwas äußert, greift anschließend gleich dessen Vorgesetzter ein, um das Gesagte zu interpretieren – entweder „geradezurücken" und abzutun oder zu unterstreichen. Der Chef ist befriedigt, weil die Veranstaltungen zwar nicht viel bringen, aber doch in seinem Sinne verlaufen – er merkt nicht, wie ungern die Mitarbeiter zu dieser Runde kommen und wie bissig, entrüstet oder spöttelnd sie sich anschließend äußern. Es ist zwar ihre eigene Verantwortung, wenn sie erst *nach* der Ausspracherunde von sich geben, was sie ja *in* der Runde sagen könnten; dennoch kann der Chef auf doppelte Weise Einfluß nehmen. Er kann sich klarmachen, daß es Zeit und Training braucht, bis Mitarbeiter sich frei oder freier äußern, vor allem wenn das neu ist. Er kann warten, bis das Eis gebrochen ist, sicher nicht bei der ersten, vielleicht bei der fünften Runde. Er kann auf jeden Fall *erst* sich selbst informieren und *dann* die Mitarbeiter unterrichten. Hinhören ist der erste Schritt zur Realitätserfassung; solange ich selber rede, kann ich nicht hören. Und genauso wichtig ist es, auf die Äußerungen auch wirklich einzugehen. Das Ernstnehmen und freimütige Beantworten ist in sich schon eine gute Zuwendung; dabei kann die Antwort ruhig heißen: „Das kann ich Ihnen nicht sagen, ich weiß es nicht" – „Da muß ich mich erst erkundigen" – oder gar „Ich will dazu (noch) nicht Stellung nehmen".

Wo der Vorgesetzte mit Anerkennung nicht geizt, wird er auch auf die Blockierungen stoßen, die viele Menschen beim Umgang mit Lob ausgebildet haben (s. S. 105). Er wird Verständnis dafür haben, daß solche Hemmungen in den Unternehmen oder Unternehmensbereichen noch verstärkt werden, in denen viel manipuliert wird[11]. Wem daran liegt, bei seinen Mitarbeitern Blockierun-

[11] Wie soll der Mitarbeiter sich über ein Lob noch freuen, wenn seine Vorgesetzten bei jeder Kritik nach der andressierten „Sandwich-Taktik" vorgehen: erst sanftes Schulterstreicheln, dann ein harter Tritt vors Schienbein, und zum Schluß ein aufmunternder Blick und ein warmer Händedruck!

gen abzubauen, der kann dazu beitragen, indem er sich um natürliche, offene Gesprächsführung bemüht und verdiente oder besonders erfolgreiche Mitarbeiter immer wieder vor versammelter Mannschaft persönlich auszeichnet.

Er muß es selbst tun; für die meisten Menschen ist das Wichtigste nicht die Medaille oder die schöne Urkunde oder sonst ein Firmengeschenk, sondern der persönliche Händedruck. Die fürsorgliche Seite des L kommt hier besonders ins Spiel. Der teilnehmende Vorgesetzte gibt ihr freien Lauf nicht nur bei Krankheit oder nach einem Arbeitsunfall oder bei privatem Kummer, sondern greift besonders dort behütend und schützend ein, wo sich jemand vor seinen Kollegen exponiert. Der Mitarbeiter, der freiwillig ein Referat ausgearbeitet hat und sich sogar einer Diskussion stellt, hat Anspruch auf die Anerkennung seines Vorgesetzten, schon allein für die Mühe und den Mut. Und wer eine Musterdemonstration wagt oder sogar beim Planspiel seine strategischen Einfälle, beim Rollenspiel sein spontanes Verhalten vor der kritischen Öffentlichkeit seiner Kollegen ausbreitet, der will gerade von seinem Chef hören, was er gut gemacht hat. Daß Fehler nicht übersehen werden, dafür sorgen schon die lieben Arbeitskameraden, darauf braucht sich der Chef gar nicht so sehr zu konzentrieren. Aber daß der verdiente Beifall nicht vergessen wird, das ist seine Verantwortung.

Es ist eine schöne, aber gar nicht so leichte Verantwortung. Lob, das nicht echt ist, kommt meist nicht an. Als Führungskraft muß ich eine Anerkennung erst einmal selbst empfunden und gedacht haben, ehe ich sie mit Überzeugung aussprechen kann. Das kann man regelrecht trainieren. Das Klima im Unternehmen ändert sich, wenn die Verantwortlichen sich stärker auf die Vorzüge und Fortschritte und die stillen Leistungen ihrer Mitarbeiter konzentrieren und ihren Blick auch für leicht zu übersehende Kleinigkeiten schärfen. Der beste Ausgangspunkt für tief empfundenes Wohlwollen den Mitarbeitern gegenüber ist dabei das Wohlwollen zu sich selbst. Deshalb setzt Führungstraining mit TA so erfolgreich an mit Übungen in guter gerader Zuwendung und mit einer ruhigen Besinnung auf das, was jeder an sich mag.

Wir fassen zusammen: wo wir Mitmenschen zu führen haben, tun wir gut daran, ihnen das ganze Maß der Anerkennung, der Zuwendung, der teilnehmenden Beachtung angedeihen zu lassen, dessen wir fähig sind. Durch bedingte positive Zuwendung können wir unsere Mitarbeiter zwar nicht ändern, aber doch lenken und fördern. Echte Zuwendung dient nicht dazu, die Mitarbeiter zu

„motivieren“ in dem Sinne, daß wir sie auf einem Umweg zu höherer Leistung anspornen. Wo sie von innen kommt, drücken wir sie einfach aus, weil wir ihnen dadurch leben helfen (und damit machen wir sie ganz von selbst auch leistungsfähiger).

Bei alledem besteht natürlich auch die Gefahr, daß ich den Mitarbeiter mit meiner Zuwendung mehr eindecke, als ihm lieb ist. Ich werde also auf nonverbale Reaktionen achtgeben und, wenn die Situation das zuläßt, auch direkt fragen, ob es ihm recht ist, daß ich mich so persönlich mit ihm befasse.

Zum Einsatz bedingter Zuwendung gehört schließlich der Gebrauch von *Lohn und Strafe.* Materielle Anreize über die vertraglich vereinbarte Vergütung hinaus, etwa als Ansporn bei Wettbewerben, können viel bewirken, vor allem wenn sie mit *persönlicher* Zuwendung (z. B. der Auszeichnung vor versammelter Mannschaft) verbunden sind. Ähnliches gilt für gelegentliche Geschenke, die nicht an einzelne Leistungen gebunden sind und zeigen, daß der Chef sich Gedanken macht, womit er seinen Mitarbeitern eine Freude machen könnte. Aber gerade bei Geschenken ist auch Vorsicht geboten: werden sie regelmäßig, vielleicht sogar in kürzeren Abständen, verteilt, so werden sie bald nicht mehr als Zuwendung empfunden, sondern als routinemäßig ausgeschütteter Bestandteil des Entgelts (auf das der Mitarbeiter ja Anspruch hat); wenn sie zu wertvoll ausfallen, lösen sie Befremden oder gar Unbehagen aus; und vor allem wenn sie für bestimmtes Verhalten – etwa besondere „Loyalität“, wenn der Mitarbeiter gewisse Vorkommnisse vertraulich berichtet, u. U. auf Kosten seiner Kollegen – gewährt werden, fühlt sich der Beschenkte leicht eingekauft, vielleicht zu Recht[12], und wehrt sich dagegen. Kriegt der Chef die Abwehrreaktion zu spüren, sagt er kopfschüttelnd: *„Dabei wollte ich Ihnen doch nur helfen“* und stellt einmal wieder fest, daß Undank eben der Welt Lohn ist...

Ein Hinweis noch zum Thema Strafen: wir glauben nicht, daß Vorgesetzte, vor allem bei größeren Organisationen, wo sie den einzelnen nicht mehr persönlich kennen, gänzlich ohne Sanktionen auskommen. Es wird gelegentlich sinnvoll, vielleicht unvermeidlich sein, daß sie tadeln, zurechtweisen und schließlich strafen; sie

---

[12] Oft genug kapiert er ja auch, daß ihm durch das Geschenk ein unausgesprochenes Schweigegebot auferlegt wird; wird er dadurch obendrein zu einer Art Komplizenschaft gegen Aufsichtsorgane oder übergeordnete Instanzen verleitet, dann kann so ein Geschenk juristisch völlig in Ordnung sein, psychologisch stellt es dennoch eine Bestechung dar, und Bestechung als Führungsmittel erweist sich regelmäßig als Eigentor.

sollten aber vorher rasch aus dem R heraus überprüfen, ob Zeitpunkt und Situation dazu geeignet sind. Die stille Frage heißt: welches sind die Folgen, wenn ich nicht (oder noch nicht) eingreife? Und vor allem: brauche ich jetzt mein strenges L, um mich selbst mächtiger zu fühlen (vor den anderen oder vor mir selbst), oder erreiche ich damit etwas Sinnvolles für meine Mitarbeiter? Wenn ich aber keine anderen Führungsmittel mehr einsetzen will und zu einer Bestrafung greife, dann mit Nachdruck, gerecht und konsequent. Sinnvoll sind Strafen, die gleichzeitig fördern (z.B. eine Zusatzleistung, die Übungscharakter hat) oder die Schäden wiedergutmachen und damit den Frieden wiederherstellen. Wo das nicht zu erreichen ist, sind auch materielle Strafen, vor allem Entzug von Vergütungen, zu erwägen. Abzuraten ist von allen kollektiven Sanktionen und von Strafen, die stark bloßstellen, lächerlich machen oder sonstwie das Selbstwertgefühl nachhaltig beeinträchtigen. Geradezu töricht sind Strafen, durch die ich meine Mitarbeiter oder die mir unterstellte Führungskraft in ihrer eigenen Leistung behindere, etwa durch Ausschluß von wichtigen Informationen, ferner indirekte Schädigung der dem Bestraften unterstellten Abteilung, Beschneidung von Arbeitsgerät und Ausrüstung und dergl.

Für das ganze Gebiet der Sanktionen sollte ich mir darüber im klaren sein, daß Maßregelungen aller Art eine brisante Munition darstellen, die ich im eigenen Interesse nur im Notfall einsetze. Je weniger ich davon verschieße, um so mehr vermeide ich dreierlei Gefahr: Rohrkrepierer (Mobilisierung von Widerstand gegen mich selbst); Abstumpfung (und dann Wirkungslosigkeit, wenn es einmal wirklich nötig wäre) und unbeabsichtigte Einbeziehung Dritter (der Mitarbeiter des Gemaßregelten oder gar der Kunden).

Zusammenfassend gilt die praktische Regel, Verweis, Verbot und Strafe nur mit Vorsicht und Bedacht und äußerst sparsam anzuwenden.

Eric Bernes Unterscheidung der sechs Weisen des Sozialverhaltens wird die Sensibilität des Managers dafür steigern, womit seine Mitarbeiter die Zeit verbringen. Er wird sich darüber klar sein, daß auch gelegentliche Unterhaltung einfach zu den Bedürfnissen des Menschen gehört und sich über eine „unproduktive“ Plauderei nicht unnötig aufregen. Umgekehrt wird er hellhörig werden, wenn er feststellt, daß ein unverhältnismäßig hoher Teil der „Arbeits“-Zeit mit L-L-Transaktionen, also allerlei Nachreden über Dritte, zugebracht wird – vor allem wenn immer wieder Gerüchte weitergegeben und kommentiert werden und das Vertrauen in die Führung untergraben. Dagegen aus dem strengen L heraus mit Ermahnungen und Verboten angehen zu wollen, führt zu nichts und wird eher das Mißtrauen noch steigern. Die Reaktion aus dem R heraus heißt: das interne Informationswesen so durchordnen, daß alle Mitarbeiter die für sie wichtigen Informationen rechtzeitig direkt erhalten. Dabei bleibt die Informationsaufbereitung oft dem unmittelbaren Vorgesetzten überlassen, und das mittlere Management in Großunternehmen hat hier eine wichtige psychologische Aufgabe zu erfüllen. Die obere Führung wird aber darauf achten müssen, daß mit den Informationen kein Mißbrauch getrieben wird und sich der Vermittler durch willkürliches Weitergeben, Färben oder gar Vorenthalten nicht eine eigene Machtposition ausbaut. Die Führungskraft auf der höheren Ebene trägt hier (wie überhaupt) Verantwortung nicht nur für das, was sie tut oder anordnet, sondern auch für das, was sie in ihrem Bereich widerspruchslos hinnimmt oder – wenn auch spöttelnd – zuläßt. Wo die Unternehmungsleitung die Kontrolle über das interne Informationswesen vernachlässigt, setzt sie sich der Gefahr aus, daß sich bald ein Staat im Staate bildet und zum Schluß die informelle Nebenregierung die eigentliche Führung wahrnimmt. Erweist sich deren Führungsstil dann als verfehlt und werden die Folgen in der Bilanz oder in Reaktionen der Arbeitnehmervertretung oder der Branche, der Behörden oder der Öffentlichkeit sichtbar, dann allerdings muß die juristisch haftbare Führungsebene wieder den Kopf hinhalten. Und zu Recht, denn als Führungskraft trage ich Verantwortung nicht nur für das, was ich selbst anordne, sondern auch für das, was ich in meinem Bereich billigend in Kauf nehme oder doch zumindest widerspruchslos zulasse.

Die Theorie der Zeitstrukturierung wird sicher in dem Unternehmen am meisten Früchte tragen, wo ein Höchstmaß der juristisch als Arbeitszeit deklarierten Zeit auch auf „Arbeit“ entfällt, wo gelegentlich auch Einklang möglich ist, d.h. nicht behindert wird, und wo sogar Möglichkeiten für Isolierung vorgesehen sind. Moderne Unternehmen haben nicht nur mit Sport- und Spielanlagen Raum für gesellige und gesunde Unterhaltung geschaffen, sondern für die Pausenzeiten Ruheräume vorgesehen, wo der Mitarbeiter sich einmal auf einer Liege ausstrecken und sich still entspannen kann, ohne durch Zigarettenrauch behelligt oder durch Gespräche gestört zu werden. Vor allem aber kann in einer gesunden Unternehmensatmosphäre allmählich die mit Psychospielen zugebrachte Zeit zurückgehen. Das klappt zwar nicht von heute auf morgen, aber wo die Führungskräfte selbst TA praktizieren und wesentlich durch ihr persönliches Vorbild führen, wird sich das Arbeitsklima im Laufe der Zeit von selbst ändern.

Es gibt wohl kaum menschliche Gemeinschaften, in denen keine Psychospiele laufen. Für Führung und Management liegt das Fatale an den Psychospielen darin, daß die einander ergänzenden Rollen oft so nahtlos zueinander passen, daß das Spielgeschehen schon gar nicht mehr als solches wahrgenommen wird und sozusagen zum Unternehmensalltag gehört. Dazu ein paar Beispiele.

Der Chef, der gern spielt *Ich wollte dir doch nur helfen* („Ich habe es doch nur gut mit Ihnen gemeint") (s. S. 137 f.), gefällt sich in dem Ruf, so rührend gütig und großzügig zu sein, und findet schnell Spieler, die ihn als besondere Pechvögel *(Holzbein)* oder Selbstbedaurer *(Ich Ärmster)* aus dem schluchzenden K heraus manipulieren. Er kann einfach nicht widerstehen, wenn sich der angeblich Hilflose mit dem Appell: „Sie müssen ..." an ihn wendet. Da hat einer bis gestern gemeutert oder die Unternehmenspolitik heimtückisch sabotiert, aber wenn es ihm heute an den Kragen geht und er sich rechtzeitig und clever an den bis gestern noch bekämpften Vorgesetzten wendet: „Jetzt bin ich in Gefahr, Sie müssen mich schützen", schnappt die attraktive Falle gleich zu, nämlich die Versuchung, dem Gegner von gestern und sich selbst das Erlebnis eigener Großmut und Machtfülle zu bescheren. Ähnlich geht es mit der Beteuerung „Ich weiß nicht mehr weiter, Sie müssen mir einen Weg ebnen", oder „Ich bin in Not, Sie müssen mir helfen" usw. Wer es dann noch versteht, ein paar Tränen zu vergießen, hat die Unterschrift für die Überbrückungshilfe oder den Personalkredit schon in der Tasche.

Hinter dem Psychospiel *Wenn du nicht wärst* (s. S. 42) steht oft eine Projektion: ich schiebe etwas, das ich an mir nicht leiden kann, auf den anderen. Wenn ich bei mir selbst häufiges langes Zögern oder (vielleicht sehr berechtigtes) gründliches Nachdenken vor Managemententscheidungen als Unzulänglichkeit, etwa als Mangel an Entschlußfähigkeit oder Wagemut wahrnehme, kann ich das auf „die anderen" schieben, etwa in meine Vorstellung des Konkurrenzunternehmens oder der Nachbarbranche einbauen. Ich schaffe mir so ein Feindbild und nehme die Realität nicht mehr nüchtern wahr. Über das Feindbilddenken kann ich zwar vorübergehend enorme Energien mobilisieren, das hat die deutsche Geschichte der letzten Generation bewiesen. Aber auch in der Wettbewerbswirtschaft kommt meist irgendwann wieder der Augenblick des Waffenstillstands oder vielleicht einer interessanten Kooperation, und die verbaue ich mir, wenn ich meine Gefolgschaft zuvor kräftig aufgehetzt habe. Ganz abgesehen davon, daß ich das Denken und Fühlen meiner Mitarbeiter durch überzogene Kampfparolen negativ steuere und es morgen schwer haben werde, sie nach Abklingen des Schlachtenlärms wieder zu konstruktiver und vielleicht entsagungsvollerer Aufbauarbeit anzuhalten.

Bei Führungskräften ist das Psychospiel *Völlig überlastet* (S. 144) sehr verbreitet. Der Spieler ist höchst einfallsreich in den Begründungen dafür, daß er ja delegieren würde, aber in diesem Fall (und im nächsten und überhaupt) nicht *kann*. „Sie haben gut reden – an wen kann ich denn?" Wahrscheinlich stimmt's sogar – natürlich wird sich das nicht ändern, und der *Völlig überlastet*-Spieler gibt sein oder der Firma Geld für alles Mögliche aus, nur nicht dafür, sich ein paar qualifizierte Mitarbeiter zu holen, die ihn wirklich entlasten könnten. (Ist ja klar, wenn sie wirklich qualifiziert sind, würden sie wahrscheinlich auch ihn selbst und seine Spielchen bald durchschauen, und nichts fürchtet der Psychospieler insgeheim mehr.) Er findet auch immer neue Wege, auf denen er sich zusätzliche Arbeit aufhalst, z. B. einfach dadurch, daß er sich selbst unnötig in Zugzwang bringt. Ist er in der Geschäftsleitung, nimmt er ohne Not Termine an, die einfach zu knapp sind; leitet er Außendienstorganisationen, kündet er ohne Not Projekte, die erst halb ausgekocht sind, an und „muß" dann etwas vorweisen, um wieder einen Erwartungsbruch zu verhindern, und ist er ganz oben, wird er immer wieder Erwartungen wecken, von denen er sich sagen müßte, daß sie beim besten Willen (und unter äußerstem Verschleiß seiner Kräfte) einfach nicht zu erfüllen sind.

Beim *Völlig überlastet*-Spieler zeigt sich besonders eindringlich der Zwangscharakter von Psychospielen. Er reagiert höchst allergisch auf die Zumutung, sich einmal wirklich etwas zu gönnen, und seien es nur einmal drei völlig arbeitsfreie Weihnachtsfeiertage, wenn sie der Kalender ohnehin vorsieht; die Reaktion heißt empört: „Ich *kann* doch nicht einfach ..." oder „Ich *muß* schließlich noch ..." Gegen das fast besessene Immer-eingreifen-müssen richten Argumente nicht viel aus; eher macht vielleicht das Erlebnis spielerischer Gruppenübungen hellhörig, wenn solch ein Manager etwa miterlebt, wie ein Orchester anfangs wild durcheinander musizierender Phantasieinstrumente sich in kurzer Zeit zu einträchtigem (und manchmal erstaunlich schönem) Musizieren zusammenfindet, wenn – vielleicht gerade weil – niemand eingreift.

Oft läßt sich das Ineinandergreifen von *Jetzt hab ich dich erwischt* beim Vorgesetzten und *Versetz mir eins* beim Mitarbeiter beobachten; was weniger auffällt, ist die Häufigkeit, mit der auch Führungskräfte ihr *Versetz mir eins*-Spielchen (s. S. 145) inszenieren. Wer für Schmeicheleien anfällig ist, wird sich immer wieder neu von Helfern ausbeuten lassen, die gelegentliche Loblieder statt konstanter Leistung bringen und ihre Höflingsstellung dadurch ausbauen, daß sie für ihren ruhmsüchtigen Boß den Personenkult organisieren. Es muß nicht unbedingt der Leiter der Presseabteilung oder der PR-Mann sein, jeder andere, der für einen schmeichelhaften Zeitungsartikel sorgt, kann sich rasch eine Beförderung oder eine Gehaltserhöhung verdienen, und ein Foto dabei wirkt wahre Wunder. Der öffentlich Beweihräucherte kassiert seinen Spielgewinn in dem Augenblick ein, wo der treue Diener ihn entweder durch überdurchschnittliche Unfähigkeit oder Faulheit blamiert oder die nächste Palastrevolte gegen seinen Gönner eingefädelt hat. A propos Intrige: man sagt zwar, nur die allerdümmsten Kälber wählten ihren Schlächter selber, aber auch der sonst so clevere *Versetz mir eins*-Spieler schafft es mit traumhafter Sicherheit, ausgerechnet *den* Mann zu seinem Vertrauten zu machen, der eines Tages seine Stellung ins Wanken bringen oder ihn gar um die erneut mühsam erarbeitete Position bringen wird. Bei hartnäckigen Spielern in Wirtschaft und Politik läuft so etwas im Laufe ihrer Stehaufmännchen-Karriere ein halbes Dutzend mal; da nutzt auch keine Warnung der ahnungsvollen Ehefrau oder des wohlmeinenden Freundes oder des gut, aber vergebens unterrichteten Nachrichtendienstes.

Natürlich bietet die Kenntnis der Zusammenhänge von *Skriptbotschaften* und frühen Entscheidungen wertvolle Hilfen bei der Menschenführung. Zwar wird der Verantwortliche nicht gleich nach Kindheitsschwierigkeiten suchen, wenn Krankheits- und sonstige Fehlzeiten sich häufen, aber er wird doch bei gewissen Auffälligkeiten an Bann-Botschaften denken. Wenn etwa jemand immer wieder depressiv auftritt oder als „Verunfaller" von sich reden macht, wenn er psychosomatische Leiden (Magengeschwür, Bluthochdruck, Asthma, Herzinfarkt) oder Suchtkrankheiten (Alkoholismus, übermäßiges Rauchen) hat, wird der Vorgesetzte oder Personalchef eine *„Sei nicht"*-Botschaft in Betracht ziehen und den Betriebspsychologen oder einen guten Psychotherapeuten beiziehen.

Interessant sind die Zusammenhänge zwischen den *Grundeinstellungen* und den Managementstilen. Man kann sich durchaus vorstellen, daß der glückliche Träger der ersten nie gebrochenen Einstellung *„Mit mir ist alles in Ordnung, und du bist mir recht, wie du bist"* sich lieber seine Freiheit bewahrt und nur in Ausnahmesituationen überhaupt Führungspositionen einnimmt. Die zweite Einstellung: *„Mit mir stimmt was nicht, die andern sind besser weggekommen"*, prägt den Beliebtheitsführer, der alles tut, um die Zuneigung seiner Mitarbeiter zu erringen, ihnen aber letztlich doch nie traut, der sich ausnutzen und mit Schmeicheleien manipulieren läßt und doch seine Mitarbeiter ständig belauert, der meist nachgiebig ist und mit Gunsterweisungen und Gunstentzug führt, dazwischen aber plötzlich aus seiner Unsicherheit heraus die verdutzte Belegschaft gekünstelt forsch anbellt oder gar unerwartet hart zuschlägt. Der Manager in der dritten Position: *„Mit mir ist alles in Ordnung, aber bei den andern stimmt was nicht"*, pflegt den autoritären Führungsstil, redet viel und stramm, verkündet zündende Parolen und ersinnt fein abgestufte Sanktionen, greift hart durch, überfordert seine Mitarbeiter gnadenlos, duldet keine Widerrede und handelt nach der Devise: Wer nicht für mich ist, ist gegen mich (also gehört er auf die Versetzungs- oder gar Entlassungsliste). Wenn einmal ein Vertreter der vierten Einstellung *„Bei mir ist etwas schiefgelaufen, und die andern sind auch nichts wert"* Vorgesetzter wird, wird er den Laissez-faire-Stil praktizieren, und da muß ein Betrieb schon kerngesund sein, oder es müssen anderwärts genügend tüchtige Leute da sein, die Flurschäden wiedergutmachen, wenn er ihn nicht allmählich ruiniert. Und wer sich nach reiflicher Überlegung für die fünfte Grundeinstellung entschieden hat, nämlich *„Mit mir stimmt's, und die andern sind auch in Ordnung, wenn ich es recht bedenke"*, der wird ganz von selbst einen kooperativen Führungsstil pflegen, mit Verständnis für die Mitarbeiter, klaren Weisungen einem für alle verbindlichen Rahmen und im einzelnen ausgewogener Berücksichtigung von sachlichen Notwendigkeiten und persönlichen Bedürfnissen.

Sehr klar lassen sich auch die Gebote der *Weg-Weiser* am Führungsverhalten ablesen. Wer der Weisung *„Mach's mir recht!"* gehorcht, wird seinen Mitarbeitern nach dem Munde reden, ohne sie wirklich zu fördern. Das heißt aber zukünftige Enttäuschungen heute schon vorprogrammieren. Das ist dann das Gegenteil von guter Führung und gibt ideale Voraussetzungen ab für das Psychospiel *„Völlig überlastet"*. Ähnliches gilt für die Botschaft *„Sei perfekt!"* – nicht nur daß der Chef das gleiche Spielchen spielt, in seiner Umgebung herrschen Furcht, Verdrossenheit und hohe Personalfluktuation, und er selbst kümmert sich höchst persönlich um die nebensächlichsten Details, geht etwa noch als Vorstandsvorsitzender nach Dienstschluß mit einem dicken Schlüsselbund durch die Räume seiner diversen Etagen und zählt, ob die Zahl der Kleiderhaken in den Büros für Direktionsbevollmächtigte, Prokuristen und Abteilungsdirektoren auch wirklich der Hausvorschrift entspricht. Die Weg-Weiser *„Beeil dich!"* und *„Streng dich an!"* wirken sich ähnlich aus. Nicht nur, daß der „dynamische" Chef sich selbst nicht schont, er sorgt auch durch rastlosen Einsatz und vernehmbares Peitschengeknall dafür, daß die Pferdchen ständig auf Trab bleiben, gönnt ihnen keine Verschnaufpause und hat mit seiner Ruhelosigkeit schon manches Unternehmen in den Erschöpfungstod geritten. Der Weg-Weiser *„Sei stark!"* schließlich steht hinter der eisernen und kompromißlosen Pflichterfüllung des auf sich allein gestellten Führers, der keinen Kronprinzen aufbaut und keinen Berater hat, mit niemand über seine Vorhaben spricht und aus gehöriger Distanz zum Rest der Welt seine einsamen Entscheidungen trifft. Gerade für diesen Weg-Weiser kann der „Erlauber" segensreich sein: es ist völlig in Ordnung, menschlich zu sein, Schwächen zu haben, sogar Fehler zu machen, auch in führenden Positionen. In dem Maße, in dem ich weniger unnahbar bin, löse ich wahrscheinlich weniger Furcht, vielleicht weniger Respekt, aber ganz sicher auch mehr Vertrauen und bereitwillige Kooperation aus. Allerdings bin ich mit Sicherheit auch verwundbarer, und es ist völlig legitim, daß ich die Folgen vorher bedenke und mir Gedanken darüber mache, ob ich in meiner Position das Risiko auf mich nehmen will.

Wer sich selbst von hemmenden Weg-Weisern befreit, indem er sich seelisch den lösenden Erlauber gönnt, der wird auch seine Mitarbeiter häufiger durch *Erlauben* führen als durch *Verbieten*. Die Erlaubnis, sich frei bewegen und vor allem frei die eigene Meinung äußern zu dürfen, kann sehr viel Schwung, offene Mitarbeit und gesundes Urteil freilegen. Eine Erlaubnis muß ausgesprochen werden, damit das K sie hört und glaubt. Wird sie klar und direkt formuliert, kann sie sogar Wachstumsimpulse auslösen. Ähnlich ist es bei Verboten: wenn sie ruhig und klar ausgesprochen werden, sind sie in der Regel auch ohne langatmige Kommentare wirksam. Allerdings sollte man die Zahl der Verbote, wo immer das möglich ist, auf ein Mindestmaß beschränken.

Zur Führung gehört neben Anordnen, Zeigen und Korrigieren

auch die fürsorgliche Äußerung des L, also das Schützen, Ermuntern und Trösten. Ohne die persönliche Anteilnahme ihres Vorgesetzten werden sich die meisten Mitarbeiter auch bei der besten Sozialpolitik des Unternehmens auf Dauer nicht wohl fühlen. Die persönliche Betreuung ist ein wichtiger Teil der Führung, sie muß die sachlichen Weisungen ergänzen, darf sie aber nicht verdrängen. Recht moderne Unternehmen, die den Vorgesetzten alten Stils abgeschafft haben und nur noch den „Betreuer" ihrer Mitarbeiter zulassen wollten, haben bald erfahren müssen, daß es ohne Führung nicht geht und daß auf Dauer nur dort gemeinsame Leistungen erbracht werden, wo jemand die Richtung aufzeigt und die Verantwortung für seine Funktion übernimmt.

Ein Problem, das gerade im Zusammenhang mit persönlicher Betreuung auftritt, ist das der Enkelliebe. Der höhere Vorgesetzte erliegt nur zu leicht der Versuchung, sich der Sorgen und Anliegen der *über*nächsten Hierarchiestufe unter ihm anzunehmen, also als Hauptabteilungsleiter sich um die netten Gruppenleiter zu kümmern und sie in Schutz zu nehmen; mit den Abteilungsleitern direkt unter ihm kommt er nicht so gut aus. Großväter sind oft so beliebt, weil die Enkel, mit denen sie spielen, sich zum einen nicht vorstellen können, daß Opa zu seinen eigenen Kindern gar nicht so freundlich und gewährend war, und zum anderen genau wissen, daß er Autorität ... ausübt. Wie oft erschwert das K-K-Bündnis zwischen Großvater und Enkel den Eltern die Erziehungsaufgabe! Genauso ist es im Unternehmen: wie oft regiert der nächsthöhere Vorgesetzte seinen Unterführern in ihren Bereich hinein und macht ihnen ihren Führungsauftrag unnötig schwer, statt ihnen zu helfen! Auch wenn der höhere Vorgesetzte nicht auf die wertvollen Informationen verzichten will, die er durch den direkten Kontakt mit unteren Ebenen bekommt, und vor allem auch den persönlichen Kontakt pflegen will – was schließlich zum umsichtigen Management gehört –, wird er zumindest keine Entscheidungen treffen und nach Möglichkeit auch keine Besuche machen, ohne daß der direkt betroffene Vorgesetzte anwesend ist oder doch anwesend sein könnte. Das Hineinregieren in untere Ebenen schafft fast immer Unsicherheit und unnötige Konflikte.

Konflikte werden ganz unterschiedlich behandelt je nachdem, aus welchem Element heraus sie angegangen werden. Ein starkes L wird bestreiten, daß es in der eigenen Mannschaft überhaupt Konflikte gibt, und die unterdrückten Spannungen schmoren unter der Oberfläche weiter und behindern die Produktivität. Mit einem impulsiven K hingegen werden bestehende Gegensätze meist noch weiter angefacht und verschlimmert. Die beste Aussicht, einen Konflikt richtig zu erfassen und konstruktiv zu behandeln, vielleicht zu lösen und ähnliche zu vermeiden, liegt im R-Element mit seinem unbestechlichen Forschen nach der Realität.

Im übrigen sind Konflikte nichts Anormales, sondern höchst normal überall da, wo Menschen mit verschiedener Eigenart und unterschiedlichen Interessen aufeinander angewiesen sind. „Gemeinschaft und Konflikt schließen einander nicht aus, sondern ein!" So oder ähnlich lautet die Erkenntnis aus dem R heraus[13]. Im R kann ich auch das Nein meiner Mitarbeiter aushalten, und ein zu überschwengliches oder mechanisches Ja klingt mir verdächtig im Ohr. Aus dem herrischen L oder dem ängstlichen K heraus verhindere ich abweichende Meinungen; im R unterscheide ich zwischen abweichender Meinungsäußerung bei der Entscheidungsvorbereitung und abweichender Handlungsweise nach der einmal getroffenen Entscheidung. Im R setze ich ein Führungsmittel ein, bei dem ich auf die Interessen und Empfindungen meines Mitarbeiters eingehen *muß:* den Vertrag. Im Vertrag vereinbaren Vorgesetzter und Mitarbeiter klare erreichbare Ziele, die von beiden Seiten ohne Manipulation ausgehandelt werden können; wenn ich so führe, muß ich allerdings auf manchen überkommenen Spruch verzichten – etwa, man solle das Unmögliche verlangen, damit das Mögliche geleistet werde. Ich stimme die beiderseitigen Rechte und Pflichten ab und einige mich auch darüber, wie lange die Vereinbarung gelten soll. Erfahrene Manager werden ihre Verträge von Zeit zu Zeit überprüfen.

Nun geht die Verantwortung des Managers aber weit über seine Aufgaben in der Menschenführung hinaus, und die beste Führungspsychologie nutzt nichts, wenn die Kasse nicht stimmt. Auch die optimale Führungspraxis hat, wie alles in der Wirtschaft, ihren Preis, und das Topmanagement wird in der Wettbewerbswirtschaft auch immer zu ermessen haben, wieviel es zu zahlen bereit und in der Lage ist – zumal das Gesetz der Marktwirtschaft nicht der friedliche Wettstreit edler Geister ist, sondern unbarmherziger Verdrängungswettbewerb. Dem Unternehmen, das in diesem Kampf unterliegt, nutzen auch die besten Absichten der Führungskräfte nicht mehr; das immer zu bedenken fällt auch unter die Ver-

[13] Mit diesen Worten geht der Theologieprofessor *Dieter Stollberg* auf den Vorwurf ein, die Theologen seien untereinander oft so zerstritten; er schreibt: „Was uns eint, ist ja gerade die gemeinsame Bemühung um die gemeinsame Sache ..., die Konflikte impliziert."

antwortung, unter den rechten Gebrauch des R in der Unternehmensführung. Dazu gehört neben der Klarheit, die bei Vertragsabschlüssen Pate stehen muß, auch Beweglichkeit und Elastizität. Klarheit heißt zwar, daß die Verantwortungsbereiche sauber getrennt und gegeneinander abgegrenzt werden sollen, aber nicht, daß die Grenzen starr und unverrückbar sein müssen. Spielregeln sollen einfach und für alle verbindlich sein; dennoch wird der kluge Manager auch Ausnahmen zulassen, sich allerdings davor hüten, sie heimlich zu treffen und an Ausnahmeregelungen ein Schweigegebot zu knüpfen: damit schafft er bestenfalls Unsicherheit und macht sich schlimmstenfalls erpreßbar.

Führung, soweit sie Problemlösung beinhaltet, bedeutet, in Alternativen zu denken. Management heißt die ständige Entwicklung von echten Alternativen[14] zu organisieren. Gutes Management wird in der Personalführung Bindung anstreben und nicht Abhängigkeiten schaffen; es erkennt, daß man Menschen auf Dauer nicht einsperren kann. Wer entdeckt, daß er im Gefängnis sitzt, rüttelt an den Stäben. Es klingt ungut, wenn nach Auseinandersetzungen über unterstellte Führungskräfte versichert wird, man habe sie „wieder im Griff"; meist fragt sich der stolz berichtende Manager gar nicht, wie ihm zumute wäre, wenn er erführe, daß eine Stufe höher Ähnliches über ihn selbst geäußert wurde. Führen und Beherrschen sind zwei Paar Schuhe, und es kann durchaus sein, daß ich um so weniger wirklichen Einfluß habe, je mehr Macht ich ausübe. Aber nur, wo von der höheren Führungsebene guter Einfluß ausgeht, wird der Mitarbeiter seine Leistung gern erbringen, und die hohe Kunst des Managements in der heutigen Welt liegt darin, die Weichen so zu stellen, daß der Mitarbeiter seine Leistung *auf Dauer gern* erbringt. Die ideale Führung in unserem Jahrhundert ist Führung *in Vertrauen und Partnerschaft.*

---

[14] Wir sprechen von „echten"; denn mit den vorher ausgeklügelten Schachzügen, wo ich meinen Mitarbeitern meine Lösung und eine zweite von vornherein unbrauchbare als Scheinlösung zur Auswahl anbiete, führe ich letztlich auch mich selbst hinters Licht und verbaue mir u. U. die Nutzung optimaler Möglichkeiten.

VII.

Was kann ich jetzt tun?

Es ist wahrscheinlich, daß sich die meisten Leser keiner der fünf beruflichen Situationen zuordnen, auf die wir eingegangen sind. Sie mögen sich nun fragen: was jetzt? Was kann *ich* damit anfangen? Was *will* ich mit der TA konkret tun?

Mit denen, die so persönlich fragen, möchten wir so etwas wie ein Gespräch führen, soweit das in einem Buch überhaupt möglich ist, mit einer Vielzahl von Lesern, die wir ja nicht leibhaftig vor uns sehen. Wer sich beim Lesen aufgeschlossen hat, wer neu mit sich in Kontakt gekommen ist, an den möchten wir uns in erster Linie wenden und einfach und direkt mit ihm reden. Deshalb wollen wir ihn in diesem Kapitel auch mit Du anreden – dann horcht sein Kind auf und ist mit von der Partie. Und ohne unser K, das ist wohl deutlich geworden, läuft nichts in Sachen Wachstum und innere Entwicklung.

Wenn dein K jetzt neugierig ist, lieber Leser, und Lust hat, was zu unternehmen, dann wollen wir uns gern unterhalten.

Erlebst du es als muffig und verdrossen oder als aufsässig: „Was soll's?", dann leg das Buch an dieser Stelle aus der Hand, wenigstens für den Augenblick.

Solange du rebellierst, bist du zu sehr darauf aus, Dinge abzutun, und da kommst du natürlich auf deine Kosten. Du kannst an manchen Stellen verächtlich fragen: wenn das *alles* ist... und dich über die Banalität aufhalten, wenn wir einfache, keineswegs neue, aber oft nicht beachtete Dinge ganz einfach aussprechen. Wenn wir auch über Selbstverständlichkeiten reden. Oder du kannst auf innere Widersprüche hinweisen: wenn jeder Leser nur auf seine Weise weiterwachsen kann, was soll dann überhaupt ein Kapitel mit Hinweisen zum persönlichen Wachstum? Logisch hast du unbedingt recht, aber nicht unbedingt psycho-logisch! Fühlst du dich hingegen eher brav und folgsam und wartest nun auf Anweisungen und Rezepte, dann mach dir in deinem R klar, daß du nicht *in deiner Art* weiterkommst, solange du fremden Botschaften gehorchst.

Doch wenn du im R zuhören, selbst überprüfen und ein paar Hinweise zu den Gesetzmäßigkeiten der Persönlichkeitsentfaltung in Ruhe bedenken willst, die wir aus unserer Praxis mit dir erörtern wollen, dann lies dieses Kapitel, und nimm dir daraus, was du gebrauchen kannst, was zu dir paßt und was dir Spaß macht.

1. Das innere Gefüge unserer Persönlichkeit

Wie wir in unserem Inneren beschaffen sind, woran man das erkennen kann und wie das bei dir selbst aussieht, dazu ist dir gewiß manches klargeworden beim Lesen der ersten beiden Kapitel. Vielleicht hat dich berührt oder bewegt, wie die drei Persönlichkeitsanteile beim Menschen ineinandergreifen; vielleicht beschäftigt dich, wie das nun bei dir im einzelnen aussieht, und vielleicht willst du eher klären, welche Bereiche du bei dir selbst fördern, in welche Richtung du weiterwachsen willst. Nehmen wir erst einmal das „Nimm dich, wie du bist"! Wenn du den Ausgangspunkt für deinen zukünftigen Weg präziser bestimmen, wenn du klarer erkennen willst, wer du jetzt bist, dann ist die beste Weise, die wir kennen, der Umgang mit den *drei Persönlichkeitselementen*[1]. Erst wenn du dich annimmst, wie du bist, kannst du auch der werden, der du werden willst.

Als Ergänzung zu unserer Beschreibung noch ein paar Hinweise: Ob jemand gerade in seinem K lebt oder sein Erleben im L gestaltet oder aus dem R heraus agiert und reagiert, das kann uns mit letzter Sicherheit nur er selbst sagen. Aber einen gewissen Anhaltspunkt gibt uns auch die Reaktion der Anwesenden auf sein Verhalten. Wenn jemand besonders häufig deinen und deiner Kollegen Unwillen erregt und ihr ihn andonnert oder wenn er besonders oft hilflos erscheint und ihr ihn belehrt oder beschützt und verwöhnt, dann ist wahrscheinlich, daß er häufig im K ist, auch wenn sich alles, was er sagt, recht logisch anhört. Und wenn andere auf dich selbst auffallend oft mit Bedrückung und Unterwürfigkeit, Schüchternheit und Angst reagieren oder gegen dich protestieren und sich wehren und aggressiv werden, dann hast du wahrscheinlich etwas in deiner Art, das durch ein starkes herrisches L geprägt

---

[1] Du kannst sie bezeichnen, wie du willst, als Anteile oder Bereiche, als Ich-Zustände oder unterschiedliche innere Verfassungen oder psychologische Haltungen: es sind *Teile deiner eigenen Wirklichkeit*, „phänomenologische Gebilde", die du an dir und anderen jederzeit beobachten kannst.

ist, auch wenn du dir das nicht klarmachst und der *Inhalt* deiner Aussagen so betont vernünftigt klingt. Die *soziale Reaktion* kann für dich zumindest ein zusätzliches Kennzeichen sein, um dich besser zu erkennen, und Selbsterkenntnis ist noch immer der beste Schlüssel zur Menschenkenntnis.

Wenn du *dein K* näher erforschen willst, wirst du bald zwei verschiedene Aspekte entdecken, die in der TA als unterschiedliche Äußerungsformen einander gegenübergestellt werden: einmal den ursprünglichen, unbekümmerten und unbefangenen Teil, der natürlich und sinnenfroh, ausgelassen und furchtlos ist (das „freie Kind"), und den anderen, der mürrisch und jammernd, bemüht und beflissen oder auch aufgebracht und nachtragend sein kann (das „angepaßte Kind", oft in der Äußerungsform des „rebellischen K", oft auch in der des „gefügigen" oder „braven K").

Ähnlich ist es beim *L-Element.* Auch hier erscheint ein Teil als ewig entrüstet und moralisierend, als engherzig und stets zurechtweisend, und wir bezeichnen ihn als das „kritische L". Auf der anderen Seite erleben wir den Menschen, wenn er jovial und gönnerhaft, fördernd und helfend auftritt, mit seinem „fürsorglichen Eltern-Ich" (auch als „wohlwollendes" oder „nährendes" L bezeichnet).

Ein paar Hinweise zur besseren L-Erforschung: Hast du die Angewohnheit, für alle Dinge einen festen Platz zu bestimmen? Und wie reagierst du, wenn sie nicht da sind, „wo sie hingehören"? Machst du Theater oder ärgerst dich ordentlich? Müssen die Sachen (etwa auf deinem Schreibtisch) auch in einer bestimmten Lage liegen? Rückst du Bleistifte gerade (und machst anderen dieserhalb Vorwürfe mit Worten oder Blicken)? Erwartest du von anderen, daß sie bestimmte Zeiten peinlich genau einhalten (z. B. für die Mahlzeiten)? Wie reagierst du überhaupt auf Unpünktlichkeit bei anderen? Hast du bestimmte Eß- und Trinkregeln, die nicht der Arzt, sondern du selbst dir vorgeschrieben hast? Versuchst du, auch andere darauf festzulegen? Hältst du dich streng an Programme? Programmierst du auch deine Ferien und zwängst auch deine Familie in deine Planungen? Gibst du ungebeten Ratschläge und denkst dauernd für andere? Schreibst du deinen Kindern den Beruf vor? Oder versuchst du auf Umwegen, deine eigenen Vorstellungen über ihre Berufs- und Partnerwahl durchzusetzen? Und wie reagierst du, wenn andere Blödsinn machen und richtig ausgelassen sind?

Um das *R-Element* besser zu verstehen, befassen wir uns noch mit einer Äußerungsform, die das ganz frühe R kennzeichnet, sozusagen mit dem Keim des R im Kindesalter. Das R ist nämlich das Element, das im Laufe des Lebens den sichtbarsten Wachstums- oder Reifeprozeß erfährt. Das K ist mit sechs Jahren wohl in seiner Grundstruktur geprägt und ändert sich wahrscheinlich nach der Pubertät kaum noch. Auch die Fremdbotschaften werden früh im L aufgezeichnet; zwar kommt auch später, u.U. im ganzen Erwachsenenleben, immer nochmal was dazu, aber die Intensität des Wachstums nimmt doch im Laufe der Jahre ab. Beim R ist es beinahe umgekehrt: der Reifungsprozeß setzt allmählich ein und kann das ganze Leben hindurch bis ins hohe Alter fortschreiten. Unsere inneren Fortschritte, unser „Persönlichkeitswachstum" haben wir mehr und mehr selber in der Hand.

Das ganz frühe R erfaßt die Realität schon ganz ähnlich wie das des Sechzigjährigen, einfach durch Beobachtung. Es nimmt Bilder auf, sichtbare Bilder und Lautgestalten, Tasteindrücke und Schmerz- und Lustwahrnehmungen, und stellt zwischen all dem eine Verbindung her. Aber es kann noch nicht logisch denken und hat in der frühesten Phase noch keine Möglichkeit, Geschehnisse als Zusammenhang von Ursache und Wirkung miteinander zu verknüpfen. Die ersten Zusammenhänge, die das erwachende R zwischen seinen Bildern herstellt, sind also wundersam und farbig, märchenhaft und phantasievoll und höchst poetisch. Die Psychologen sprechen von prälogischem oder magischem Denken. Aber auch in dieser Phase ist das kleine Wesen auf die Hilfe der Mitwelt angewiesen und „lernt", wie es die Großen herbeiholen und ihre Anteilnahme mobilisieren kann, indem es z.B. bestimmte Gefühlsausdrücke kräftig steigert. Man braucht nur einmal achtzugeben, wenn ein Baby in seiner Verlassenheit herzzerreißend schreit. Was man dabei oft beobachten kann, ist dies: nach drei, vier erschütternden Schreianstrengungen, wo das kleine Menschenwesen den letzten Rest Luft aus der Lunge gepreßt hat, hält es ein bis zwei Sekunden inne und lauscht, ob sich etwas rührt, und fährt dann um so verzweifelter fort, wenn alles still geblieben ist. Mit den Schmerzäußerungen will das Baby also durchaus etwas erreichen, und es ist im Grunde beachtlich, wie sehr schon die allerkleinsten Kinder, hilflos und ohnmächtig, ohne Sprache und Denk- und Muskelkraft, die Welt der Großen in Bewegung bringen, anders ausgedrückt, nach ihrem Willen manipulieren. Dabei soll einmal außer acht bleiben, ob dahinter nun ein körperliches Bedürfnis steht, Hunger oder Schmerz oder Nässe, oder „nur" Einsamkeit, also der Hunger nach Zuwendung.

Eine ähnliche Beobachtung kann man ein Jahr später machen,

wenn der Kleine laufen lernt und plötzlich fällt, während Erwachsene ihm zusehen. Bisweilen dauert es eine Schrecksekunde, ehe er reagiert, und manchmal schaut er rasch noch auf, wie um sich zu vergewissern, wer ihm nun zuschaut und wie der wohl reagieren könnte, und je nachdem wird der Unfall nicht weiter beachtet oder aber es hebt ein schreckliches Schmerzgeheul an. Man sieht förmlich, wie in dieser Sekunde im frühen R der Prozeß „Folgen bedenken" abläuft: Schmerz zulassen, Mitleid einkassieren, oder weitermachen? An solchen und ähnlichen Vorfällen läßt sich beobachten, wie der Mensch schon sehr früh lernt, durch den Ausdruck von Gefühlen, in die er sich hineinsteigert, andere Menschen gezielt zu manipulieren. Diese frühe R-Ausprägung, mit der das Kind noch nicht systematisch oder gar abstrakt denken kann, weder Grund und Folge noch Ursache und Wirkung versteht, aber sich aufgrund bildhafter Eindrücke blitzschnell orientiert und erstaunlich treffsichere „Schlüsse" zieht, diese Fähigkeit wird in der TA als der *Kleine Schlaumeier* bezeichnet. Der Kleine Schlaumeier ist rasch, aufgeweckt, mal neugierig-aufgeschlossen, mal vorsichtig-mißtrauisch, dabei pfiffig und einfallsreich und höchst manipulativ. Er gewinnt seine Erkenntnisse nicht in einzelnen Denkschritten, nicht durch Schlußfolgerungen aus systematisch angeordneten Voraussetzungen, sondern blitzartig durch eine Art Erahnen größerer Zusammenhänge, durch unmittelbares geistiges „Anschauen von Gestalten" oder, um das Fremdwort zu gebrauchen, durch *Intuition.* Eine Situation rasch kapieren und dann durch einen tollen Einfall zum eigenen Vorteil wenden, das ist die typische Leistung des Kleinen Schlaumeiers.

So ist der *Kleine Schlaumeier* nicht nur Meister im raschen Erkennen und Urteilen, sondern auch Meister der Täuschung. Es ist verblüffend, mit welcher Selbstverständlichkeit oft der Zwei- und Dreijährige sich etwas einfallen läßt und lügt, ohne mit der Wimper zu zucken. Wenn es für das Kleinkind etwas ganz Natürliches[2] (und überaus Effizientes) ist, die Erwachsenen zu manipulieren (d.h. zu einem Verhalten zu veranlassen, das seine eigenen Bedürfnisse befriedigt), so ist Manipulation in reiferem Alter in mancher Hinsicht abträglich. Oft beeinträchtigt sie schon in kleinen Dingen des Alltags die Glaubwürdigkeit, auf die wir angewiesen sind, und die Beziehung zwischen zwei Menschen kann

---

[2] Sogar im Tierreich läßt sich Ähnliches beobachten, etwa wirkungsvolle Täuschungsmanöver unter Affen (sehr anschaulich dargestellt von *Jane van Lawick-Goodall,* Wilde Schimpansen, Reinbek, Rowohlt 1971, S. 84–85).

durch wiederholte oder ständige Manipulation erheblich belastet und schließlich zerstört werden. Deshalb entscheide ich später im R mit der Lebenserfahrung des Erwachsenen, was mir wichtiger ist, ein Augenblicksresultat, das ich durch Überrumpelung und Täuschung sicher erreichen kann, oder eine dauerhafte Beziehung. Und eine ruhige R-Überlegung bezieht beim „Folgen bedenken" auch immer die Auswirkungen auf das eigene innere Grundgefühl und die eigene Ausgeglichenheit mit ein und kommt dann vielleicht zu einer reifen R-Entscheidung: „Ich brauche das alles ja gar nicht."

So kannst du im R zu einer Redlichkeit und Echtheit, Ernsthaftigkeit und Zuverlässigkeit finden, die du nicht von den Moralvorstellungen anderer herleitest, sondern aus deiner eigenen klaren Überlegung gewinnst. Du kannst dich dazu entschließen, mit deinen Mitmenschen offen und ohne Hintergedanken umzugehen. Du kannst die Bereitschaft üben, klar definierte Verpflichtungen einzugehen. Weder brauchst du vor anderen Angst zu haben und dich zu ducken, noch dich unangemessen um ihre Gunst zu bemühen: du mußt ihnen nicht nach dem Mund reden und kannst auch mal gegen den Strom schwimmen. Gewiß ist es manchmal nicht leicht, echt und ehrlich zu bleiben und das Gegenteil von dem zu vertreten, was gerade Mode ist. Doch wie erfrischend und auch für Dritte befreiend das wirken kann, zeigt der österreichische Autor (Zeit- und Literaturkritiker und bedeutender Molière-Übersetzer) Hans Weigel in seinem schönen Buch „Das Land der Deutschen mit der Seele suchend"[3]. *Bindungsfähigkeit* und *Mut* gehören zu den wertvollsten Resultaten, die dir ein ruhiges, starkes R bringen kann.

Schön und gut, sagst du vielleicht, nur: wie komme ich dahin? Wenn ich mich richtig betrachte, hänge ich fast ausschließlich im Kind-Ich oder stolziere dauernd im Eltern-Ich herum und habe die größte Mühe, überhaupt einmal ins R zu kommen.

Lieber Leser, wenn es so aussieht, daß du *ständig* in deinem K oder L befangen bist und die beiden anderen Elemente in deinem Erleben und Verhalten so gut wie ausgeschlossen sind, dann kannst du zu Recht eine Störung vermuten, und wir raten dir, die Hilfe eines Therapeuten oder die Arbeit in einer TA-Gruppe zu suchen. Auch eine solche Störung läßt sich gut beheben, wenn du willst, aber kaum ganz allein und sicher nicht nur durch Lektüre.

---

[3] Zürich und München, Artemis Verlag 1978. Mutig ist das ganze Buch. Besonders beachtlich fanden wir das Kapitel über das Andorra-Syndrom.

Wenn du aber andere Menschen erlebst, die einfach immer im K leben oder starr in ihrem L-Zustand beharren, richte dein Verhalten danach aus. Wer sich auch bei den ernsthaftesten Fragen oder vor tragischen Entwicklungen nur verspielt verhält, wer bei allen Gelegenheiten immer wieder in sein Gekicher oder Gejammer verfällt, wer sich wie ein ewiger Rebell oder ein ewiger Backfisch aufführt, bei dem hast du wenig Aussicht, daß er ausgerechnet dir zuliebe plötzlich ins R oder L geht, wenn du ihn da ansprichst. Und auch wer ständig ungefragt Ratschläge gibt, sich laufend in die Angelegenheiten anderer einmischt, ob mit Kritik oder Wohlwollen, wer die anderen immer überfährt, der wird auch dir gegenüber in seinem L verharren. Starre L-Figuren sind bisweilen beeindrukkend wegen ihrer persönlichen Konsequenz, aber gefährlich, wenn sie als politische oder religiöse Fanatiker Macht über die Massen gewinnen. Sogar im Wirtschaftsleben läßt sich ab und an beobachten, wie solche übermäßig kritischen Persönlichkeiten ein Unternehmen beherrschen und oft kurzfristig zu auffallenden Leistungen antreiben, aber langfristig mit ihren ausgefallenen und wirklichkeitsfremden Vorstellungen schweren psychologischen und meist auch materiellen Schaden anrichten. Wenn du mit ihnen umgehen mußt, liefere dich ihnen nicht aus, und wenn du kannst, geh ihnen aus dem Wege!

Aber zurück zu dir selbst! Wenn du nun ein Bild hast von deinem L, R und K und spürst, vom einen hast du etwas reichlich, und das andere ist verkümmert? Nehmen wir an, du kommst dir „kindisch" vor, dein K ist launisch und spielt dir Streiche und es fehlt dir an Strenge und Konsequenz, dir selbst und anderen gegenüber. Und nun willst du wissen, wie du dein ungebärdiges K drosseln kannst...

Vielleicht könntest du das in der Tat. Aber wir glauben nicht, daß das gut wäre. Wir glauben überhaupt nicht daran, daß man etwas lebendig Gewachsenes unterdrücken sollte. Solange nicht schwerste Störungen auftreten, die radikale Eingriffe nahelegen, ist unser Leitbild der Gärtner, nicht der Chirurg. Anders gesagt: wir wollen nicht darauf eingehen, wie man ein Element, das du als übermächtig empfindest, eindämmen kann, aber um so lieber darauf, wie man eines, das weniger ausgeprägt ist, anregt und fördert. Je mehr Raum das zurückgebliebene dann in deinem Inneren gewinnt, je mehr Zeit es jetzt in deinem Leben einnimmt, um so mehr treten die anderen schließlich von selbst zurück!

Willst du *dein K* stärken? Achte auf deine Bedürfnisse, äußere deine Gefühle, und gönne dir Spaß am Leben – so, daß du nicht anderen dabei Schaden zufügst!

Nimm deine Bedürfnisse wahr. Erlaube dir, sie auch auszusprechen. Brauchst du Zuwendung und Nähe, so äußere das nicht allgemein, sondern wende dich an *jemand Bestimmten,* und sage, *was du von ihm haben willst.* Nur: wenn du ihn bittest, *direkt,* dann räume ihm auch ein, daß er nein sagt. Nein heißt oft: „Ich mag jetzt nicht" und nicht „Ich mag für alle Zeiten nicht" oder gar „Ich mag dich nicht". Wenn dir das im Alltag schwerfällt – und aller Anfang ist schwer, gerade auch im Bitten um Zuwendung –, dann übe dich in einer Selbsterfahrungsgruppe. Dein K blüht auf, wenn du gerade und gute Wege findest, dir deine tiefsten Bedürfnisse zu erfüllen. Und oft erlebst du obendrein, daß das auch anderen wohltut!

Nimm deine Gefühle wahr, schieb den Riegel zurück, mit dem du sie ausgesperrt hattest. Achte darauf, *was* du fühlst! Und wenn es am Platze ist, sage es auch dem anderen! Manche Angst ist halb überwunden, wenn du sie dir und dem Mitmenschen eingestehst. Und viele Freuden wirken doppelt mächtig, wenn du sie teilen kannst. Aber wichtiger, als darüber zu reden, ist es, daß du deine Gefühle spürst. Du hast sie, du brauchst sie nicht zu begründen. Du lebst intensiver und freier, wenn du sie annimmst.

Und je freier du wirst, um so mehr macht das Leben auch Spaß! Öffne dich dem Lachen, es ist gesund für Leib und Seele. Tu auch mal Dinge ohne Sinn und Zweck, einfach zum Vergnügen! Übe dich mal im Blödsinn machen! Tolle mit deinen Kindern herum (es müssen nicht deine sein, andere freuen sich auch darüber)! Es gibt so viele Möglichkeiten, dein K zu erfreuen. Bastle oder spiele, singe oder tanze, oder geh mit Kindern in den Zoo, ins Schwimmbad, auf die Kirmes. Oder setz dich nur an den Rand eines Spielplatzes, und schau ihnen zu...

Und wenn du *dein L* stärken willst? Vielleicht sogar dein kritisches L – du spürst, daß du dich nicht durchsetzt, keine Richtung in dein Leben bringst und mehr Autorität brauchen könntest? Wenn dem wirklich so ist – und das ist selten genug –, dann fang mal damit an, in Ruhe deine eigene Meinung zu vertreten. Dann übe dich im ruhigen Nein-Sagen dort, wo der Chor der Ja-Sager den Ton angibt. Sage, wenn dich was stört. Höre nicht auf zu reden, wenn dich jemand mitten im Satz unterbricht. Wenn es dir guttut, schrei auch mal den starken Mann an, vor dem du sonst kuschst – aber überlege dir die Folgen *vorher.* Konsequent sein ist dann gut, wenn du auch bereit bist, die Konsequenzen zu tragen. Wenn dir der Preis dafür zu hoch ist, dann übe dein Durchsetzungsvermögen lieber in der Sporthalle mit Boxhandschuhen am Sandsack (der Tip ist ernst gemeint).

Für die meisten Menschen ist es wohltuender, ihr fürsorgliches L zu entwickeln. Das kann sich segensreich auswirken auf ihre Umgebung, und vor allem kann es ihnen Ausgleich im eigenen Inneren bringen. Aus dem wohlwollenden L-Anteil kommen die Erlauber, die wir zum seelischen Wachstum brauchen (S. 186). Laß dich nicht ausnutzen, aber bemühe dich um Verständnis für die Handlungsweise des anderen. Laß nicht alles durchgehen, aber sei auch bereit zu verzeihen. Und vor allem verzeih dir selbst. Immer wieder. Sei gut zu dir, du brauchst das. Wie willst du von anderen Güte erwarten, wenn du sie dir selbst verweigerst? Stelle ruhig hohe Ansprüche an dich, aber übernimm dich nicht, und vergewaltige dich nicht. Schenk dir selbst Wärme – je mehr du dir gönnst, um so weniger bist du von anderen abhängig! Das Bedürfnis nach einem verständnisvollen und gütigen L bleibt ein Leben lang bestehen, und mancher lernt erst allmählich im Laufe der Jahre, sich selbst das zu bescheren, was ihm die natürlichen Eltern nicht ausreichend gegeben haben. Um so schöner, wenn uns das Leben das Geschenk elterlicher Zuwendung macht und wir sie annehmen können. Der alte Carl Zuckmayer schreibt über seine späte Freundschaft mit Karl Barth: „Ich aber hatte noch einmal gefunden, was ein Mensch am nötigsten braucht, um sich selbst zu verstehen: eine Vatergestalt.“[4]

Und wenn du schließlich *dein R-Element* stärker zur Geltung kommen lassen willst? Wenn du es nicht nur gelegentlich als Werkzeug einsetzen willst, um praktische Probleme zweckmäßig und arbeitssparend zu lösen, sondern wenn du dein R gebrauchen willst, damit es in deinem Leben die Richtung bestimmt?

Das R „überkommt“ dich nicht, für das R mußt du dich entscheiden. Du kannst dich dafür entscheiden, nicht gleich loszujammern oder loszupoltern, sondern erst dreimal ruhig Luft zu holen und dir deine Reaktion *vorher* durch den Kopf gehen zu lassen. Du kannst dich dafür entscheiden, dir auch unangenehme Wahrheiten anzuhören und dich der Realität zu stellen. Und du kannst dich ruhig fragen, ob du in einem Gespräch wirklich etwas *wissen* willst, wenn du Fragen stellst, oder nur zum Schein fragst, um dem Part-

---

[4] *Carl Zuckmayer – Karl Barth*, Späte Freundschaft – in Briefen, Zürich, Theologischer Verlag 1977.

ner etwas zu *beweisen* (oder ihn in eine Falle zu locken). Wenn du dich unvoreingenommen um Verständnis bemühst, bist du im R; wenn du schon weißt, ohne zu Ende gehört zu haben, bist du im L (und wunderst dich vielleicht, daß auch die anderen dich so wahrnehmen, wo du doch gerade so schön logisch argumentierst). Das wirkliche R ist offen, das „Pseudo-R" nicht. Wo du dich im R erlebst, aber mit der Spannung und dem Nachdruck des rechthaberischen Eltern-Ich aufführst, hast du dein Erwachsenen-Ich getrübt. Das ist häufig, und ein gut Teil Arbeit, die in TA-Gruppen gemacht wird, ist „Enttrübungsarbeit" (s. S. 254ff.).

Dein R kannst nur du selbst trainieren. Niemand anders kann dein R drängen oder zu weiterem Wachstum zwingen, es muß sich von allein entfalten. Gibst du ihm aber Anstöße zur rechten Zeit, kann es reifen zu immer neuen Einsichten. Aus dem R heraus kannst du überholte Kunststückchen und Manipulationen, Maschen und Psychospiele aufgeben und dafür mit deinen Mitmenschen ehrlichen, vertrauensvollen Umgang pflegen. Mit dem Erwachsenen-Ich kannst du dir den Weg dahin Schritt für Schritt selbst suchen. Und mit dem Erwachsenen-Ich kannst du beschließen, den ersten Schritt, *deinen* ersten Schritt noch heute zu tun. Willst du dir die Zeit nehmen, darüber nachzudenken?

– – – – – – – –

2. Der Umgang mit anderen

Unser Kapitel über die *Transaktionen* – vor allem die Darstellung der Dreieckstransaktion – könnte die Erwartung nähren, es müßten sich daraus eigentlich Anweisungen ableiten lassen, wie man zur Erreichung bestimmter Gesprächszwecke ganz bestimmte Transaktionen herbeiführen kann. Wir glauben nicht, daß das so einfach ist, und das aus einem doppelten Grund.

Einmal kann ich durch das gezielte Ansprechen eines Elements in der anderen Person zwar die Wahrscheinlichkeit erhöhen, daß mir auch das angesprochene Element antwortet, aber eine Sicherheit dafür gibt es nicht. Mein Gesprächspartner ist kein Apparat, sondern als Mensch in seinen Reaktionen so frei wie ich selbst, und ändern kann ich ihn nicht. Ich kann meine Ansprache noch so gekonnt auf ein bestimmtes Element hin ausrichten, eine Gewähr dafür, daß er das dann auch einschaltet, bietet auch die TA nicht.

Zum zweiten kann ich nicht nach einem Rezept beispielsweise

aus dem R heraus antworten, wenn ich in meiner inneren Haltung in Wirklichkeit noch im empörten L Anstoß nehme oder in meinem leidenden K hänge. In beiden Fällen spreche ich dann zwar Texte, die nach R klingen („Darf ich mal eine Zusatzfrage stellen?“ – „Gehe ich richtig in der Annahme, daß Sie ...?“), vor allem wenn man sie gedruckt liest, aber der Klang der Stimme, der Blick, die Körperhaltung und die Bewegungen verraten dem Gegenüber, daß hier ein Widerspruch klafft zwischen den gesprochenen Worten und der inneren Verfassung, und dann kommt die beabsichtigte Transaktion nicht zustande, denn der andere antwortet – psychologisch durchaus zu Recht – u. U. nicht auf die Worte, sondern auf das, was er nonverbal wahrgenommen hat.

Aus diesen Gründen verzichten wir bewußt auf Anleitungen und Gebrauchsanweisungen und fassen statt dessen Beobachtungen zusammen, die wir im Alltag über die Verwendung der verschiedenen Arten von Transaktionen gemacht haben.

Befassen wir uns zunächst mit den verschiedenen glatten und diagonalen *Paralleltransaktionen.* Bei allen Formen der Paralleltransaktion könnte das Gespräch endlos weitergehen; der Unterschied liegt nur in dem, was dabei herauskommt.

Der L-L-Austausch fördert die Übereinstimmung. Am häufigsten bewegen wir uns im L-L unter der Devise „Werten und Abwerten“, in harmlosen Spöttereien und süffisantem Klatsch, in gemeinsamer Entrüstung oder erregter Empörung oder bösartiger Nachrede. Der Effekt kann ein doppelter sein: man ergeht sich so richtig in der Wonne des Aburteilens – mancher braucht so etwas ja für sein Gleichgewicht –, und man lernt den anderen dabei kennen. Sonst kommt nichts dabei heraus. Anders ist es, wenn der Austausch aus dem „Wiegen“ kommt und sich etwa die Eltern (oder zwei Vorgesetzte) darüber unterhalten, welche Fortschritte ihr Sprößling (oder der neue Mitarbeiter) macht oder wie man ihm am besten helfen kann. Schließlich ist auch, besonders unter Spezialisten in Wissenschaft und Technik oder sonst irgendeinem Fachgebiet, der L-L-Austausch aus dem Wissen heraus beliebt. Dabei geht es schon über das Fachgebiet, aber es werden keine wirklichen Fragen gestellt oder besprochen, sondern in solch einer Fachsimpelei zeigt jeder dem anderen, wie er selbst die Materie beherrscht; gleichzeitig anerkennt er den Gesprächspartner als Experten schon dadurch, daß er ihm die Ehre eines so ausführlichen Dozierens erweist. Das kann für die Beteiligten unterhaltsam sein, aber die Resultate sind nicht umwerfend.

Der diagonale Austausch L-K und zurück oder K-L und zurück

ist Ausdruck von Überlegenheit bzw. Abhängigkeit, gleich ob diese als tatsächlich empfunden oder nur im Augenblick gespielt wird. Wenn du ein bestimmtes Gesprächsziel erreichen willst, etwa deinen Willen durchsetzen, indem du aus der Überlegenheitsposition heraus den andern gefügig machst oder ihn aus der Abhängigkeitsposition heraus zum Helfen oder Nachgeben veranlaßt, kann die entsprechende Transaktion im Augenblick sehr effizient sein. In beiden Fällen ist das, was da läuft, eine (bewußte oder als solche nicht erkannte) Manipulation. Dadurch wirst du zwar das momentane Gesprächsziel u. U. viel leichter erreichen, aber du kannst auch die Beziehung auf Dauer belasten und durch die zu oft wiederholten Manipulationen allmählich zerstören.

Der K-K-Austausch prägt die Stimmung, und wenn er aus dem „Spielen und Genießen" kommt, hebt er sie natürlich. Er erleichtert den Kontakt, macht das Miteinander und Beieinander zur Freude und kann das Leben entscheidend bereichern. Die schönsten Erlebnisse unter Kollegen und Sportskameraden, die tiefsten Bindungen in Freundschaft, Liebe und Ehe leben und erneuern sich aus dem guten, freien K-K-Austausch heraus.

Der R-R-Austausch fördert auf beiden Seiten die nüchterne Konzentration auf Fakten und die freie Entscheidung zwischen Alternativen; er gibt eine gute Grundlage für ein fruchtbares Sachgespräch und eine dauerhafte Beziehung. In der Betriebspsychologie wird der R-R-Austausch auch als Arbeitstransaktion bezeichnet. Ganz gleich, ob im Berufsleben, in der häuslichen Situation oder in privaten Beziehungen: die R-R-Transaktion bewirkt das Erkennen, Ansprechen und Lösen von Konflikten und Problemen überhaupt.

Erheblich schwerer ist es, mit *Überkreuztransaktionen* umzugehen. Kreuzt mein Gesprächspartner, erhalte ich eine Antwort, daß es mir „die Sprache verschlägt", so tue ich auf jeden Fall gut daran, mich nicht meinerseits zu einer emotionalen Reaktion hinreißen zu lassen, sondern mich zu fragen, was wohl meinen Gesprächspartner zu einer Überkreuzreaktion veranlaßt hat. Wird mir dabei klar, daß ich dazu beigetragen habe, so kann ich meine Beteiligung offen ansprechen und damit korrigieren. Ich selbst kann eine Überkreuztransaktion bewußt aus dem K oder L zustande bringen, wenn ich das Thema wechseln, eine Schockwirkung erzielen (jemanden z. B. aus seinem jammernden K oder schimpfenden L herausholen) oder bei Zuhörern (also bei Dritten) emotionalen Widerhall finden will; ich muß mir dabei allerdings darüber klar sein, daß das eine gewagte Operation ist und ich die direkte Kommunikation, wenigstens im Augenblick, sicher nicht fördere.

Bei der unerfreulichsten Form der Überkreuztransaktion, wo beide Seiten laut und heftig aus dem L auf das K des Gegners schießen (Bild 31), drängt sich am stärksten die Empfehlung auf, die drohende Eskalation dadurch zu unterbinden, daß man selbst ins R geht und somit auch den anderen ins R holt. Schön wär's. Wenn ich insgeheim darauf aus bin, mir (und anderen) zu beweisen, daß auch die Psychologen nichts können und die ganze TA nicht weiterhilft, dann brauche ich nur solche „Regeln" in der Praxis auszuprobieren und erlebe schnell, daß es eben „nicht funktioniert".

Noch komplexer liegen die Dinge bei den *verdeckten Transaktionen.* Gerade die Eigenkreuzung zeigt uns deutlich, weshalb rezeptartige Anweisungen dazu meist nicht viel bringen. Bei vielen Äußerungen im Alltag schwingt ja neben der offen wirksamen Ebene, etwa einer Mitteilung R-R, noch eine zweite verdeckt mit, und du kannst im voraus nicht absehen, ob der Gesprächspartner die verdeckte Ebene überhaupt wahrnimmt und darauf eingeht. Du kannst dich nur für dein Teil auf der R-Ebene einbringen, wenn dir an der sachlichen Fortführung des Gesprächs liegt – vorausgesetzt, daß du dich innerlich wirklich im R befindest und dich nicht nur bemühst, R-Gehabe nach außen an den Tag zu legen. Und wenn du dich dazu sehr anstrengen mußt, bist du vermutlich nur scheinbar im Erwachsenen-Ich – daher Pseudo-R!

Wenden wir uns nun den Vierecks- und Dreieckstransaktionen zu. Die ersteren sind insofern weniger problematisch, als sie ja nicht von einer Seite aus gezielt eingesetzt werden. Wo ich sie praktiziere, wie etwa in den ersten Phasen eines Psychospiels, wird mir das erst hinterher klar. Anders liegen die Dinge bei der bewußt als Steuerungsmittel verwandten Dreieckstransaktion. Hierzu ist zweierlei zu bemerken: die Dreieckstransaktion kann ein höchst effizientes Mittel sein, um ein Augenblicksresultat zu erzielen. Wer sie geschickt handhabt, kann damit oft unbemerkt den Gang des Gesprächs steuern und die Entscheidung seines Gesprächspartners beeinflussen. Mit der Dreieckstransaktion verschafft sich die junge Frau den Pelzmantel, den ihr der eitle, aber sehr sparsame Ehemann sonst nicht bezahlt hätte; der wiederum steuert damit geschickt zu Hause die Kinder und in der Firma die Mitarbeiter; der Lehrer sorgt im Unterricht mit Dreieckstransaktionen für Ruhe, weckt das Interesse der Zuhörer und erreicht ihre aktive Mitarbeit.

Problematisch wird die Dreieckstransaktion dann, wenn nicht das Augenblicksergebnis, sondern eine tragfähige Bindung angestrebt wird. Die Problematik der Dreieckstransaktion liegt zum einen darin, daß einer der Beteiligten früher oder später merkt, daß hier doch bewußt manipuliert wird. Meist ist es der Manipulierende selbst, dem klar wird, wie er seinen Mitmenschen überlistet. Geht es ihm dabei um seinen handfesten materiellen Vorteil, und nimmt er zudem die Gefahr in Kauf, daß der andere Schaden leidet, so wird er entweder Teile der Wirklichkeitserfassung oder Teile seiner Selbstachtung aufgeben müssen. Das heißt, daß er sich selbst etwas vormacht über die Art, wie er mit anderen umgeht, oder daß er zynisch wird: natürlich bin ich irgendwo ein Schuft, aber was soll's? Oder aber er geht einen dritten, vielfach betretenen Weg: er weicht aus und läßt den inneren Konflikt unbearbeitet. In allen Fällen verliert er an Geschlossenheit und Überzeugungskraft im Auftreten. In der Familie verblaßt die alte Ausstrahlung, und trägt er im Beruf Verantwortung mit für andere, hat er eine leitende Position inne, so läßt sich förmlich beobachten, wie seine Führungsleistung nachläßt: er „verbraucht sich".

Der andere Teil der Problematik liegt natürlich darin, daß *das Gegenüber* eines Tages merken kann, daß es einer Manipulation aufgesessen ist. Das ist der Grund dafür, daß manche Beziehung, die sich so verheißungsvoll anließ, überraschend abgebrochen wird, oder im Betriebsalltag dafür, daß mancher Mitarbeiter, der bis gestern problemlos schien, morgen plötzlich bei der Konkurrenz auftaucht. Die Wurzel für unbegreiflich hohe Stornoraten und unerklärlich hohe Personalfluktuation liegt oft genug in den kritiklos praktizierten Dreieckstransaktionen. Sie sind ein Grund dafür, daß ab und an glänzend gestartete Unternehmen ganz plötzlich zusammenbrechen und trotz aller Anstrengungen unter demselben Chef nicht wieder flott werden. „Die Luft ist raus."

Als Fazit aus der Beobachtung verdeckter Transaktionen läßt sich eine allgemeine Empfehlung sicher aussprechen: Werde dir so gut wie möglich klar über Eigenkreuzungen, die du selbst startest, und überhaupt die Art und Weise, wie du versuchst, verdeckte Transaktionen einzuleiten, z. B., indem du Dreiecks- oder Viereckstransaktionen anregst. Bei der Viereckstransaktion ist das gewiß besonders schwierig und, wie vieles in der TA, erst im Nachhinein zu erkennen – das Charakteristikum der Viereckstransaktion ist ja gerade, daß die Gesprächspartner sich nicht klar darüber sind, wie sie auf der verdeckten Ebene kommunizieren. Und die Dreieckstransaktion zum eigenen materiellen Vorteil läßt du von selbst fallen, wenn du dir klarmachst, wie teuer du sie auf Sicht bezahlst.

Heißt das nun, daß du dir bei allem Umgang mit den Mitmenschen ständig bewußtmachst, welche Transaktionen da gerade laufen, daß du dir also praktisch bei jedem Gespräch selbst zusiehst? Keineswegs. Je mehr du mit dir selbst im reinen bist, um so selbstverständlicher wirst du ohne große Überlegung aus dem R, aus dem K oder aus dem L heraus reagieren. Du hast obendrein ein Mittel, dir *im Nachhinein* klarzumachen, weshalb manchmal das Resultat deinen Erwartungen nicht entsprach. Und du kannst die Verantwortung dafür übernehmen, wenn du selbst dazu beigetragen hast – und wenn nicht, brauchst du dir den Schuh nicht anzuziehen.

Also keine ständige Selbstbespiegelung, wohl aber immer wieder mal ein rasches Überprüfen im R, ob ich tatsächlich im R bin und bleiben will, ob jetzt eine Reaktion aus dem fürsorglichen oder auch kritischen Eltern-Ich am Platze ist oder ob ich mein freies „Kind" herauslassen kann. Darüber hinaus lassen sich kaum Tips geben. Dennoch wollen wir diesen Abschnitt mit ein paar praktischen Hinweisen zur Gesprächssteuerung schließen.

Achte einmal auf Verhaltensweisen, durch die die Kommunikation beeinträchtigt wird. Besonders häufig ist sicher das Nichteingehen auf den andern, eine Form der Mißachtung, des *Discounts,* durch die so manches Gespräch belastet wird und oft gänzlich mißglückt. Ich kann in vielfältiger Weise auf mein Gegenüber *nicht* eingehen; das reicht vom unbeabsichtigten Übersehen seiner Person oder seiner Äußerungen bis zum absichtlichen Übergehen seines Anliegens. Ich tue das, wenn ich ihn selbst oder sein Thema ablehne, das aber nicht direkt sage. Ich denke: „Das ist doch für mich kein Gesprächspartner" und drücke das in Blick und Haltung aus. Ich antworte auf etwas, wovon er gar nicht gesprochen hat. Ich verschiebe das Thema unmerklich, indem ich etwas Eigenes hinzusetze oder eine unbedeutende Kleinigkeit herausgreife, indem ich es gleich auf Allgemeinheiten leite oder seine Aussage wiederhole und dabei umdeute. Oder ich mache seinen Satz fertig und spreche dann gleich von mir selber weiter: „Ja, ich versteh schon, und ich ..."

Umgekehrt kann ich viel tun, um Ruhe, Klarheit und Sicherheit in der Gesprächsführung zu erwerben oder zu festigen.

Je mehr du natürlich und offen in ein Gespräch hineingehst, desto größer ist die Aussicht, daß es erfolgreich verläuft. Je mehr du verbergen willst, um so mehr setzt du dich in Spannung und um so mehr machst du dir Angst, der andere könnte etwas entdekken. Nimmst du Spannungen bei ihm wahr, sag ihm, was *du* siehst, hörst, spürst, und sag ihm nicht, was *er* tut oder denkt; du könntest dich irren. Erlaube deinem Gegenüber aber auch, anderer Meinung zu sein als du und dir das zu sagen. Ist dir etwas neu oder unverständlich, wehre nicht gleich ab, laß es einen Augenblick nachhallen – vielleicht geht es dir auf, wenn du einmal in Ruhe Luft holst und es für dich bedenkst. Und wenn du dir keinen Reim darauf machen kannst, dann vergewissere dich, ob du es auch richtig verstanden hast. Frag zurück, hol dir direkt die Informationen, die du brauchst. Ein sehr nützliches Gebot für konstruktive Gesprächsführung heißt *hinhören* – nicht zuhören wie der Jäger oder Fallensteller mit der Einstellung: wo sagt er jetzt etwas, wo ich ihn kriegen oder festlegen, ködern oder widerlegen kann, sondern wie der echte Partner mit der Einstellung: was meint er wirklich, was empfindet er dabei und wieso ist ihm das wichtig? Und ein zweites nützliches Gebot heißt: *Sage, was du meinst.* Gewiß ist es unmöglich oder unklug, immer alles zu sagen, was man weiß oder denkt, aber man kann darauf verzichten, Dinge zu äußern, die man nicht wirklich meint.

All das erfordert Übung. Für die Gesprächssteuerung nutzt das bloße Wissen noch nicht viel, hier kommt es besonders auf eigenes Erleben und dann *Training im Alltag* an. Du kannst viel von alledem tun, wenn du Geduld mit dir hast, und deine Beziehungen werden allmählich anders. Setze da an, wo es dir leichtfällt, und übe Schritt für Schritt. Und am besten fängst du an bei dem Menschen, der dir am nächsten steht.

3. Die stete Wiederholung: gleichbleibende Verhaltensmuster

Wie gehst du in der Praxis mit *Gefühlsmaschen* um? Was fängst du mit Maschenverhalten bei anderen an, wieso klammern sich Menschen so an ihre Maschen und wie kannst du am besten an deine eigenen herankommen?

Wo du dich mit den Maschen bei deinen Mitmenschen beschäftigst, begehe nicht den Fehler, hinter jeder emotionalen Reaktion eine Masche zu vermuten. Halte dich an die Definition und die daraus abgeleiteten Erkennungsmerkmale (s. S. 124). Für den Alltagsgebrauch noch ein paar Hinweise, die du als zusätzliche Signale nutzen kannst: kommen mehrere zusammen, dann kannst du *vermuten,* daß dein Zeitgenosse eine Masche strickt.

In vielen Fällen ist das erste, was dir auffallen wird, die Stimme. Manchmal ist sie besonders schrill, manchmal eigenartig samtig, bei manchen immer zu laut für den Raum und die Zahl der Anwesenden, bei manchen wieder eigensinnig leise und schwach. Bei manchen hörst du immer wieder so ein kurzes, verlegenes Nachlachen, auch nach ganz normalen Aussagen. Andere kündigen ihr Ersatzgefühl vorher dadurch an, daß sie das Gegenteil von dem beteuern, was dann kommt: „Ich will mich ja nicht aufregen!" – „Ich will dir ja die Freude nicht verderben."[5] Dazu paßt dann ein typischer, oft wiederkehrender Gesichtsausdruck, z. B. unberührbar verklärt oder verzückt, so honigsüß lächelnd, daß die Kollegen von der „falschen Madonna" sprechen, oder stets finster, verstockt und abweisend, oder verschlossen, griesgrämig und traurig, und wenn jemand nach dem Grund der Leidensmiene fragt, gibt der Betreffende die ehrliche Antwort: „Ich weiß nicht, das war schon immer so."

Berne hat darauf hingewiesen, daß sich seelische Spannungen im Organismus besonders deutlich im Verhalten der verschiedenen Schließmuskeln äußern. Das wird der Nicht-Mediziner nicht so leicht erkennen, es sei denn, er achtet auf den ersten Verschlußapparat für den Nahrungsweg: den Mund.

Ein typisches Signal, das oft auf Maschenverhalten deutet, sind die vielfältigen Kunststückchen, die Menschen mit ihrem Mund anstellen. Auch die Körperbewegungen können Aufschluß geben, wenn sie etwa auffallend eckig, krampfhaft und gewollt wirken oder zerfahren, unsicher und gehemmt oder aber schlaff, matt und kraftlos. Und selbst wenn du solche einzelnen Signale nicht wahrnimmst, aber das Gehabe eines Menschen so wirkt, als trage er, wo er geht und steht, ein unsichtbares Spannungsfeld mit sich herum, in dem andere nicht ungezwungen, locker und natürlich sein dürfen, dann kannst du mit Recht vermuten, daß er eine Masche zur Schau trägt.

Auffällig ist der Eigensinn, mit dem Menschen an ihren Maschen festhalten, obwohl sie ihnen doch nichts Gutes einbringen. Oft genug kommt es zu massivem Widerstand, ehe jemand eine – für alle

---

[5] Wer aufmerksam Sagen und Meinen in der Gesprächsführung beobachtet, kommt oft ganz einfach hinter das, was eigentlich gemeint ist, indem er das Gesagte nur umkehrt. Hinter der Äußerung: „Nicht, daß ich dir nicht glaube ..." steckt manchmal der *Discount:* „Ich glaube dir nicht, denn ..."

anderen offensichtliche – Masche als solche akzeptieren kann. Aber selbst wenn er sie bei sich erkannt hat, heißt das noch lange nicht, daß er fähig oder bereit ist, sie aufzugeben. Also muß Maschenverhalten doch wohl sehr tiefe Wurzeln in der Persönlichkeit haben. TA-Theoretiker haben ein ganzes System von seelischen und körperlichen Bereichen entdeckt, in denen unsere Maschen gründen und meist recht fest verankert sind. Um dieses *Maschensystem* darzustellen, führen wir uns die verschiedenen Bereiche nacheinander vor Augen.

Versetzen wir uns in die Lage eines Menschen, der einen schweren Verlust erlitten hat. Er hat einen nahen Angehörigen verloren, an dem er sehr hing. Er wirkt niedergeschlagen, beinahe gebrochen, und die Welt kommt ihm leer und aussichtslos vor. Er hat keinen Sinn für den Optimismus anderer, und sein Denken ist von der Gewalt des Schmerzes überschattet. Es ist, als wäre ein Teil seines leidenden K in sein R eingedrungen und hätte seinen klaren Blick getrübt. Auch seine Urteile, die ihm selbst so vorkommen, als seien sie ruhige Überlegungen, sind von dem Schmerz des K mitgeprägt, und weil er das nicht merkt, spricht man in der TA von einer Trübung[6]. Eine solche Trübung ist nach dem Tod eines geliebten Menschen etwas durchaus Normales.

Anders liegen die Dinge, wenn dieser Zustand drei Jahre später noch anhält. Dann bedeutet die Trübung eine Störung der Persönlichkeit. Das K hält das R umklammert und hat es durchsetzt, und der Betreffende schwelgt auch ohne erneuten Anlaß immer wieder in der Trauer, und das R, das nicht mehr „rein" funktionieren kann, nimmt das Gefühl nicht auf als Anlaß zu einer sinnvollen Handlung, sondern findet sich mit der Niedergeschlagenheit als naturgegebener Verfassung ab.

Das Persönlichkeitsbild stellt sich dann so dar, wie es die Abb. XX wiedergibt.

Eine andere Art von Trübung kommt dadurch zustande, daß der Mensch bestimmte L-Botschaften nicht mehr als wertende, normative Aussagen wahrnimmt, sondern sozusagen in sein R aufgenommen hat. Deshalb spricht er sie so aus, als wären sie Frucht eigenen ruhigen Überlegens und reifen Urteilens. Eine solche Trü-

---

[6] Der Fachausdruck ist aus der Medizin genommen, wo das Eindringen einer Substanz in eine andere und das Verwischen einer klaren Grenze oder Scheidung als Trübung oder Kontamination bezeichnet wird.

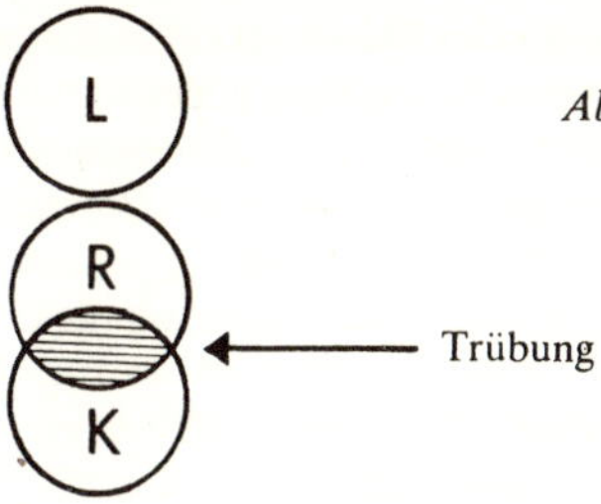

Abb. XX

K: Ich leide. Ich muß immer wieder traurig sein.
R: Das ist nun mal so.

bung des R durch Inhalte des L führt mithin dazu, daß der Betreffende Vorurteile, also Bewertungen, als selbstverständliche Aspekte der Wirklichkeit ausgibt. Vorurteile haben wir gewiß alle; eine Trübung liegt dann vor, wenn wir unser R nicht mehr dazu einsetzen können, sie leidenschaftslos zu untersuchen, sondern Wertvorstellungen und Wirklichkeit verwechseln. Was nun beim Maschensystem eintritt, ist häufiger eine Unwertempfindung: ein abwertendes Urteil über mich selbst, über die Mitmenschen oder den Gang der Dinge („so ist die Welt nun eben") verfestige ich so, daß ich es zu einer unanfechtbaren Grundüberzeugung mache, als Wirklichkeit empfinde und dadurch meine Einstellung ganz selbstverständlich präge. Eine solche Einstellung könnte z. B. lauten: „Ich bin nicht viel wert." Im Diagramm sieht das dann so aus:

Abb. XXI

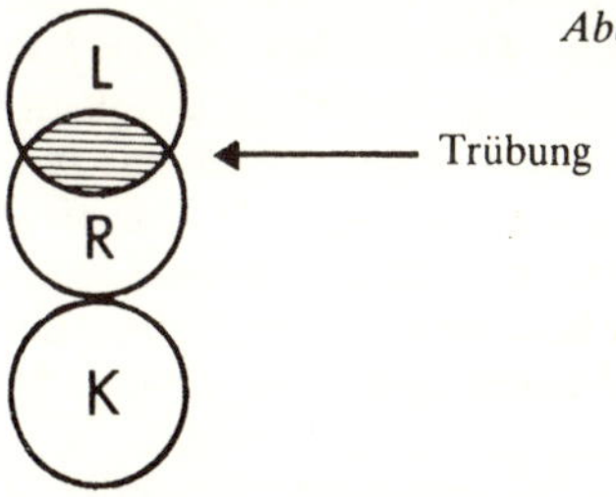

L: Leute, die sich nicht im Griff haben, taugen nicht viel.
R: Das ist objektiv so: ich bin eben nicht allzuviel wert (letzten Endes ein Versager).

Was nun für das Maschenverhalten typisch ist, ist die Art, in der sich die beiden Trübungen gegenseitig bedingen und verstärken. Der „innere Dialog“ wird zu einem Teufelskreis, bei dem sich Gefühl und Einstellung in endlosem Kreislauf immer wieder neu befruchten. Das K empfindet: „Ich bin ewig deprimiert.“ Das L bestätigt: „Deshalb taugst du auch nicht viel.“ Das K seufzt: „Das weiß ich, und darüber bin ich so traurig.“ Das L vorwurfsvoll: „Und mit dieser Traurigkeit wirst du nie viel wert sein. Nimm dich zusammen, sonst wird das nie was!“ Und so weiter.

Wenn wir beide Trübungen zusammen betrachten, haben wir also, schematisch dargestellt, die folgende Persönlichkeitsstruktur:

Abb. XXII

Ich bin traurig, verzweifelt, „depressiv“

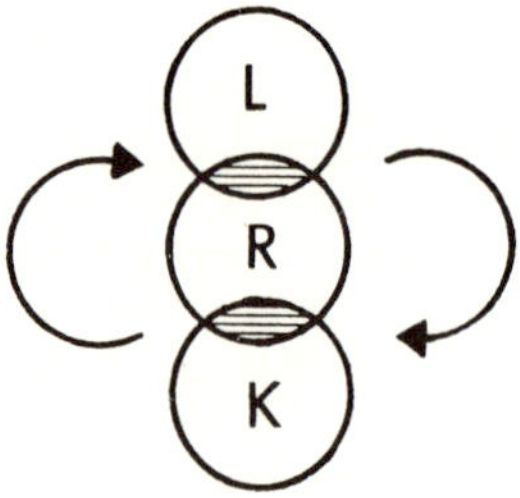

Ich kann nichts, bin nichts wert, keiner mag mich

Doppelte Trübung

Die Einstellung „Ich bin nicht viel wert“ führt oft weiter zu der Überzeugung: „Mich kann man doch nicht mögen“, und dem entspricht bald das Gefühl „Ich habe Angst vor der Ablehnung“. So lassen sich die jeweiligen Maschengefühle mit den dazu gehörigen Einstellungen oder einer ganzen dazu passenden Weltsicht in Verbindung bringen. Der Kreislauf, der sich hier vollzieht, läuft unbemerkt ab; der Betreffende sieht es selbst gar nicht (sein R ist durch die aufgenommenen K- bzw. L-Inhalte an klarer Selbstwahrnehmung gehindert, das ist gerade das Wesen der Trübung) und hat Mühe, es zu erkennen, wenn es etwa im Entfaltungsgespräch an den Tag kommt. Das *Ineinandergreifen von Einstellungen und Gefühlen* ist der erste Bereich des Maschensystems, der Bereich der inneren Vorgänge.

Die Persönlichkeitsstruktur ist der Boden, aus dem heraus bestimmte *greifbare Verhaltensweisen* hervorgehen. Maschenverhalten ist zum Teil von außen wahrnehmbar und spielt sich zum andern Teil im Inneren ab, aber es wird vom Betreffenden selbst auf alle Fälle wahrgenommen, auch wenn er sich im Laufe der Zeit daran gewöhnt hat, es nicht bewußt zu steuern.

Das Verhalten zeigt sich zum ersten im Auftreten des Maschenverhafteten, so wie jeder es beobachten kann. Wer niedergeschlagen ist und die Überzeugung hat, daß er nicht viel taugt, der bewegt sich schwerfällig und schwunglos, hält sich gebückt, spricht leise, schaut verzagt drein, kurzum er hat auch das Gehabe eines Menschen, der unter depressiver Verstimmung leidet. Und wer ängstlich ist und meint, man könne ihn nicht wirklich mögen, benimmt sich scheu und schreckhaft, macht vorsichtige, unfreie Bewegungen, isoliert sich u. dergl. mehr.

Am häufigsten läßt sich in der Art des Auftretens ein Maschenverhalten beobachten, das aus dem K „Leiden" kommt. Wenn Karl sich in der Opferrolle erlebt, vermeidet er Augenkontakt und freies Lachen und scheut sich, andere direkt anzusprechen und überhaupt mit ihnen zusammenzusein. Ob Karl oder Karola, das Verhalten ist stets das gleiche: Karola bleibt in ihrer Ecke sitzen, läßt sich gern wiederholt zum Mitmachen bitten, hält sich dann doch von den anderen fern und spielt „*Versetz mir eins!*" und seufzt und klagt und heult ganz still vor sich hin – doch so deutlich, daß die anderen es merken (müssen).

Aber unsere Gefühle sind immer auch von körperlichen Reaktionen begleitet. Bei Freude strömt das Blut kräftiger durch die Adern, und bei unguten Gefühlen spannen oder verkrampfen wir unwillentlich irgendwelche individuell verschiedenen Körperteile oder Muskelgruppen. Dazu kommen viele Reflexe, etwa in der Tätigkeit gewisser Drüsen, die völlig automatisch ablaufen. Aber schon durch die oft wiederholte oder anhaltende Verspannung kann es zur Beeinträchtigung von Organen und auf Dauer zu Organschädigungen kommen. Die Medizin spricht hier von der Antwort des Körpers auf seeliches Geschehen oder von psychosomatischen Reaktionen. Diese werden spätestens dann wahrgenommen, wenn es zu körperlichen Störungen und zum Schluß zu richtigen Erkrankungen aus seelischen Ursachen kommt. Das beginnt harmlos bei schwitzenden Händen und unzeitigem Erröten, bei oberflächlicher Atmung und unerklärlichem Herzklopfen und reicht über Magendrücken, Kopfweh oder eine allgemeine, organisch nicht erklärbare Verstimmung (die „vegetative Dystonie") bis hin zur schweren Organneurose.

Ein dritter wichtiger Verhaltensbezirk ist die Vorstellungswelt des Maschensüchtigen. Der traurig Gestimmte malt sich aus, wie schmerzhaft ihn dies oder jenes betroffen hat (oder betreffen würde). Wer Angst vor Kontakten hat, durchlebt in seiner Phantasie, wie ihn die Ablehnung überall trifft. Dadurch daß seine Vorstellungen sich immer wieder damit beschäftigen, was einmal Schlimmes passiert ist oder was hätte geschehen können, wenn ..., oder was noch alles auf ihn zukommen könnte, dadurch steigert er sich natürlich hinein in einen Zustand der Angst und Scheu und erlebt dann bald auch harmlose Ereignisse der Alltagswirklichkeit angstgetrübt. Die Tagträumereien und das ewige Sinnieren leisten einen mächtigen Beitrag dazu, das ganze Maschensystem in Gang zu halten und ihm immer wieder neue Nahrung zu geben.

Karola, die depressive Frau in der Gruppe, schaut zwar demonstrativ abwesend an die Decke oder auf den Boden, aber in ihr arbeitet „es" mächtig. Sie phantasiert sich zusammen, wie sich Willi um Heidi bemüht, zu der sind sie überhaupt alle so nett, nur um sie, Karola, kümmert sich natürlich niemand, sie muß das ja überhaupt immer ertragen, wo sie doch nichts dafür kann, daß sie so ist, aber die anderen sind nun mal so gemein. So gleitet Karola in ihren Vorstellungen allmählich aus dem Hier und Jetzt heraus, träumt von Romanfiguren oder denkt an ihr Psychologiestudium ...

Den zweiten großen Bereich im Maschensystem bildet somit unser greifbares Verhalten, und zwar einmal das *beobachtbare Auftreten*, dann die *psychosomatischen Reaktionen* und schließlich die Welt unserer *Vorstellungen*.

Schließlich gibt es noch einen dritten Bereich, durch den wir Maschen hartnäckig am Leben halten. Alles Wichtige, was wir erleben, speichern wir in unserem Gedächtnis, ob wir wollen oder nicht. Aber gleichzeitig mit unserer Wirklichkeitserfassung speichern wir immer auch die emotionale Färbung, die Stimmungslage und das gefühlsmäßige Erleben, das die Wirklichkeitserfahrung begleitet hat. Was also wird der Maschengestörte auf Dauer in seinem Gedächtnis ansammeln?

Die Trübung in seiner Persönlichkeitsstruktur verhindert das normale Funktionieren seines R. Die Realität, die er erfaßt, ist schon getrübt durch sein stets eingeschaltetes angepaßtes K, und die Fakten prüft er nicht mehr nüchtern, sondern sieht sie durch die Brille seiner L-Vorurteile, die ihm als solche eben nicht mehr bewußt werden. Es ist, als trage jemand eine gefärbte Brille, die nur Licht einer bestimmten Farbe durchläßt, so daß er die bunte Vielfalt der anderen Farben gar nicht wahrnehmen kann. Wer durch einen aschgrauen Filter sieht, wird das leuchtende Grün des erwachenden Frühlings ebensowenig genießen können wie das feierliche Weiß einer Hochgebirgslandschaft, für ihn stellen sich sogar die zauberhaften Pfirsichblüten aschgrau dar, nichts als aschgrau.

Aus der bunten Vielfalt des Erlebens liest der Maschengestörte also wie durch einen Filter nur das aus, worauf sich die verzerrende Wahrnehmung konzentriert hat, und speichert das in der *Gedächtnisbank*. Die Welt wird mithin nur als betrüblich oder furchterregend (oder was sonst zu der Masche paßt) erlebt. Wenn Karl also mit Erfolg *„Versetz mir eins!"* gespielt, seine Abfuhr einkassiert oder sich sonst eine negative Rückmeldung geholt hat, ist das Wasser auf seine Mühle. Jetzt kann er sich bestätigen: „Siehste, ich wußte es doch ... nur Schlechtigkeit unter den Menschen, und auch du bist nicht besser...", und er kann die Erinnerung auskosten an das letzte und das vorletzte und auch das vorvorletzte Mal, als ihm so was „passierte". Und überhaupt – in seiner Kindheit hat sein Vater ihn dauernd grundlos geschlagen, im Kindergarten hat man ihn ausgelacht, und Schulfreunde hatte er eigentlich nie. Und je mehr er sich erinnert, um so mehr gute Gründe findet er, die sein Maschensystem[7] rechtfertigen: die Erinnerungen aus der Gedächtnisbank (III) bestärken sowohl die im Inneren ablaufenden Vorgänge (I) wie auch das greifbare Verhalten (II), und so kann Karl ruhig den anderen die Schuld an seiner Misere geben und braucht selbst nichts zu verändern.

Karola macht es genauso. Wenn sie aber nun eine *positive* Rückmeldung erhält, dann würde das ja ihr System durcheinanderbringen – also überhört Karola sie kurzerhand, nimmt sie gar nicht zur Kenntnis oder aber wird skeptisch: „Was will der Willi plötzlich von mir, wieso ist der mit einem Male so freundlich? Weiß Gott, was der im Schilde führt..." Karola hat zum einen nicht gelernt, mit Zuwendung umzugehen, und zum andern ist der Gedanke an eine Umstellung, an einen Wandel in ihrer Art und in ihrem Verhalten ihr nicht nur lästig, sondern er macht ihr auch regelrecht Angst.

Das Ineinandergreifen der verschiedenen Persönlichkeitsbereiche im System der Gefühlsmaschen machst du dir am besten anhand eines Schemas klar.

---

[7] Der Ausdruck stammt von *Richard Erskine* und *Marilyn Zalcman*, deren Theorie in Abb. XXIII veranschaulicht wird (darauf beziehen sich auch die römischen Ziffern). Darin wird das ganze innere und viel vom äußeren Verhalten des Menschen erfaßt, der Maschenbegriff also weit über die ursprüngliche Definition als Ersatzgefühl ausgedehnt. Erskine benutzt heute im gleichen Sinne die Ausdrücke „Manipulationssystem" und sogar „Skriptsystem".

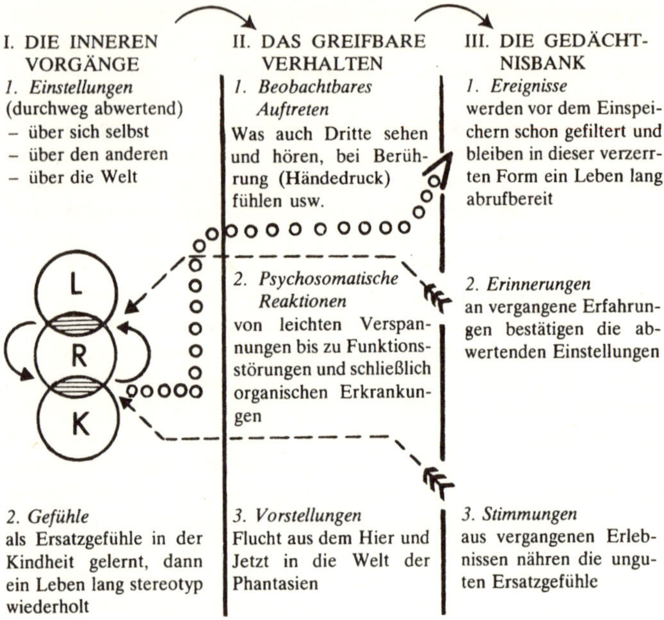

Abb. XXIII: Das Maschensystem nach Erskine-Zalcman

Richard Erskine definiert das Racket-System als „ein sich selbst verstärkendes, wirklichkeitsverzerrendes System von Denken und Fühlen, Verhalten und Erinnern, das darauf abzielt, das Skript zu erhalten". Deshalb fällt es dem Menschen am Anfang oft so schwer, sich in der Tiefe zu verändern, denn das System beruht ja auf den Grundeinstellungen, die er einmal beschlossen hatte und mit denen er seinen Lebenskurs steuert. Solange er tiefe Furcht davor hat, Bann-Botschaften zu ignorieren, Weg-Weiser außer acht zu lassen und eine neue Grundeinstellung einzunehmen, so lange „klebt" er an seinen Maschen, so lange bleibt er seinem Maschenverhalten so verhaftet, daß Außenstehende direkt von „Wiederholungszwang" sprechen.

Soweit das Maschensystem. Was kannst du nun damit anfangen?
Als erstes kannst du dich besinnen, dein Empfinden und Verhalten beobachten, deine unguten Gefühle wahrnehmen, deine Lieblingsmasche(n) herausarbeiten. Und du kannst dich fragen, ob

und wieso eine Änderung deines Maschenverhaltens sinnvoll wäre. Und wenn du beschließt, eine Gefühlsmasche aufzugeben, hast du im System eine ganze Reihe Ansatzpunkte.

Du kannst dich mit den Vorgängen in deinem Inneren beschäftigen und dir deine Einstellungen bewußtmachen. Hast du die Tendenz, die Welt und das Leben abzuwerten, die Fähigkeiten anderer oder deine eigenen Möglichkeiten zu mißachten? Die Arbeit an den verfestigten Ansichten, Meinungen und Einstellungen kann ganz undramatisch sein, und wenn du hier kraft deiner eigenen Einsicht zu neuen Überzeugungen gelangst, kommt schon das ganze System in Bewegung, und du kannst ohne weitere psychologische Vorbildung mit deinem gesunden Menschenverstand die nächsten Schritte zum Maschenabbau selbst finden.

Willst du tiefer eindringen in den Bereich der auslösenden Gefühle, so frage dich, was dir deine Masche eigentlich bringt. Wenn du dein ungutes und unsinniges Gefühl nicht mehr auskosten willst, fällt das ganze System von dieser Stelle aus zusammen. Allerdings ist die Sucht nach solchermaßen unechten Gefühlserlebnissen deshalb so stark, weil sich das darunterliegende echte Gefühl nicht äußern kann. Unter der Masche liegt ja ein nicht sinnvoll verarbeitetes Erleben, meist eine nicht abgeschlossene „Gestalt" der frühen Kindheit, etwas schmerzhaft Unterbrochenes; und mit unserem Grundbedürfnis nach Strukturierung und Gestaltung streben wir stets danach, unvollständige Gestalten zu Ende zu führen, bedrängende Gefühlserlebnisse immer wieder aufzugreifen in der Hoffnung, doch noch einen sinnvollen oder befriedigenden Abschluß zu erleben. Frage dich also einmal: Welches echte Gefühl könnte ich mit meinem Ersatzgefühl überdeckt haben? Gelingt es dir, das zu entdecken (dabei kann ein Entfaltungsgespräch sehr hilfreich sein), dann hast du den entscheidenden Schritt getan. Das echte Gefühl bedarf keiner Begründung und das natürliche Bedürfnis braucht keine Rechtfertigung. Nimm deine natürliche Empfindung wahr, drücke sie aus, und dann suche dir gerade Wege, auf denen du dir deine Bedürfnisse erfüllst, ohne andere zu umgarnen, zu nötigen oder künstlich auf Abstand zu halten.

Leichter kannst du dich von Maschengehabe befreien im Bereich des greifbaren Verhaltens. Solange du geduckt herumläufst, wirst du Verfolger oder Retter anziehen. Geh aufrecht, schau den Menschen in die Augen und sprich mit natürlicher Stimme, und sie werden anders auf dich reagieren als zuvor. Und das wiederum bleibt nicht ohne Auswirkung auf deine Gefühle und deine Überzeugungen.

Auch zum Abbau der körperlichen Verspannungen kannst du bewußt beitragen. Autogenes Training oder auch sachgemäße Joga- oder sinnvolle Meditationsübungen können dabei helfen. Auch ganz einfache Lockerungsübungen (etwa nach der Methode der progressiven Muskelentspannung) wirken schon entkrampfend.

Einer der Autoren hatte sich – was in gewissen Führungspositionen durchaus Mode war und ist – eine regelrechte Streß-Masche gestrickt: er setzte sich bei geistiger Arbeit innerlich unter Druck und verspannte gleichzeitig ganze Körperpartien, mit dem Ergebnis, daß er seine Energien im Tagesablauf schneller verbrauchte, denn körperliche Ermüdung und seelische Erschöpfung verstärken sich gegenseitig. Wenn er sich heute inne wird, daß er der alten Gewohnheit wieder frönt, hält er ein, lockert sich bewußt, atmet tief aus und läßt den Blick über das schöne Land vor seinem Fenster schweifen. Und auch wenn du nicht gerade wie der Schreiber das Siebengebirge vor deinem Fenster hast oder den Zuckerhut über Rio de Janeiro, der blaue Himmel ist der gleiche, und die stillen oder eilenden Wolken können dir jederzeit helfen, dich zu entspannen, wenn du nur willst. Diese Methode der Streß-Behandlung ist zudem einfach und billig.

Hältst du dich in deinen Maschen dadurch fest, daß du dich gern in der Welt deiner Vorstellungen und Phantasiegebilde aufhältst – vielleicht sagst du, sie „überkommen" dich oder du „mußt" immer daran denken –, dann mache die Augen auf und wende dich der Welt zu, die du im Augenblick hörst und siehst. Spüre deinen Körper, den Boden, auf dem du stehst, den Stuhl, auf dem du sitzt. Nimm die Situation wahr, in der du gerade lebst, wende dich den echten Aufgaben zu, die sie dir bringt, oder genieße das Wohltuende, wenn sie schön und problemlos ist. Wenn du dich voll mit dem beschäftigst, was wirklich passiert, und nicht mit dem, was passiert ist oder passieren könnte oder passiert wäre, wenn ..., dann bleibt für Gefühlsmaschen gar kein Raum.

Am schwersten ist vielleicht der Umgang mit deiner Datenbank, eben weil darin so viel Erinnerungen gespeichert sind, die ja schon verzerrt eingegeben wurden. Darum brauchst du hier auch besondere Geduld. Du kannst das, was du da gehortet hast, nicht löschen. Aber du hast es in der Hand, wie oft du die alten Bänder einschalten willst. Und du wirst sehen: wenn du sie weniger und weniger abhörst, werden sie auch weniger attraktiv, und eines Tages kannst du ganz gut leben, ohne dir noch ins Gedächtnis zu rufen, wie du gelitten hast oder was dir für Unrecht widerfahren ist, wie schal auch die erregendsten Episoden ausgegangen sind oder wie oft du im entscheidenden Augenblick gescheitert bist. Die nicht mehr abgerufenen Daten in der Gedächtnisbank verlieren an Eindringlichkeit, und du entgehst auch der Gefahr, aus diesem Bereich heraus das alte Maschensystem neu in Gang zu setzen, wenn du dir nur klarmachst: nicht deine Erinnerung ist Herr über dich, sondern du selbst bist Herr darüber, wieviel Raum du Erinnerungen einräumen und welche Erinnerungen du wachrufen willst.

Damit hast du nun einen Überblick über das ganze Maschensystem und ein halbes Dutzend Ansatzpunkte für deine persönliche Arbeit. Doch die entscheidenden Fragen kannst du dir nur selbst beantworten: Was willst du *konkret* anders machen? Was versprichst *du* dir davon? Wie sieht dein erster Schritt aus und *wann* wirst du ihn tun?

– – –

Nach der ersten Beschäftigung mit dem Thema *Psychospiele* taucht vielfach die Frage auf: Wie kann ich andere daran hindern, ihre Spielchen zu spielen? Je mehr du dich mit der Theorie und Wirklichkeit von Spielen befaßt, um so mehr begreifst du, daß du kaum Chancen hast, anderen Menschen ihre Spielgewohnheiten abzugewöhnen. Aber um so mehr werden dich zwei andere Fragen beschäftigen: Wie schaffe ich es, mich nicht immer auf Spiele einzulassen, und wie kann ich die Spiele abbauen, die *ich selbst* beginne?

Solange du dich über Spiele anderer beklagst, spielst du selbst ein Spiel: „Ich würde ja ohne Spiele auskommen, aber mein Mann, meine Tochter, mein Vorgesetzter..." Tja, *wenn der nicht wäre!* Damit ein Spiel zustande kommt und ablaufen kann, haben immer mindestens zwei zusammengewirkt. Also sieh erst einmal, worin deine Mitwirkung besteht, und übernimm selbst die Verantwortung dafür, ehe wir uns um den andern kümmern...

Gut, aber nun willst du aussteigen. Dazu geben wir dir drei Hinweise, und du probierst selbst aus, was dir mehr liegt.

Am einfachsten ist es, die attraktive Falle nicht zur Kenntnis zu nehmen. Wenn du kein Spielinteresse zeigst, bleibt das Spielangebot sozusagen in der Luft, und der andere spürt, daß er mit dir auf dieser Ebene nicht umgehen kann. (Ist er auf seine Psychospiele sehr versessen, verliert er vielleicht bald ganz das Interesse an dir.) Wenn du die Bemerkung: „Soviel Zeit möchte ich auch mal haben" überhörst und nicht den Wunsch verspürst, sie zu widerlegen oder dich zu rechtfertigen oder aber deinen Triumph auszuspielen:

„Wer hat, der hat!“ – wenn du das Spitze oder Neidische, das darin liegen kann, gar nicht zur Kenntnis nimmst, dann kommt kein Spiel zustande.

Eine andere Weise, nicht einzusteigen, besteht darin, daß du auf das Spielangebot anders reagierst, als es der Fallensteller offensichtlich erwartet. Dein Freund erwägt, auch auf ein TA-Seminar zu gehen, und fragt dich: „Meinst du, so ein paar Tage bringen mich weiter?“ Mit deiner Antwort: „Aber ganz bestimmt, du wirst schon sehen ...“ kannst du verschiedene Spielchen anbahnen. Woher willst du das denn wissen? Sagst du aber: „Was meinst du selbst denn?“, so regst du ihn an, darüber nachzudenken, wer wohl seine Frage überhaupt beantworten könnte. Oder du gehst tiefer und erkundigst dich: „Warum fragst du?“ – und gibst ihm die Möglichkeit, mit den Gefühlen in Kontakt zu kommen, die hinter seiner Frage stehen. Das ist natürlich eine Überkreuzreaktion, und du mußt ihn schon gut kennen, um ihm so helfen zu können. Bei einem Unbekannten ist wohl eher eine weniger persönliche „weiterführende Frage“ angemessen. Beispiel: „Ist Ihre Tochter immer so arrogant?“ – „Was verstehen Sie unter arrogant?“ Das unterbindet das Spiel gleich beim Eröffnungszug, besonders wenn du eine echte, nicht verletzende, klärende Frage stellst[8].

Die dritte Empfehlung heißt: heraus aus dem Drama-Dreieck! Wenn das Spiel angelaufen ist und du erlebst dich als Verfolger oder Retter oder in der Opferposition, verlaß die Bühne, und geh deiner Wege. Das heißt, du wendest dich vom Thema ab und läßt auch eine Bemerkung, vielleicht gar eine Frage unbeantwortet, und wenn es sein muß, mehrere. Du kannst offen sagen, daß du lieber über etwas anderes sprechen oder lieber nicht Stellung nehmen oder still sein möchtest. Und im Notfall laß deinen Gesprächspartner einen Augenblick allein. Geh lieber zum nächsten Telefon, und hol dir aufmunternde Zuwendung von jemand, den du anrufen kannst, als die Kette der „harmlosen Reaktionen“ weiter fortzusetzen, deren Ende zu kennst.

Schließlich noch ein Wort über das ernstere Problem: Was kannst du tun, um *selbst* weniger Spiele in Gang zu setzen oder doch anzubieten?

---

[8] Für Lehrer, Ausbilder und Diskussionsredner: es handelt sich dabei nicht um die „Technik“ oder den Trick, eine Frage mit einer Gegenfrage zu kontern, sondern um einen Beitrag zu sachlicher Klärung des Anliegens aus dem R heraus.

Das erste: sei ehrlich mit dir selbst. Wenn du wirklich Psychospiele abstellen willst, mußt du sie erkennen, auch wenn du sie ganz anders spielst als in den Beispielen in diesem Buch. Es gibt zahllose verschiedene Weisen, *Versetz mir eins* zu inszenieren. Ich fordere das Schicksal heraus durch waghalsige Spekulationen oder trinke, bis ich kaum noch stehen kann, oder fahre bei Glatteis los und wundere mich dann, wenn andere mir Vorwürfe machen. Wenn ich das oft so mache, wird mir wohl klar werden, daß das eine Form von *Versetz mir eins* ist. Weniger deutlich ist das bei den vielen Varianten von „Extrawurst", durch die ich mir zusätzliche, aber ungute Beachtung besorge, sei es als ewiger Zuspätkommer, als Ärmelzupfer, der den Lehrer in jeder Pause mit einem Problemchen in Beschlag nimmt, oder als Ohrwurm, der seinen Chef nach Dienstschluß vor allen möglichen Gefahren warnt, die dieser übersehen könnte. In jedem Falle errege ich bald Unwillen, lege es also darauf an, daß mir jemand eins versetzt. Aber „Extrawurst" hat auch feinere Spielpläne, bei denen des Pudels Kern nicht so leicht zutage tritt. So der Problemsucher, der immer gerade dann ein Haar in der Suppe findet, wenn sich alles endlich auf eine gemeinsame Linie geeinigt hatte, oder der Wahrheitsfanatiker, der gerade in dem Augenblick mit seiner aggressiven „Konsequenz" hervortreten muß, wo man um des lieben Friedens willen auch mal fünf gerade sein lassen wollte. Im eigenen Verhalten den Spielcharakter zu erkennen, das tut oft weh wie manche gesunde Selbsterkenntnis. Und diese fällt dort besonders schwer, wo jemand versucht, sich eine Extrawurst zu braten bei staatlichen Regelungen, denn da darf man auf augenzwinkerndes Verständnis rechnen. Wenn sich jemand mit etlichen Promille im Blut ans Steuer setzt, wird er kaum mit Mitgefühl rechnen können, und wenn er bei Rot über die Ampel fährt und blechen muß, hat er selber Schuld. Aber wenn die Eltern „für ihren Sprößling" die Schulferien einfach um ein paar Tage verlängern oder vorverlegen oder wenn der nunmehr Selbständige seine Einnahmen munter festlegt oder gar ausgibt, ohne an die verschiedenen Steuerforderungen zu denken, die zwar später, aber unweigerlich auf ihn zukommen, und sich dann bitter darüber beklagt, daß „die vom Finanzamt" nicht stunden wollen – mein Gott, was soll denn das mit Psychospielen zu tun haben? Lieber Leser, wenn du solches oder Ähnliches ab und an ins Werk setzt und durchaus weißt, du mußt damit rechnen, daß du zur Rechenschaft gezogen wirst und man dir eins versetzt, dann frage dich, was du mit deiner Extrawurst im tiefsten bezweckst...

Wenn du deine Spiele abbauen willst, folgt auf die Selbsterkenntnis die eigene Verantwortung. Das ist ein Akt der Einsicht und inneren Annahme, der sich schwer beschreiben läßt. Gewiß stammen deine Spielmuster aus der Kindheit. Und sicher hattest du in deinen allerersten Lebensjahren wenig freie Wahl. Doch das ist noch lange kein Grund, die Verhaltensmuster heute beizubehalten.

Heute *hast* du die Wahl, und heute bist *du* es selbst, der auf Spielangebote eingeht und selbst welche macht. Tu oder laß bleiben, was du willst, aber übernimm selbst die Verantwortung dafür!

Zwischen Gefühlsmaschen und Psychospielen besteht ein enger Zusammenhang. So ist es ganz einleuchtend, daß Hinweise zur Aufgabe von Maschenverhalten auch nützlich sind, wenn du deine Spiele abbauen willst. Ein wichtiger Hinweis heißt: steig aus aus dem Drama-Dreieck! Sobald du es nicht darauf abstellst, dem anderen zuzusetzen oder ihm eins auszuwischen, den anderen zu bevormunden oder zu betreuen oder dich selbst als zu kurz gekommen oder ohnmächtig zu erleben, läuft auch kein Spiel.

Daraus ergibt sich der nächste Hinweis: wenn du das mit dem Spiel verbundene Maschengefühl bei dir erkannt hast und es nicht mehr „auskosten“ willst, hört das Spiel von selbst auf. Wenn dir an dem Spielgewinn nicht mehr liegt, ist auch kein echtes Spielinteresse mehr da, und du füllst die Zeit, die dir gehört, anders aus.

Mag sein, daß du auf neue Spiele verfällst, um nicht die Leere aushalten zu müssen, die vielleicht an die Stelle der prickelnden Spannung tritt. Vielleicht hast du es noch nicht gelernt, spielfrei mit deiner Zeit umzugehen. Aber auch hinter dem neuen Spiel steht ein Maschengefühl, auf das du genausogut verzichten kannst – wenn du willst. Nimm dir nicht von einer Woche auf die andere vor: von jetzt an lebe ich ohne Psychospiele; es gelingt dir nicht. Nimm dir jedes deiner Spiele einzeln vor, und sieh, wie du es beginnst.

Im Eröffnungszug steckt meist ein *Discount,* eine Abwertung deiner Fähigkeiten und Möglichkeiten, eine Herabsetzung des Mitspielers oder eine Mißachtung und Verzerrung des Lebens oder der ganzen Schöpfung. Wenn man das ein ganzes Leben lang praktiziert hat, „juckt es einen“ natürlich, sich selbst so ausweglos und mies darzustellen oder am anderen zu kratzen, oder die Welt achselzuckend grau in grau zu malen. Aber du *kannst* das alles auch bleiben lassen. Du kannst deine eigenen Kräfte und deinen Entscheidungsspielraum wahrnehmen, du kannst Liebens- und Schätzenswertes bei deinem Gegenüber anerkennen und kannst die Welt mit Schatten *und* Licht sehen. Der sicherste Weg, Spielverhalten zu beenden und endgültig abzubauen, liegt darin, daß du dir der tiefen Bedürfnisse bewußt wirst, die ungestillt unter dem Maschenverlangen lagen, und sie befriedigst. Erlaube dir, das verborgene Verlangen deines K wahrzunehmen, und geh darauf ein. Hol die *Strokes,* die du brauchst, offen und frei. Gib dir selbst Zuwendung und Anerkennung, wenn du Unruhe und Spannung spürst. Sei gut zu dir, und du hast keine Psychospiele mehr nötig.

Deine zwischenmenschlichen Beziehungen werden anders in dem Maße, in dem du Spiele fallen läßt. Deine Ehe wird vielleicht undramatischer, aber dafür ehrlicher. Mag sein, daß Freundschaften abkühlen, wenn das Spielinteresse nicht mehr im Vordergrund steht; du wirst neue Freunde gewinnen. Kann sein, daß auch dein Arbeitsalltag ärmer an Illusionen und spannenden Episoden, einfach nüchterner wird. Du wirst Zeit gewinnen und Energien frei machen für zielgerichtete, produktive Tätigkeit. Der beste Weg heraus aus allen Spielverhältnissen ist das bewußte Bauen an *direkten, freien Beziehungen.* Dazu gehören durchaus auch Gegensätze, die freimütig angesprochen, und Auseinandersetzungen, die offen ausgetragen werden, vor allem in der ersten Zeit nach einer Umentscheidung. Aber in dem Maße, in dem du nichts mehr verstecken willst, wächst deine Fähigkeit zum Erleben des Einklangs. Und je mehr Einklang du erlebst, um so weniger werden Psychospiele dich noch anziehen. Die Fallen, die du bemerkst, sind für dich nicht mehr attraktiv, und du wirst Tag für Tag mehr der Mensch, der du werden willst und werden kannst.

4. Nötigung und Neuentscheidung

Wenden wir uns den Bann-Botschaften und den Grundeinstellungen zu. Wenn wir von „Bann"-Botschaften sprechen, dürfen wir nicht vergessen, daß die sieben beschriebenen nur ein Ausschnitt sind aus der großen Zahl unterschiedlicher Nötigungen, also verwehrender und lebenshemmender Weisungen, die Eltern und andere Bezugspersonen ihren Kindern einschärfen. Die Wunschvorstellung der Eltern, wie ihr Kind sein soll, kann dabei in entgegengesetzte Richtung gehen. Der Älteste gehorcht vielleicht der Forderung: *„Sei kein Kind!"*, während der Jüngste auf das Geheiß hört: *„Werde nicht erwachsen!"* Manchmal gelingt den Eltern die Ablösung von ihrem Kind nicht, weil ihnen der Gedanke unerträglich ist, sie könnten allein zurückbleiben (und müßten dann *miteinander* umgehen, statt sich an ihren Kindern zu reiben). Die unausgesprochene Botschaft der Mutter, die innerlich auf ihren Sohn angewiesen ist, heißt „Verlaß mich nicht“, und wenn der Sohn sie annimmt, wird er acht Semester so gut wie jedes Wochenende lange Fahrten in Kauf nehmen, um auch von der entferntesten Universitätsstadt heimkommen zu können (und die Studienkollegen halten ihn für ein Muttersöhnchen, wo er doch nur die Wäsche waschen lassen muß!). So wird er auch wenig Gelegenheit finden, an einer guten Beziehung zu einem Mädchen zu bauen, und wenn, dann wird er sich auch ihr gegenüber als der „große Junge“ empfinden und vielleicht bezeichnen, der er so gerne bleibt.

Und wenn der Vater plötzlich sieht, daß aus seinem süßen kleinen Mädchen nun ein knuspriger Backfisch wird, und er etwas beklommen aufhört, sie zu streicheln und zu küssen, kann das Töchterlein das als Botschaft wahrnehmen: „Werde nicht sexy, oder ich mag dich nicht mehr!“ – und es bleibt auch in der Pubertät kindlich, hilflos, ohne eigene kritische Gedanken.

Verständlicherweise sind es oft die jüngsten Geschwister, an die diese Botschaft gerichtet wird: nicht nur ist bei ihnen die Angst der Eltern vor dem Alleinsein aktueller, sondern sie erleben ja auch, daß sie in so viel Dingen noch ungeschickter sind als die älteren, die ihnen fleißig bestätigen: „Ach, das kannst du doch nicht.“ Sie sind die letzten, die man noch versorgen und liebkosen darf, und sie gewöhnen sich daran und bleiben auch als Erwachsene immer Menschen, die so reizend hilflos wirken, um die man sich gerne kümmert und die man ganz spontan betreut, auch emotional. Schwierig wird es, wenn zwei solche nie ganz erwachsen gewordene Jüngste einander heiraten und dann in kritischen Situationen jeder eigensinnig und vorwurfsvoll vom anderen erwartet, daß der emotional die Initiative ergreift und für den Partner mitfühlt, mitdenkt und mitsorgt.

Zur Karikatur wird dieses Verhalten, wenn ein im Berufsleben höchst selbständiger Fabrikdirektor sich Morgen für Morgen von seiner Mutter die Aktenmappe einräumen läßt und ihr Rede und Antwort steht, ob er auch nichts falsch machen oder vergessen wird, oder wenn die nunmehr fünfzigjährige erfolgreiche Graphikerin auf Ehe und Eigenleben verzichtet hat, weil sie resigniert dem eisernen Gebot ihrer Mutter nachkommt, nachts neben ihr im Ehebett zu schlafen – was soll sie denn tun, wenn Mutti immer mit Selbstmord droht?

Es gibt Eltern, die ihren Kindern nicht nur natürliches Wachstum, sondern ganz spontane und ureigenste Regungen untersagen, nämlich (auf ihre Weise, oder überhaupt) zu denken oder zu fühlen. Die Bann-Botschaft *„Denke nicht!“* hat verschiedene Nuancen: „Äußere *überhaupt keine* eigenen Gedanken!" (etwa: „Überleg nicht lange, tu was!" – „Wenn *du* schon denkst!" – „Denken ist Glückssache"); oder *„Denk nicht an* ... („Wenn du immer *daran* denkst, brauchst du dich nicht zu wundern ..." – „Wenn der sich schon mit ... beschäftigt!") oder schließlich *„Denk wie ich!"* (Also bitte, sieh das jetzt ein!" – „Denke immer positiv!" – „Du hast eben nicht die richtige Einstellung!"). Botschaften dieser Art wirken sich ähnlich aus wie *„Werde nicht erwachsen!"*, nur betreffen sie die geistigen Fähigkeiten. Wer sie annimmt, überzeugt sich entweder davon, daß er dumm sei, und lebt das in Maschenverhalten und Psychospielen dann so aus („Keine Ahnung" – „Ich kapier das nie!" – „Weiß ich eben nicht" oder aber: „Bei all dem Nachdenken kommt doch nichts bei raus, da trink ich lieber!"), daß er wirklich dumm „ist", oder er klammert gewisse Denkrichtungen oder Befähigungen aus und lähmt sich auf diesen Gebieten: ich bin nun mal kein guter Rechner usw. Die Folgen dieser Botschaft sind noch fataler, wenn er sich darauf eingestellt hat, statt seinen eigenen Gedanken zu trauen und sie zu äußern, nur fremdes Gedankengut zu übernehmen. Wo der Mensch eigene natürliche Regungen, geistige oder seelische, unterdrückt, wird er hochgradig manipulierbar. Wenn es z. B. Sex einfach „nicht gibt", dann bringt das eine doppelte Gefahr: entweder verbanne ich das Thema aus meinen *Worten*, aber es kehrt in meinen Gedanken und Phantasien und Träumen um so beharrlicher zurück, bis ich zum Schluß vom „Thema eins" regelrecht besessen bin, oder ich mache mir die Überzeugung zu eigen, wie verwerflich ein solches Thema ist, schließe es auch aus meinem *Denken* aus und vertrete bald auch bei anderen Themen die Überzeugung: ist es nicht auch verwerflich, neben dem rechten Dogma (politisch oder religiös) noch andere zu durchdenken? Oder: ist es nicht auch verwerflich, das Marktverhalten oder die Personalpolitik der Konkurrenz überhaupt zu analysieren (geschweige denn, darüber sogar zu reden)? Wer den Eifer sieht, mit dem manchmal Führungskräfte ihre Firmentabus aggressiv und intolerant verteidigen (und damit nicht nur andere manipulieren, sondern auch für sich selbst ein Teil Wirklichkeit ausblenden), erlebt die Macht der Bann-Botschaft *„Denke nicht!"* auch bei normalen, durchaus intelligenten Menschen.

Betrachten wir zum Schluß noch die Bann-Botschaft *„Fühle nicht!"*, die ähnliche Wirkungen zeitigt wie die verwandte Aufforderung *„Komm mir nicht zu nahe!"* Auch sie kann in drei verschiedene Richtungen gehen: „Drücke *überhaupt keine* Gefühle aus!" – „Erlebe *bestimmte* Empfindungen!" – „Fühle nicht, was *du* fühlst, sondern was *ich* fühle!" Botschaften dieser Art werden vor allem indirekt übermittelt von Eltern, die einen sachlich-kühlen, um nicht zu sagen kalten Umgangston pflegen und „ihre Zeit nicht mit Sentimentalitäten verlieren". Sie haben kein Verständnis für die „romantischen" Anwandlungen ihrer Kinder, vielleicht aus verschüttetem Gram darüber, daß sie es sich selbst einmal an entscheidender Stelle versagt haben, Empfindungen auszudrükken, die sie damals zutiefst bewegt hatten, und darauf zu hören. Vielleicht hätte das sehr, sehr weh getan; doch das ist nun vergessen – „Was soll's?" Vielleicht will der Vater oder die Mutter, die die *„Fühle nicht"*-Botschaft vermitteln, im Grunde ihre Kinder nur vor ähnlichem Schmerz bewahren, doch ihre Äußerungen dazu bekommen leicht einen herben oder bitteren Unterton.

Andere haben durchaus gelernt, Gefühle zu äußern, nur nicht die spontan empfundenen. Sie verhalten sich wie das Kind, das seinen Mantel anziehen soll (und das auch tut), weil *die Mutter* friert. Sie drücken nicht aus, was sich tief drinnen regt, ihre eigene Angst, Wut, Trauer oder Freude, sondern sie äußern und empfinden, was von ihnen erwartet wird. Sie produzieren Ersatzgefühle und Maschenverhalten. Oder sie schalten ab, und fühlen gar nicht mehr und rauchen statt dessen eine Zigarette – genauer gesagt, eine nach der anderen (immer wenn eine leise Unruhe oder Spannung anzeigt, daß das unausgedrückte Gefühl doch noch da ist, greifen sie mechanisch zur nächsten). Ein Täßchen Kaffee tut's auch – vor allem, wenn's bei dem einen nicht bleibt... Menschen, die eine solche Bann-Botschaft ausleben, trifft man besonders häufig in Führungspositionen an. Je mehr Schwierigkeiten sie haben im Umgang mit ihren Mitarbeitern, um so ungerührter setzen sie sich durch. Sie haben sichtbare Erfolge und können sie nicht genießen. Sie vermeiden Abschiedsszenen und haben Angst vor dem Heiligen Abend. In Selbsterfahrungsgruppen sagen sie: „Was soll ich denn *spüren?*" – als müßten die anderen es ihnen sagen; sie sagen die Wahrheit, wenn sie von sich behaupten: „Ich? Ich fühle gar nichts" oder „Ich weiß nicht recht, bei mir ist höchstens so ein Gefühlsmischmasch, da kann ich nichts richtig unterscheiden." Es braucht seine Zeit, bis sie die alte Bann-Botschaft außer Kraft setzen und lernen, wieder wahrzunehmen, was sie tief drinnen spüren, in ihrem abgeschnürten „Kind" – wenn sie wollen.

Gewiß ist es nicht leicht, den Gehorsam aufzukündigen gegenüber Geboten, denen man ein ganzes Leben lang nachgekommen ist. Durch Besinnung kann ich hinter meine Maschen kommen und meine Spiele als solche verstehen, und aus der Lektüre den Anstoß gewinnen, jetzt allerhand abzustellen. Aber nur durch Nachdenken komme ich nicht so ohne weiteres an die früh aufgenommenen Botschaften heran. Die Beschlüsse, die ich daraufhin verinnerlicht, wie Nahrung absorbiert und zu einem Teil meines Wesens gemacht habe, diese Beschlüsse hatte ich einmal mit großer Konsequenz gefaßt, um weiterzuleben, um besser durchzukommen. Doch diese Konsequenz war die des Zwei- oder Dreijährigen, und es fällt uns heute mit unserer Erwachsenenlogik meist schwer, die Kinderlogik noch nachzuvollziehen, mit der wir damals unsere Skript-Entscheidungen getroffen haben. Und eine Umentscheidung in der Tiefe, nicht nur ein Aufnehmen anderer Gedankengänge nach anregender Lektüre, also nicht nur ein Umdenken aus dem L heraus, sondern eine Umstimmung deiner K-Reaktionen gelingt meist um so besser, je intensiver du noch an die verletzende Situation herankommst, in der du, in die Enge getrieben oder sonstwie in Bedrängnis, deine frühen Beschlüsse gefaßt hattest. Und dazu kennen wir kein wirksameres Mittel als die persönliche Arbeit in einer Gruppe.

Gewiß erinnerst du dich an deine Reaktionen, als du die Darstellung der Bann-Botschaften im Kapitel V gelesen hast. Wenn es dir beim Lesen der Darstellung der *„Sei nicht!“*-Botschaft „einen Stich gegeben“ hat, wenn dich das sehr berührt oder traurig gemacht hat[9], dann liegt die Vermutung nahe, daß du eine sehr ernste, lebensbedrohende Botschaft aufgenommen hast. Dann ist es besonders ratsam, einen Psychologen oder Psychotherapeuten aufzusuchen und seine Fachkenntnis und Hilfe in Anspruch zu nehmen. Überhaupt, wenn du sicher bist, daß du einer der ersten drei genannten Botschaften *(Sei nicht, Komm mir nicht zu nahe, Nimm dich nicht wichtig)* auch heute noch nachkommst und dich davon befreien willst, empfehlen wir dir die Mitarbeit in einer Selbsterfahrungs- oder Therapiegruppe.

Im übrigen ist bei diesem Kapitel auch die Intensität zu berücksichtigen, mit der aufgeschlossene Geister auf neue Zusammenhänge eingehen und sich damit auseinandersetzen, m.a.W. die Suggestion, der wir bei psychologischen Sachverhalten leicht unterliegen. Die Reaktion, daß der Leser bei jeder neuen Bann-Botschaft zuerst meint: „Das betrifft auch mich!“ – ist natürlich. Also überzieh die Selbsterforschung nicht, und laß dir Zeit, daß die Eindrücke sich erst einmal setzen können. An die Bann-

[9] Wir sprechen wieder die Umgangssprache in der Erwartung, daß du uns leichter folgen kannst; natürlich „macht“ dich *die Darstellung* nicht traurig, sondern *du selbst* reagierst mit Trauer auf eine Erkenntnis oder mit Beklemmung auf eine Einsicht.

Botschaften magst du so ganz für dich allein schwer herankommen; dem gegenüber gibt es eine andere frühe Entscheidung, die du heute leichter durch Nachdenken und Überlegungen umstellen kannst: den Beschluß, eine bestimmte Grundeinstellung einzunehmen. Wenn du dir klarmachst, daß es keinen Grund gibt, dich immer ein wenig verletzt, benachteiligt, zu kurz gekommen oder hintergangen, von anderen gesteuert oder vom Leben betrogen vorzukommen, dann kann dir das sehr helfen, diese Position auch aufzugeben. Und wenn du dir vor Augen führst, daß es nichts bringt – außer den immer gleichen, letztlich unguten kleinen Triumphgefühlen, die den inneren Druck nur vorübergehend besänftigen – wenn du dich ständig ein bißchen klüger, konsequenter, geschmackvoller, entschlossener oder rechtschaffener erlebst als deine Mitmenschen[10], dann kannst du es besser bleiben lassen, Gespräche und Situationen so zu steuern, daß du deinen Mini-Triumph wieder und wieder auskosten kannst. Nicht daß du nicht oft wirklich klüger, geschmackvoller oder weiß der Kuckuck was wärest – aber du machst kein Wesens daraus und siehst mit einem Male, daß der andere, der dir in diesem Punkte nachstehen mag, seinerseits Sonnenseiten hat, an denen du dich freuen kannst. Wenn du dein Drüber- (oder Drunter-) stellen aufgibst, kannst du zu einer neuen, von innen her erlebten Solidarität finden, die tiefer reicht als Manifeste und Parteiprogramme.

Die Bann-Botschaften wirken aus unserer frühen Vergangenheit in unser heutiges Leben hinein wie Zaubersprüche aus einem nebelhaft versunkenen Reich, das wir einmal durchquert haben. Die Weg-Weiser hingegen haben nichts Nebelhaftes oder Geheimnisvolles, sie stehen weithin sichtbar an unserem Lebensweg, für jeden zu lesen, der nur hinschaut. Deshalb macht es auch keine besondere Mühe, mit ihnen umzugehen, und es wäre leicht, sie durch die *lösenden Erlauber* einfach außer Kraft zu setzen, wenn sie nicht durch eine Art Dreh-Mechanismus so fest mit den Bann-Botschaften und den Grundeinstellungen verbunden wären. Diesen Wirkungszusammenhang hat der kalifornische Therapeut *Taibi Kahler* erforscht: wir bezeichnen ihn der Einfachheit halber als *Einengungsschraube*[11]. Mit der Schraube zwängt sich der

[10] Im Englischen gibt es für diese Angewohnheit das ausdrucksvolle Wort *Upmanship*, die Kunst, sich überlegen zu geben (und zu fühlen).

[11] Diese Bezeichnung ist nicht nur anschaulicher, sondern auch präziser als der verbreitete, aber nicht sehr glückliche Ausdruck *Miniskript*. Beim Skript geht es um die Erfassung und Veränderung des (nicht mehr bewußten) Lebensplanes; bei der Einengungsschraube um einen Vorgang, der im Inneren immer wieder – jeweils in kurzer Zeit – abläuft und bei dem *einzelne Faktoren* des Skripts ins Spiel gebracht werden.

Mensch bei jeder Drehung mehr ein und durchläuft dabei drei Stationen, die sich ständig wiederholen, oft in der gleichen Reihenfolge. Zuerst sagt er sich: „Ich bin schon in Ordnung, wenn ich nur ..." An dieser Stelle blickt er auf seinen Weg-Weiser, also beispielsweise: „Wenn ich mir nur richtige Mühe gebe, meinen Willen eisern anspanne, unerbittlich konsequent bin ..." – und folgt der Inschrift *„Streng dich an!"* Er nimmt sich nun, z. B. bei der Berufsausübung, noch mehr zusammen, wirkt ungelöst, wo er hinkommt, von dem inneren Gebot wie von einem *Antreiber* ständig außer Atem gehalten, und erreicht doch seine Ziele nicht, schon einfach deshalb, weil eine ungeheure Spannung von ihm ausgeht, bei der sich andere nicht wohlfühlen. Damit aber durchläuft er die zweite Station der Schraubendrehung und verwirklicht die alte Bann-Botschaft *„Schaff's nicht!"* Diese vereitelt alle Mühen, lähmt jeden Schwung und wirkt auf dem Lebensweg wie ein *Bremser.* Und der Mißerfolg trotz aller Anstrengung bestätigt ihm seine tiefe Einstellung: *„Mit mir stimmt was nicht."*

Die Grundeinstellung bildet also die dritte Station, eine Art *Auszahlung:* „Ich hab's doch immer gewußt, ich bin eben schlecht weggekommen, andere sind besser dran." Daraus gibt es dann wieder nur *einen* Ausweg: ich kann schon in Ordnung kommen, wenn ich mir nur noch mal Mühe gebe. Ich muß nur meinen Willen noch eisern anspannen... und immer so weiter. Es ist ein echter Teufelskreis, in dem sich der Gefangene mit jeder Schraubendrehung nur noch mehr festklemmt und sich selbst in die Enge treibt. Schematisch dargestellt sieht das so aus:

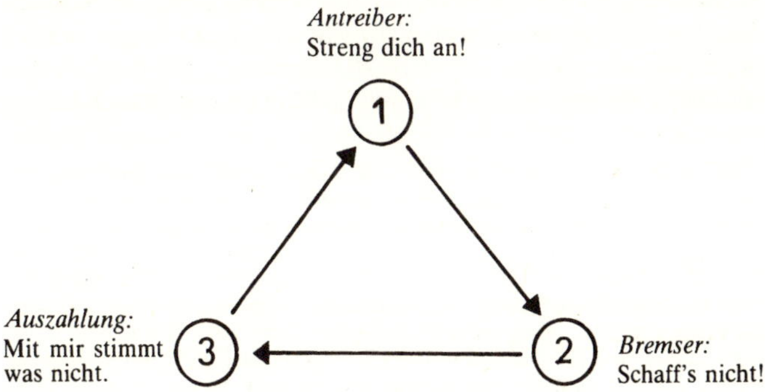

Abb. XXIV: Die Einengungsschraube nach T. Kahler

Wenn du siehst, daß auch du in einer solchen Schraube[12] gefangen bist, mach dir klar, daß sie nichts Zwangsläufiges hat, sondern daß niemand anders als du selbst es bist, der sie Drehung für Drehung weiter anzieht.

Was tun? Ganz einfach! Dreh andersrum! Der Schraubenschlüssel dazu heißt *Erlauber.* Du brauchst gar nicht außer Atem zu geraten. Du mußt nicht immer unter Druck arbeiten. Du *darfst* deine Dinge gelassen abschließen. Und du kannst sie in Ruhe zu Ende führen, eins nach dem andern. Und es ist in Ordnung, wenn dir etwas auch einmal spielend gelingt, ohne große Mühe, oder wenn du *nicht immer* von stählerner Konsequenz besessen warst und doch Erfolg hattest – vielleicht gerade deshalb! Wenn du also die Schraube links herum weiterdrehst, wird auch die Auszahlung entmachtet, du erlebst: ich bin durchaus wertvoll und ernst zu nehmen, auch wenn ich mich nicht pausenlos anstrenge. Mit dieser Einstellung kannst du erleben, wie du Ziele, die du dir mit Gelassenheit setzt, Zug um Zug auch erreichst, und allmählich setzt du sogar den Bremser *„Schaff's nicht!"* außer Kraft und schaffst es eben doch, aber mit Bedacht. Auf diese Weise kannst du von deinen Weg-Weisern aus eine schädliche Skriptstelle nach der andern neu schreiben.

Der *Erlauber* gibt dir also ein Werkzeug in die Hand, mit dem du, ausgehend von den Stationen deiner Einengungsschraube, das ganze Gefüge deines verborgenen Lebensplanes an den hemmenden Stellen aus den Angeln heben kannst. Einige wichtige Erlauber findest du in der Tabelle auf Seite 186. Wo du den Segen der erlaubenden Botschaft annimmst, da hast du eine Neuentscheidung getroffen, und du wirst dich bis in deine tiefsten Reaktionen hinein lösen und verändern. Es wird dich nicht mehr beschäftigen, was gestern war, der gleiche Schraubenmechanismus, mit dem du dich einmal eingeengt hattest, führt dich jetzt in umgekehrter Richtung

---

[12] Im Grunde ist die Schraube eine vereinfachte, dynamische Darstellung der Skriptwirkung: als *Antreiber* kann jeder Weg-Weiser wirksam werden, der *Bremser* ist immer eine Bann-Botschaft, während die *Auszahlung* die Bestätigung der Grundeinstellung „Ich bin nicht in Ordnung, die andern wohl" darstellt. Sehr häufig läßt sich als kurze Zwischenstation zwischen Bremser und Auszahlung noch die Trotz- oder Racheraktion des wunden K beobachten: „Denen werde ich's beweisen, und wenn sie dabei draufgehen" oder „... wenn ich dabei draufgehe." (Ich bin in Ordnung, aber die andern nicht!) Daß es sich wirklich um einen Teufelskreis handelt, oft mit verheerenden Folgen, läßt sich tagtäglich an den Tragödien ablesen, in die eine so zwanghaft gesteuerte Familien-, Geschäfts- oder auch internationale Politik führen kann. Beredte Beispiele bietet die jüngste Geschichte: vorgestern das Geiseldrama in Teheran, gestern die Tragödie von Beirut, und heute?

zu Lockerung und Entfaltung. Wo die Kraft der Erlauber innerlich erfahren wird, geht eine starke, wandelnde Wirkung von ihnen aus. So wollen wir dir noch einige nennen, die manchem Menschen Lösung bedeutet haben, und du wählst dir selbst aus, was du brauchst:

- *Du darfst leben:*[13]
  du darfst atmen, du darfst liebhaben, du darfst wer sein.
- *Du darfst dich mögen, so wie du bist:*
  du darfst zärtlich und dem andern nahe sein, und du darfst dich zurückziehen und allein sein.
- *Du darfst anders sein, als von dir erwartet wird:*
  du darfst deine Impulse wahrnehmen, deine Gedanken denken, deinem eigenen Stil trauen.
- *Du darfst dein Herz öffnen:*
  du darfst staunen und dich sehnen und erschüttert sein.
- *Du darfst Schwächen haben:*
  du darfst Fehler machen, sowohl aus deinen Erfolgen wie aus deinen Mißerfolgen lernen, in einem Wort:
- *Du darfst Mensch sein,*
  du darfst mit dir selbst menschlich umgehen, dir immer wieder verzeihen und gut zu dir sein, dann kannst du auch andern wirklich verzeihen und fröhlicher und menschlicher mit ihnen umgehen.

5. Transaktionsanalyse im Alltag

Heute hat sich die TA als eine Methode der Selbsterfahrung, der Eigensteuerung und letztlich der Persönlichkeitsentfaltung für gesunde, leistungsfähige Menschen bewährt. Ursprünglich war sie von ihrem Begründer als ein Verfahren der Psychotherapie zur Behebung von Störungen verstanden worden; *Eric Berne* bezeichnet sie ausdrücklich als Methode der Sozialpsychiatrie.

Berne steht in der großen Tradition der *Tiefenpsychologie,* die um die Jahrhundertwende von *Sigmund Freud* begründet wurde und bis heute sehr stark von seinen damals revolutionären Gedanken und Erkenntnissen geprägt ist. Was zu seiner Zeit noch ketzerisch klang, ist inzwischen Allgemeingut geworden: daß unser Verhalten vielfach tiefer von Empfindungen und Impulsen gesteuert wird als von klarem Denken. Auch wenn wir unsere Aufmerksam-

---

[13] Vielleicht ist das der umfassendste Erlauber, wenn du alle drei Worte betonst. Wenn du das spürst und tust, hast du die ersten drei Bann-Botschaften außer Kraft gesetzt.

keit nicht darauf lenken oder sogar krampfhaft vermeiden, uns damit auseinanderzusetzen (Freud sprach von Verdrängung), ist der emotionale Persönlichkeitsanteil in uns wirksam, und wir bezeichnen ihn dann gern als das „Unbewußte“. Die TA läßt uns erleben, daß das sogenannte Unbewußte so unbewußt gar nicht ist, und daß es nicht das Unterbewußtsein sein muß, das uns steuert, sondern daß wir selbst lösend und steuernd auf unsere tieferen seelischen Bereiche einzuwirken vermögen. Der Freudschüler *Alfred Adler* hat die Wichtigkeit der sozialen Bezüge, der Über- und Unterordnung deutlich gemacht und gezeigt, wie stark der Drang nach Zuwendung, Anerkennung und Geltung ist, aber auch, auf welchen Umwegen sich unterdrückte Triebe, so etwa der Geltungstrieb, immer wieder Bahn brechen. An ihm hat sich der in die USA emigrierte Psychoanalytiker *Paul Federn* orientiert, der entdeckt hat, daß es drei unterscheidbare Grundbereiche seelischen Verhaltens gibt, die für sich ansprechbar sind und direkt erfahren werden können, im Gegensatz etwa zu den gedanklichen Konstruktionen des „Es“, des „Über-Ich“ und des „Ich“ in der Freudschen Theorie. Von Federn schließlich ist *Eric Berne* beeinflußt worden, der die Erkenntnis von den drei unterschiedlichen Ich-Zuständen zur Grundlage einer eigenen therapeutischen Methode und schließlich eines originellen Menschenbildes gemacht hat.

Eric Berne (1910–1970), gebürtiger Kanadier, hat den größten Teil seines Lebens als Arzt in den Vereinigten Staaten verbracht, war schon Ende der dreißiger Jahre US-Bürger geworden und hatte sich nach Kriegsende in Kalifornien niedergelassen. In den fünfziger Jahren entwickelte Berne aus der psychoanalytischen Schule heraus seine eigenen Vorstellungen, die er dann 1961 in seinem grundlegenden Werk *Transaktionsanalyse in der Psychotherapie* niederlegte. In seinem letzten Lebensjahrzehnt war Berne äußerst aktiv, behandelte Patienten, lehrte, hielt Vorträge, schrieb Bücher und machte zwischendurch nach wie vor weite Reisen über Meere und Kontinente, 1968 noch nach Wien. Jeden Dienstag hielt er vor Fachkollegen sein Seminar, wo neue Erkenntnisse vorgestellt und theoretische Ansätze diskutiert wurden. Aus dieser festen Einrichtung ist ein Fachverband geworden, die *International Transactional Analysis Association* (ITAA), der sich mittlerweile über 6000 Mitglieder in aller Welt angeschlossen haben. Sie hat heute ihren Sitz in San Francisco, Vallejo St. 1772, und gibt als Fachzeitschrift das *Transactional Analysis Journal* heraus.

Eine Prüfungsordnung sorgt für sachgerechte Anwendung der Methode sowohl für klinische wie für sonstige Arbeit; die klinische

Prüfung wird vor allem von Ärzten und Psychologen, die andere (für verschiedene berufsspezifische Anwendungen) von Sozialarbeitern, Theologen, Pädagogen, Juristen im Strafvollzug usw. abgelegt. Jeden Sommer ermöglicht ein internationaler Kongreß praktischen Erfahrungsaustausch und Erweiterung der wissenschaftlichen Arbeit.

Seit 1975 hält auch die *European Association of Transactional Analysis* (EATA) jährliche Sommerkongresse ab.

Die *Deutsche Gesellschaft für Transaktionsanalyse* (DGTA) zählt 1982 bereits über 400 Mitglieder; die Anschrift lautet Samenbergweg 7, 8261 Burgkirchen, Tel. (08679) 4184. Sie ist direktes Mitglied der ITAA.

Je bedeutender die Bewegung wird, die sich aus der kalifornischen Psychotherapie-Schule entwickelt hat, um so mehr kommt es auch darauf an, die TA nicht als Volksbeglückungsidee oder Allheilmittel zu verstehen (oder gar als Trickkiste zur besseren Manipulation von Partnern, Schülern oder Mitarbeitern zu mißbrauchen). Die TA ist nichts anderes als ein *Modell,* ein Gefüge von Vorstellungen, durch die eine komplexe Realität anschaulich und handhabbar gemacht wird.

Die geniale Intuition, eine unübersehbare Vielfalt von Persönlichkeitsfaktoren auf drei Grundbereiche zu reduzieren, ist verglichen worden mit der Erfindung der Ziffern von 0 bis 9. So wie sich jede denkbare Menge oder Zahl durch Verwendung dieser einfachen Symbole ausdrücken läßt, läßt sich jedes menschliche Miteinander mit *Bernes* Kreisen und Pfeilen veranschaulichen. Dabei ist sein „Ich-Zustand“, die jeweilige Verfassung, die wir als „Persönlichkeitselement“ bezeichnet haben, konkreter erlebbar als die Freudschen Kategorien und zugleich weiter und tiefer gefaßt als die „Haltung“ des Psychoanalytikers *Leonhard Schlegel.* Es ist überhaupt erstaunlich, wie wenig sich TA-Autoren bisher polemisch mit anderen Schulen auseinandergesetzt haben und wieviel sie aus verschiedenen psychologischen und therapeutischen Richtungen aufnehmen und mühelos eingliedern.

Das Bewußtsein des Modellcharakters ist ein guter Schutz vor Einseitigkeiten und Übertreibungen. Je mehr du von dem Gelesenen selbst erlebst, je stärker du es in den Alltag umsetzt, um so mehr wirst du Freude haben an deinen persönlichen Fortschritten. Wenn du mehr im Hier und Jetzt lebst, brauchst du die Dinge nicht zu überziehen und wirst dich nicht starr und ausschließlich auf die Gegenwart konzentrieren, sondern *natürlich* auch die Vergangenheit einbeziehen, aufarbeiten, wo sie schmerzlich oder ungut war, und genießen, wo sie dich bereichert hat. Und du wirst *natürlich* auch die Zukunft vorwegnehmen, wirst vernünftig planen, dich gegen Gefahren wappnen und dich auf Schönes freuen. Du wirst die Kirche im Dorf lassen und nicht den Weg-Weiser „Sei perfekt!" durch ein gedankenloses „Mach nur Fehler, es passiert schon nichts!" ersetzen – damit würdest du letzten Endes im Konformismus der Schlamperei innerlich genauso abhängig sein wie vorher, nur mit umgekehrten Vorzeichen. Du wirst eher sagen: Fehler machen ist menschlich, und du darfst auch Fehler machen, aber dann steh auch dazu, und nimm auch die Konsequenzen auf dich – mach Fehler, aber übernimm die Verantwortung dafür! Und wo du diese nicht tragen kannst, etwa bei der Materialprüfung für ein Atomkraftwerk in Übersee, dann tue eben alles nur Erdenkliche, um jeden Fehler zu vermeiden.

Auf eine Gefahr wollen wir noch hinweisen: daß du die TA nicht ihrerseits zur Masche, genauer gesagt, zum Thema deines Maschenverhaltens machst. Es gibt in der Tat Menschen, die zwei TA-Bücher lesen und dann noch unausstehlicher auftreten als zuvor, weil sie sich jetzt ständig beweisen müssen, daß sie OK sind, oder anderen unaufhörlich in den Ohren liegen, sie sollten doch endlich glauben, daß auch sie OK sind. Oder umgekehrt: ihr Psychospiel läuft darauf hinaus, dem anderen zu beweisen, daß er jetzt *nicht* OK ist oder in diesem Punkt mindestens eine Trübung hat oder doch gerade in einer Masche steckt usw. Wer seiner Lust am ständigen Begutachten frönen will, der findet auch in der TA genügend Bezeichnungen, um andere als XY-Typen oder blockiert oder irgendwie gestört zu etikettieren. Man kann jedes wissenschaftliche Modell sachgerecht einsetzen oder mißbrauchen, dagegen ist kein Kraut gewachsen. *Berne* hat als eins der Psychospiele das „Spiele entdecken" oder „Spiele benennen" aufgezeigt. Wer es nötig hat, immer wieder mit dem Finger auf den Mitmenschen zu deuten und eine Trennungslinie zu ziehen zwischen sich, dem „Gesunden", und den „Gestörten", hat eins der Grundanliegen der TA nicht begriffen. *Berne* selbst hat das so ausgedrückt: Wenn ich meinen geisteskranken oder seelisch erkrankten Mitmenschen mit seinem absonderlichen Verhalten erlebe, geht mir durch den Sinn: „So viel hätte gar nicht gefehlt, dann wäre *ich* ja an seiner Stelle." Uns hat dies Wort tief beeindruckt[14].

[14] Wörtlich sagte der im jüdischen Glauben erzogene *Berne:* „Wenn Gott mich nicht gnädig geführt hätte ..." (er zitiert einen englischen Politiker aus dem 17. Jahrhundert, der beim Anblick eines Delinquenten, der zum Galgen geführt wurde, gesagt hatte: *„There, but for the grace of God, go I."*)

Die TA ist nicht nur ein einleuchtendes Modell, das Gesetzmäßigkeiten menschlichen Verhaltens erklärt, sie ist auch eine brauchbare Hilfe zur Lebensbewältigung. Aber sie beansprucht nicht, den Sinn des Daseins zu erklären. Die TA ist kein Ersatz für Religion, Philosophie oder Weltanschauung. Auch wenn du sie im Alltag praktizierst und tüchtiger, freier und glücklicher wirst, ein Rest bleibt. Es wird noch genug Fragen geben, auf die dir weder die TA-Theorie noch ihre Anwendung Antwort gibt. Auch mit TA wachsen die Bäume nicht in den Himmel. Du wirst dir unnötiges Leiden ersparen, aber es gibt auch Leid, das du nicht ändern kannst, sondern hinnehmen mußt. Es gibt Krankheit, Hinfälligkeit und Tod. Und es gibt auch Grenzen für unseren Willen, es gibt die Begrenztheit unserer seelischen Energie. Doch die Energie, die du hast, die kannst du sinnvoll einsetzen. Ganz gleich, wie du zu Neuentscheidungen gefunden hast, du kannst sie im Alltag verwirklichen. Vielleicht hast du dich umentschieden im Erlebnis eines Entfaltungsgesprächs, wie es in TA-Gruppen mit Trainern und Therapeuten geführt wird, die darin ausgebildet sind. Vielleicht hast du aus einer mitmenschlichen Begegnung oder aus der Lektüre eines Buches Anstöße dazu gewonnen, und in deinem K ist etwas in Bewegung gekommen und du erlebst dich anders in der Tiefe deines Wesens. Doch eine bleibende Änderung, einen wirklichen Sinneswandel kannst du nur herbeiführen, wenn du deine neuen Reaktionen, Empfindungen und Überzeugungen zuläßt und *trainierst* und im Alltag anwendest. Das ist ein Wachstumsprozeß, der Zeit braucht. Dein K sagt dir wann, und dein R wo und was du zu tun hast.

Wann? Warte nicht, wenn dich etwas bedrückt. Stell dir vor, wie frei und anders du leben kannst, wenn du alte Lasten abwirfst. Beginne heute, tu deinen ersten Schritt gleich. „Wer den Augenblick ergreift, der ist der rechte Mann“, sagt Goethe.

Wo? Unter Menschen, nicht im luftleeren Raum. Trainiere in deiner nächsten Umgebung. Bringe zuerst die Beziehung zu deinen Arbeitskollegen, deinem Kind, deinem direkten Vorgesetzten in Ordnung. Schiebe die fällige Aussprache nicht länger hinaus. Sehr oft ist es das Verhältnis zum Lebensgefährten, an dem du ansetzen wirst. Wenn du dich dazu entschließt, zu deinem nächsten Menschen echt und aufrichtig zu sein, dann wird auch dein übriges Leben sinnvoller, klarer und schließlich erfolgreicher.

Was? Das kann kein Buch dir sagen, du weißt es selbst am besten. Die TA stellt keine inhaltlich verbindlichen Gebote auf: jeder Mensch spürt, wo ihn der Schuh drückt. Die Modellpositionen

„Gewinner“ und „Verlierer“ stellen Beschreibungen[15] dar, keine Vorschriften.

Wenn du muffig bist, darfst du dich lösen, lachen und dich mitfreuen. Wenn du künstlich lachst und unecht „strahlst“, darfst du ernst sein und auch Trauer ausdrücken. Wenn du dich träge hängen läßt, kannst du doppelt so viel schaffen, und wenn du dich dadurch quälst, daß du einfach zuviel schuftest, kannst du von jetzt ab weniger arbeiten. Wenn du von innen heraus *darfst,* geht es auch, Schritt für Schritt. Wenn du deine Pflichten vor dir hergeschoben und gebummelt hast, um alles immer erst im letzten Augenblick zu schaffen, kannst du dich daran gewöhnen, das Lästige gleich anzupakken, und es wird dir nicht mehr so lästig sein. Und wenn du dir keinen ruhigen Atemzug gegönnt und dich ständig unter Druck gesetzt und alles in Hetze hinter dich gebracht hast, kannst du in diesem Augenblick beginnen, ruhig durchzuatmen und deine ganze Arbeit in Ruhe zu erledigen.

Du selbst bestimmst, was du zu tun hast. Wähle aus aus den Gewinner- und Verlierer-Beschreibungen, was zu dir paßt und dich weiterbringt. Dazu noch ein paar abschließende Stichworte als Gegenüberstellung:

---

[15] Ausführlich vor Augen geführt bei *Rüdiger Rogoll,* Nimm dich, wie du bist, Freiburg 1977, S. 90–94.

Was der Verlierer tut	*Was der Gewinner tut*
Sich griesgrämig aufführen und ständig nörgeln	frisch auftreten und Gutes sehen und anerkennen
sich selbst unterschätzen und hängenlassen	seine Kräfte spüren und die Initiative ergreifen
sich überschätzen	die eigenen Möglichkeiten nüchtern beurteilen
versteckt oder offen prahlen	zu seinen Fehlern stehen und daraus lernen
sich immer wieder überfordern	sich erreichbare Ziele setzen
fremde Meinungen nachbeten und eifernd verfechten	sich seine eigene Meinung bilden und sie ruhig vertreten
mit der Masse laufen	seinem eigenen Geschmack folgen
andere manipulieren, über Gebühr kontrollieren und beherrschen, wo immer das geht	anderen ihre eigene Meinung lassen, ihnen vertrauen und sie in Ruhe führen und betreuen
Zuwendung auf Umwegen suchen	sich Zuwendung direkt holen und sie direkt geben
auf die Finsternis schimpfen und an allem etwas aussetzen	auch im Dunkel ein kleines Lichtlein anzünden und sich dem zuwenden, was es zu sehen gibt

Mit jedem Tag, an dem du deine neuen Verhaltensweisen trainierst, bewegst du dich ein Stückchen weiter von der linken zur rechten Seite hinüber, und allmählich veränderst du auch deine Gefühle durch die neue Weise, dich selbst und die Mitmenschen zu erleben. Du wirst es bald selbst spüren:

Was der Verlierer immer wieder empfindet	*Was der Gewinner oft erlebt*
Mißmut	Fröhlichkeit
Angst	Zuversicht
Schuld	Spaß
Groll	Begeisterung
Minderwertigkeit	Selbstvertrauen
Mißgunst, Neid und Haß	mehr Freude, Zuneigung und Liebe

Das Erfolgsgeheimnis bei aller Veränderung ist das *Tun.* So wie du die Umentscheidung in der Tiefe selber vollziehen mußt und kein Buch und kein Lehrer oder Arzt sie dir abnehmen kann, so gibt es keinen Zauberspruch, der dir das Einüben ersparen könnte. Ob du z. B. dieses Buch für dein Leben fruchtbar machst oder nicht, darüber entscheidest du selber jeden Tag neu. Ein solches Alltagstraining braucht keine mühsame, langwierige Angelegenheit zu sein; im Gegenteil, wenn das *Kind* in dir mitmacht, wird es das faszinierende Abenteuer der nächsten Monate und vielleicht Jahre. Schließ kleine Verträge mit dir, und gönne dir schöne Belohnungen für ihre Erfüllung. Wähle dazu überschaubare Zeiträume und konkrete, lieber kleine als utopische Ziele. Auch der längste Weg beginnt mit dem ersten Schritt, und der muß nicht einmal besonders groß sein. Nur *tun* mußt du ihn. TA-Training im Alltag, das heißt: etwas Neues machen oder etwas bleiben lassen oder etwas anders anfassen als bisher. Wo du das *tust,* bleibt der Erfolg nicht aus.

Der Erfolg ist ein Wachstumserlebnis, das *Berne* in drei Begriffe gefaßt hat: Zunahme von Bewußtheit, Spontaneität und Einklang. Deine Wahrnehmung wird sich erweitern, du wirst echter werden und auch in der Begegnung stärker das verspüren, was Joan Walsh Anglund[16] das „wundersame Gefühl" genannt hat. Wir möchten die drei Ziele, die *Berne* für die Arbeit mit der TA genannt hat, ergänzen durch drei Beobachtungen, die wir immer wieder machen über ihre Auswirkungen im sozialen Bereich. Je mehr du die TA im Alltag praktizierst, um so weniger stört dich das Verhalten deiner Mitmenschen. Du nimmst Ungereimtheiten durchaus wahr, aber du bist duldsamer („deine Toleranzschwelle verschiebt sich"): wo du früher Anstoß genommen hast, kannst du heute ganz von selbst viel mehr verstehen und mitempfinden. Und das andere hängt wohl damit zusammen: immer mehr echte Freude an den Äußerungen der andern und spontane Zuneigung. Deine Beziehungen werden von selbst freier, offener und erfüllter. Mit dem Erleben der TA nimmt deine Liebesfähigkeit zu, auch in deinem ganz persönlichen Leben.

All das klingt verheißungsvoll und ist es auch. Was aber ist nötig, damit deine Hoffnung sich erfüllt? Welche Fähigkeiten gehören dazu? Mach dir keine Sorgen, du hast schon, was du brauchst. Weder mußt du etwas mit Gewalt unterdrücken, was du spürst,

---

[16] Lies es nach in dem entzückenden kleinen Bändchen „Liebe ist ein wundersames Gefühl", Freiburg [34]1976.

noch brauchst du etwas zu machen, was nicht in dir angelegt ist; du brauchst nur das zu entwickeln und fruchtbar zu machen, was die Schöpfung und dein bisheriger Lebensweg dir mitgegeben haben. Wo du dir darüber *klar wirst* und das dann in Freiheit *tust,* werden deine Mitmenschen das wahrnehmen als innere Sicherheit, Geschlossenheit und Souveränität. *Berne* sprach von Autonomie: du erfährst dich nicht mehr passiv als Opfer, sondern aktiv als bewußter Gestalter deiner Lebensumstände. Du nimmst den Prozeß der Reifung in die eigene Hand und arbeitest zielstrebig an deiner weiteren Selbstentfaltung. In dem Maße, in dem du wächst und der wirst, der du werden kannst, erwirbst du mit der gelebten Autonomie[17] eine der höchsten Gaben menschlichen Daseins.

Die alten Römer sprachen von *serenitas,* jener Haltung, die von Klarheit, Ruhe und Wohlwollen getragen ist und die heute noch bei den romanischen Völkern, vor allem in Italien hoch im Kurs steht. Goethe pries diese gefühlsmäßige Einstellung als Heiterkeit, und wir möchten sie, dem heutigen Sprachgebrauch folgend, als Gelassenheit bezeichnen. Wo du TA lebst, bringt sie dir heitere Gelassenheit. Gelassenheit ist aber zugleich Grundlage und Frucht eines erfüllten Lebens. Sie kommt am schönsten zum Ausdruck in einem Martin Luther zugeschriebenen Wort:

„Und wenn ich wüßte, daß morgen die Welt unterginge, so würde ich doch heute mein Apfelbäumchen pflanzen."

---

[17] *Leonhard Schlegel* übersetzt das als „Unbefangenheit" dem Leben gegenüber.

Fachausdrücke

Die Aufstellung geht aus von den von uns verwandten Ausdrücken (teils Neuerungen, teils schon in früheren Arbeiten verwandt bzw. erläutert); in der Mitte führen wir die englischen Termini an, und in der rechten Spalte die gebräuchlichsten Übersetzungen ins Deutsche, soweit sie anders lauten.

angepaßtes K (aK)	*adapted Child*	reaktives K
Anlocken und abfahren lassen s. Wofür halten Sie mich eigentlich?		
Antreiber s. Weg-Weiser		
Arbeit	*activities, procedures, operations*	Aktivitäten
Attraktive Falle	*con, hook*	Schwindel, Trick, Angelhaken, Köder
Auch nicht besser	*blemish*	Makel
Bann-Botschaft (Bremser)	*injunction (stopper)*	Einschärfung, Verfügung, Zuweisung
Beachtung, Zuwendung	*stroke*	Streicheleinheit, Zärtlichkeit
Bremser s. Bann-Botschaft		
Da habe ich dich erwischt!	*Now I've got you, son of a bitch! (NIGYSOB)*	Jetzt habe ich dich endlich, du Schweinehund! (JEHIDES)
Das kann / begreife ich doch nicht	*stupid*	Dumm
Dreieckstransaktion	*angular transaction*	anguläre, gewinkelte Transaktion
Einklang	*intimacy*	Intimität
Einengungsschraube	*miniscript*	Miniskript
freies K (fK)	*free, natural Child*	natürliches, unbefangenes K
fürsorgliches L (fL)	*nurturing Parent*	nährendes L (nL)
Grundeinstellung	*position*	Lebensanschauung
Isolierung	*withdrawal*	Rückzug
Ja, aber	*Why not – yes but (YNYB)*	Warum nicht, ja aber (WANJA)
Jetzt entscheide du mal	*Court-room*	Gerichtssaal, Tribunal

Kindhaftes Element (K), Kind-Ich	*Child (C)*	Kindlicher (Kindheits-) Ich-Zustand
Kleiner Schlaumeier	*Little Professor*	Kleiner Professor, Kleines Schlitzohr
Lebensdrehbuch s. Skript		
Lehrhaftes Element (L), Eltern-Ich	*Parent (P)*	Eltern-Ich-Zustand (El)
Masche	*racket*	Gefühlskreisel, Lieblings-, Ersatzgefühl, Rank
Mißachtung	*discount*	Abwertung, Nichtbeachtung
Moment der Perplexität	*crossup, confusion*	Bluff, Verwirrung
Nutzeffekt s. Spielgewinn		
Paralleltransaktion	*complementary transaction*	Komplementäre, gleichsinnige Transaktion
Persönlichkeitsanteil, -element	*ego-state*	Ich-Zustand, Haltung
Psychospiel	*game*	(Ränke-)Spiel
Reflektierendes Element (R), Erwachsenen-Ich	*Adult (A)*	Erwachsenen-Ich-Zustand (Er)
Rollenwechsel	*switch*	Wechsel, Schalthebel
Skript, Lebensdrehbuch	*script*	Lebensplan, Manuskript
Skriptthema	*existential position*	Lieblingsüberzeugung
Spielgewinn, Nutzeffekt	*payoff*	(End-)Auszahlung, Lohn
Spielinteresse	*gimmick (auch hook)*	Wunder Punkt, Weiche Stelle, Handhabe
Überkreuztransaktion	*crossed transaction*	gekreuzte, gegensinnige Transaktion
Unterhaltung	*pastime(s)*	Zeitvertreib
Verdeckte Transaktion	*ulterior transaction*	gedeckte Transaktion
Versetz mir eins! Schlag mich!	*Kick me! Do me something!*	Tritt mich! Mach mich fertig!
Viereckstransaktion	*duplex transaction*	Duplex-, doppelte Transaktion
Völlig überlastet	*harried housewife*	Überlastete Hausfrau
Weg-Weiser (Antreiber)	*counter-injunction (driver)*	Gegeneinschärfung, Antrieb (Antreiber)
Wofür halten Sie mich eigentlich?	*Rapo*	Hilfe, Vergewaltigung! (HIVE)
Zeremoniell	*ritual*	Ritual
Zuwendung s. Beachtung		

Transaktionsanalytiker/-innen mit Lehrbefugnis

Name, Anschrift, Anwendungsgebiet, Ausbildungsort *(Stand 1998)*

Anderegg, Hilde
Wildbachstraße 62, CH-8008 Zürich
Tel. 0041-12614711, Fax 0041-14222253
Beratung, Zürich

Bailing, Rolf
Kapuzinerberg 17, 71263 Weil der Stadt
Tel. 07033-6454, Fax 07033-81811
Organisationsentwicklung, Raum Stuttgart

Beekum, Drs. Servaas van
Westerhoutstraat 48, NL-2012 JS Haarlem
Tel. 0031-235420979, Fax 0031-235420942
Pädagogik, Organisation, Beratung
NL-Haarlem, CH-Maienfeld, Nürnberg

Beilfuß, Hartwig
Tegelbusch 13, 26180 Rastede,
Tel. 04402-84787
Psychotherapie

Bickel, Helmut
Frühlingstr. 5, A-6850 Dornbirn,
Tel. 0043-5572-26398
Fax 24708, Psychotherapie

Brab, Ilse
Herzogstr. 14, 52070 Aachen,
Tel. 0241-535424
Psychotherapie, Aachen

Bretscher-Zeier, Hedi
Römerweg 28, CH-5443 Niederrohrdorf
Tel. + Fax 0041-564961228, Beratung,
CH-Niederrohrdorf

Burghardt, Klaus
Untertal 7, 78098 Triberg,
Tel. + Fax 07722-4866
Organisation, Triberg

Burke, Doris
Schulweg 11, 24242 Felde,
Tel. 04340-402641
Fax 04340-402643, Beratung

Christoph-Lemke, Charlotte
Lerchenfeldstr. 11, 80538 München,
Tel. 089-227064
Fax 089-227934, Psychotherapie, Beratung,
München

Elbing, Dr. Ulrich
Steinäcker 10, 73527 Schwäb.-Gmünd,
Tel. 07171-928949
Fax 07171-69659, Psychotherapie

Fischer-Lüthi, Lisbeth
Brunnengasse 4, CH-8001 Zürich,
Tel. 00411-2517043
Erwachsenenbildung, Pädagogik, Beratung,
CH-Zürich

Fuchs, Dr. Toni
Hauptstr. 89, CH-4132 Muttenz,
Tel. 004161-615559
Beratung, Pädagogik, CH-Muttenz

Glöckner, Angelika
An der Klinge 84, 69250 Schönau-
Altneudorf
Tel. 06228-8384, Fax 06228-8409
Psychotherapie, Heidelberg

Gooss, Birger
Konviktstr. 17 W, 79098 Freiburg,
Tel. 0761-37479
Psychotherapie, Freiburg

Gündel, Jürgen
Renzstr. 5, 68161 Mannheim,
Tel. 0621-14449
Psychotherapie, Mannheim, Hamburg

Hagehülsmann, Dr. Heinrich
Wiemkenstr. 25, 26180 Rastede-Ipwege,
Tel. 04402-92830
Fax 04402-928320, Psychotherapie,
Rastede-Ipwege, Hamburg

Hagehülsmann, Ute
Wiemkenstr. 25, 26180 Rastede-Ipwege,
Tel. 04402-92830
Fax 04402-928320, Psychotherapie,
Rastede-Ipwege

Harsch, Prof. Dr. Helmut
Wickengasse 3, 61239 Ober-Mörlen,
Tel. 06002-1612
Psychotherapie, Pädagogik, Ober-Mörlen

Hartmann, Erich
Johannisweg 4, 91522 Ansbach,
Tel. 0981-61869
Fax 0981-63564, Psychotherapie, Beratung
Ansbach, Raum Stuttgart

Heinzel, Dr. Friederike
Spessartweg 50, 65760 Eschborn,
Tel. 06196-44612
Fax 06196-483327, Organisation, Eschborn,
FL-Mauren

Hennig, Dr. Gudrun
Tannenbergstr. 29, 90411 Nürnberg,
Tel. 0911-520230
Fax 0911-5202324, Psychotherapie,
Nürnberg

Hennig, Dr. Jan
Kapellenstr. 3, 63867 Johannesberg,
Tel. 06029-5373
Fax 06029-5881, Psychotherapie,
Johannesberg

Höhl, Uta
Goerdelerstr. 10, 90439 Nürnberg,
Tel. 0911-6588950
Beratung

Horn-Heine, Karin
Breisacher Str. 18, 81667 München,
Tel. 089/4480104
Fax 089/4480101, Psychotherapie, München

Hüsgen-Adler, Dr. Martha
Strobelallee 25, 66953 Pirmasens,
Tel. 06331-27340
Psychotherapie, Beratung, Pirmasens

Jellouschek, Dr. Hans
Baumgartenring 7, 72119 Ammerbuch,
Tel. 07073-3662
Fax 07073-2521, Psychotherapie,
Ammerbuch

Joss, Dr. Hans
Jaunweg 17, CH-3014 Bern,
Tel. 0041-319720160
Fax 0041-319724324, Pädagogik,
Erwachsenenbildung

Jucker, Richard
Schwantlern 54, CH-9056 Gais,
Tel. 0041-717933471
Fax 0041-717933471, Pädagogik,
Erwachsenenbildung

Klitz, Dr. Rolf Reiner
Sprengerweg 12, 32760 Detmold,
Tel. + Fax 05231-47279
Psychotherapie, Detmold, Münster

Kohlhaas-Reith, Dr. Anne
Birkenweg 3, 79183 Waldkirch,
Tel. 07681-6179 oder 8621
Psychotherapie, Beratung, Pädagogik,
Organisation
Waldkirch

Kottwitz, Dr. Gisela
Kundrystr. 1, 12159 Berlin, Tel. 030-8516436
Fax 030-8330892, Psychotherapie, Berlin

Kreuzburg, Bernd
Rohrbacher Str. 87, 69115 Heidelberg,
Tel. 06221-20407
oder 06220-7181, Psychotherapie,
Düsseldorf, Heidelberg

Kreyenberg, Jutta
Parkweg 2, 67269 Grünstadt,
Tel. 06359-92183, Organisation

Krull, Dr. Michael
Butjadinger Str. 82, 26180 Rastede-Ipwege
Tel. 04402-92830, Fax 04402-928320
Psychotherapie, Oldenburg

Krzysteczko, Christa
Schickardtstr. 47, 72770 Reutlingen,
Tel. 07121-550724
Psychotherapie

Lammers, Willem
IAS Bahnhofstr. 17, CH-7304 Maienfeld
Tel. 004181-3027703, Fax 3027704,
Psychotherapie
Beratung, CH-Maienfeld, Chur, Zürich

Landmann, Dörte
Schlesierstr. 18, 64297 Darmstadt,
Tel. 06151-54403
Pädagogik, Darmstadt

Lange, Günter
Schmiedesberg 7 A, 21465 Reinbek,
Tel. 040-72730055
Fax 040-72730056, Organisation

Lüthi, Peter
Felsenstr. 10, CH-8008 Zürich,
Tel. 0041-13825025
Pädagogik, Erwachsenenbildung, Beratung,
CH-Zürich

Mautsch, Dr. Fritz
Bismarckstr. 60, 50672 Köln,
Tel. 0221-9514820
Fax 95148215, Organisation

Menrad-Killet, Brigitte
Forchenrainstr. 66, 70839 Gerlingen,
Tel. 07156-21403
Fax 07156-21459, Beratung, Stuttgart,
Tübingen

Micholt, Nelly
Eikenboslaan 25, Postfach, B-3010 Kessello
Tel. 089-299223, Fax 089-227934
Organisation, Psychotherapie, München

Moore, Ariene
Kapellenweg 14, 69493 Hirschberg,
Tel. 06201-54012
Psychotherapie, Hirschberg, Bremen

Müller, Ulrike
Hildastr. 34, 79102 Freiburg,
Tel. 0761-702787
Psychotherapie

Nagel, Norbert
Dreikreuzweg 78, 69151 Neckargemünd,
Tel. 06223-74030
Fax 74430, Pädagogik, Beratung,
Neckargemünd

Noelle, Petra
Ziegeleiweg 2, 79312 Emmendingen,
Tel. 07641-51007
Fax 07641-571248, Psychotherapie

Noelle, Dr. Dietrich
Ziegeleiweg 2, 79312 Emmendingen,
Tel. 07641-51007
Fax 07641-571248, Psychotherapie,
Emmendingen

Pelz, Dr. Georg
Fürstenholzstr. 7, 93161 Eilsbrunn,
Tel. 0941-893621
Fax 09404-8880, Psychotherapie,
Regensburg

Peters, Heidrun
Rheinstr. 113, 26382 Wilhelmshaven,
Tel. 04421-44381
Pädagogik, Wilhelmshaven

Pösentrup, Prof. Johanna
Suarezstr. 31, 14057 Berlin,
Tel. 030-3212485
Psychotherapie, Berlin

Rautenberg, Dr. Werner
Im Hermesgarten 20, 53343 Wachtberg,
Tel. 0228-341312
Organisation, Erwachsenenbildung, Bonn

Reith, Richard
Birkenweg 3, 79183 Waldkirch,
Tel. 07681-6179 oder 8621
+ 0721-378075, Beratung, Waldkirch,
Karlsruhe

Roggenwallner, Dr. Bernd
Brüderweg 16, 44139 Dortmund,
Tel. 0231-5570771
Fax 0231-5570775, Psychotherapie,
Dortmund

Rogoll, Dr. Rüdiger
Oberer Garwiedenweg 12,
88677 Markdorf, Tel. 07544-2580
Psychotherapie, Markdorf

Rottenbacher, Mag. Almut
Hofstaetten 34, A-8200 Gleisdorf,
Tel. 00433112-2900
Psychotherapie, A-Gleisdorf

Schibalski, Bernhard
Triberger Str. 8, 71034 Böblingen,
Tel. + Fax 07031-277916
Organisationsentwicklung, Sindelfingen

Schmid, Dr. Bernd
Schloßhof 3, 69168 Wiesloch,
Tel. 06222-81880
Fax 06222-51452, Organisation,
Erwachsenenbildung
Beratung, Wiesloch
Schneider, Dr. Johann
Walsroder Str. 37, 29614 Soltau,
Tel. 05191-3640
Fax 05191-3670, Psychotherapie, Soltau
Schulz-Wallenwein, Uwe
Hofweg 2, 73635 Rudersberg-Mannenberg
Tel. 07183-949318, Fax 949319, Beratung
Sell, Matthias
Langensalzastr. 3-5, 30169 Hannover,
Tel. 0511-880891
Fax 0511-805700, Psychotherapie,
Pädagogik, Organisation
Beratung, Hannover
Steiner, Ulrike
Deutschherrenstraße 43-45,
90429 Nürnberg
Tel. 0911-265060, Psychotherapie,
Nürnberg
Stier, Ulrike
Rebbergstraße 14, 78464 Konstanz
Tel. 07531-56311, Psychotherapie, Konstanz
Störmer-Schuppner, Amrei
Reichensächserstr. 7, 37269 Eschwege,
Tel. 05651-96206
Fax 05651-96208, Psychotherapie,
Eschwege
Thiele-Fölsch, Rainer
Muthesius-Straße 6, 12163 Berlin,
Tel. 030-7926556
Fax 030-7931418, Psychotherapie, Berlin
Toth, Miriam
Box 628 McIntosh, Florida 32664,
Pädagogik
Erwachsenenbildung, Heusenstamm,
Heidelberg
Varga, Gabor von
Doerner Str. 26, 57537 Wissen,
Tel. 02742-1260
Fax 02742-3288, Psychotherapie,
Friedewald, Bad Homburg
Verres, Dörte
Häusserstr. 21, 69115 Heidelberg,
Tel. 06221-183870
Psychotherapie, Heidelberg, Thessaloniki
Vogelauer, Dr. Werner
Himmelgasse 6, A-3100 St. Pölten,
Tel. 00432742-75757
Fax 00432742-757574, Organisation,
A-St. Pölten, Berlin
Wagner, Sigrid
Scheidswaldstraße 41a,
60385 Frankfurt/Main
Tel. 069-499997, Fax 069-499998,
Psychotherapie
Frankfurt/Main, Mühldorf/Obb.
Wandel, Dr. Fritz
Schwedenschanze 7cd, 78462 Konstanz,
Tel. + Fax 07531-914755
Landhausstr. 4, 72074 Tübingen,
Tel. 07071-27694
Beratung, Pädagogik, Konstanz, Tübingen
Wandel, Ingrid
Schwedenschanze 7cd, 78462 Konstanz,
Tel. 07531-23647
Fax 17023
Landhausstr. 4, 72074 Tübingen,
Tel. 07071-27694
Psychotherapie, Beratung, Konstanz,
Tübingen
Weil, Thomas
Rhönplatz 2, 34134 Kassel,
Tel. 0561-403228
Fax 0561-32206, Psychotherapie,
Pädagogik, Organisation
Kassel, Frankfurt
Wolfensberger, Dr. Kaspar
Merkurstr. 54, CH-8032 Zürich,
Tel. 00411-2615600
Fax 00411-2625631, Psychotherapie,
CH-Zürich
Wydra, Bernhard
Äußere Passauer Str. 118, 94315 Straubing
Tel. 09421-33428, Psychotherapie,
Straubing

Literaturübersicht

1. Werke von Eric Berne

Transactional Analysis in Psychotherapy, New York 1961.
The Structure and Dynamics of Organizations and Groups, New York 1963.
Deutsch: Struktur und Dynamik von Organisationen und Gruppen, München 1979.
Games People Play, New York 1963.
Dt.: Spiele der Erwachsenen, Reinbek 1967 und München 1975.
Principles of Group Treatment, New York 1966.
A Layman's Guide to Psychiatry and Psychoanalysis, New York 1968.
Dt.: Sprechstunden für die Seele, Reinbek 1970.
Sex in Human Loving, New York 1970.
Dt.: Spielarten und Spielregeln der Liebe, Reinbek 1974.
What do you say after you say Hello? New York 1972
Dt.: Was sagen Sie, nachdem Sie guten Tag gesagt haben? München 1975.
Beyond Games and Scripts (Auswahl aus seinen Schriften), New York 1976.

2. Überblick über die TA als Ganzes

Barnes, Graham (Herausg.), Transactional Analysis after Eric Berne, Teachings and Practices of three TA Schools (Einführung von G. B. und Beiträge von 23 weiteren Autoren), New York 1977.
Dt.: Transaktionsanalyse seit Eric Berne, Berlin 1979 (3 Bde.)
Clarkson, Petruska, Transactional Analysis, London 1992.
Dt.: Transaktionsanalytische Psychoanalyse, Freiburg 1996.
Erskine, Richard, Kontakt. Ich-Zustände. Lebensplan, Paderborn – Moorsund 1991.
Goulding, Mary McClure and Robert L., Changing Lives through Redecision Therapy, New York 1979.
Dt.: Neuentscheidung, Ein Modell der Psychotherapie, Stuttgart 1981
Hagehülsmann, Ute, Transaktionsanalyse – Wie geht denn das? Paderborn 1992.
Harris, Thomas A., I'm OK – You're OK, New York 1967.
Dt.: Ich bin o.k. Du bist o.k., Reinbek 1974
James, Muriel (Herausg.), Techniques in Transactional Analysis for Psychotherapists and Counselors, Reading (Mass.) 1977.
Rogoll, Rüdiger, Nimm dich, wie du bist, Freiburg 1976.
Schlegel, Leonhard, Die Transaktionale Analyse nach Eric Berne und seinen Schülern (Grundriß der Tiefenpsychologie, Bd. V), München 1979.
Stewart, Ian – Vann Joines, TA Today, Nottingham and Chapel Hill 1987.
Dt.: Die Transaktionsanalyse, Freiburg [7]1997.

3. Beiträge zu einzelnen Aspekten

Abell, Richard G., Own your Own Life, New York 1976.
Babcock, Dorothy E. – Terry D. Keepers, Raising Kids o.k., New York 1976.
Dt.: Miteinander wachsen, München 1980.
Dusay, John M., Egograms, New York 1977.
English, Fanita, Es ging doch gut, was ging denn schief? München 1982.
Erskine, Richard – Zalcman, Marilyn, The Racket System, in *Transactional Analysis Journal (TAJ)* Heft 1/1979.
Goulding, Robert L. and Mary McClure, The Power is in the Patient, San Francisco 1978.
Hagehülsmann, Ute, Beratung und TA – Wie geht denn das? Paderborn 1993.
Henning, Gudrun – Georg Pelz, Transaktionsanalyse, Freiburg 1997.
Harsch, Helmut, Hilfe für Alkoholiker und andere Drogenabhängige, München 1976.
Marwedel, Christa und Ulrike, Was Kinder brauchen, was Eltern gut tut, Freiburg 1997.
Schiff, Jacqui Lee (in Zusammenarbeit mit 9 weiteren Autoren), Cathexis Reader, New York 1975.
Dieselbe und Beth Day, All My Children, New York 1970.
Dt.: Alle meine Kinder, Heilung der Schizophrenie durch Wiederholen der Kindheit, München 1980.
Steiner, Claude, Games Alcoholics Play, New York 1972.
Derselbe, Scripts People Live, New York 1975.
Dt.: Wie man Lebenspläne verändert, Paderborn 1982.
Stewart, Ian, Transactional Analysis Counselling in Action, London 1989.
Dt.: Transaktionsanalyse in der Beratung, Paderborn 1993.
Tanner, Ira J., Loneliness: the Fear of Love, New York 1973.
Dt.: Nie mehr einsam sein, Wege zur Selbsthilfe, Rüschlikon 1975.

4. Wichtige Darstellungen anderer Autoren (nicht aus TA-Sicht geschrieben)

Dornes, Martin, Der kompetente Säugling, Frankfurt 1992.
Erikson, Erik, H., Identity and the Life Cycle, New York 1959.
Derselbe, Wachstum und Krisen der gesunden Persönlichkeit, Stuttgart 1953.
Derselbe, Childhood and Society, New York 1950.
Dt.: Kindheit und Gesellschaft, Stuttgart 1965.
Spitz, René A., The First Year of Life, New York 1965.
Dt.: Vom Säugling zum Kleinkind, Stuttgart 1967.
Spitz, René A., No and Yes, New York 1957.
Dt.: Nein und Ja, Stuttgart 1992.